大学赤本シリーズ

532

同志社大学

政策学部・文化情報学部〈文系型〉・スポーツ健康科学部〈文系型〉－学部個別日程

教学社

は　し　が　き

おかげさまで，大学入試の「赤本」は，今年で創刊70周年を迎えました。

これまで，入試問題や資料をご提供いただいた大学関係者各位，掲載許可をいただいた著作権者の皆様，各科目の解答や対策の執筆にあたられた先生方，そして，赤本を使用してくださったすべての読者の皆様に，厚く御礼を申し上げます。

以下に，創刊初期の「赤本」のはしがきを引用します。これからも引き続き，受験生の目標の達成や，夢の実現を応援してまいります。

本書を活用して，入試本番では持てる力を存分に発揮されることを心より願っています。

編者しるす

＊　＊　＊

学問の塔にあこがれのまなざしをもって，それぞれの志望する大学の門をたたかんとしている受験生諸君！　人間として生まれてきた私たちは，自己の欲するままに，美しく，強く，そして何よりも人間らしく生きることをねがっている。しかし，一朝一夕にして，この純粋なのぞみが達せられることはない。私たちの行く手には，絶えずさまざまな試練がまちかまえている。この試練を克服していくところに，私たちのねがう真に人間的な世界がはじめて開かれてくるのである。

人生最初の最大の試練として，諸君の眼前に大学入試がある。この大学入試は，精神的にも身体的にも，大きな苦痛を感ぜしめるであろう。あるスポーツに熟達するには，たゆみなき，はげしい練習を積み重ねることが必要であるように，私たちは，計画的・持続的な努力を払うことによって，この試練を克服し，次の一歩を踏みだすことができる。厳しい試練を経たのちに，はじめて満足すべき成果を獲得できるのである。

本書は最近の入学試験の問題に，それぞれ解答を付し，さらに問題をふかく分析することによって，その大学独特の傾向や対策をさぐろうとした。本書を一般の参考書とあわせて使用し，まとはずれのない，効果的な受験勉強をされるよう期待したい。

（昭和35年版「赤本」はしがきより）

挑む人の、いちばんの味方

赤本創刊70周年

1954年に大学入試の過去問題集を刊行してから70年。赤本は大学に入りたいと思う受験生を応援しつづけてきました。これからも，苦しいとき落ち込むときにそばで支える存在でいたいと思います。

そして，勉強をすること，自分で道を決めること，努力が実ること，これらの喜びを読者の皆さんが感じることができるよう，伴走をつづけます。

そもそも赤本とは…

受験生のための大学入試の過去問題集！

70年の歴史を誇る赤本は，500点を超える刊行点数で全都道府県の370大学以上を網羅しており，過去問の代名詞として受験生の必須アイテムとなっています。

なぜ受験に過去問が必要なのか？

大学入試は大学によって問題形式や頻出分野が大きく異なるからです。

赤本の掲載内容

傾向と対策

これまでの出題内容から，問題の「**傾向**」を分析し，来年度の入試に向けて具体的な「**対策**」の方法を紹介しています。

問題編・解答編

- 年度ごとに問題とその解答を掲載しています。
- 「**問題編**」ではその年度の試験概要を確認したうえで，実際に出題された過去問に取り組むことができます。
- 「**解答編**」には高校・予備校の先生方による解答が載っています。

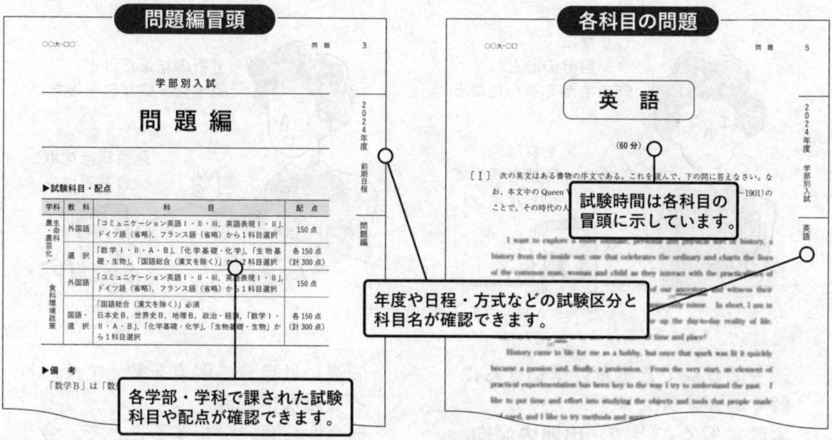

他にも，大学の基本情報や，先輩受験生の合格体験記，在学生からのメッセージなどが載っていることがあります。

掲載内容について

著作権上の理由やその他編集上の都合により問題や解答の一部を割愛している場合があります。
なお，指定校推薦入試，社会人入試，編入学試験，帰国生入試などの特別入試，英語以外の外国語科目，商業・工業科目は，原則として掲載しておりません。また試験科目は変更される場合がありますので，あらかじめご了承ください。

受験勉強は

過去問に始まり，

STEP 1

なにはともあれ

まずは解いてみる

しずかに…
今，自分の心と
向き合ってるんだから
ムーン
それは
問題を解いて
からだホン!

過去問は，**できるだけ早いうちに解く**のがオススメ！
実際に解くことで，**出題の傾向，問題のレベル，今の自分の実力**がつかめます。

STEP 2

じっくり具体的に

弱点を分析する

分析の結果だけど
英・数・国が苦手みたい
スリー
必須科目だホン
頑張るホン

間違いは自分の弱点を教えてくれる**貴重な情報源**。
弱点から自己分析することで，**今の自分に足りない力や苦手な分野**が見えてくるはず！

合格者があかす赤本の使い方

傾向と対策を熟読
（Fさん／国立大合格）
大学の出題傾向を調べるために，赤本に載っている「傾向と対策」を熟読しました。

繰り返し解く
（Tさん／国立大合格）
1周目は問題のレベル確認，2周目は苦手や頻出分野の確認に，3周目は合格点を目指して，と過去問は繰り返し解くことが大切です。

赤本の使い方 解説

過去問に終わる。

STEP 3

志望校にあわせて

苦手分野の重点対策

明日からはみんなで頑張るよ！
参考書も！ 問題集も！
よろしくね！
呼んだ？
なにを!?
どこから!?
グッ
グッ

参考書や問題集を活用して，苦手分野の**重点対策**をしていきます。**過去問を指針**に，合格へ向けた具体的な学習計画を立てましょう！

STEP 1▶2▶3

サイクルが大事!

実践を繰り返す

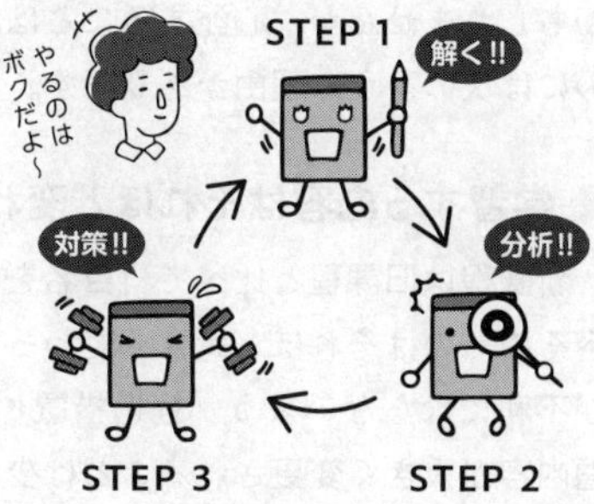
やるのはボクだよ～
STEP 1
解く!!
分析!!
STEP 2
対策!!
STEP 3

STEP 1～3を繰り返し，実力アップにつなげましょう！**出題形式に慣れること**や，**時間配分を考えること**も大切です。

目標点を決める

（Yさん／私立大合格）

赤本によっては合格者最低点が載っているので，それを見て目標点を決めるのもよいです。

時間配分を確認

（Kさん／私立大学合格）

赤本は時間配分や解く順番を決めるために使いました。

添削してもらう

（Sさん／私立大学合格）

記述式の問題は先生に添削してもらうことで自分の弱点に気づけると思います。

新課程入試Q&A

2022年度から新しい学習指導要領（新課程）での授業が始まり，2025年度の入試は，新課程に基づいて行われる最初の入試となります。ここでは，赤本での新課程入試の対策について，よくある疑問にお答えします。

Q1. 赤本は新課程入試の対策に使えますか？

A. もちろん使えます！

旧課程入試の過去問が新課程入試の対策に役に立つのか疑問に思う人もいるかもしれませんが，心配することはありません。旧課程入試の過去問が役立つのには次のような理由があります。

● 学習する内容はそれほど変わらない

新課程は旧課程と比べて科目名を中心とした変更はありますが，学習する内容そのものはそれほど大きく変わっていません。また，多くの大学で，既卒生が不利にならないよう「経過措置」がとられます（Q３参照）。したがって，出題内容が大きく変更されることは少ないとみられます。

● 大学ごとに出題の特徴がある

これまでに課程が変わったときも，各大学の出題の特徴は大きく変わらないことがほとんどでした。入試問題は各大学のアドミッション・ポリシーに沿って出題されており，過去問にはその特徴がよく表れています。過去問を研究してその大学に特有の傾向をつかめば，最適な対策をとることができます。

出題の特徴の例	・英作文問題の出題の有無 ・論述問題の出題（字数制限の有無や長さ） ・計算過程の記述の有無

新課程入試の対策も，赤本で過去問に取り組むところから始めましょう。

Q2. 赤本を使う上での注意点はありますか？

A. 志望大学の入試科目を確認しましょう。

過去問を解く前に，過去の出題科目（問題編冒頭の表）と2025年度の募集要項とを比べて，課される内容に変更がないかを確認しましょう。ポイントは以下のとおりです。科目名が変わっていても，実際は旧課程の内容とほとんど同様のものもあります。

英語・国語	科目名は変更されているが，実質的には変更なし。 ▶▶ **ただし，リスニングや古文・漢文の有無は要確認。**
地歴	科目名が変更され，「歴史総合」「地理総合」が新設。 ▶▶ **新設科目の有無に注意。ただし，「経過措置」（Q３参照）により内容は大きく変わらないことも多い。**
公民	「現代社会」が廃止され，「公共」が新設。 ▶▶ **「公共」は実質的には「現代社会」と大きく変わらない。**
数学	科目が再編され，「数学C」が新設。 ▶▶ **「数学」全体としての内容は大きく変わらないが，出題科目と単元の変更に注意。**
理科	科目名も学習内容も大きな変更なし。

数学については，科目名だけでなく，どの単元が含まれているかも確認が必要です。例えば，出題科目が次のように変わったとします。

旧課程	「数学Ⅰ・数学Ⅱ・数学A・数学B（数列・ベクトル）」
新課程	「数学Ⅰ・数学Ⅱ・数学A・**数学B（数列）・数学C（ベクトル）**」

この場合，新課程では「数学C」が増えていますが，単元は「ベクトル」のみのため，実質的には旧課程とほぼ同じであり，過去問をそのまま役立てることができます。

Q3. 「経過措置」とは何ですか？

A. 既卒の旧課程履修者への対応です。

多くの大学では，既卒の旧課程履修者が不利にならないように，出題において「経過措置」が実施されます。措置の有無や内容は大学によって異なるので，募集要項や大学のウェブサイトなどで確認しておきましょう。

◯旧課程履修者への経過措置の例

- 旧課程履修者にも配慮した出題を行う。
- 新・旧課程の共通の範囲から出題する。
- 新課程と旧課程の共通の内容を出題し，共通範囲のみでの出題が困難な場合は，旧課程の範囲からの問題を用意し，選択解答とする。

例えば，地歴の出題科目が次のように変わったとします。

旧課程	「日本史 B」「世界史 B」から１科目選択
新課程	「**歴史総合**，日本史探究」「**歴史総合**，世界史探究」から１科目選択※ ※旧課程履修者に不利益が生じることのないように配慮する。

「歴史総合」は新課程で新設された科目で，旧課程履修者には見慣れないものですが，上記のような経過措置がとられた場合，新課程入試でも旧課程と同様の学習内容で受験することができます。

要チェックだホン

新課程の情報は WEB もチェック！
より詳しい解説が赤本ウェブサイトで見られます。
https://akahon.net/shinkatei/

科目名が変更される教科・科目

	旧課程	新課程
国語	国語総合 国語表現 現代文A 現代文B 古典A 古典B	現代の国語 言語文化 論理国語 文学国語 国語表現 古典探究
地歴	日本史A 日本史B 世界史A 世界史B 地理A 地理B	歴史総合 日本史探究 世界史探究 地理総合 地理探究
公民	現代社会 倫理 政治・経済	公共 倫理 政治・経済
数学	数学Ⅰ 数学Ⅱ 数学Ⅲ 数学A 数学B 数学活用	数学Ⅰ 数学Ⅱ 数学Ⅲ 数学A 数学B 数学C
外国語	コミュニケーション英語基礎 コミュニケーション英語Ⅰ コミュニケーション英語Ⅱ コミュニケーション英語Ⅲ 英語表現Ⅰ 英語表現Ⅱ 英語会話	英語コミュニケーションⅠ 英語コミュニケーションⅡ 英語コミュニケーションⅢ 論理・表現Ⅰ 論理・表現Ⅱ 論理・表現Ⅲ
情報	社会と情報 情報の科学	情報Ⅰ 情報Ⅱ

目　次

2022年度
問題と解答

●学部個別日程（政策学部・文化情報学部〈文系型〉・スポーツ健康科学部〈文系型〉）

解答用紙は，赤本オンラインに掲載しています。
https://akahon.net/kkm/dsh/index.html

※掲載内容は，予告なしに変更・中止する場合があります。

掲載内容についてのお断り

• 推薦選抜入試および文化情報学部の大学入学共通テスト利用入試の個別学力検査は掲載していません。

UNIVERSITY GUIDE

大学情報

基本情報

沿革

1875（明治 8） 官許同志社英学校開校

- 1884（明治 17）彰栄館（同志社最初の煉瓦建築）竣工
- 1886（明治 19）礼拝堂（チャペル）竣工
- 1887（明治 20）書籍館（現・有終館）開館
- 1894（明治 27）クラーク神学館（現・クラーク記念館）開館

1912（明治 45） 専門学校令による同志社大学開校

1920（大正 9） 大学令による同志社大学の開校。文学部，法学部を設置

1944（昭和 19） 文，法の 2 学部を法文学部 1 学部に縮小

1946（昭和 21） 学部を復旧し元の 2 学部に

1947（昭和 22） 文学部神学科が神学部となる

1948（昭和 23） 新制大学開校。神，文，法，経済学部を設置

1949（昭和 24） 商学部，工学部を設置

1950（昭和 25） 短期大学部（夜間 2 年制）を設置

1954（昭和 29） 短期大学部を発展的に解消，2 部（4 年制）を設置（文，法，経済，商，工各学部）

1975（昭和 50）	創立 100 周年
2004（平成 16）	政策学部を設置
2005（平成 17）	社会学部，文化情報学部を設置
2008（平成 20）	生命医科学部，スポーツ健康科学部を設置。工学部を理工学部に改組再編・名称変更
2009（平成 21）	心理学部を設置
2011（平成 23）	グローバル・コミュニケーション学部を新設。国際教育インスティテュートを開設
2013（平成 25）	グローバル地域文化学部を設置

校章

正三角形を 3 つ寄せたこのマークは，国あるいは土を意味するアッシリア文字『ムツウ』を図案化したものです。考案者の湯浅半月は，同志社が生んだ詩人（代表作『十二の石塚』）であり古代オリエント学者でもありました。制定された当時，半月は同志社神学校教授でした。制定以来，知・徳・体の三位一体あるいは調和をめざす同志社の教育理念をあらわすものと解釈されています。

学部・学科の構成

（注）学部・学科および大学院に関する情報は 2024 年 4 月現在のものです。

大　学

●神学部　今出川校地
神学科

●文学部　今出川校地
英文学科
哲学科
美学芸術学科
文化史学科
国文学科

●社会学部　今出川校地
社会学科
社会福祉学科
メディア学科
産業関係学科
教育文化学科

●法学部　今出川校地
法律学科
政治学科（現代政治コース，歴史・思想コース，国際関係コース）

●経済学部　今出川校地
経済学科

●商学部　今出川校地
商学科（商学総合コース，フレックス複合コース）

●政策学部　今出川校地
政策学科

●グローバル地域文化学部　今出川校地
グローバル地域文化学科（ヨーロッパコース，アジア・太平洋コース，アメリカコース）

●文化情報学部 京田辺校地

文化情報学科

●理工学部 京田辺校地

インテリジェント情報工学科

情報システムデザイン学科

電気工学科

電子工学科

機械システム工学科

機械理工学科

機能分子・生命化学科

化学システム創成工学科

環境システム学科

数理システム学科

●生命医科学部 京田辺校地

医工学科

医情報学科

医生命システム学科

●スポーツ健康科学部 京田辺校地

スポーツ健康科学科

●心理学部 京田辺校地

心理学科

●グローバル・コミュニケーション学部 京田辺校地

グローバル・コミュニケーション学科（英語コース，中国語コース，日本語コース） ※日本語コースは外国人留学生を対象としたコース

大学院

神学研究科／文学研究科／社会学研究科／法学研究科／経済学研究科／商学研究科／総合政策科学研究科／文化情報学研究科／理工学研究科／生命医科学研究科／スポーツ健康科学研究科／心理学研究科／グローバル・スタディーズ研究科／脳科学研究科／司法研究科（法科大学院）／ビジネス研究科（ビジネススクール）

大学所在地

今出川校地

京田辺校地

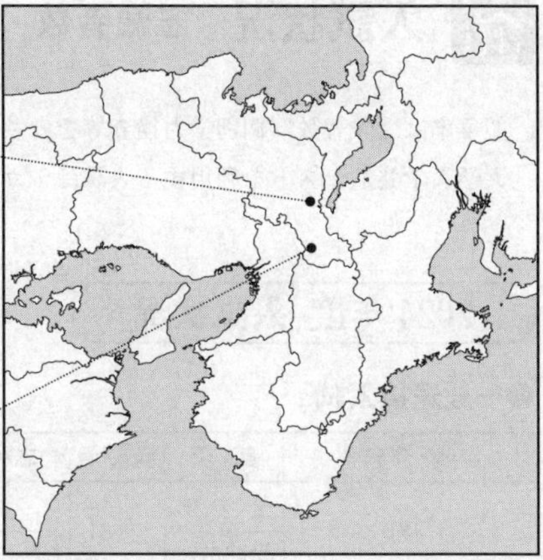

今出川校地　〒602-8580　京都市上京区今出川通烏丸東入

京田辺校地　〒610-0394　京田辺市多々羅都谷１－３

入試データ

入試状況（志願者数・競争率など）

◯競争率は受験者数（個別学力検査等を課さない場合は志願者数）÷合格者数で算出。
◯大学入学共通テストを利用する入試は１カ年のみ掲載。

2024年度　入試状況

●一般選抜入試

学部・学科等		日　程	募集人員	志願者数	受験者数	合格者数	競争率
神		全 学 部	31	64	62	16	3.9
		学部個別		220	209	63	3.3
文	英　文	全 学 部	185	520	507	212	2.4
		学部個別		784	764	331	2.3
	哲	全 学 部	48	239	229	78	2.9
		学部個別		310	298	102	2.9
	美学芸術	全 学 部	49	213	208	64	3.3
		学部個別		248	236	78	3.0
	文化史	全 学 部	76	380	373	164	2.3
		学部個別		451	435	161	2.7
	国　文	全 学 部	79	327	316	104	3.0
		学部個別		396	378	149	2.5
社　会	社　会	全 学 部	51	206	199	46	4.3
		学部個別		728	690	161	4.3
	社会福祉	全 学 部	54	149	143	27	5.3
		学部個別		663	635	144	4.4
	メディア	全 学 部	53	178	173	33	5.2
		学部個別		499	482	91	5.3
	産業関係	全 学 部	47	36	35	12	2.9
		学部個別		446	436	201	2.2

（表つづく）

学部・学科等		日　程	募集人員	志願者数	受験者数	合格者数	競争率
社　会	教育文化	全学部	42	128	125	49	2.6
		学部個別		310	297	121	2.5
法	法　律	全学部	380	1,343	1,286	481	2.7
		学部個別		2,177	2,070	801	2.6
	政　治	全学部	104	212	207	81	2.6
		学部個別		579	546	226	2.4
経　済		全学部	510	2,135	2,045	655	3.1
		学部個別		3,679	3,524	1,087	3.2
商	商学総合	全学部	344	919	885	257	3.4
		学部個別		2,126	2,032	586	3.5
	フレックス複合	全学部	75	180	176	43	4.1
		学部個別		467	441	127	3.5
政　策		全学部	204	737	709	145	4.9
		学部個別		1,820	1,729	377	4.6
文化情報		全学部（文系）	130	309	289	72	4.0
		全学部（理系）		282	266	88	3.0
		学部個別（文系型）		488	465	159	2.9
		学部個別（理系型）		304	285	126	2.3
理　工	インテリジェント情報工	全学部	23	519	498	172	2.9
		学部個別	23	464	427	138	3.1
	情報システムデザイン	全学部	23	546	524	170	3.1
		学部個別	23	526	475	163	2.9
	電気工	全学部	27	324	311	167〈26〉	1.9
		学部個別	27	321	301	148	2.0
	電子工	全学部	29	512	494	260	1.9
		学部個別	29	376	353	173	2.0
	機械システム工	全学部	37	745	725	412	1.8
		学部個別	32	649	614	277	2.2
	機械理工	全学部	27	489	467	266	1.8
		学部個別	23	426	399	181	2.2
	機能分子・生命化	全学部	26	595	581	274	2.1
		学部個別	27	616	575	268	2.1

（表つづく）

学部・学科等		日程	募集人員	志願者数	受験者数	合格者数	競争率
理工	化学システム創成工	全学部	26	527	512	261	2.0
		学部個別	27	516	485	232	2.1
	環境システム	全学部	16	430	413	192 〈 9〉	2.2
		学部個別	17	399	377	166	2.3
	数理システム	全学部	11	237	223	89	2.5
		学部個別	13	297	279	121	2.3
生命医科	医工	全学部	30	288	271	144	1.9
		学部個別	36	380	358	192	1.9
	医情報	全学部	30	199	191	106	1.8
		学部個別	36	179	165	88	1.9
	医生命システム	全学部	17	520	503	196	2.6
		学部個別	24	534	509	198	2.6
スポーツ健康科		全学部（文系）	90	320	303	94	3.2
		全学部（理系）		134	130	52	2.5
		学部個別（文系型）		403	386	105	3.7
		学部個別（理系型）		138	130	53	2.5
心理		全学部（文系）	79	377	368	109	3.4
		全学部（理系）		100	93	25	3.7
		学部個別		512	483	149	3.2
グローバル・コミュニケーション	英語コース	全学部	50	210	202	46	4.4
		学部個別		381	366	103	3.6
	中国語コース	全学部	26	56	55	21	2.6
		学部個別		146	138	54	2.6
グローバル地域文化	ヨーロッパコース	全学部	46	175	172	67	2.6
		学部個別		268	256	93	2.8
	アジア・太平洋コース	全学部	37	114	109	40	2.7
		学部個別		187	179	62	2.9
	アメリカコース	全学部	31	109	107	25	4.3
		学部個別		235	231	59	3.9
合計			3,480	40,731	38,923	13,964	—

（備考）理工学部電気工・環境システム学科においては，全学部日程において第２志望合格を実施した。合格者数の〈　〉内は第２志望合格者で外数。競争率は第１志望合格者数より算出している。

●大学入学共通テストを利用する入試

学部・学科等			募集人員	志願者数	合格者数	競争率
神			2	42	7	6.0
文	英文	A方式	25	141	42	3.4
		B方式	10	414	215	1.9
	哲		3	117	40	2.9
	美学芸術		3	125	35	3.6
	文化史		5	200	49	4.1
	国文		4	244	63	3.9
社会	社会		5	144	27	5.3
	社会福祉		5	78	8	9.8
	メディア		5	69	23	3.0
	産業関係		5	23	1	23.0
	教育文化		5	255	60	4.3
法	法律		20	964	426	2.3
	政治		10	170	76	2.2
経済			27	1,673	543	3.1
商	商学総合		25	754	202	3.7
政策	3科目方式		30	399	72	5.5
	4科目方式		5	163	60	2.7
文化情報	A方式		20	187	34	5.5
	B方式		10	676	220	3.1
理工	インテリジェント情報工		5	209	40	5.2
	情報システムデザイン		5	245	59	4.2
	電気工		5	106	36	2.9
	電子工		5	215	73	2.9
	機械システム工		2	155	15	10.3
	機械理工		2	175	19	9.2
	機能分子・生命化		5	202	40	5.1
	化学システム創成工		5	201	40	5.0
	環境システム		2	243	41	5.9
	数理システム		2	116	27	4.3
生命医科	医工		5	135	39	3.5
	医情報		3	51	13	3.9
	医生命システム		2	181	30	6.0

（表つづく）

学部・学科等		募集人員	志願者数	合格者数	競争率
スポーツ健康科	3 科 目 方 式	5	250	67	3.7
	5 科 目 方 式	10	276	100	2.8
	スポーツ競技力加点方式	15	185	88	2.1
心　理		5	300	69	4.3
グローバル地域文化	ヨーロッパコース	2	68	14	4.9
	アジア・太平洋コース	2	47	10	4.7
	アメリカコース	2	45	10	4.5
合　計		313	10,243	3,033	—

2023 年度 入試状況

●一般選抜入試

（　）内は女子内数

学部・学科等		日程	募集人員	志願者数	受験者数	合格者数	競争率
神		全学部	31	86(45)	85(45)	23(10)	3.7
		学部個別		210(99)	206(97)	61(26)	3.4
文	英文	全学部	185	543(309)	530(299)	216(122)	2.5
		学部個別		843(487)	822(476)	348(198)	2.4
	哲	全学部	48	177(69)	171(67)	77(34)	2.2
		学部個別		264(108)	256(104)	107(43)	2.4
	美学芸術	全学部	49	161(122)	154(116)	52(41)	3.0
		学部個別		242(188)	231(181)	71(51)	3.3
	文化史	全学部	76	449(208)	437(204)	131(57)	3.3
		学部個別		583(262)	569(260)	165(69)	3.4
	国文	全学部	79	302(190)	295(188)	101(61)	2.9
		学部個別		377(237)	365(230)	129(87)	2.8
社会	社会	全学部	51	256(151)	250(149)	52(35)	4.8
		学部個別		890(387)	853(375)	164(83)	5.2
	社会福祉	全学部	54	81(60)	78(57)	22(18)	3.5
		学部個別		356(175)	350(171)	141(61)	2.5
	メディア	全学部	53	162(110)	160(108)	33(21)	4.8
		学部個別		442(278)	433(272)	114(65)	3.8
	産業関係	全学部	47	77(38)	72(36)	10(4)	7.2
		学部個別		839(283)	809(279)	174(59)	4.6
	教育文化	全学部	42	124(76)	120(73)	39(25)	3.1
		学部個別		385(216)	362(205)	99(62)	3.7
法	法律	全学部	380	1,300(533)	1,256(513)	462(195)	2.7
		学部個別		2,122(829)	2,014(790)	744(309)	2.7
	政治	全学部	104	209(82)	197(78)	77(29)	2.6
		学部個別		582(193)	550(181)	204(75)	2.7
経済		全学部	510	2,094(477)	2,006(460)	692(177)	2.9
		学部個別		3,581(941)	3,423(899)	1,158(316)	3.0

（表つづく）

学部・学科等		日　程	募集人員	志願者数	受験者数	合格者数	競争率
商	商学総合	全学部	344	1,026(399)	991(386)	219(92)	4.5
		学部個別		2,626(868)	2,513(836)	547(191)	4.6
	フレックス複合	全学部	75	196(60)	187(57)	42(15)	4.5
		学部個別		424(136)	408(127)	111(38)	3.7
政策		全学部	204	421(141)	411(137)	188(56)	2.2
		学部個別		1,176(462)	1,140(446)	514(198)	2.2
文化情報		全学部(文系)	130	261(133)	252(129)	75(32)	3.4
		全学部(理系)		181(58)	175(57)	75(29)	2.3
		学部個別(文系型)		433(211)	404(195)	148(79)	2.7
		学部個別(理系型)		291(72)	275(71)	139(36)	2.0
理工	インテリジェント情報工	全学部	23	612(45)	593(44)	227(10)	2.6
		学部個別	23	508(35)	482(32)	178(10)	2.7
	情報システムデザイン	全学部	23	541(66)	526(61)	155(19)	3.4
		学部個別	23	617(64)	583(56)	191(13)	3.1
	電気工	全学部	27	307(16)	300(13)	178(7) 〈 8(0)〉	1.7
		学部個別	27	202(7)	196(5)	103(1)	1.9
	電子工	全学部	29	506(24)	492(22)	261(10)	1.9
		学部個別	29	403(12)	389(11)	191(4)	2.0
	機械システム工	全学部	37	874(65)	845(62)	430(30)	2.0
		学部個別	32	764(43)	721(39)	302(14)	2.4
	機械理工	全学部	27	465(26)	453(24)	251(15) 〈 16(1)〉	1.8
		学部個別	23	372(20)	346(17)	184(7)	1.9
	機能分子・生命化	全学部	26	460(165)	446(160)	268(103)	1.7
		学部個別	27	489(143)	459(134)	248(78)	1.9
	化学システム創成工	全学部	26	505(144)	494(143)	299(89)	1.7
		学部個別	27	460(115)	441(110)	252(68)	1.8
	環境システム	全学部	16	410(84)	396(84)	183(38) 〈 9(0)〉	2.2
		学部個別	17	390(70)	369(67)	164(27)	2.3
	数理システム	全学部	11	216(18)	205(15)	87(6)	2.4
		学部個別	13	237(21)	218(19)	113(10)	1.9

（表つづく）

学部・学科等		日程	募集人員	志願者数	受験者数	合格者数	競争率
生命医科	医工	全学部	30	281(84)	274(84)	157(55)	1.7
		学部個別	36	305(83)	286(78)	160(45)	1.8
	医情報	全学部	30	263(85)	256(82)	108(35)	2.4
		学部個別	36	257(53)	237(48)	100(14)	2.4
	医生命システム	全学部	17	499(297)	476(277)	184(103)	2.6
		学部個別	24	386(224)	366(213)	148(78)	2.5
スポーツ健康科		全学部(文系)	90	274(96)	259(90)	72(30)	3.6
		全学部(理系)		145(32)	138(30)	54(19)	2.6
		学部個別(文系型)		371(123)	348(116)	97(37)	3.6
		学部個別(理系型)		145(31)	140(30)	54(16)	2.6
心理		全学部(文系)	79	431(267)	410(257)	114(80)	3.6
		全学部(理系)		93(39)	85(35)	23(9)	3.7
		学部個別		607(372)	576(356)	164(103)	3.5
グローバル・コミュニケーション	英語コース	全学部	50	178(94)	174(92)	42(25)	4.1
		学部個別		338(179)	321(173)	88(47)	3.6
	中国語コース	全学部	26	58(46)	58(46)	27(20)	2.1
		学部個別		143(94)	142(94)	65(42)	2.2
グローバル地域文化	ヨーロッパコース	全学部	46	243(164)	241(163)	66(45)	3.7
		学部個別		391(250)	384(248)	88(64)	4.4
	アジア・太平洋コース	全学部	37	133(104)	131(102)	33(25)	4.0
		学部個別		262(197)	258(195)	73(51)	3.5
	アメリカコース	全学部	31	82(40)	81(40)	25(14)	3.2
		学部個別		162(84)	160(84)	62(31)	2.6
合計			3,480	40,157 (13,914)	38,565 (13,405)	14,026 (4,647)	—

(備考) 理工学部電気工・機械理工・環境システム学科においては，全学部日程において第２志望合格を実施した。合格者数の〈　〉内は第２志望合格者で外数。競争率は第１志望合格者数より算出している。

2022年度 入試状況

●一般選抜入試

（ ）内は女子内数

学部・学科等		日程	募集人員	志願者数	受験者数	合格者数	競争率
神		全学部	31	58(28)	56(27)	18(10)	3.1
		学部個別		172(65)	160(60)	50(19)	3.2
文	英文	全学部	185	513(295)	499(286)	209(126)	2.4
		学部個別		801(477)	776(466)	351(216)	2.2
	哲	全学部	48	190(62)	186(60)	60(16)	3.1
		学部個別		275(109)	265(105)	91(37)	2.9
	美学芸術	全学部	49	186(148)	184(147)	52(43)	3.5
		学部個別		236(190)	231(185)	80(63)	2.9
	文化史	全学部	76	330(152)	321(149)	145(72)	2.2
		学部個別		470(222)	457(217)	200(102)	2.3
	国文	全学部	79	389(240)	371(229)	106(61)	3.5
		学部個別		525(321)	510(313)	135(90)	3.8
社会	社会	全学部	51	211(127)	207(123)	55(28)	3.8
		学部個別		702(300)	679(293)	177(96)	3.8
	社会福祉	全学部	54	125(87)	123(85)	26(19)	4.7
		学部個別		564(275)	548(269)	143(76)	3.8
	メディア	全学部	53	163(117)	162(117)	31(25)	5.2
		学部個別		460(279)	453(276)	101(64)	4.5
	産業関係	全学部	47	46(22)	45(21)	7(3)	6.4
		学部個別		606(196)	598(194)	211(60)	2.8
	教育文化	全学部	42	118(77)	111(72)	52(35)	2.1
		学部個別		268(150)	252(140)	111(69)	2.3
法	法律	全学部	380	1,376(510)	1,329(492)	411(153)	3.2
		学部個別		2,370(851)	2,251(811)	705(253)	3.2
	政治	全学部	104	199(65)	192(65)	67(29)	2.9
		学部個別		669(209)	633(203)	203(78)	3.1
経済		全学部	510	1,957(394)	1,880(382)	663(144)	2.8
		学部個別		3,529(798)	3,390(768)	1,187(251)	2.9

（表つづく）

学部・学科等		日程	募集人員	志願者数	受験者数	合格者数	競争率
商	商学総合	全学部	344	836(299)	802(288)	250(90)	3.2
		学部個別		2,146(703)	2,049(673)	633(197)	3.2
	フレックス複合	全学部	75	102(42)	94(39)	35(12)	2.7
		学部個別		242(81)	232(77)	78(31)	3.0
政策		全学部	204	509(191)	495(188)	158(52)	3.1
		学部個別		1,319(544)	1,278(530)	397(174)	3.2
文化情報		全学部(文系)	130	194(74)	188(69)	76(30)	2.5
		全学部(理系)		142(38)	134(33)	61(16)	2.2
		学部個別(文系型)		320(152)	303(147)	102(52)	3.0
		学部個別(理系型)		211(46)	200(43)	108(26)	1.9
理工	インテリジェント情報工	全学部	23	705(57)	680(55)	243(14)	2.8
		学部個別	23	572(43)	529(41)	185(14)	2.9
	情報システムデザイン	全学部	23	559(70)	540(66)	194(17)	2.8
		学部個別	23	489(60)	452(56)	202(15)	2.2
	電気工	全学部	27	286(12)	274(11)	158(7) 〈12(1)〉	1.7
		学部個別	27	228(9)	213(9)	104(5)	2.0
	電子工	全学部	29	404(18)	384(17)	225(12)	1.7
		学部個別	29	343(6)	329(6)	155(3)	2.1
	機械システム工	全学部	37	775(56)	746(54)	426(37)	1.8
		学部個別	32	673(39)	636(36)	301(13)	2.1
	機械理工	全学部	27	405(21)	394(20)	237(14)	1.7
		学部個別	23	299(12)	278(11)	168(5)	1.7
	機能分子・生命化	全学部	26	446(152)	438(151)	247(74)	1.8
		学部個別	27	388(131)	366(127)	185(57)	2.0
	化学システム創成工	全学部	26	515(142)	508(141)	290(68)	1.8
		学部個別	27	461(110)	439(108)	248(59)	1.8
	環境システム	全学部	16	409(98)	394(93)	172(42) 〈9(3)〉	2.3
		学部個別	17	339(66)	313(56)	137(24)	2.3
	数理システム	全学部	11	242(33)	227(30)	97(11)	2.3
		学部個別	13	227(22)	210(19)	107(5)	2.0

(表つづく)

学部・学科等		日程	募集人員	志願者数	受験者数	合格者数	競争率
生命医科	医工	全学部	30	276(82)	262(75)	138(45)	1.9
		学部個別	36	349(79)	322(70)	177(42)	1.8
	医情報	全学部	30	224(90)	215(85)	113(40)	1.9
		学部個別	36	216(68)	207(64)	104(33)	2.0
	医生命システム	全学部	17	388(240)	372(234)	153(93)	2.4
		学部個別	24	338(199)	311(185)	134(80)	2.3
スポーツ健康科		全学部(文系)	90	252(89)	245(87)	68(27)	3.6
		全学部(理系)		104(19)	99(17)	36(9)	2.8
		学部個別(文系型)		371(117)	355(112)	104(35)	3.4
		学部個別(理系型)		100(17)	94(16)	39(8)	2.4
心理		全学部(文系)	79	411(257)	402(252)	111(72)	3.6
		全学部(理系)		74(31)	69(28)	22(8)	3.1
		学部個別		571(353)	550(345)	163(102)	3.4
グローバル・コミュニケーション	英語コース	全学部	50	172(95)	166(92)	37(24)	4.5
		学部個別		366(206)	358(202)	88(41)	4.1
	中国語コース	全学部	26	46(39)	46(39)	20(16)	2.3
		学部個別		85(57)	83(55)	45(30)	1.8
グローバル地域文化	ヨーロッパコース	全学部	46	172(112)	170(110)	59(40)	2.9
		学部個別		293(173)	286(168)	101(54)	2.8
	アジア・太平洋コース	全学部	37	121(104)	117(100)	43(33)	2.7
		学部個別		203(165)	198(161)	79(65)	2.5
	アメリカコース	全学部	31	88(52)	83(50)	26(17)	3.2
		学部個別		212(123)	199(118)	63(36)	3.2
合計			3,480	37,726 (12,860)	36,203 (12,414)	13,570 (4,368)	—

(備考) 理工学部電気工・環境システム学科においては，全学部日程において第２志望合格を実施した。合格者数の〈 〉内は第２志望合格者で外数。競争率は第１志望合格者数より算出している。

合格最低点（一般選抜入試）

●合否の目安

合否の判定は３教科の合計得点により行われる。

合格最低点は以下に示すとおりであるが，**法・経済学部の英語については基準点(80 点)** が設けられており，英語が 79 点以下の場合，３教科の総得点が合格最低点を上回っていても不合格となる。

●選択科目間の得点調整について

両日程・全学部において，選択科目間の得点調整が実施されている。計算式は以下のとおり。

150 点満点の場合

$$\text{調整点}=\frac{\text{得点}-\text{当該科目の平均点}}{\text{当該科目の標準偏差}}\times 15+\text{選択科目全ての平均点}$$

200 点満点の場合

$$\text{調整点}=\left[\frac{\text{得点}-\text{当該科目の平均点}}{\text{当該科目の標準偏差}}\times 15+\text{選択科目全ての平均点}\right]\times\frac{200}{150}$$

ただし，調整点＜０の場合，調整点は０点。また，調整点＞150（200）の場合，調整点は 150 点（200 点）。なお，当該科目の得点が０点または満点の場合，得点調整は行われない。

●全学部日程

学部・学科等		満点	2024	2023	2022
神		500	347	365	365
文	英文	500	338	357	358
	哲		348	355	367
	美学芸術		348	365	364
	文化史		353	372	367
	国文		353	361	373
社会	社会	500	373	387	384
	社会福祉		350	358	361
	メディア		371	374	382
	産業関係		339	373	363
	教育文化		353	369	364
法	法律	500	351	371	374
	政治		348	375	374
経済		500	345	368	359
商	商学総合	500	353	379	368
	フレックス複合		353	379	368
政策		500*	355	383	406
文化情報		文系 500	344	354	354
		理系 550	309	296	300
理工	インテリジェント情報工	550	350	332	335
	情報システムデザイン		350	334	329
	電気工		①301 ②308	①300 ②301	①305 ②310
	電子工		317	304	313
	機械システム工		301	305	295
	機械理工		304	①300 ②303	301
	機能分子・生命化		318	297	297
	化学システム創成工		320	296	303
	環境システム		①321 ②337	①315 ②330	①322 ②339
	数理システム		352	342	347

（表つづく）

学部・学科等		満点	2024	2023	2022
生命医科	医工	600	316	311	314
	医情報		308	320	301
	医生命システム		358	350	350
スポーツ健康科		文系 500	319	344	345
		理系 550	260	279	273
心理		文系 500	356	375	372
		理系 500	314	312	319
グローバル・コミュニケーション	英語コース	550	407	425	424
	中国語コース	500	340	359	358
グローバル地域文化	ヨーロッパコース	500	358	391	376
	アジア･太平洋コース		357	377	370
	アメリカコース		364	370	374

（備考）理工学部の①は第 1 志望合格者の最低点，②は第 2 志望合格者の最低点を示す。

＊2023・2022 年度は 550 点満点。

●学部個別日程

学部・学科等		満点	2024	2023	2022
神		500	351	376	338
文	英文	500	327	367	360
	哲		337	365	369
	美学芸術		340	372	364
	文化史		343	381	370
	国文		342	370	376
社会	社会	500	372	395	377
	社会福祉		347	359	352
	メディア		369	380	374
	産業関係		335	378	349
	教育文化		349	375	354
法	法律	500	340	357	371
	政治		337	360	371
経済		500	334	357	359
商	商学総合	500	366	394	344
	フレックス複合		366	394	344
政策		500	371	356	373
文化情報		文系型 500	353	360	367
		理系型 550	328	324	303
理工	インテリジェント情報工	450	267	273	253
	情報システムデザイン		263	272	240
	電気工		235	240	236
	電子工		248	257	246
	機械システム工		244	258	235
	機械理工		244	250	229
	機能分子・生命化		233	241	223
	化学システム創成工		235	248	228
	環境システム		246	259	231
	数理システム		257	260	248
生命医科	医工	500	303	276	268
	医情報		290	288	259
	医生命システム		334	308	298

（表つづく）

学部・学科等		満点	2024	2023	2022
スポーツ健康科		文系型 500	339	349	349
		理系型 550	307	302	288
心理		500	369	393	351
グローバル・コミュニケーション	英語コース	550	396	414	425
	中国語コース	500	325	339	354
グローバル地域文化	ヨーロッパコース	500	370	405	360
	アジア・太平洋コース		369	392	352
	アメリカコース		375	384	357

募集要項（願書）の入手方法

大学案内・入試ガイドは6月に発行される予定です。一般選抜・大学入学共通テスト利用入試の入試要項の発行時期については大学ホームページ等でご確認ください。郵送をご希望の方は，大学ホームページよりお申し込みください。テレメールでも請求できます。

問い合わせ先

同志社大学　入学センター入学課
〒602-8580　京都市上京区今出川通烏丸東入
TEL　075-251-3210〔直通〕
FAX　075-251-3082
ホームページ　https://www.doshisha.ac.jp
E-mail　ji-nyugk@mail.doshisha.ac.jp

気になること、聞いてみました！

在学生メッセージ

大学ってどんなところ？ 大学生活ってどんな感じ？
ちょっと気になることを，在学生に聞いてみました。

以下の内容は 2020～2022 年度入学生のアンケート回答に基づくものです。ここで触れられている内容は今後変更となる場合もありますのでご注意ください。

メッセージを書いてくれた先輩　［文学部］R.O. さん　［法学部］小野倫敬さん　安東賢信さん

大学生になったと実感！

大学からは自分で時間割を作成することができます。また，科目は自分の興味があることに応じて選ぶことができます。アルバイトやサークルをするのも自由です。しかし，高校までとは違い，進路などを考えるときには自分から説明会やインターンシップに足を運ばねばなりません。受け身ではいつまでも貴重な情報を得ることができないのが大学という場所だと思います。ですが，あらゆる面で，束縛されずにアクティブに活動できるのは大学生のいいところだと思います。（安東さん／法）

大学生活に必要なもの

大学生として必要なものはパソコンです。パソコンは授業中に調べものをしたり，レポートを作成したり，さらには履修登録をするために使用したりと必須アイテムです。大学にもパソコンがありますが，自分のパソコンを持っていないと自宅や授業で使用する際に困る場合があるので，自分のパソコンを用意することをおすすめします。また，Wi-Fiなどのインターネットが使える環境の準備も必要です。（小野さん／法）

この授業がおもしろい！

文化史学科日本史コースの必修科目である日本文化史演習。少人数で行われる漢文講読の授業で，学生それぞれに漢文史料が割り振られて，それについて調査して発表を行うことを主としている。他の人の発表を聞くと，自分の力ではわからなかった新たな発見があってとてもおもしろい。（R.O. さん／文）

おもしろい授業は外交論についての授業です。歴代日本首相のアメリカとの外交について学ぶことができる授業です。この授業では，メディアに多数出演されている有名教授の話を聞くことができ，日米関係についての理解を深めることができます。戦後公開された映画「ゴジラ」のゴジラは何を表しているのか，亡くなった日本兵なのか，アメリカ人なのか，など身近な題材を基にした話もあり，教授の研究に引き込まれました。（小野さん／法）

部活・サークル活動

演劇のサークルに入っている。年に4回ほど新町キャンパスにある小ホールで公演を行っており，それに向けた稽古が主な活動内容となっている。同志社大学には演劇のサークルが複数あり，他にも多種多様なサークルがあるので，自分に合ったサークルを選択することができる。（R.O. さん／文）

私は2つのサークルに所属しています。1つ目は野球のサークルで，週に1回程度，集まって野球をしています。私は野球初心者ですが楽しく活動しています。2つ目はキャンプのサークルで，子供たちが夏休みにキャンプをする際にボランティアをするサークルです。子供たちと川遊びをしたりご飯を作ったり，かけがえのない思い出をつくることができます。（小野さん／法）

交友関係は？

入学式で話しかけてくれた人と仲良くさせてもらっている。また，少人数クラスで席が隣の人に話しかけると仲良くなれると思う。積極的に話しかけることが大切。先輩とはやはりサークルを通じて交流することがメインだと思う。交友関係を広げるためには積極性は不可欠だと感じている。（R.O. さん／文）

いま「これ」を頑張っています

現在，高校からやっているギターを猛練習しています。軽音サークルにも入っているので1曲でも多くの曲を上手に弾けるようになれたらと思っています！ サークルの中では，自分の知らないバンドや曲のことを共有できるのでいい刺激になっています。（安東さん／法）

おススメ・お気に入りスポット

大学の図書館。蔵書数も多く，落ち着いた雰囲気で勉強や読書に集中できる。また，古書特有の独特な香りが漂っている書庫も気に入っている。中には史料がたくさんあり，レポートや発表資料の作成に非常に役立つ。(R.O. さん／文)

大学周辺のお気に入りスポットは鴨川です。鴨川周辺は夏でも涼しいので散歩をするのに快適です。その他にも自転車で 20 分くらいの場所に河原町があるので買い物ができますし，地下鉄に乗れば 10 分程度で京都駅に行けるので，学校の立地がとてもいいです。（小野さん／法）

入学してよかった！

同志社大学に入学してよかったと思うことは，自分に刺激を与えてくれる友人が多いことです。中国語検定 1 級を持っている友人や，弁護士を目指して必死に勉強している友人など，尊敬できる友人は多岐にわたります。そのような友人たちとの出会いを通して自分の世界観を広げることができました。（小野さん／法）

高校生のときに「これ」をやっておけばよかった

受験英語だけでなく，英会話など実践的な英語にもっと触れておけばよかったと痛感している。同志社大学は外国人留学生も多く，また英語教育にも力を入れているため，英語が苦手で受験英語の勉強しかしてこなかった自分にとって，ついていくのが難しいという状況になってしまっている。(R.O. さん／文)

合格体験記

みごと合格を手にした先輩に，入試突破のためのカギを伺いました。
入試までの限られた時間を有効に活用するために，ぜひ役立ててください。

（注）ここでの内容は，先輩方が受験された当時のものです。2025 年度入試では当てはまらないこともありますのでご注意ください。

・アドバイスをお寄せいただいた先輩・

Message

N.M. さん　文学部（美学芸術学科）
全学部日程 2024 年度合格，愛媛県出身

試験前日は新しい問題に取り組んでわからないと焦ってしまうかもしれないので，今まで取り組んできたインプットを繰り返しました。自信にもつながりますし，基礎が大切な同志社大学では最後まで戦力を高められました。

Message

T.Y. さん　法学部（法律学科）
全学部日程・学部個別日程 2024 年度合格，茨城県出身

周りに流されるのではなく，自分のレベルや現状に合わせて，試験日までに淡々とこなしていくことです。

M.Y. さん　政策学部
全学部日程 2024 年度合格，三重県出身

私は浪人生でした。毎朝同じ時間に起きて同じ時間に予備校に行って勉強するというサイクルを習慣化させました。早寝早起き朝ごはんを徹底していたので風邪をひくこともなかったです。人より早く予備校や学校に行って勉強するなどのちょっとした差が後々大きな差を生むことになると思います。受験期間は自分のやりたいことを我慢して勉強漬けの毎日になるとは思いますが，勉強だけの生活で自分が壊れてしまわないように，日々の中にちょっとした娯楽を入れることも大切です。

その他の合格大学　立教大（観光），國學院大（観光まちづくり），名城大（法），愛知大（地域政策〈共通テスト利用〉）

S.K. さん　理工学部（インテリジェント情報工学科）
学部個別日程 2024 年度合格，神奈川県出身

最後まで諦めないことです。わからなくても，わかることを最後まで諦めずに書き続けることが肝心です。私はそれで合格最低点＋ 8 点で滑り込みました。

その他の合格大学　明治大（理工〈情報科〉），立命館大（情報理工〈共通テスト利用〉）

T.U. さん　スポーツ健康科学部
全学部日程（文系）2024 年度合格，滋賀県出身

とても基本的なことですが，睡眠時間をしっかりと確保して，栄養バランスのよい食事をし，適度にランニングなどの運動をしたりして，健康的な生活を続けたうえで，勉強していました。特に適度に運動することはとてもよかったと思っていて，ちょっと体を動かすだけでむしろその 1 日の自分の調子がよくなって，勉強により集中して取り組めました。

その他の合格大学　近畿大（経営〈経営〉），京都産業大（経営）

A.N. さん　社会学部（教育文化学科）
全学部日程・学部個別日程 2023 年度合格，兵庫県出身

合格のポイントは，正確に，確実に問題を解けるように練習したことです。同志社大学は標準レベルの問題が出題されますが，標準的な問題だからこそ他の受験生が取れるような問題を落としてはいけません。特に，英語や国語では 1 問の配点が高い問題が多くあり，その問題の出来で合否が変わる可能性が十分にあります。練習すれば必ず高得点を狙える実力を手に入れることができます。また，記述問題の対策も合格するために必要です。しっかりと自分の答案を解答用紙に表現できるように頑張ってください。

その他の合格大学　立命館大（経済〈共通テスト利用〉），関西大（経済，社会）

Message

H.S. さん　生命医科学部（医生命システム学科）
全学部日程 2023 年度合格，広島県出身

合格するために最も大切なのは，本番の精神力だと思います。私は，本番では物理と数学で苦戦し，過去問と比べても全然できませんでした。絶望的でしたが，得意の英語で持ち直し，英語では 8 割を取ることができました。本番ではいかに気持ちをコントロールして，最後まで粘れるかが重要だと思います。また私は，本番に弱いタイプだとわかっていたので，どんなに緊張してもある程度の力は出せるよう，たくさん演習しました。本番で精神を安定させるための準備も大切だと思います。受験勉強や本番の試験で，つらいこと，焦ることはたくさんあると思います。それでも，私のように絶対に不合格だと思っても受かることはあるので，最後まで諦めないで頑張ってほしいです。

その他の合格大学　立命館大（薬〈共通テスト利用〉）

Message

N.I. さん　商学部
学部個別日程 2021 年度合格，兵庫県出身

英単語を 2 年生の間にある程度覚えておいたことが，後々とても役に立ったと思います。英文を読んだときに知っている単語があると，スラスラ読めてモチベーションも上がるからです。なので，受験生の方は早めに英単語を覚えておくことをおすすめします。

その他の合格大学　同志社大（法，経済，政策）

入試なんでもQ&A

受験生のみなさんからよく寄せられる，
入試に関する疑問・質問に答えていただきました。

Q 「赤本」の効果的な使い方を教えてください。

A 志望校を決定した高3の4月に赤本で一通り問題形式を確認しました。1年の学習の指針を立てるためにも早めに一度目を通しておくべきです。本格的に取り組み始めたのは10月頃でした。周りは8月頃から取り組んでいたので焦りはありましたが，きちんと基礎ができてから取り組めたので，結果としては正解でした。同志社大学の英語は問題形式が同じなので，英語は志望学部にかかわらず全部解きました。

(N.M. さん／文)

A 最新年度の問題は，自分のレベルや志望校との距離を測るために，すぐに解きました。解き終わったら，何が足りなくてどうすればよいのかといった分析，次につなげる対策，そして解いた年度の過去問の復習をしっかりしました。その後に第一志望の学部以外の赤本も解くことで，形式に慣れたり，問題集として利用したりしました。最後に，時間配分の確認や本番当日と同じ時間割で解くといった仕上げとして残りの年度の問題を解きました。

(T.Y. さん／法)

Q　1年間のスケジュールはどのようなものでしたか？

A　高2の12月くらいから英文法や古典文法，単語などの基礎をやり始めて，文法事項に関しては夏休みまでにはほぼ完璧にしました。単語に関しては受験直前まで1個でも多く覚えようと継続してやりました。理想としては単語も夏休みまでに完璧にできれば強いと思います。僕は3科目受験だったので，とにかく配点の高い英語に一番勉強時間を割きました。現代文は，毎日継続して文章を読むように努力すれば感覚が染みついてきます。社会は，僕は始めるのが少し遅くて本格的には夏休みから始めたのですが，もう少し早く取りかかっておけば受験直前での仕上がりがよかったんだろうなぁと少し後悔しています。けれど，社会は最後の最後まで粘れば成績は伸びます！　受験直前に自分の思う完成度じゃなかったとしても，諦めずに最後まであがき続けてください。

（T.U. さん／スポーツ健康科）

Q　どのように学習計画を立て，受験勉強を進めていましたか？

A　1カ月の目標や終わらせたい参考書から逆算して1週間の計画を立てていました。計画はある程度の余裕をもたせて立てました。また，2カ月に一度，共通テスト模試を受けていたので，それで基礎が不足している苦手科目や分野を特定し，3科目の勉強時間を調節していました。

（N.M. さん／文）

A　英文法が苦手だったので，予備校の授業で習ったことをしっかり復習しました。全然身についていないなと思ったら毎日連続で復習し，定着してきたなと思ったら3日置きに復習するなど間隔を空けていきました。前日に次の日にすることをメモして，次の日にすぐ勉強に取りかかれるようにしました。うまく進まない日もあるので，そんな日のために何も予定を入れない予備日も作っておきました。日本史は最後のほうに近現代史が残ってしまわないように，10月くらいまでには一通り終わらせました。

（M.Y. さん／政策）

Q 学校外での学習はどのようにしていましたか？

A 家ではあまり勉強に集中できなかったので，休日や長期休暇は1日中塾にこもっていました。朝は10時からの開校でしたが，それまでは家ではあえて勉強しませんでした。塾に行くまでの時間は，軽くランニングをしたりニュースを見たりなど，なるべく遊び過ぎずに勉強以外のことをするように意識していました。電車で塾に通っていたので，電車に乗った瞬間にその日の勉強はスタートです。電車に乗っているときは，ひたすら単語を覚えまくりました。正直なところ，僕の受験勉強のなかで一番頑張ったなと思うのは，この時間です。座ってしまうとどうしても眠くなって全く頭に入っていないことに気づいてからは，意地でも立って単語帳を開いていました（笑）。往路は英単語，復路は古文単語などとすることを分けると，より集中力が上がった気がします。これを毎日，受験本番まで続けました。　(T.U. さん／スポーツ健康科)

Q 時間をうまく使うためにしていた工夫があれば，教えてください。

A キッチンタイマーを使って時間を計り，45分勉強したら15分休憩（スマホも漫画もOK）ということをしていました。これならモチベーションも保てるし，かなり効率よく勉強することができます。また，英語などの暗記科目は電車やバスの中で取り組みました。家から高校まではバス・電車で片道1時間半程度で，往復しっかりと勉強すれば約3時間近くの勉強時間を手に入れることができました。　(S.K. さん／理工)

Q 同志社大学を攻略するうえで，特に重要な科目は何ですか？

A 英語です。配点が高いのと，得点調整がなくそのまま反映されるので，重要です。同志社大学は語彙力が大切なので，単語帳は『英単語ターゲット 1400』と『同 1900』（旺文社），『速読英単語　上級編』（Z 会），『システム英単語』（駿台文庫）の 4 冊を使いました。また，文法力も重要なので『Next Stage 英文法・語法問題』（桐原書店）で強化しました。そして何よりも長文に慣れる必要があるので，『やっておきたい英語長文』シリーズ（河合出版）や他大学の過去問を解きました。英作文は，実際に第三者に見てもらい添削してもらうことが大切です。日本語の微妙なニュアンスが英語に訳せていなかったりするのは自分ではなかなか気づけないので，私の場合は家庭教師の先生に添削してもらいました。

（N.M. さん／文）

A 数学です。理系であれば配点も高いですが，高難度のため「途中点をガッツリ取る」ということを心がけなければなりません。私は，赤本でわからなかった問題の解答例と自分の解答を見比べながら，考え方の違いを整理したり，赤本の解答例通りに自分で解答を作成してみたりということを繰り返しました。このようにすると自ずと合格につながる解答の書き方のコツが見えてくるのではないかと思います。他の同傾向の過去問を解いてみるのもよいでしょう。　（S.K. さん／理工）

Q 苦手な科目はどのように克服しましたか？

A 私は国語がとても苦手でした。特に現代文のできるときとできないときの波が激しかったです。しかし，予備校の授業を受けて，教えてもらったことを徹底的に身につけたおかげで，本番でも緊張することなく力を発揮できました。同志社大学の国語には記述問題がありますが，現代文の解き方がしっかり身についていれば何も怖くありません。また，古文は単語が重要だと思います。早いうちに覚えてしまいましょう。助動詞などの古文文法もしっかりとやるべきです。　（M.Y. さん／政策）

Q 併願をするうえで重視したことは何ですか？
また，注意すべき点があれば教えてください。

A 私は後悔しないように，受けるか迷った大学は基本受けました。ただし，３日連続受験することは避けました。自分でも気づかないうちに精神的にも体力的にも疲れます。また，大学の出題形式によって向き不向きが多少あります。過去問を見ていて，自分と相性が悪すぎると思うなら，併願校を変えてみてもいいかもしれません。たまに本命しか受けない人がいますが，それはあまりおすすめしません。１校だけでも練習として受けておくと本命大学の受験のときに，あまり緊張せず，力を発揮できると思います。（M.Y. さん／政策）

Q 試験当日の試験場の雰囲気はどのようなものでしたか？
緊張のほぐし方，交通事情，注意点等があれば教えてください。

A 試験当日は，ほぼ確実に緊張します。僕は，なるべく気持ちを落ち着かせるために，受験勉強を始めたときからずっと続けてきて一番長い時間一緒にいたであろう単語帳を静かに見返していました。あれこれ見るのではなく，何か１つだけ自分のお気に入りの参考書などを試験会場に持って行って，じっくりとそれを読むのが一番緊張がほぐれるような気がします。また，僕は試験会場に着く時間を意識しました。８時半から試験会場に入室可能だったので，なるべく早めに自分の席についてイメトレをしていました。よい結果を出すには，もちろんそれまでの勉強の頑張りも必要だけれど，当日の自分のコンディションをよくして最大限のパフォーマンスをすることも必要です。当日に自分でできるあらゆる準備をしたうえで試験に臨むとよいと思います。あとは，周りには賢そうな受験生がたくさんいますが，あまり気にしてはいけません。あくまで自分との戦いです。試験中に自分のできることにだけ集中すればよい結果は望めるはずです。（T.U. さん／スポーツ健康科）

Q 受験生へアドバイスをお願いします。

A 失敗したと思った科目があっても最後まで諦めず，とりあえず力を出し切って答案は全部埋めましょう。私は当日，英語の試験の手応えがなくて絶対ダメだと思い，すぐに帰りたい気持ちにさえなりましたが，なんとか残りの国語や日本史の試験も終えました。正直言って合格発表まで合格している自信はありませんでしたが，得点開示を見てみると国語や日本史だけでなく，英語も英作文や和訳を諦めずに書いたことで得点がもらえていました。あなたが一生懸命に書いた答案はきちんと採点者に見てもらえます。最後まで頑張ってきた全力を出し切りましょう。

(N.M. さん／文)

科目別攻略アドバイス

みごと入試を突破された先輩に，独自の攻略法や
おすすめの参考書・問題集を，科目ごとに紹介していただきました。

英語

とにかく語彙力を強化しましょう。同志社大学の英語は単語単体で問われることもあるなど，何かと語彙が必要です。　(N.M. さん／文)

おすすめ参考書 『速読英単語 上級編』（Z会）

同志社大学の英語はさまざまな分野の専門的話題から出題されることが多いですが，多くが選択式の問題ですから，単語さえわかれば雰囲気はつかめるのではないでしょうか。私は『リンガメタリカ』の文章と単語・熟語を何周も口に出して大きな声で音読し，頭に叩き込んでいきました。

(S.K. さん／理工)

おすすめ参考書 『話題別英単語リンガメタリカ』（Z会）

日本史

日本史は時代の流れをしっかり攻略することが大切です。「いつ，どこで，どうしてそのような戦いが起こったのか？」「なぜ○○の輸出が増えたのか？」など，教科書に書かれている前後関係をしっかり把握しておきましょう。同志社大学の日本史は記述問題もあります。日頃から漢字を書く練習をして本番で頭が真っ白にならないように気をつけてください。

（M.Y. さん／政策）

おすすめ参考書　『実力をつける日本史 100 題』（Z 会）
『詳説日本史』（山川出版社）

世界史

年号は必ず覚えておいてください。語呂をつかって覚えると速く覚えられると思います。また，用語だけではなくて背景も知っておくと，正誤判定問題で役に立つと思います。（N.I. さん／商）

数　学

同志社大学の文系数学はとても難しい問題が出題されることがありますが，それにくじけないことです。また，記述式の問題が 2 題あり，その問題では解答のプロセスをわかりやすく，また理にかなったものを書くことを心がけて解答を作成することです。（A.N. さん／社会）

おすすめ参考書　『理系数学の良問プラチカ』（河合出版）

物　理

いかに基本をきちんとおさえて応用問題につなげられるかがポイントです。（H.S. さん／生命医科）

おすすめ参考書　『実戦 物理重要問題集 物理基礎・物理』（数研出版）

国　語

設問の趣旨をしっかり把握することです。問われていることに答えないと，せっかく書いた答案も点数がつかなくなります。　(T.Y. さん／法)

現代文の正確な解き方を身につけることがポイント。古文単語，古文助動詞は早いうちに覚えましょう。　(M.Y. さん／政策)

おすすめ参考書　『つながる・まとまる古文単語 500PLUS』（いいずな書店）

『望月光　古典文法講義の実況中継①・②』（語学春秋社）

TREND & STEPS

傾向 と 対策

科目ごとに問題の「傾向」を分析し，具体的にどのような「対策」をすればよいか紹介しています。まずは出題内容をまとめた分析表を見て，試験の概要を把握しましょう。

注 意

「傾向と対策」で示している，出題科目・出題範囲・試験時間等については，2024 年度までに実施された入試の内容に基づいています。2025 年度入試の選抜方法については，各大学が発表する学生募集要項を必ずご確認ください。

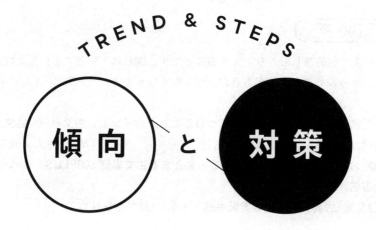

英　語

年度	番号	項　目	内　容
2024	〔1〕	読　　解	空所補充，同意表現，内容説明，語句整序，主題（小見出し），内容真偽
	〔2〕	読　　解	空所補充，同意表現，内容説明，語句整序，内容真偽，英文和訳
	〔3〕	会 話 文，英 作 文	空所補充，和文英訳
2023	〔1〕	読　　解	空所補充，同意表現，内容説明，語句整序，内容真偽
	〔2〕	読　　解	空所補充，同意表現，内容説明，語句整序，内容真偽，英文和訳
	〔3〕	会 話 文，英 作 文	空所補充，和文英訳
2022	〔1〕	読　　解	空所補充，同意表現，内容説明，語句整序，内容真偽
	〔2〕	読　　解	空所補充，同意表現，内容説明，語句整序，内容真偽，英文和訳
	〔3〕	会 話 文，英 作 文	空所補充，和文英訳

読解英文の主題

年度	番号	主　題
2024	〔1〕	ミツバチの言語の習得と伝承
	〔2〕	親切な行為が生む幸福感に関する研究
2023	〔1〕	Huh? という言葉の重要性と普遍性
	〔2〕	画面上で文章を読むときの問題点
2022	〔1〕	人類の実年齢を示す新発見について
	〔2〕	食品ロスを減らす取り組み

傾向　長文読解中心の出題　速読力と精読力の養成が不可欠

01 出題形式は？

例年，試験時間 100 分で，読解問題 2 題，会話文問題 1 題の計 3 題という構成である。ほとんどの設問が選択式であるが，記述式は，読解問題の中で英文和訳が，また会話文問題の中で和文英訳が，それぞれ 1 問ずつ出題されている。

02 出題内容はどうか？

読解英文は論説文や説明文の出題が中心で，内容は人文・社会・自然科学とバラエティーに富んでいる。英文の主旨がはっきりしており，語彙的には標準～やや難レベルであるが，語注を参照することができる。ただ，論説文独特の表現（たとえば，同一のものを何通りかの表現で説明するなど）に慣れていないと，やや読みにくいかもしれない。設問の内容は，記述式の英文和訳のほかに，空所補充，同意表現，内容説明，内容真偽，語句整序などが頻出である。選択肢にかなり長い英文が含まれることがある。

会話文のテーマは日常的なものを中心に，やや専門的なものが取り上げられることもある。設問は空所補充と記述式の和文英訳である。

全体としては読解問題の分量が圧倒的に多く，明らかに読解力や情報処理の速度が重視されている。また，会話文問題の分量も，入試問題としては多い部類に入る。速読即解力をみることが主眼であると考えられる。

03 難易度は？

個々の設問をみると，全体的には標準的なレベルの問題であるが，なかには紛らわしい選択肢を含む問題や，慣用表現に関する深い知識を要求する問題もある。和文英訳は例年標準的なものである。

英文も設問も標準的であるとはいえ，100 分の試験時間内にこれだけの量の英文を読み，なおかつ正解に達するのは容易ではない。普段から長文読解のトレーニングを積んでおくことが不可欠である。

対策

01 精読力＋速読力を養成する

英文を読むには，よく言われるように，「精読力」と「速読力」の両方が要求される。内容説明や内容真偽の選択問題などは「精読力」を必要とする設問である。一方，〈傾向〉でも述べたように，大量の英文を処理する力も同時に要求されている。つまり，精読力だけでは不十分で，「速読力」も身につけていなければ合格は望めない。

精読力を身につけるには，次のような学習法が適している。まずは学校の授業を中心として基礎を固め，参考書や問題集で応用力を高める。特に大切なのが，構文・承前語句・文法・語法などに注意しながら綿密に読むことである。難しそうな箇所や複雑な構文が使われているところは，和訳をして英文和訳の練習も同時に行ってしまおう。不明な箇所は，文法書や辞書で徹底的にチェックするようにしよう。『論理を捉えて内容をつかむ大学入試 英文解釈クラシック』（研究社）などを用いて精読演習に挑戦してみるのもよいだろう。

これに対して速読力（速読即解力）の養成には，副読本や英字新聞あるいは英語雑誌などを利用するのがよい。最近では，高校生でも理解できるレベルの英語を使った新聞や雑誌が数多く発行されている。とりわけ，入試問題に出題される英文は，比較的最近海外で評判になったエッセーや記事などが多く，その意味でも新聞や雑誌に触れておくのは有効である。*The Japan Times Alpha*（ジャパンタイムズ）や *Asahi Weekly*（朝日新聞社）などの英字新聞がよいだろう。

実際に入試で出題された問題を集中的に解くのも，効果的・実戦的な学習方法である。本シリーズや難関校過去問シリーズ『同志社大の英語』（教学社），『大学入試 ぐんぐん読める英語長文』（教学社），『竹岡の英語長文 SUPREMACY 至高の 20 題』（Gakken）などを用いるのが最適であろう。

02 文法知識を確実に

文法・語彙問題は独立した大問としては出題されていないが，読解力や英作文力の裏付けとしても大切なので，文法・語法の知識は身につけておかなければならない。信頼できる文法書を選び，１つの単元が終わるたびに問題集でチェックをして，不明な点は文法書に戻って復習をする。このような学習を繰り返し，１冊の文法書を完全に読破できれば，文法の力は定着するはずである。たとえば，受験生が間違えやすいポイントを完全網羅した総合英文法書『大学入試 すぐわかる英文法』（教学社）などを手元に置いて，調べながら学習すると効果アップにつながるだろう。最終チェックには過去の入試問題を用いるとよい。

03 英英辞典を活用する

同意表現など，類似の表現のニュアンスや用法の差を理解していないと解答できない設問が多い。この種の問題に対応するためには，語彙を増やすことが不可欠である。そのためには英英辞典を利用するのも一手である。英英辞典は語彙力の強化のほかに，速読即解力を養成するのにも大いに役立つし，和文英訳のセンスを磨くのにもつながる。『Longman Dictionary of Contemporary English（ロングマン現代英英辞典）』（Pearson Japan）などは，非英語圏に住む人向けの学習辞典として，日本だけでなく世界的に定評のある辞書である。

同志社大「英語」におすすめの参考書

Check!

- ✓『論理を捉えて内容をつかむ 大学入試 英文解釈クラシック』（研究社）
- ✓『The Japan Times Alpha』（ジャパンタイムズ）
- ✓『Asahi Weekly』（朝日新聞社）
- ✓『同志社大の英語』（教学社）
- ✓『大学入試 ぐんぐん読める英語長文』（教学社）
- ✓『竹岡の英語長文 SUPREMACY 至高の 20 題』（Gakken）
- ✓『大学入試 すぐわかる英文法』（教学社）
- ✓『Longman Dictionary of Contemporary English（ロングマン現代英英辞典）』（Pearson Japan）

赤本チャンネルで同志社大特別講座を公開中

実力派講師による傾向分析・解説・勉強法をチェック →

日本史

年度	番号	内　容	形　式
2024	〔1〕	平安時代・鎌倉前期の政治	記述・選択
	〔2〕	中世の建築・絵画　**✓視覚資料**	記述・選択
	〔3〕	鎖国下の長崎貿易，近代の貿易と産業経済　**✓グラフ**	選択・記述・正誤・計算
2023	〔1〕	旧石器時代～古墳時代の文化・社会・政治	選択・記述
	〔2〕	古代～中世の日朝関係	選択・記述
	〔3〕	江戸～大正時代の社会・経済・文化―「農業全書」「町人嚢」ほか　**✓史料**	記述・選択
2022	〔1〕	古墳・飛鳥時代～奈良時代の人物６人	選択・記述
	〔2〕	院政期～室町時代の絵画・建築　**✓史料**	記述・選択
	〔3〕	江戸中期～後期の政治，大正～昭和初期の恐慌	記述・選択

傾向　記述法に注意　政治史・文化史をベースに教科書精読を

01　出題形式は？

大問３題で，解答個数は60個程度である。例年は記述法と選択法の併用で，2024年度は正誤法も出題された。2022年度は記述法30個，選択法30個，2023年度は記述法32個，選択法27個，2024年度は記述法28個，選択法30個，正誤法６個であった。記述法では，リード文中の空所補充と，下線部分に関連させた人名・地名・書名などの語句記述がほとんどで，漢字の字数が指定されている場合もある。また，選択法では，語句選択問題のほかに，作者と著書名の組み合わせを選ぶものや，正しい年代配列や正文・誤文選択問題，空所に入る３つの語句の組み合わせ問題が出題されている。2024年度には初めて出題された正誤法のうち，１問は円グラフの読み取りにより，知識によらず正誤が判断できる設問であった。これらは新学習指導要領に沿った入試問題が導入されたといえる。試験時間は75分。

なお，2025年度は出題科目が「日本史探究」となる予定である（本書編集時点）。

02 出題内容はどうか？

時代別では，〔1〕（原始・）古代，〔2〕（古代〜）中世，〔3〕近世〜近(現)代のように，（原始・）古代〜中世の比率が高い年度（2022〜2024年度）が多いが，過去には〔1〕古代〜中世，〔2〕近世，〔3〕近(現)代のように，近世〜近(現)代の比率が高い年度もあった。2022・2024年度は原始と現代の出題がなく，2023年度は院政期から鎌倉時代と昭和以降の出題がなかった。このように，出題テーマにともなう変動はあるものの，おおむね幅広い時代を扱うよう考慮された内容であるといえる。

分野別では，2022年度は政治史が50%弱を占め，ついで文化史が全体の30%，社会経済史が15%，外交史は3%程度であった。2023年度は社会経済史が32%，ついで外交史27%，文化史23%，政治史16%程度であった。2024年度は政治史が32%，文化史27%，外交史26%，社会経済史15%程度であった。

史料問題については，2022年度はリード文中に引用される程度であったが，2023年度は近世2点，近代1点の史料を用いた出題があった。また，2024年度は絵画6点と円グラフ6点を用いた出題があった。歴史学習における諸資料（史料・視覚資料・地図・グラフなど）の活用を重視する新学習指導要領に沿って，史料や視覚資料を用いた問題にはいっそう注意を払っておきたい。

03 難易度は？

問題の大半は受験生の総合的な歴史理解力を試す標準レベルの問題であり，高校教科書の内容をきちんと把握していれば十分に対応できる。ただし，2022年度の「甘蔗」，2023年度の「檜」「赤瀾会」，2024年度の『春日権現験記』のように正確な記述が難しい語句や，2022年度の「吉備内親王」，2023 年度の「白保竿根田原洞穴遺跡」，2024 年度の『蔭凉軒日録』など，詳細な知識を要する出題も一部でみられる。しかし，難問に惑わされず，基本～標準問題のとりこぼしがないように心がけることが肝要である。見直しの時間がとれるよう，解ける問題からスピーディーに解答していこう。

対策

01 教科書を中心に理解を深める

ほとんどが教科書を重視した標準レベルの問題である。しかし，一部の詳細な知識を問う設問は，教科書脚注や地図・写真，用語集を参考に問題作成されている場合もある。『日本史用語集』（山川出版社）などの用語集で事項・人物に関して幅広く正確に知り，その内容をメモしておくことが有効である。近現代史については，年表やサブノートの空所補充だけですませることのないように，まずは政治・経済・外交を主軸に教科書を最後まで精読し，さらに社会・文化との関連に気をつけながら繰り返し読んで，時代・時期の特色を理解するように努めよう。

02 分野別・問題タイプ別対策を

分野別では出題の中心となる政治史を確実に押さえた上で，大問としての出題が定着している文化史への対策が必須である。2022・2024 年度は中世の絵画・建築，2023 年度は江戸時代の学問・思想・文学などが出題された。2022・2024 年度は中世の絵巻物・水墨画・障壁画の名称や絵画・建築の様式名といった出題がみられることから，図説を併用した文化史分野の精緻な学習が求められている。対策としては，早めに過去問を解いて問題の内容や難易を確かめておこう。また，社会経済史の対策も怠らないようにしたい。2022 年度は大正～昭和初期の恐慌について，2023 年度は江戸時代の農業，明治の経済，明治・大正の社会問題について，2024 年度は江戸時代～明治・大正・昭和初期の貿易・産業経済について出題されている。

問題タイプ別の対策では，リード文の空所補充問題の場合，空所の前段や後段にヒントや同じ空所が出てくる場合があるので，精読を心がけよう。また，３択・４択問題の場合，学校の授業や教科書では触れられないような難解な選択肢が１，２個含まれ，消去法を用いても１つに絞りきれないことがある。正解に至ることが困難でも，文意から，「いつ」「なぜ」を考えるように努めよう。正文・誤文を選択する問題の場合，一部の選択肢の正誤が判断不能でも，時代や条件のズレを考慮すれば正解となる文章は明快に判断できる場合が多いので，普段から過去問に取り組み，柔軟な対応ができるようにしておきたい。

03 記述問題に注意

漢字で正確に表記できるようにしよう。誤字・脱字による失点は致命的であるから，日常的に書いて覚えることを心がけたい。また，空欄に自分の解答をそのまま書き込んで，「（〇〇天皇）天皇」というような，語句の重複などのケアレスミスのないように注意しよう。

04 史料集・図説の活用を

2022 年度は史料を一部引用した問題がみられた程度である。しかし，2023 年度は近世２点，近代１点の史料が出題された。2024 年度は出題されていないが，新学習指導要領の導入を考慮すれば史料学習は必須であると考えたい。まず教科書に記載されている史料には一通り目を通し，『詳説 日本史史料集』（山川出版社）などで理解を深めてほしい。教科書は膨大な史料をわかりやすく解説したものであるから，なじみのない史料の場合は，必ず教科書の関連する記述を思い起こすようにしよう。

2024 年度は，円グラフから数的処理で正解を求める問題が初出された。他にも，絵画・彫刻・建築といった視覚資料の出題がみられ，過去には中国大陸における歴史地理的出題もあった。日頃から図説を使用した学習で，教科書学習を深化させる姿勢が必要である。その他，西暦年を問うたり，ある特定の年代幅に起こった事件を選択したり，文化作品の制作年代に着目した問題もよく出題されている。図説収載の年表やまとめを利用し，知識を年代順に整理して記憶するよう心がけよう。

05 過去問の練習

政策，文化情報，スポーツ健康科学部と著しく類似性のある，法，グローバル・コミュニケーション学部の過去問はもとより，それ以外の学部・日程の過去問にも，なるべく多く接して，解説を丁寧に読んでおくことを勧める。この作業によって，難問や，やや難レベルの設問は，過去にその語句が選択肢の語群に含まれていたり，別の角度からその人物や語句が問われていたりすることがわかる。過去問とまったく同じ問い方はされないものの，周辺知識が出題されることは多いので，過去問演習を丁寧にすることで，どの分野が出題されやすいか，自分の弱点分野はどこかを知ることができ，むやみに難解な知識をつめこむ必要がなくなる。リード文中には空所補充問題として出題されてもおかしくない歴史名辞が多く用いられているので，本書での解答後，リード文を「テキスト」として丁寧に読み返し，チェックペン等を用いて復習することは非常に有効である。なお，史料問題においても，同じ史料が再び出されることがあり，過去問への取り組みは大切である。

世界史

年度	番号	内　容	形　式
2024	〔1〕	中世から近世にかけてのヨーロッパの学芸の展開	選択・記述
	〔2〕	元から清にかけての諸王朝と周辺地域の関係	選択・記述・正誤
	〔3〕	フランス革命から二月革命までの時期のヨーロッパ文化	選択・正誤・記述
2023	〔1〕	イギリス王家の歴史	記述・選択
	〔2〕	19 世紀～20 世紀初頭の欧米	選択・記述・正誤
	〔3〕	中華人民共和国の歴史	選択・記述・正誤
2022	〔1〕	ルネサンスの時代	選択・記述・正誤
	〔2〕	東南アジアと交易の歴史	選択・記述・正誤
	〔3〕	18 世紀末～20 世紀の大英帝国	選択・正誤・記述

傾向　戦後史まで幅広い学習を　文化史・経済史に注目

01　出題形式は？

大問 3 題の出題で，各大問 50 点の合計 150 点満点。試験時間は 75 分となっている。選択法，記述法，正誤法での出題が続いている。同志社大学に特徴的な「2 つの短文の正誤判定」の問題は 2020 年度以降連続で出題されている。また，正しいものがいくつあるかを答える形式でも出題されている。

なお，2025 年度は出題科目が「世界史探究」となる予定である（本書編集時点）。

02 出題内容はどうか？

地域別では，年度により出題される地域の変動が大きくなっている。特定の国に限定するよりも，比較的幅広い地域を対象とした大問が出題される傾向がみられ，学習が手薄になりがちな地域から出題されることも多い。2021 年度はラテンアメリカ，2022 年度は東南アジアについて出題された。未学習の地域を残さないようにすることが大切である。

時代別では，古代から現代まで幅広く出題されているが，大問が 3 題と少ないため，年度によっては時代が偏る場合がある。さらに，ラテンアメリカや東南アジアなど，一定の地域について，古代から近現代までが通史的に出題されることもある。2023 年度は，20 世紀の中華人民共和国に関する出題がみられた。現代史については，グローバルな視点から全世界的に問われることもある。

分野別では，政治・外交史以外では，近年は，2023 年度以外で文化史から大問が出題されている。特に 2024 年度は〔1〕「中世から近世にかけてのヨーロッパの学芸の展開」，〔3〕「フランス革命から二月革命までの時期のヨーロッパ文化」と大問 2 題が文化史関連であったため，得点差が生じやすかったのではないだろうか。また，大問の中に文化史関連の小問が出題されることが多い。経済史に関しては，欧米各国のアジアへの進出という視点で過去にも大問として出題例があることから，文化史や経済史は要注意分野といえる。

03 難易度は？

例年，教科書の範囲を超えない基本的知識に関する問題がほとんどである。年代に関しては，年代把握を試す出題がみられる。基本的な歴史の流れを理解するとともに，歴史用語を正確に記述する力と，長い選択肢の文章を読みこむ読解力が求められる。

75 分の試験時間に対し，語群の選択肢は多く，長いリード文など読みこむ文章量も多いため，比較的難度は高い。効率のよい時間配分が求められる。

対策

01 教科書・用語集中心の学習

出題される問題のほとんどが教科書レベルで対応できるものなので，まずは教科書を精読することから始めるとよい。その際，重要語句をそれだけでなく，その前後の文章とのつながり，特にひとつの事件・事象の原因と結果に注目しながら読む習慣をつけるようにしたい。また，詳細な知識が要求されることもあるので，脚注や本文周辺の図表・地図・写真の解説なども精読しておきたい。教科書学習をある程度終えたら，『世界史用語集』（山川出版社）などを用いて重要事項に付随する内容を確認していくようにしよう。

02 各国別・地域別の重要事項の整理

問題の多くが教科書に準ずるとはいえ，同じ国・地域での長いスパンの歴史となると教科書では記述が分割されているため，それぞれの国別（フランス通史など），地域別（東南アジア通史など）で重要事項を年代順に整理しておこう。ヨーロッパや中国以外の地域から大問が構成されることも多いので，未学習の地域を残さないことが肝要である。教科書と並行して『各国別世界史ノート』（山川出版社）などのサブノートや『体系世界史』（教学社）などの問題集を使用するのも効果的である。

03 文化史・経済史・宗教史の重点学習を

文化史は，教科書レベルを超えるような内容はほとんどない。文化史の知識は学習した分だけ得点につながるので，用語集なども活用しながら重点的に取り組もう。学習の際には，単に人名と代表的な作品名を覚えるだけにとどまらず，時代的な背景や文化と文化のつながり（場合によっては影響を与えた文化人同士など）も整理しておこう。また，イギリス産業革命やキリスト教史・イスラーム教史など，経済・宗教をテーマとする問題もみられるので，しっかりと準備しておきたい。文化史とともに重点的な学習・整理が必要である。

04 年代と地理に強くなろう

年代関連問題も出題されているので，正確な年代把握に努めよう。特に19～20世紀の近現代史の学習では年代学習が効果的なので，ノートや年表などを利用して詳しく年代を整理し，把握しておきたい。また，地理的知識に関する設問もみられるので，教科書や図説などに掲載されている年代別の歴史地図で地域や都市，河川や島の位置関係，さらに時代による国家の領域の変遷などを確認しておく必要がある。学習の際には地名・領域などについて必ず確認する姿勢を身につけたい。一見手間に感じるかもしれないが，こうした手間が知識の定着に欠かせない。

05 現代史の対策

現代史が大問で出題されることもあるので，戦後史を含めた現代まで満遍なく学習しておく必要がある。特にアジアを中心とした近代末期以降の民族運動・独立運動に関する内容については，日本との関連にも注意しつつ地域・年代も含めて第二次世界大戦後までしっかりと確認しておこう。

06 過去問の研究を

学部間で問題の出題形式・傾向が似通っているため，他学部も含め過去問を研究し，その傾向を自分で確かめておこう。傾向が確認できれば，何をどのように学習すればいいのかという今後の学習の指針を得ることができるはずである。難問といえるものも，過去に出題されていたり，文系の他の学部で出題されたものと一部重複していたりする場合もある。他学部の問題も含めて，既出問題を研究し，またその際に疑問点を残さないように努めたい。

政治・経済

年度	番号	内　容	形　式
2024	〔1〕	日本の選挙制度	記述・選択・計算・正誤
	〔2〕	市場経済とその理論	記述・選択・正誤・計算
	〔3〕	日本の経済成長と社会の変化 ⊘グラフ	記述・選択・正誤
2023	〔1〕	日本の憲法と政治行政改革	記述・正誤・選択
	〔2〕	日本の税制 ⊘表	記述・選択・計算・配列・正誤
	〔3〕	日本の労働問題	記述・選択・正誤
2022	〔1〕	日本の憲法と国際問題	記述・正誤・選択
	〔2〕	資本主義経済と貧困	記述・選択・正誤
	〔3〕	地球環境問題	記述・選択・正誤

傾向　基本的事項の正確な知識・理解を幅広く問う　歴史的視点に立って現状を考える学習を

01　出題形式は？

例年，大問数３題，試験時間は75分となっている。主として記述法・選択法・正誤法からなっているが，年度によっては計算法や配列法も出題されている。記述法では，漢字・カタカナ・アルファベットや字数の指定がある場合があるので，指示どおりに解答する必要がある。

02　出題内容はどうか？

これまでに取り上げられた内容は，憲法規定や判例，人権問題，三権分立，司法の仕組み，地方自治，各経済主体の活動，市場メカニズム，国民所得，景気変動，金融・財政の仕組みや役割，国際経済機構，労働問題，社会保障，消費者問題，環境問題，国連の機構・活動など，きわめて幅広い分野にわたる。ただし，全体的にはやや経済分野に重点を置いた出題になっている。大部分は教科書レベルの基本事項だが，正誤問題などでは一部に資料集などで学んでおかなければ対応できない詳細な知識を問う問題も出題されている。2022 年度は〔2〕資本主義経済と貧困，〔3〕地球環境問題，2023 年度は〔2〕日本の税制，〔3〕日本の労働問題，2024 年度は〔1〕日本の選挙制度，〔3〕日本の経済成長と社会の変化などで，詳細な知識を試す問題が出題された。

03　難易度は？

問題の大部分が教科書レベルの基本事項から出題されている。基本用語の正確な知識を身につけ，正誤法・記述法に自信をもって対処できるようになれば，高得点も期待できるだろう。

対策

01　教科書の基本事項の確実な消化

多くが教科書レベルの基本事項をベースにしているので，教科書内容の確実な消化に努めることが何よりも大事である。学習にあたっては，あらゆる事象を歴史的展開の中で考察することを習慣づける必要がある。また，正確な用語知識が重視されていることから，『政治・経済用語集』（山川出版社）や『用語集 政治・経済』（清水書院）などを十分に活用し，実際にノートなどに書いて用語を覚えるなど，正誤法・記述法に自信をもって対処できるようにしておかねばならない。

02 資料集の活用

急激に変化する現実社会の動きを理解する上で，最新データに基づいた政治・経済資料集の活用は不可欠である。重要法令の内容や主要統計の数値，年表事項などに関する最新知識だけではなく，コラム欄や脚注なども丁寧に読み込み，重要テーマの要点整理や内容理解に役立てよう。

03 時事問題学習への取り組み

科目の性質上，政治・経済全般にわたる最新の知識を身につけることが求められる。日ごろから新聞やテレビのニュース，インターネットなどを利用して，時事問題について情報を収集し，考察する習慣を身につけておきたい。また，重要事項はノートにまとめておくとよい。最新版の『現代用語の基礎知識』（自由国民社）などを主要テーマごとに集中的に読み込んで，キーワードの正確な知識を身につけるとともに，状況の理解や問題意識を深めるために役立て，時事問題の学習参考書として大いに活用しよう。

数　学

年度	番号	項　目	内　容
2024	〔1〕	小 問 4 問	(1)四角錐の高さ，内接する球の半径 (2)対数方程式 (3)等差数列と等比数列の共通項 (4)反復試行の確率
	〔2〕	データの分析	2つのデータの平均，分散の計算　✓証明
	〔3〕	微・積分法	3次関数のグラフと x 軸で囲まれる部分の面積，3次関数の最小値
2023	〔1〕	小 問 2 問	(1)さいころの出た目を係数とする2次方程式の解に関する確率 (2)三角比，加法定理，tanαが整数になる条件
	〔2〕	積 分 法	文字定数を含む2次関数および絶対値記号のついた関数，定積分の計算，2次関数のグラフと x 軸で囲む部分の面積，文字定数，絶対値記号を含む2つの定積分の差
	〔3〕	データの分析	四分位数，階級値，平均値，真の平均値と度数分布表から得られる平均値との差　✓証明
2022	〔1〕	小 問 3 問	(1)三角比を含む不等式と確率 (2)3次関数と2次関数のグラフの囲む部分の面積 (3)平均値，分散，共分散，相関係数
	〔2〕	平面図形	中心角と円周角の関係，三角形の面積
	〔3〕	図形と方程式	通る4点が与えられた3次関数，点と直線の距離，三角関数の加法定理・合成

出題範囲の変更

2025年度入試より，数学は新教育課程での実施となります。詳細については，大学から発表される募集要項等で必ずご確認ください（以下は本書編集時点の情報）。

2024年度（旧教育課程）	2025年度（新教育課程）
数学Ⅰ・Ⅱ・A・B（数列，ベクトル）	数学Ⅰ・Ⅱ・A・B（数列）・C（ベクトル）

傾向　幅広い分野から出題　思考力・計算力を要する問題に注意

01　出題形式は？

例年，大問3題の出題で，試験時間は75分である。〔1〕は空所補充問題であり，小問集合で出題されている。〔2〕〔3〕の2題は記述式である。年度によっては証明問題も出題されている。解答用紙はＢ４判大で，用紙の表に〔1〕と〔2〕，裏に〔3〕を答える形になっており，実際の解答スペースとしてはＡ４判両面くらいが与えられている。

02 出題内容はどうか？

微・積分法，数列，データの分析などがよく出題されているが，複数年度を通してみると，出題範囲全体から幅広く出題されている。標準的な出題ではあるものの，思考力を重視した記述問題も多い。自分で解法を工夫する力や論述力・分析力が要求される問題，かなりの計算力が必要な問題もみられる。

2024年度についてみると，〔1〕(1)は四角錐の高さ，内接球の半径，(2)は対数方程式，(3)は等差数列，等比数列，(4)は確率，〔2〕はデータの分析，〔3〕微・積分法からの出題であった。このように，例年幅広い分野から出題されており，高い計算力と思考力が必要とされる。日頃からこのレベルの問題を十分に練習しておきたい。

03 難易度は？

以前は標準的な問題で構成されている年度が多かったが，ここ数年は扱いにくい問題も出題されている。また，題材は基本的事項にかかわるものであっても，問題を解くにあたっては，数学的センスと思考力を要するような工夫がなされているのが大きな特徴である。計算力・論述力・分析力を必要とする問題が多く出題されており，今後もこの傾向は続くと考えて準備をしていきたい。

まずすべての大問に目を通し，確実に得点できるところを見極めて試験時間を配分していくとよい。

対策

01 基本事項の理解の徹底を

基本事項の知識だけでは解きにくい問題も含まれるが，まず，教科書の内容を徹底的に理解して基礎学力を固めておくことが必要である。節末・章末問題を自分の力で解けるように力をつけること。加えて，公式・定理の証明を理解し，自分の力で書き上げることができるよう練習を積んでおくことも大切である。また，数学的思考力・論述力を必要とする問題が含まれているので，平素から思考過程を十分に伝達できるような答案作成の練習をしておくことも重要であろう。

02 応用力の養成を

確実な基礎学力を身につけた上で，さらに総合力・応用力をつけなければ合格点に達するのは難しいだろう。受験用問題集や本シリーズなどを利用して，応用力・実戦力を十分に養っておきたい。特に不得手な分野の問題や，一度挑戦してできなかった問題などは演習を繰り返し，徹底的に理解して自分のものにしておくこと。練習量を豊富にしておくことで，解法の方針がいろいろな角度から考えられるようになる。

03 頻出項目の重点対策を

微・積分法，数列などは頻出項目である。これに加えて，データの分析も例年出題されている。2024 年度は出題されなかったが三角比・三角関数を絡めた出題も多い。これらについては特に力を入れて対策を講じておく必要がある。微・積分法については，基礎となる 2 次関数や 3 次関数の復習とセットにして，さまざまなパターンの問題にあたっておきたい。

04 融合問題に注意

数学的な総合力を判定するため，複数の単元にまたがった融合問題の出題がみられる。各単元を有機的に関連させた学習を進め，総合力をつけておきたい。そして，総合・融合問題へのアタックを試みてほしい。幅広く学習を進めておくことが大切である。

05 計算力の強化

なかには煩雑な計算を必要とする問題も見受けられる。難問も計算力で解決できることがあるので，安定した計算力を身につけておくことが大切である。平素から計算練習を念入りに行い，計算ミスをしない学習を心がけたい。

国語

年度	番号	種　類	類別	内　容	出　典
2024	〔1〕	現代文	評論	空所補充，内容説明，内容真偽 記述：内容説明（40字）	「公共哲学は何を問うのか」 齋藤純一
	〔2〕	古　文	歌文	語意，内容説明，和歌解釈，文法，内容真偽 記述：内容説明（30字）	「挙白集」 木下長嘯子
2023	〔1〕	現代文	評論	内容説明	「共感の正体」 山竹伸二
	〔2〕	現代文	評論	慣用句，内容真偽 記述：内容説明（40字）	「江戸の宇宙論」 池内了
	〔3〕	古　文	軍記物語	語意，内容説明，口語訳，文法，内容真偽 記述：内容説明（30字）	「保元物語」
2022	〔1〕	現代文	評論	空所補充，内容説明，内容真偽 記述：内容説明（40字）	「物流空間試考」 大野友資
	〔2〕	古　文	軍記物語	語意，空所補充，文法，内容説明，口語訳，内容真偽 記述：内容説明（30字）	「平家物語」

傾向　現代文は1題または2題の出題
古文は近年は軍記物語が頻出

01 出題形式は？

年度によって現代文1題，古文1題の場合と，現代文2題，古文1題の場合がある。試験時間は75分。選択問題が中心であるが，記述問題も出題され，制限字数は現代文が40字，古文が30字となっている。解答用紙は横長のB4判大で，選択式の解答欄は用紙の左側にまとめられており，記述式の2問のみ用紙の右側に書くようになっている。配点は，大問2題の年度は〔1〕が90点，〔2〕が60点で，2023年度は〔1〕が40点，〔2〕が50点，〔3〕が60点であった。

02 出題内容はどうか？

〈現代文〉 大問1題の場合は6000字前後のかなりの長文が出題され，大問2題の場合は2000～4000字程度の標準的な長さの文章が出題されている。内容的には標準的なものだが，論旨を押さえながら速く正確に読む力が必要である。出典は文化，社会，科学についての評論が中心である。

設問内容は，空所補充，択一式の内容説明問題，複数解答形式の内容真偽問題，記述問題と構成パターンはほぼ定着している。空所補充は，文脈・論旨の展開の的確な把握を求める場合と，選択肢において熟語や慣用句の知識が問われる場合とがある。判別が難しい選択肢が含まれることもあるので，慎重さを要する。択一式の内容説明問題は，論旨や筆者の見解に沿っての内容・理由の把握が求められる。誤りの選択肢は，本文中の語句を文脈を無視してつないで作られたものが多いので，慎重に判断しよう。また，選択肢の文が本文中の表現そのものではない場合もあるので，その精密な識別が必要である。内容真偽など全体把握を要する選択問題は解答数が指定されており，○×式の判別問題に比べて選別しやすい。

記述問題は，本文の論旨全体を踏まえて内容の説明や筆者の見解を40字以内でまとめるものが多い。複数の解答ポイントを指定字数内にまとめるには，相当の要約力・表現力・語彙力が要求される。なお，例年漢字の書き取りや読み，文学史は出題されていない。

〈古文〉 出典のジャンルとしては説話や物語系が多く，近年では軍記物語がよく出題されている。出題文にみられる特徴として，ある出来事に人物関係が絡んでいること，筆者・登場人物の批評・見解などが付されていることなどが挙げられる。出題文の内容は読み取りやすいものが多い。

設問内容の主なものには，語意，口語訳，文法，人物の心情や言動の内容とその理由説明，内容真偽などがある。いずれも，基本古語の知識，助動詞・助詞の意味・用法の的確な把握に加えて，文脈の正確な理解が求められている。文法の単独問題も必出で，助動詞・助詞を主とした判別問題が多い。また，和歌が出題されることもある。漢文の単独出題はないが，2022年度には設問で出題文の元になる漢詩が取り上げられたので，和歌や漢文の基本的な知識も押さえておきたい。

本文の中心的話題，筆者の考えの内容・理由などを30字以内で具体的に説明する記述問題が１問出題されている。現代文の記述問題と同等，あるいはそれ以上のかなりの要約力が必要となる。豊富な語彙を習得しておきたい。

03 難易度は？

現代文は文章量はあるものの，設問自体は素直で，標準的なレベルのものが多い。記述問題は本文の主旨を踏まえてまとめなければならず，難度は高い。古文は，基本的な知識や読解力をみる問題が多いが，内容把握などにやや難しい設問もある。総じて標準とやや難の中間レベルにある。

75 分の試験時間は短くないものの，現代文の長文を読むことと，現代文・古文ともに記述問題の解答を要領よくまとめることには相当の時間がかかるだろう。古文を 30 分程度で済ませ，残りの時間を現代文にあてるなど，時間配分に注意したい。

対策

01 現代文

❶　幅広いジャンルの評論の読解力を身につけたい。文章構成，論旨の展開，大意などを短時間で把握する練習が不可欠である。『高校生のための現代思想エッセンス ちくま評論選』（筑摩書房）などを利用して，評論文の各段落のキーフレーズをチェックして要点を箇条書きにしたり，１文にまとめたりしてみよう。その上で，段落相互の論理的展開を明確にして，筆者の提起する問題とその結論をつかむなどの作業を心がけること。練習を積むことによって，長文の評論読解に慣れ，テーマと結論，それを結ぶキーワード，キーフレーズといった骨格をピックアップする要領がのみこめてくる。また，現代の哲学・思想や社会，文化，芸術などを論じた新書・文庫の類を積極的に読み，知識を深めておきたい。

❷　選択式の読解問題で求められる主なものは，筆者の考え・その論拠の的確な把握である。論述内容の各要素の相互関係（自説と他説，要点と具

体例，原因と結果の関係，結論と論証など）を整理して読み分ける。微妙な選択肢の内容・表現については，骨格となる箇所に線を引いて本文と照合しながら正誤を見分ける練習が必要である。『大学入試 全レベル問題集 現代文〈5 私大最難関レベル〉』（旺文社）などの問題集の，特に評論の問題を繰り返し解いておこう。また，選択肢の完成度の高い共通テストの過去問も大いに薦められる。

❸　記述問題では，筆者の見解，部分的解釈，全体的論旨の説明など，年度によっていろいろ工夫された設問になっているが，まず，設問が要求している条件（本文全体をまとめるのか，解答の際に落としてはいけないポイントは何かなど）を的確に把握すること。ついで，それに即して指定字数内に簡潔にまとめる力が決め手になる。答えるべき内容をまず書いてみて，それを指定された字数に収まるよう削る，それでもだめなら他の語句に言い換える，といった作業を短時間でできるように熟達したい。例えば 80〜100 字→ 40〜50 字にまとめるといった練習を繰り返そう。文章の要約練習とともに，他学部の問題にもあたって練習を重ねよう。

❹　漢字の読み・書き取りは，他学部同様，最近は出題されていないが，意味・用法の理解を中心とした語彙力の充実に努めたい。記述問題でも役に立つので，ノートを作って日ごろから辞書を引く習慣をつけ，紛らわしい類義語，文芸・哲学・思想などの専門的な用語，外来語，故事成語，ことわざ，慣用句，四字熟語などの知識も身につけておこう。

02 古 文

❶　出題文には，ある事柄・事件を中心に人物関係が絡み，筆者の考えが織り込まれているものが多い。教科書などで種々の古文を読んで人物関係をとらえる練習を積むことを勧める。説話・随筆・日記・（歌）物語などが好適な練習材料であろう。読んでいく上で，文の主語や会話の話し手を確認すること，また筆者の見解がどの部分に表されているかなどに注意すること。現代とは違う当時の習慣や行動パターンを前提とした読み取りが必要になることも多いので，そういった前提知識を身につけるためにも『大学入試 知らなきゃ解けない古文常識・和歌』（教学社）などの問題集を繰り返し演習しておくとよいだろう。

❷　基本古語・文法・慣用句・修辞法などの基本的知識の習得は絶対に欠かせない。基本古語は単によく用いる意味を暗記するだけではなく，原義にさかのぼって理解すること。また文脈に即して意味を選ぶ練習を心がけたい。文法では，助動詞・助詞の用法と識別をしっかりと整理しておくこと。敬語も人物関係をつかむ上で不可欠であるので，注意が必要である。こういった学習が，古文読解の基礎を養うことになる。

❸　必出の口語訳は，基本古語の習得はもちろんのこと，前後の文脈の把握，文法的理解が選別のポイントになっていることが多い。空所補充なども，普段の学習で用語の文脈中での働き・意味に細心の注意を払うことが効果的な対策になる。選択肢は，訳出・表現の仕方に微妙な違いをもつものが多いから，おおまかな理解では不十分。ポイントとなる古語・文法に注意して，正確な直訳と前後の文脈を踏まえた内容把握ができるよう，口語訳の練習を積もう。

❹　30字以内でまとめる記述問題が定着している。本文の内容の読み取りが前提だが，設問の条件に即した的確な表現が要求される。現代文の場合と同様，限られた時間で字数内にまとめる練習を怠らないようにしたい。例えば50～60字→30字にまとめるといった練習を繰り返そう。

❺　2021年度，2024年度は和歌解釈が出題された。2022年度は漢文を元にした表現を空所に入れる設問が出題されたほか，過去には漢詩に関連する問題が出題されたことがあり，本文に一部漢文が登場したこともある。今後も出題文によっては和歌や漢文がらみの出題が予想される。和歌については，『百人一首新事典』（増進堂・受験研究社），『風呂で覚える百人一首』（教学社）のような百人一首を受験用に解説した参考書などを利用して，理解力アップに努めよう。特に掛詞を中心とした和歌修辞には十分習熟しておきたい。漢文については，基本漢語，句法，漢詩の決まりなどといった基本事項を把握しておこう。

03　他学部の問題演習

出題内容・設問形式は各学部とも似た傾向にあるので，現代文・古文とも，他学部の過去問を解いておくことを勧める。本シリーズを利用して同志社大学の選択肢の傾向に慣れ，ポイントのつかみ方，記述問題のまとめ方などを練習し，多様な設問形式に慣れておこう。さらには前述の共通テストや，選択肢の作り方が似ている早稲田大学，関西大学の過去問などにも挑戦してみるとよいだろう。

同志社大「国語」におすすめの参考書

Check!

- ✓『高校生のための現代思想エッセンス ちくま評論選』（筑摩書房）
- ✓『大学入試 全レベル問題集 現代文〈5 私大最難関レベル〉』（旺文社）
- ✓『大学入試 知らなきゃ解けない古文常識・和歌』（教学社）
- ✓『百人一首新事典』（増進堂・受験研究社）
- ✓『風呂で覚える百人一首』（教学社）

2024年度

問題と解答

学部個別日程（政策学部・文化情報学部〈文系型〉・スポーツ健康科学部〈文系型〉）

問題編

▶試験科目・配点

教科	科目	配点
外国語	コミュニケーション英語Ⅰ・Ⅱ・Ⅲ，英語表現Ⅰ・Ⅱ	200点
選択	日本史B，世界史B，政治・経済，「数学Ⅰ・Ⅱ・A・B」から1科目選択	150点
国語	国語総合，現代文B，古典B	150点

▶備考

「数学B」は「数列」および「ベクトル」から出題する。

英　語

（100 分）

〔Ｉ〕　次の文章を読んで設問に答えなさい。[＊印のついた語句は注を参照しなさい。]（71点）

The Greek historian Herodotus reported over 2,000 years ago on a misguided forbidden experiment in which two children were prevented from hearing human speech so that a king could discover the true, unlearned language of human beings.

Scientists now know that human language requires social learning and interaction with other people, a property(a) shared with multiple animal languages. But why should humans and other animals need to learn a language instead of being born with this knowledge, like many other animal species?

This question fascinates me and my colleagues and is the basis for our recent paper published in the journal *Science*. As a biologist, I have spent decades studying honeybee communication and how it may have evolved(b).

There are two common answers to why language should be learned or innate*. For one, complex languages can often respond to local conditions as they are learned. A second answer is that complex communication is often difficult to produce even when individuals are born with some knowledge of the correct signals. (　X　) the ways honeybees communicate are quite elaborate, we decided to study how they learn these behaviors to answer this language question.

〈 A 〉

Astonishingly, honeybees possess one of the most complicated examples of nonhuman communication. They can tell each other where to find resources such as food, water, or nest sites with a physical "waggle* dance." This dance conveys (c) the direction, distance and quality of a resource to the bee's nestmates.

Essentially, the dancer points recruits in the correct direction and tells them how far to go by repeatedly circling around in a figure eight pattern centered around a waggle run, in which the bee waggles its abdomen* as it moves forward. Dancers are pursued by potential recruits, bees that closely follow the dancer, to learn where to go to find the communicated resource.

Longer waggle runs communicate greater distances, and the waggle angle communicates direction. For higher-quality resources such as sweeter nectar*, dancers repeat the waggle run more times and race back faster after each waggle run.

〈 B 〉

This dance is difficult to produce. The dancer is not only running — covering about one body-length per second — while trying to maintain the correct waggle angle and duration (d). It is also usually in total darkness, amid a crowd of jostling* bees and on an irregular surface.

Bees therefore can make three different types of mistakes: pointing in the wrong direction, signaling the wrong distance, or making more errors in performing the figure eight dance pattern — (Y) researchers call disorder errors. The first two mistakes make it harder for recruits to find the location being communicated. Disorder errors may make it harder for recruits to follow the dancer.

Scientists knew that all bees of the species *Apis mellifera* begin to forage* and dance only as they get older and that they also follow experienced dancers before they first attempt to dance. Could they be learning from practiced teachers?

〈 C 〉

My colleagues and I thus created isolated experimental colonies of bees that could not observe other waggle dances before they themselves danced. (Z) the ancient experiment described by Herodotus, these bees could not observe the dance language because they were all the same age and had no older, experienced bees to follow. In contrast, our control* colonies contained bees of all ages, so younger bees could follow the older, experienced dancers.

We recorded the first dances of bees living in colonies with both population age profiles (ア). The bees that could not follow the dances of experienced bees produced dances with significantly (e) more directional, distance and disorder errors than the dances of control novice* bees.

We then tested the same bees later, when they were experienced foragers. Bees who had lacked teachers now produced significantly fewer directional and disorder errors, possibly because they had more practice or had learned by eventually following other dancers. The dances of the older control bees from colonies with teachers remained just as good as their first dances.

This finding told us that bees are therefore (あ)(い)(う)(え)(お)(か) to dance, but they can learn how to dance even better by following experienced bees. This is the first known example of such complex social learning of communication in insects and is a form of animal culture.

〈 D 〉

A mystery remained with respect to the bees that had lacked dance teachers early on. They could never correct their distance errors. They continued to overshoot*, communicating greater distances than normal. So, why is this interesting to scientists? The answer may lie in how distance communication could adapt to local conditions.

There can be significant differences in where food is distributed in different environments. As a result, different honeybee species have evolved different "dance dialects," described as the relationship between the distance to a food source and the corresponding waggle dance duration.

Interestingly, these dialects vary, even within the same honeybee species. Researchers suspect this variation exists because colonies, even of the same species, can live in very different environments.

If learning language is a way to cope with (f) different environments, then perhaps each colony should have a distance dialect tailored to its locale* and passed on from experienced bees to novices. If so, our teacher-deprived individual bees (イ) may never have corrected their distance errors because they acquired, on their own, a different distance dialect.

Normally, this dialect would be learned from experienced bees, but could potentially change within a single generation if their environmental conditions changed or if the colony swarmed to a new location.

In addition, each colony has a "dance floor," or the space where bees dance, with complex terrain* that the dancers may learn to better navigate over time or by following in the footsteps of older dancers.

These ideas remain to be tested but provide a foundation for future experiments that will explore cultural transmission between older and younger bees. We believe that this study and future studies will expand our understanding of collective (g) knowledge and language learning in animal societies.

(By James C. Nieh, writing for *The Conversation*, March 9, 2023)

［注］ innate 生得の

waggle （尻などを）振り動かすこと

abdomen 腹部

nectar （植物の）蜜

jostling （jostle 押し合う）

forage （食料を）捜し回る

control 対照群（実験結果を対照するために、その実験の条件を与えられていないグループ）となる

novice 初心者

overshoot 行き過ぎる

locale （できごとに関連した特定の）場所

terrain 地形

I－A 空所(X)～(Z)に入るもっとも適切なものを次の１～４の中からそれぞれ一つ選び、その番号を解答欄に記入しなさい。

（X） 1 Along 2 Given that
3 Other than 4 Regarding

（Y） 1 for 2 how 3 so 4 what

（Z） 1 By 2 For 3 Like 4 Without

I－B 下線部 (a)～(g) の意味・内容にもっとも近いものを次の１～４の中からそれぞれ一つ選び、その番号を解答欄に記入しなさい。

(a) property
1 breeding 2 estate 3 history 4 quality

(b) evolved
1 developed 2 rotated 3 spread 4 stalled

(c) conveys
1 calculates 2 commits 3 indicates 4 proves

(d) duration

1 length of time　　2 speed of movement

3 type of action　　4 width of space

(e) significantly

1 appropriately　　2 considerably

3 magnificently　　4 suspiciously

(f) cope with

1 choose among　　2 elect to

3 manage in　　4 shift from

(g) collective

1 adequate　　2 defective　　3 shared　　4 privileged

I－C　波線部 (ア) と (イ) の意味・内容をもっとも的確に示すものを次の1～4の中からそれぞれ一つ選び、その番号を解答欄に記入しなさい。

(ア) with both population age profiles

1 where a number of bees grow older according to the data analyzed by researchers

2 where researchers can obtain information on both the number and age groups of bees

3 where both younger and older bees cooperate with each other to properly maintain the community

4 where one has only bees of the same generation and the other has a mixture of novice and experienced bees

(イ) our teacher-deprived individual bees

1 the bees without any guidance from senior dancers

2 the bees surpassing their instructors in dance ability

3 the bees living on their own after leaving their hives

4 the bees with skills and knowledge taught by their leaders

I－D　二重下線部の空所(あ)～(か)に次の1～7から選んだ語を入れて文を完成させたとき、(い)と(え)と(か)に入る語の番号を解答欄に記入しなさい。同じ語を二度使ってはいけません。選択肢の中には使われないものが一つ含まれています。

This finding told us that bees are therefore (あ)(い)(う)(え)(お)(か) to dance

1 with　　2 how　　3 born　　4 of
5 ignorant　　6 knowledge　　7 some

I－E　空所〈A〉～〈D〉に入るもっとも適切な小見出しを次の1～4の中からそれぞれ選び、その番号を解答欄に記入しなさい。同じ選択肢を二度使ってはいけません。

1 **Making mistakes**
2 **A "forbidden" bee experiment**
3 **What is a waggle dance?**
4 **Dance dialects are about distance**

I－F　本文の意味・内容に合致するものを次の1～8の中から三つ選び、その番号を解答欄に記入しなさい。

1 Scientists decided to study honeybee dance language because the language skills of humans and bees are inborn.
2 Whenever bees find better resources, they decrease the number and speed of waggle runs to better communicate.
3 Even after bees learn how to dance, it is still not easy as there are movements that require proper angle and duration.
4 Even if dancers perform the figure eight dance in a wrong way, other bees can find the correct location easily.
5 Even the bees that once lived only with others of their own age can improve their dance ability later in life, but not completely.
6 The way bees perform a waggle dance seems to be influenced by the environmental conditions of their habitat.

7 Colonies have a certain amount of space for bees to dance freely and easily, and it is typically performed on a smooth surface.

8 The research results will not be useful in future studies to identify the transfer of knowledge and skills between younger and older bees.

〔II〕 次の文章を読んで設問に答えなさい。[＊印のついた語句は注を参照しなさい。](79点)

Scientists who study happiness know that being kind to others can improve well-being. Acts as simple as buying a cup of coffee for someone can boost a person's mood, for example. Everyday life affords many opportunities for such actions, yet people do not always take advantage of them.

In a set of studies published online in the *Journal of Experimental Psychology: General*, Nick Epley, a behavioral scientist at the University of Chicago Booth School of Business, and I examined a possible explanation. We found that people who perform random acts of kindness do not always realize how much of an impact they are having on another individual. People consistently and systematically underestimate how others value these acts.

Across multiple experiments involving approximately 1,000 participants, people performed a random act of kindness — that is, an action done with the primary <u>intention</u>(a) of making someone else (who isn't expecting the gesture) feel good. (X) who perform such actions expect nothing in return.

From one procedure to the next, the specific acts of kindness <u>varied</u>(b). For instance, in one experiment, people wrote notes to friends and family "<u>just because.</u>"(ア) In another, they gave cupcakes away. Across these experiments, we asked both the person performing a kind act and the one receiving it to fill out questionnaires. We asked the person who had acted with kindness to report their own experience and predict their recipient's response. We wanted to understand how valuable people perceived these acts to be, so both the performer and recipient had to rate how "big" the act seemed(イ). In some cases, we also inquired about the actual or perceived cost in time, money or effort. In all cases, we compared the performer's expectations of the recipient's mood with the recipient's *actual* experience.

Across our investigations, several robust* patterns emerged(c). For one, both performers and recipients of the acts of kindness were in more positive moods than normal after these exchanges. (Y), it was clear that performers undervalued their impact: recipients felt significantly better than the kind actors expected. The recipients also reliably rated these acts as "bigger" than the people performing them did.

We initially studied acts of kindness done for familiar people, such as friends, classmates or family. But we found that participants underestimated their positive impact on strangers as well. In one experiment, participants at an ice-skating rink in a public park gave away hot chocolate on a cold winter's day. Again the experience was more positive than the givers anticipated for the recipients, who were people that just happened to be nearby. While the people giving the hot chocolate saw the act as relatively inconsequential(d), it really mattered to the recipients.

Our research also revealed one reason that people may underestimate their action's impact. When we asked one set of participants to estimate how much someone would like getting a cupcake simply for participating in a study, for example, their predictions were well-calibrated* with recipient reactions. But when people received cupcakes through a random act of kindness, the cupcake givers (あ)(い)(う) their (え) (お)(か). Recipients of these unexpected actions tend to focus more on *warmth* than performers do.

Our work suggests that simply being part of a positive, prosocial* interaction is meaningful beyond whatever it is a person receives. People understand that cupcakes can make folks feel good, to be sure, but it turns out that cupcakes given in kindness can make them feel *surprisingly* good. When someone is thinking primarily about the tasty treat they are giving away, they may not realize that the warmth of that gesture is (ウ) an extra ingredient that can make the cupcake even sweeter.

Missing the importance of warmth may stand in the way of being kinder in daily life. People generally want to perform kind actions — (Z), many of our participants noted that they'd like to do so more often. But our data suggest that underestimating the impact of one's actions may reduce the likelihood (e) of kindness. If people undervalue this impact, they might not bother to carry out these warm, prosocial behaviors.

Furthermore, the consequences of these acts may go beyond a single recipient: kindness can be contagious (f). In another experiment, we had people play an economic game that allowed us to examine what are sometimes called "pay it forward" effects. In this game, participants allocated (g) money between themselves and a person whom they would never meet. People who had just been on the receiving end of a kind act gave substantially more to an anonymous (h) person than those who had not. Meanwhile the person who performed the initial act did not recognize that their generosity would spill over in these downstream* interactions.

These findings suggest that what might seem small when we are deciding whether or not to do something nice for someone else could matter a great deal to the person we do it for. Given that these warm gestures can enhance our own mood and brighten the day of another person, why not choose kindness when we can?

(By Amit Kumar, writing for *Scientific American*, December 12, 2022)

［注］ robust　安定性のある
well-calibrated　合致している
prosocial　相手によくしてあげようとする
downstream　下方向の

Ⅱ－A　空所(X)～(Z)に入るもっとも適切なものを次の1～4の中からそれぞれ一つ選び、その番号を解答欄に記入しなさい。

(X)　1　Them　2　These　3　This　4　Those
(Y)　1　For another　2　For two
　3　Formerly　4　Fortunately
(Z)　1　in contrast　2　in demand　3　in fact　4　in turn

Ⅱ－B　下線部(a)～(h)の意味・内容にもっとも近いものを次の1～4の中からそれぞれ一つ選び、その番号を解答欄に記入しなさい。

(a)　intention
　1　certainty　2　perception　3　purpose　4　subject
(b)　varied
　1　continued　2　differed　3　increased　4　mattered
(c)　emerged
　1　announced　2　failed　3　initiated　4　surfaced
(d)　inconsequential
　1　unimportant　2　unnatural
　3　unpleasant　4　unusual
(e)　likelihood
　1　generosity　2　harm　3　mood　4　probability
(f)　contagious
　1　general　2　influential　3　playful　4　truthful
(g)　allocated
　1　divided　2　generated　3　returned　4　tolerated
(h)　anonymous
　1　famous　2　notorious　3　unknown　4　wealthy

Ⅱ－C　波線部 (ア)～(ウ) の意味・内容をもっとも的確に示すものを次の1～4の中からそれぞれ一つ選び、その番号を解答欄に記入しなさい。

(ア) just because

1 for no specific reason

2 expecting to be praised

3 for apparent reasons

4 expecting to be told off

(イ) rate how "big" the act seemed

1 evaluate the timeliness of an action

2 assess the size of cupcakes

3 evaluate the significance of an action

4 assess the price of cupcakes

(ウ) an extra ingredient that can make the cupcake even sweeter

1 a substance that sweetens cupcakes further

2 a factor that causes people to return the favor

3 a substance that is secretly added to cupcakes

4 a factor that helps people feel more appreciative

Ⅱ－D　二重下線部の空所(あ)～(か)に次の1～7から選んだ語を入れて文を完成させたとき、(あ)と(う)と(お)に入る語の番号を解答欄に記入しなさい。同じ語を二度使ってはいけません。選択肢の中には使われないものが一つ含まれています。

the cupcake givers (あ)(い)(う) their (え)(お)(か)

1 would	2 recipients	3 how	4 receives
5 underestimated	6 positive	7 feel	

Ⅱ－E 本文の意味・内容に合致するものを次の１～８の中から三つ選び，その番号を解答欄に記入しなさい。

1 The author was involved in a series of studies on the way people's kind actions influence others.

2 Nick Epley and the author only asked people who performed kind acts to answer a set of questions.

3 Whether they perform or receive kind actions, people generally regard them as insignificant.

4 Researchers found that the more costly a present that people gave, the better recipients felt.

5 People feel much better afterwards when they perform kind acts for their friends and family than for others.

6 Recipients of cupcakes usually appreciated them even more when the cupcakes they received were warm.

7 People may be less likely to perform kind acts when they suspect their actions do not leave much of an impact on others.

8 An experiment has revealed that people who receive kind actions tend to be more generous afterwards.

Ⅱ－F 本文中の太い下線部を日本語に訳しなさい。

Missing the importance of warmth may stand in the way of being kinder in daily life.

〔Ⅲ〕 次の会話を読んで設問に答えなさい。(50点)

(*Brad is talking with Jan, a shop employee, in an outdoor goods shop.*)

Jan: Hi there. Just let me know if you have any questions.

Brad: Actually, there is something you could help me with. I'm planning a camping trip with my family, but I've never actually gone camping before! I'm not sure what to buy. Can you give me a bit of advice?

Jan: No problem. Where are you planning to go?

Brad: An area called the Adirondacks, in northern New York. ______(a)______

Jan: Sure, I've camped there many times. It's lovely at this time of year.

Brad: Well, that's good to hear. ______(b)______

Jan: That's all the more reason to be prepared. Now, to start off, you'll want a nice, sturdy tent — one that's light but also weather resistant.

Brad: Yes, that sounds like a pretty essential item.

Jan: Absolutely. We have a variety of options depending on materials, size, etc.

Brad: ______(c)______

Jan: Yes, there are a lot to choose from, although you'll find that even our more affordable varieties will hold up pretty well in all types of conditions. You said you're going with your family?

Brad: ______(d)______ There will be four of us.

Jan: Well, you can either go with one four-person tent or carry two two-person tents. Are you going with any children?

Brad: Yes. And both are still pretty small.

Jan: [その場合、あなたはもっと小さいのを持っていきたいと思うかもしれませんね。] Like this one here.

Brad: Oh, that looks like it would be fine. Will it protect us against the rain?

Jan: Of course. All the tents we sell are completely waterproof. ______(e)______

Brad: Great. That's one thing checked off the list. I imagine we'll also need sleeping bags too.

Jan: Definitely. The main consideration with those is the season when you'll be using them. Since it sounds like you'll be going in the summer months, I recommend warm-weather bags. They're much lighter to carry.

Brad: And hopefully they'll be cheaper as well.

Jan: Probably a little bit, but the difference won't be huge. You'll also want to get some sleeping pads too.

Brad: Are those really necessary? ______(f)______

Jan: Well yes, but sleeping directly on the ground is never fun. And since you'll be using a thinner sleeping bag, you'll want a little extra padding. Your muscles will appreciate it, especially after a long day of hiking.

Brad: Um, ok. Although my muscles might also be tired from carrying them.

Jan: Oh, that's not a big problem. Sleeping pads are very light. You can even buy blow-up ones that collapse when not in use.

Brad: Ok, that sounds reasonable. ______(g)______

Jan: Well, if you don't have them already, hiking backpacks. Ones that are large enough to hold all your gear.

Brad: Yes, I figured those would be the next things to take care of. I'll need two that are adult-size.

Jan: Absolutely. This brand is highly rated. They make these packs that each hold 60 liters.

Brad: ＿＿＿＿(h)＿＿＿＿

Jan: That will suffice to carry most of the things you'll need for a few days of hiking, including other gear like a stove, plates, tools, water bottles....

Brad: Oh...right. I didn't even consider those things!

Ⅲ－A　空所 (a)〜(h) に入るもっとも適切なものを次の１〜10の中からそれぞれ一つ選び、その番号を解答欄に記入しなさい。同じ選択肢を二度使ってはいけません。選択肢の中には使われないものが二つ含まれています。

1 And I see there's also a range in prices.
2 Did you say that you were worried about the weather?
3 That's correct.
4 So, what else will I need?
5 I'm afraid I don't really have an idea of how much that is.
6 So you won't need to worry about that.
7 I'm surprised you don't have a bigger tent selection.
8 I am worried that the forecast is for rain, though.
9 Ever heard of it?
10 It seems like that would just be more to carry.

Ⅲ－B　本文中の［　　］内の日本語を英語で表現しなさい。

その場合、あなたはもっと小さいのを持っていきたいと思うかもしれませんね。

日本史

（75分）

〔Ⅰ〕 次の（1）～（2）の文章を読み、設問に答えよ。 （50点）

（1） 781年に即位した桓武天皇は、父である（ a ）天皇がとった政治再建政策を受け継ぎ、天皇権威の強化をはかった。仏教勢力の政治介入を避ける意図もあり、新京の造営を構想し、784年に大和の平城京から山背国乙訓郡の長岡京へ遷都した。しかし、桓武天皇の寵臣で造営を主導していた（ b ）が暗殺された事件の影響や造営の遅延により廃都を決定、山背国葛野・愛宕両郡にまたがる地に新京を定め、794年に遷都して平安京と号した。

その一方で、桓武天皇は東北地方の蝦夷に対する支配を進め、渡来人系の坂上田村麻呂を起用して征夷大将軍ア とした。田村麻呂は802年に胆沢城を築き、阿弖流為を帰順させて胆沢地方を制圧し、鎮守府を多賀城から胆沢城へ移した。翌803年にはさらに北方に志波城を築いて、律令国家の版図を拡大した。

桓武天皇はまた、地方政治の改革に力を入れた。国司の監督を強化し、国司交替の円滑化をはかるために（ イ ）を設けた。792年には、一般民衆から徴発する兵士の質の低下を受けて、軍事的緊張のある地域を除いて軍団と兵士を廃止し、かわりに郡司の子弟や有力農民からの志願による少数兵制の（ ウ ）を設置した。

これらの改革は、当時の社会的状況にあわせた律令政治の実現をはかるものであったが、平安京遷都と蝦夷討伐の二大事業は財政を圧迫し、民の貧困を招いた。

次に即位した平城天皇は、令に定められた官司の整理統合を進め、財政負担を軽減させた。続く嵯峨天皇も改革を進めたが、再び権力を握ろうとした平城太上天皇との間に政治的混乱c が生じた。この時、嵯峨天皇が出す命令をすみやかに太政官組織に伝えるために、側近の藤原冬嗣d 、巨勢野足を

（　エ　）に任じ、機密の文書を扱わせた。また、平安京内の治安維持にあたる（　オ　）などの、令に定められていない新しい官職である（　e　）を設けた。

【設問a】空欄（　a　）に該当する天皇の名を解答欄Ⅰ－Aに漢字で記せ。

【設問b】空欄（　b　）に該当する人物の名を解答欄Ⅰ－Aに漢字で記せ。

【設問ア】下線部アに関連して、嵯峨天皇の時に征夷将軍として北方の蝦夷を平定し、最後の城柵となる徳丹城を築いた人物の名を下記より1つ選び、その番号を解答欄Ⅰ－Bに記入せよ。

1．文室宮田麻呂　　2．文室綿麻呂

3．文屋康秀　　4．大伴古麻呂

【設問イ～オ】空欄（　イ　）～（　オ　）に入る適切な語を下記より選び、その番号を解答欄Ⅰ－Bに記入せよ。

1．参議　　2．下人　　3．所従　　4．家子

5．健児　　6．郎党　　7．武士　　8．蔵人頭

9．按察使　　10．押領使　　11．追捕使　　12．検田使

13．検非違使　　14．勘解由使　　15．京都守護　　16．六波羅探題

【設問c】下線部cについて、この政治的混乱は「二所朝廷」と呼ばれるが、嵯峨天皇側が迅速に兵を出して勝利した。このとき、妹の薬子とともに平城太上天皇の復位をはかったが失敗し、射殺された人物の名を解答欄Ⅰ－Aに漢字で記せ。

【設問d】下線部dの藤原冬嗣を含む6人が編集にあたった、701年から819年の間に出された法令や施行細則を官庁ごとに収録したものをあわせて何と呼ぶか。解答欄Ⅰ－Aに漢字で記せ。

【設問e】空欄（　e　）には、大宝令制定後から平安時代にかけて新設された、令に規定のない官職の総称が入る。この総称を解答欄Ⅰ－Aに漢字で記せ。

（2）　嵯峨天皇の信任を得た藤原冬嗣は、娘の順子を嵯峨天皇の皇子正良親王（のちの仁明天皇）の妃とした。ついで、冬嗣の子の藤原良房は、嵯峨太上天皇死去の直後に、当時皇太子であった淳和天皇の皇子恒貞親王を廃し、仁明天皇と順子の間に生まれた道康親王を皇太子とした。その過程で、恒貞親

王派の橘逸勢や伴健岑らが謀反を企てたとして伊豆$_{\text{f}}$・隠岐$_{\text{g}}$に流される事件が起きた。

仁明天皇との結びつきを強めた良房は、娘の明子を道康親王の妃とし、道康親王が文徳天皇として即位すると、母方の親族である（　カ　）として権力を握り、天皇と明子の間に生まれた惟仁親王を生後８ヶ月で皇太子にした。

858年に文徳天皇が病没し、惟仁親王が清和天皇として即位すると、良房は天皇の外祖父として臣下で初めて（　キ　）になった。

良房の養子藤原基経は、陽成天皇を譲位させて光孝天皇を即位させ、天皇はこれに報いるために、基経を（　ク　）とした。さらに基経は、次の（　h　）天皇が即位にあたって出した勅の中の句に抗議して撤回させ、（　ク　）としての政治的地位を確立した。

891年に基経が死去すると、藤原氏を（　カ　）としない（　h　）天皇は（　キ　）・（　ク　）を置かず、当時文人・学者として名高かった人物である（　ケ　）を抜擢した。（　ケ　）は続く醍醐天皇$_{\text{i}}$の時代に（　コ　）にまでのぼったが、901年藤原時平の陰謀によって大宰府$_{\text{j}}$に左遷され、その地で没した。

【設問ｆ】下線部ｆの伊豆に関連して、伊豆に流された源頼朝を庇護した豪族はその後、鎌倉幕府の中枢を担うようになる。その豪族の娘で、頼朝の妻になった人物の名を解答欄Ｉ－Ａに漢字で記せ。

【設問ｇ】下線部ｇの隠岐に関連して、鎌倉時代に承久の乱を起こすも敗れ、隠岐に配流され同地で没した上皇の名を解答欄Ｉ－Ａに漢字で記せ。

【設問カ～コ】空欄（　カ　）～（　コ　）に入る適切な語を下記より選び、その番号を解答欄Ｉ－Ｂに記入せよ。

1．外　記	2．関　白	3．執　権	4．摂　政
5．院　司	6．外　戚	7．荘　官	8．御家人
9．大納言	10．中納言	11．少納言	12．神祇官
13．右大臣	14．左大臣	15．内大臣	16．太政大臣
17．都良香	18．小野篁	19．菅原道真	20．大江匡房

【設問ｈ】空欄（　h　）に該当する天皇の名を解答欄Ｉ－Ａに漢字で記せ。

【設問ｉ】下線部ｉの醍醐天皇の子、村上天皇が958年に発行した、本朝十二銭の最後にあたる銅銭は何と呼ばれるか。その名称を解答欄Ｉ－Ａに漢字で記せ。

【設問ｊ】下線部ｊの大宰府に関連して、瀬戸内海の海賊をひきいて日振島を根拠地として乱を起こし、大宰府を焼き討ちした人物の名を解答欄Ｉ－Ａに漢字で記せ。

〔Ⅱ〕 次の（１）(２）に答えよ。　(50点)

（１） 次の文章を読み、設問に答えよ。なお同じ記号の空欄には、同じ用語が入る。

社寺などの建築様式は、おおよそ古代に確立し、中世以後はそれを継承しつつ、建築技術や手法の革新にとりかかった時代でもあった。これらのことは平安末期から鎌倉初期にかけての絵画史料（『（　ア　）』『年中行事絵巻』『北野天神縁起絵巻』など）と、鎌倉後期の絵画史料（『一遍上人絵伝』『（　イ　）』『石山寺縁起』など）を見くらべても、わずか100年ほどの違いであるのに、そこに描かれている屋根の様子が、小屋組の形や軒付の厚みなど、明らかに違うことからもわかる。(中略)

この時代の建物で筆者がもっとも注目するのが、国宝浄土寺浄土堂（兵庫県小野市）である。(中略)

この浄土堂を建てたといわれる俊乗坊（　ウ　）(1121-1206）は、平安時代末期から鎌倉時代初期にかけての僧で、（　ａ　）の乱において焼失(1180年）した東大寺伽藍の再建復興をした大勧進職として名高い。大勧進職とは、現代でいえばプランナーであり、総合プロデューサーといったところか。（　ウ　）は学僧であったが、（　ｂ　）に三度も渡り、のちに「（　ｃ　）」と呼ばれる中国の発達した建築様式を持ち帰った。彼はこれらの「ハイテク技術」と、日本の在来工法の長所を組み合わせることによって、東大寺などで日本特有の地震や台風に強い大伽藍を実現させる。

かつて天竺様エともいわれた（　ｃ　）は、東大寺オ再建の必要上から採用された建築様式であり、十二世紀末から十三世紀はじめにかけての四分の一世紀だけ存在した特異な様式である。（　ウ　）が61歳で勧進職になり、大勧進職を経て建永元年（1206）に86歳で没するまでにいくつかの実例がつくられたが、その後のわが国の建築様式は、すぐに（　d　）に替わってしまう。（　d　）は、この時代まで連綿として継続してきた和様とともに、並行してしばらく存在したが、やがて室町時代には二つは混交して（　e　）となる。（　c　）と違って、和様と一体化していった（　d　）には、和様化されても生き残っていけるような特性があったともいえる。

(原田多加司著『屋根の日本史』(中公新書）より。なお一部表記を改めた箇所がある。)

【設問ア】空欄（　ア　）にあてはまる、応天門の変を題材とした絵巻の名を、解答欄Ⅱ－Aに漢字で記せ。

【設問イ】空欄（　イ　）にあてはまる寺社縁起で、1309年に高階隆兼が描いた絵巻の名を、解答欄Ⅱ－Aに漢字で記せ。

【設問ウ】空欄（　ウ　）にあてはまる僧侶の名を、解答欄Ⅱ－Aに漢字２字で記せ。

【設問a】空欄（　a　）にあてはまる語を［語群］より選び、番号を解答欄Ⅱ－Bに記入せよ。

【設問b】空欄（　b　）にあてはまる語を［語群］より選び、番号を解答欄Ⅱ－Bに記入せよ。

【設問エ】下線部エについて、東大寺の「天竺様」を代表する建物の名を、解答欄Ⅱ－Aに漢字で記せ。

【設問オ】下線部オについて、東大寺にもその作品がある、興福寺無著・世親像の作者の名を、解答欄Ⅱ－Aに漢字で記せ。

【設問c】空欄（　c　）にあてはまる語を［語群］より選び、番号を解答欄Ⅱ－Bに記入せよ。

【設問d】空欄（　d　）にあてはまる語を［語群］より選び、番号を解答欄Ⅱ－Bに記入せよ。

【設問e】空欄（　e　）にあてはまる語を［語群］より選び、番号を解答欄Ⅱ－Bに記入せよ。

(2)　室町時代の美術や文化について、以下の設問に答えよ。

【設問カ】南北朝時代初期に興り、戦国時代には収束した派手で奢侈な態度、華美な服装を好む習俗や美意識を何というか。解答欄Ⅱ－Aに3字で記せ。

【設問キ】書院造の代表として著名な慈照寺東求堂の書院の名を、解答欄Ⅱ－Aに漢字3字で記せ。

【設問 f】雪舟が最晩年に描いた名所絵作品を、[語群] または [図版群] より選び、番号を解答欄Ⅱ－Bに記入せよ。

【設問 g】狩野元信の代表作である襖絵を、[語群] または [図版群] より選び、番号を解答欄Ⅱ－Bに記入せよ。

【設問 h】1313年に開創された、岐阜県多治見市の臨済宗寺院にある、檜皮葺で軒反りの強い屋根を持つ禅宗様建築の名を、[語群] より選び、番号を解答欄Ⅱ－Bに記入せよ。

【設問 i】東福寺の画僧で、別名兆殿司と呼ばれる画家の名を [語群] より選び、番号を解答欄Ⅱ－Bに記入せよ。

【設問ク】当時、中国より舶載された工芸品、書画等の物品を、総称して何というか。解答欄Ⅱ－Aに漢字2字で記せ。

【設問ケ】相国寺鹿苑院内に置かれた寮舎名に由来し、禅林行政にあたる職にあった人物の公用日記の名を、解答欄Ⅱ－Aに漢字5字で記せ。

【設問コ】雪舟と同じ頃、大和絵で土佐派の基礎をかためた画家の名を、解答欄Ⅱ－Aに漢字4字で記せ。

【設問 j】聖武天皇の創建になるが、何度か戦火などで焼け落ち、1415年に和様建築として再建された建造物を [語群] より選び、番号を解答欄Ⅱ－Bに記入せよ。

[語群]

1. 智積院襖絵	2. 如　拙	3. 建　久
4. 粉河寺縁起絵巻	5. 瓢鮎図	6. 禅宗様
7. 文　治	8. 折衷様	9. 平　治
10. 明　兆	11. 三仏寺投入堂	12. 保　元
13. 大仙院花鳥図	14. 元	15. 障屏画

16. 四季山水図巻　17. 永保寺開山堂　18. 定朝様
19. 妙喜庵待庵　20. 大仏様　21. 可　翁
22. 周　文　23. 明　24. 治　承
25. 宋　26. 唐　27. 円覚寺舎利殿
28. 周茂叔愛蓮図　29. 後三年合戦絵巻　30. 花下遊楽図屛風
31. 平等院鳳凰堂　32. 興福寺東金堂

[図版群]

33

34

35

36

37

38

(図版33～34, 37～38は東京国立博物館、35は京都国立博物館、36は三の丸尚蔵館所蔵)

〔Ⅲ〕 次の（1）～（4）の文章は、近世から近代にかけての日本の貿易に関して述べたものである。これらの文章の下線部 a ～ t に関する設問に答えよ。なお、解答は、指示のあるものを除いて、解答欄Ⅲ－Aに記せ。 (50点)

（1） 鎖国が完成した日本では、きわめて制限された形で貿易がおこなわれた。しかし、長崎でのオランダや清国との貿易では、輸入額が年をおって増加した$_{\text{a}}$ため、金銀が流出し、綱吉の時代以降の財政難への対応から1715年にオランダ・清からの輸入額や来航する船舶数を制限するなどの貿易統制がさらにおこなわれた$_{\text{b}}$。1772年に田沼意次が老中になると、工藤平助により著わされた書物に刺激され、新たな貿易相手国との交易が模索された$_{\text{c}}$。また、海外への輸出品の転換も進められた$_{\text{d}}$。

【設問】

a．鎖国下の長崎貿易で日本に輸入された産品ではないものを下記より選び、解答欄Ⅲ－Bに記入せよ。

1．銅　　2．毛織物　　3．香 木　　4．絹織物

b．この貿易統制政策の名称を漢字6字で記せ。

c．田沼時代に画策された新たな貿易計画で想定された貿易相手として、正しい国を下記より選び、その番号を解答欄Ⅲ－Bに記入せよ。

1．イギリス　　2．ロシア　　3．スペイン　　4．朝 鮮

d．田沼時代に長崎貿易での新たな商品として輸出が図られた産品として正

しいものを下記より選び、その番号を解答欄Ⅲ－Bに記入せよ。

1．塩　　2．鰊　　3．絹織物　　4．俵　物

（2）1858年に幕府はアメリカと条約を締結し[e]、同様の条約をイギリスなどとも結び、海外との本格的な貿易が開始された。貿易商品としては、生糸や茶が輸出され[f]、毛織物や綿織物などが輸入された。輸出商品のなかには直接に開港場に持ち込まれたものもあったため、幕府は生糸などの商品は江戸の問屋を通じて輸出するように命じた[g]。また、海外との金銀比価により日本から金が流出し[h]、幕府は、貨幣の質を落とす形で対応をした[i]が、さらに物価が騰貴することとなった。

【設問】

e．1858年にアメリカと締結した条約の第3条は、自由貿易に関する規定だといわれている。下記の文章（あ）～（う）について、こうした条約に基づいた当時の制度として正しいものには1を、正しくないものには2を解答欄Ⅲ－Bに記入せよ。

（あ）　神奈川（横浜）、新潟、長崎、兵庫（神戸）が開港された。

（い）　外国人は、日本国内で自由に居住することができた。

（う）　外国人が江戸、大坂で商取引を行うことが可能となった。

f．生糸を買い付け、居留地にいる外国人貿易商へ販売した、原善三郎に代表されるような商人を何と呼ぶか。正しいものを下記より選び、その番号を解答欄Ⅲ－Bに記入せよ。

1．引取商　　2．在郷商人　　3．売込商　　4．問　屋

g．幕府が1860年に命じたこの措置の名称を漢字7字で記せ。

h．幕末の日本では、海外にくらべ金安であったため、外国商人が銀を持ち込み、金と交換した結果、金が流出したといわれている。この状態の説明として、正しいものを下記より選び、その番号を解答欄Ⅲ－Bに記入せよ。

1．日本では交換比率が金：銀＝1：5、海外では金：銀＝1：15であった。

2．日本では交換比率が金：銀＝1：15、海外では金：銀＝1：5であった。

3．日本では交換比率が金：銀＝1：15、海外では金：銀＝1：15であった。

4．日本では交換比率が金：銀＝1：5、海外では金：銀＝1：5であった。

i．この時の改鋳後の貨幣の名称を漢字4字で記せ。

(3)　日清戦争前後から日本では機械技術を導入する産業革命が開始された。1880年以降には紡績機械と蒸気機関を用いて操業を行う大規模な紡績会社が設立されていった j。さらに、日露戦争前後になると、鉄鋼、工作機械、造船などの重工業 k でも一定の発展がみられるようになった。産業革命の過程で、日本の貿易は下記の円グラフのように変化した l。

輸出入品の割合（円グラフ中央の数字は輸出入の総額を示す）

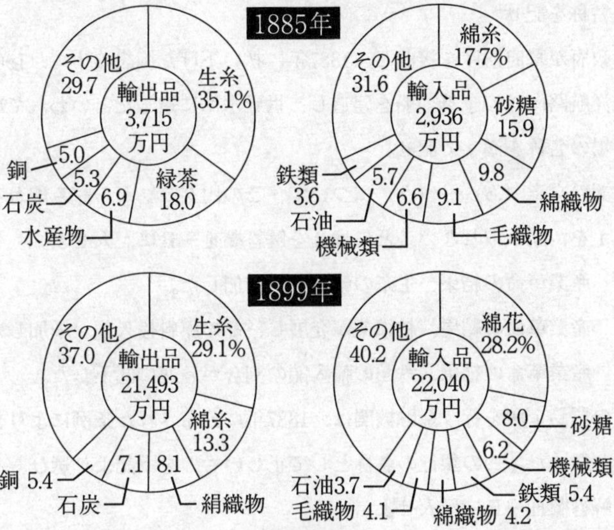

出典：『詳説日本史　改訂版』山川出版社

このような日本の貿易は、さまざまな担い手によって支えられた。1880年には貿易金融を行う銀行が設立され m、日本の商社の活動も活発となった n。また、三井系の半官半民の運輸企業と三菱系の企業が合併して1885年に海運会 o

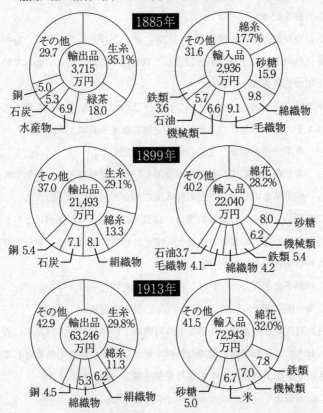

社が設立された。p この企業は、海外航路を設定し、物流面から日本貿易を支えた。さらに、q 1897年には日清戦争の賠償金の一部を準備金として、日本は金本位制を採用した。金本位制の採用は、日本が貿易収支の赤字を埋め合わせるために、資本輸入を行うことを容易にした。

【設問】

j．近代的な紡績業の発展の結果、在来的な綿糸生産は衰退していった。在来的な綿糸生産において、臥雲辰致が発明し、東海地方にひろがった紡績機の名称を記せ。

k．新政府が幕府財産を接収し、1887年に払い下げた施設の中で、1908年に太平洋航路向けの豪華客船を建造し、世界水準に達したといわれている造船工場の名称を漢字で記せ。

l．下記の文章（あ）～（う）について、この円グラフから読み取れることには1を、読み取れないことには2を解答欄Ⅲ－Bに記入せよ。

（あ）　産業革命の結果、生糸の輸出額が増加した。

（い）　産業革命の結果、紡績業が発展し、その原料輸入額が増加した。

（う）　産業革命の結果、鉄類の輸入額の割合が急速に低下した。

m．この貿易金融を行う金融機関は、1887年に公布された条例により、特殊銀行となった。この銀行の名称として正しいものを下記より選び、その番号を解答欄Ⅲ－Bに記入せよ。

1．横浜正金銀行　　2．朝鮮銀行

3．第一国立銀行　　4．日本勧業銀行

n．江戸時代からの豪商の系譜をもつ財閥傘下の商社として1876年に設立され、日本の貿易の発展に重要な役割を果たした総合商社の名称として正しいものを下記より選び、その番号を解答欄Ⅲ－Bに記入せよ。

1．鈴木商店　　2．白木屋

3．三菱商事　　4．三井物産（会社）

o．この海運会社の名称として正しいものを下記より選び、その番号を解答欄Ⅲ－Bに記入せよ。

1．三菱汽船会社　　2．共同運輸会社

3．日本郵船会社　　4．東洋汽船会社

p．政府は、海運会社が外国航路へ就航する場合、補助金を支出する法令を1896年に公布した。この法令の名称を漢字で記せ。

q．この時、純金量目２分を金１円・本位貨幣と規定した法令の名称として正しいものを下記より選び、その番号を解答欄Ⅲ－Ｂに記入せよ。

１．貨幣法　　２．新貨条例

３．日本銀行条例　　４．国立銀行条例

（４）　企業勃興期以降の日本の貿易収支はほぼ一貫して赤字であり、さらに日露戦後は多額の外債利子負担も加わり、日本の国際収支は危機的状況であった。日露戦争後の日本では、貿易赤字は外債発行などの資本輸入によって埋め合わされていた。日本の貿易は、第一次世界大戦の勃発により貿易は大幅な輸出超過となったものの、第一次世界大戦が終結し、ヨーロッパの復興が進むと、日本の貿易は1919年にふたたび輸入超過に転じた。

一転して1920年代の日本経済は慢性的不況とよばれる状況に苦しんだが、1929年のウォール街の株価暴落に端を発した昭和恐慌が発生すると、日本は円の金兌換を停止し、円相場は大幅に下落した。恐慌下で合理化をすすめていた諸産業$_{r}$は、これを機会に大幅に輸出を伸ばした$_{s}$。輸出の増加とともに、赤字国債の発行に基づく財政支出の増加により、産業界は活気づいた。また、低為替政策の結果、輸入品に対する競争力が強まったため、日本経済の重化学工業化も進んだ$_{t}$。

【設問】

r．浜口雄幸内閣では、産業合理化がすすめられつつ、1931年に指定産業での不況カルテルの結成を容認する法律が公布された。この法律の名称を漢字で記せ。

s．この時期に輸出が大幅に増加した商品として正しいものを下記より選び、その番号を解答欄Ⅲ－Ｂに記入せよ。

１．石　油　　２．米　　３．綿　花　　４．綿織物

t．重化学工業化の過程で、既成財閥と対比される新興財閥とよばれる企業集団がうまれた。この新興財閥のなかで、朝鮮で水力発電を行い、化学工業を開発した日窒コンツェルンを主導した人物名を漢字で記せ。

世界史

（75分）

〔Ⅰ〕 次の文章を読んで，設問1～7に答えなさい。 （50点）

中世から近世にかけての西ヨーロッパ世界における文化の展開において不可欠な役割を果たしたのが，古代ギリシア・ローマの学芸の復興だった。

8～9世紀，西ヨーロッパの主要な部分を支配下においたフランク王国のカール大帝（シャルルマーニュ）は，ラテン語の古典に関心を持ち，(ア)古典文化の復興を手がかりにした文化の振興策を遂行した。（ **a** ）ら多くの学識者が宮廷に招かれて学問が奨励され，古代ローマの著作が正しい文法と確立された書体で書写されて王国全土の修道院や司教座の図書館に収められた。

イスラーム世界では，アッバース朝の首都（ **b** ）で，(イ)古代ギリシアの哲学者や科学者による文献の収集とそれらのアラビア語への翻訳が組織的に行われるようになった。また，のちに（ **c** ）は『医学典範』を著し，イベリア半島出身の（ **d** ）はアリストテレスの哲学書に高度な注釈を加えた。

12世紀になると，イスラーム世界で研究されてきたギリシア語の古典文献やアラビア語の学術書が，イベリア半島の（ **e** ）や，シチリア島のパレルモなどでラテン語に大量に翻訳された。これらの翻訳は西ヨーロッパの知識人たちに広まり，とくにイスラーム世界からもたらされたアリストテレス哲学は，ローマ＝カトリック教会の絶大な影響力のもとで最高の学問とされていた神学と結びつき，スコラ哲学に発展した。そのなかで，普遍的なるものの存在をめぐって，個々別々のものに共通する普遍的なものが実在するという立場と，(ウ)普遍的なものは思考の中にしか存在しないという立場との論争が大きな焦点となった。前者の立場に立つ（ **f** ）は，13世紀に『神学大全』を著して信仰と理性の一致をはかったが，14世紀には後者の立場に立つ（ **g** ）が信仰と理性の分離を唱えた。さらに，（ **h** ）に代表されるように，のちの近代科学に通じるような，観察と実験を重視する姿勢も生まれた。こうした学問は，やがて司教座の付属学校などを母体とした教師と学生の自治組織である(エ)大学を舞台に展開されるようになった。またこの時期には，学問や行政文書で用いられたラテン語のほかに，(オ)騎士道文学に代表される俗語による文化も花ひらいた。

14世紀のイタリアでは，古代ギリシア・ローマの文化を模範とすることによって，人間の生き方そのものに光を当てる新しい文芸復興運動が起こった。その中心地は，毛織物業や金融業で栄え，大商人メディチ家が台頭していた都市（　**i**　）だった。文学では，詩人（　**j**　）が，知識人が使うラテン語ではなく地元の口語で『神曲』をあらわし，死後の世界の旅を通じて人間の生を描いた。また，（　**k**　）はラテン語古典の研究に努めるとともに，俗語で恋愛をテーマにした『叙情詩集』を書き，（　**l**　）は短編集『デカメロン』で黒死病流行下の世相を風刺した。15世紀には，建築家（　**m**　）がサンタ＝マリア（聖マリア＝デル＝フィオーレ）大聖堂のドームを設計し，画家の（　**n**　）が古代の神話をテーマにした「ヴィーナスの誕生」などで官能的な女性美を描いた。古典古代を模範とするいきいきとした人間表現は，システィーナ礼拝堂の壁面に祭壇画「最後の審判」を描いた（　**o**　）や，聖母子像で有名な（　**p**　）など，(カ)16世紀前半のローマで活動した芸術家たちにも受け継がれた。

設問 1　文中の空欄（　**a**　）～（　**p**　）に入る最も適切な人名・地名を，次の1～60の語群から一つずつ選び，その番号を解答欄Ⅰ－Aに記入しなさい。

【語群】

1．アウグスティヌス　2．アベラール（アベラルドゥス）
3．アルクイン　4．アンセルムス　5．イスファハーン
6．イブン＝シーナー　7．イブン＝バットゥータ
8．イブン＝ハルドゥーン　9．イブン＝ルシュド
10．ヴェネツィア　11．ウィクリフ
12．ウィリアム＝オブ＝オッカム　13．エラスムス
14．エル＝グレコ　15．カイロ　16．グラナダ
17．コルドバ　18．サマルカンド　19．ジェノヴァ

20. ジョット（ジオット）
21. ジョルダーノ＝ブルーノ　22. スウィフト
23. セルバンテス　24. ダマスクス（ダマスカス）
25. ダンテ　26. チョーサー　27. デフォー
28. デューラー　29. トマス＝アクィナス　30. トマス＝ペイン
31. トマス＝モア　32. トレド　33. バグダード
34. ピサ　35. フィレンツェ　36. ブラマンテ
37. フランシス＝ベーコン　38. ブリューゲル
39. プルタルコス　40. ブルネレスキ　41. ペトラルカ
42. ベネディクトゥス　43. ベラスケス
44. ボッカチオ（ボッカッチョ）
45. ボッティチェリ（ボッティチェッリ）　46. ホルバイン
47. マキァヴェリ　48. ミケランジェロ　49. ミラノ
50. ミルトン　51. メッカ　52. モンテーニュ
53. ラファエロ　54. ラブレー　55. リスボン
56. ルーベンス　57. レオナルド＝ダ＝ヴィンチ
58. レンブラント　59. ロイヒリン　60. ロジャー＝ベーコン

設問２　下線部(ア)について，この振興策による学芸復興は何と呼ばれるか。その名称を解答欄Ｉ－Ｂにカタカナで記入しなさい。

設問３　下線部(イ)に関連して，古代ギリシアの哲学や科学の記述として正しいものを，次の１～４から一つ選び，その番号を解答欄Ｉ－Ｃに記入しなさい。

1　紀元前６世紀にイオニア地方で自然哲学が発達し，万物の根源を水とするタレス，万物の根源を原子とするヘラクレイトスらが現れた。

2　紀元前５世紀にソフィストのプロタゴラスは「万物は流転する」と説き，価値の相対性と真理の主観性を主張した。

3　紀元前４世紀にプラトンは，イデアのみを永遠不変の実在とみなす哲学を展開し，アテネの民主政を理想の政体として支持した。

4　ヘレニズム時代にはとくに自然科学が発達し，平面幾何学を大成したエウクレイデスや，地球の自転と公転を主張したアリスタルコスらが現れた。

設問4　下線部(ウ)について，このような立場の名称を漢字３文字で解答欄Ⅰ－Ｂに記入しなさい。

設問5　下線部(エ)について，中世に誕生した大学の中で，とくに医学で有名だった南イタリアにある大学名を，解答欄Ⅰ－Ｂに記入しなさい。

設問6　下線部(オ)について，カール大帝と騎士たちの武勲をうたった叙事詩の名称を，解答欄Ⅰ－Ｂに記入しなさい。

設問7　下線部(カ)について，この時期に学芸の最も有力な保護者となり，サン＝ピエトロ（聖ピエトロ）大聖堂の改築をおしすすめたメディチ家出身の教皇の名前を，解答欄Ⅰ－Ｂに記入しなさい。

〔Ⅱ〕 次の文章を読み設問1～9に答えなさい。　(50点)

中国では，歴代王朝が成立するたびに周辺諸地域と様々な関係が構築された。

1206年にモンゴル族の（　**a**　）がハンに推戴され，チンギス＝ハンとして即位すると，トルコ・モンゴル諸部族を統一した大モンゴル国が形成された。大モンゴル国はユーラシア大陸の約半分を支配した。こうしたモンゴルの勢力拡大に対して①ヨーロッパ各国が強い関心をよせたことも事実である。

14世紀になると、経済政策の混乱や飢饉の深刻化により，元朝支配下の民衆生活が困窮した。やがて宗教結社から発生した（　**b**　）の乱が拡大すると，その指導者の一人である[A]（洪武帝）は明朝を建国し，その都を[B]（現在の南京）に定めた。明軍に追われた元の帝室はモンゴル高原に退くことになった。

洪武帝は，国内的には治安維持や徴税を担わせる里甲制を整備したり，民衆の教化を目的に儒教に基づく（　**c**　）を公布したりするなど社会全般への統制を強める一方，対外的には海・陸で厳格な管理体制構築を模索した。元朝末期以降，海賊集団が沿海部で略奪を繰り返していたためである（いわゆる前期倭寇）。洪武帝は民間の海上貿易を禁止し（海禁），貿易を含む②対外関係を朝貢・冊封に限定した。1402年に即位した（　**d**　）帝も海禁を維持しつつ，ムスリムの宦官（　**e**　）を派遣し，東南アジアからインド洋にかけて各国で朝貢を勧誘した。

しかし，16世紀に国際貿易が盛んになると，明朝の周縁部で既存の体制に対する反発が発生した。北方ではモンゴルの（　**f**　）が交易を求めて明朝を圧迫し，東南の沿海部では民間商人が武装して密貿易に従事するようになった（いわゆる後期倭寇）。なお，1557年にはポルトガルが明から（　**g**　）の居住権を得て中国との交易に参加するようになった。

さらに，貿易や銀山の利益を掌握した豊臣秀吉は，東アジア交易体制の再編を目的に2度にわたって朝鮮侵略を行った。朝鮮半島で[C]・丁酉の倭乱と称されるこの侵略行為は，明朝の援軍，義兵・民衆の抵抗，そして朝鮮の[D]が率いた水軍などによって撃退されたものの，明朝の財政状態を極度に悪化させた。民衆への重税と同時期に発生した天災により各地で民衆反乱が起こり，（　h　）率いる反乱軍が1644年に北京を占領すると，明朝は滅亡した。

このころ，中国東北地方では（　i　）に率いられた（　j　）(のちにマンジュ，満洲と改称）諸部が勢力を拡大していた。彼は1616年に（　j　）を統合して後金を建国して支配を確立した。1636年には E （太宗）が国号を清と改め，皇帝を称するようになった。明朝が滅びると，明朝の軍人（　k　）は清に降伏し，清軍は北京入城を果たした。そして，清は（　h　）を倒して中国皇帝の地位を継承することになった。

こののち，康熙帝は（　k　）らが引き起こした（　l　）の乱や，台湾を拠点とした（　m　）らの抵抗運動を平定すると，1684年に海禁を解いて民間貿易を認めた。同時に，③清朝の歴代皇帝は周辺諸地域に対して外交交渉や軍事遠征を繰り返し，18世紀半ばには最大版図を獲得した。

設問 1　文中の（　a　）～（　m　）に入る最も適切な語句を次の語群から選び，その番号を解答欄Ⅱ－Aに記入しなさい。

【語群】

1．アマースト　　2．アルタン＝ハン（アルタン）
3．オゴタイ＝ハン（オゴタイ）　　4．クライヴ
5．テムジン　　6．ヌルハチ　　7．バトゥ　　8．フサイン
9．フラグ　　10．マカオ　　11．マニラ　　12．マラッカ
13．一条鞭法　　14．王安石　　15．永楽　　16．魚鱗図冊
17．建文　　18．会館・公所　　19．紅巾　　20．黄巾
21．光緒　　22．黄帽派　　23．呉三桂　　24．呉楚七国
25．呉道玄　　26．五斗米道　　27．胡耀邦　　28．赤眉
29．三藩　　30．市舶司　　31．上海　　32．鄭玄
33．女真（女直）　　34．崇禎　　35．全真教　　36．張居正
37．鄭成功　　38．鄭和　　39．佃戸　　40．吐蕃
41．南詔　　42．万暦　　43．香港　　44．六諭
45．李自成　　46．劉少奇

設問2　下線部①について，モンゴルあるいは元朝とヨーロッパ世界との交流を述べた文章として正しいものを2つ選び解答欄Ⅱ－Bに記入しなさい（順不同）。

1．フランシスコ＝ザビエル（シャヴィエル）は，元朝末期に中国沿海に来航した。

2．ローマ教皇は使節としてプラノ＝カルピニをモンゴル高原のカラコルムに派遣した。

3．イタリアの商人マルコ＝ポーロの見聞を記した『世界の記述』は元の状況を伝えた。

4．13世紀末に派遣されたアダム＝シャールは，大都のカトリック大司教に任ぜられた。

設問3　文中の［　A　］に当てはまる人名を漢字3文字で解答欄Ⅱ－Cに記入しなさい。

設問4　文中の［　B　］に当てはまる地名を漢字2文字で解答欄Ⅱ－Cに記入しなさい。

設問5　下線部②に関連して，明朝時期の対外関係や文化交流について述べた以下のア～エのうち，内容の正しい文はいくつあるか。正しい文の数を数字**1**～**4**で解答欄Ⅱ－Bに記入しなさい。正しい文がない場合は数字**5**を記入しなさい。

ア．オイラトが1449年に明軍を破って土木堡で正統帝をとらえた。

イ．室町幕府の足利義満は，明から「日本国王」に封ぜられ勘合貿易を始めた。

ウ．1392年に成立した朝鮮王朝は，明から朱子学を導入しなかった。

エ．徐光啓はイエズス会士と協力してエウクレイデス（ユークリッド）の幾何学を漢訳した。

設問6　文中の　C　に当てはまる用語を漢字２文字で解答欄Ⅱ－Cに記入しなさい。

設問7　文中の　D　に当てはまる人名を漢字３文字で解答欄Ⅱ－Cに記入しなさい。

設問8　文中の　E　に当てはまる人名をカタカナで解答欄Ⅱ－Cに記入しなさい。

設問9　下線部③に関連して，清朝と周辺地域の関係に関する次の記述(a)(b)について，(a)(b)ともに正しい場合は数字**1**，(a)のみ正しい場合は数字**2**，(b)のみ正しい場合は数字**3**，(a)(b)ともに間違っている場合は数字**4**を，解答欄Ⅱ－Bに記入しなさい。

(a)　康熙帝治世の1727年に，清はロシアとキャフタ条約を結んでモンゴル北部（外モンゴル）の国境線を画定した。

(b)　1758年に雍正帝がジュンガルを滅ぼした後，天山山脈以北と東トルキスタンの地域は「新疆」と名付けられた。

〔Ⅲ〕　次の文章を読み，設問1～7に答えなさい。　(50点)

1789年のフランス革命をきっかけに，18世紀末から19世紀にかけての近代ヨーロッパ諸国では革命や政治改革の動きが発生した。とくに18世紀のフランスで発展した理性を重視し合理的な思考を目指す［A］は，フランス革命の原動力となった。①さまざまな思想家・哲学者が偏見や無知を打破しようとしたことから，政治の現状に批判が向けられるようになったのである。

フランス革命勃発後，革命の拡大を懸念する周辺諸国が介入し，1792年4月にはフランス革命戦争が勃発した。民衆を中核としたフランス軍は外国軍に敗北し続けたが，同年9月についに外国軍を打ち破った。『ファウスト』で知られ，「シュトルム＝ウント＝ドランク（疾風《しっぷう》怒《ど》濤《とう》)」という文学運動を牽引した［B］はこのときプロイセン軍に従軍しており，フランス軍の勝利を見て「ここから，そしてこの日から，世界史の新たな時代が始まる」と書き残した。フランス軍の勝利は，周辺諸国において圧政からの民衆の解放の機運を高めた。

これ以降，フランスが逆に周辺諸国へ侵攻して領土を拡大するようになると，軍事的成功で頭角を現した軍人ナポレオン＝ボナパルトが1799年のブリュメール18日のクーデタで権力を奪取し，1804年には皇帝に即位して第一帝政を創始した。一連のナポレオンの姿は（　**a**　）によって「アルプス越えをするナポレオン」や「ナポレオンの戴冠式」といった絵画で描かれている。

その一方で，周辺諸国の民衆にとってフランスは侵略者にほかならず，彼らは政治改革による圧政からの解放だけでなく，民族統一や民族自決，あるいは国民形成を求める思想としての［C］を燃え盛らせた。

その後，ナポレオンが1812年のロシア遠征などで敗北した結果，退位に追い込まれると，戦後の国際秩序を構築するための国際会議が開催された。そして，1815年に成立した②ウィーン体制は各地の［C］をおさえようとしたが，フランス革命以前の政治体制を正統とする国際秩序への反発から，独立運動や国家統一運動の機運がますます高まった。

このような機運に呼応する思潮として，［D］は重要である。これは［A］で重視された理性や科学的精神よりも人間の感情を重視し，それぞれの土地の中世以来の歴史と文化を尊重するものだったため，[C]と結びつきやすく，人びとの解放を目指しながらさまざまな思想や文芸作品を生み出していった。

思想においては，『ドイツ国民に告ぐ』で知られる思想家・哲学者[E]がナポレオンの支配への抵抗のための教育改革による国力強化などを訴えて，人びとの愛国的な意識を高めた。また，ドイツ統一と国民の歴史に対する関心の高まりの中で，（　**b**　）は実証的な近代歴史学を発展させた。さらに，新たな世界認識のあり方を探究するドイツ観念論が発展し，（　**c**　）は弁証法哲学を確立した。

絵画においては，（　**d**　）がオスマン帝国からのギリシア独立戦争を題材にした「キオス島の虐殺」や1830年の③フランス七月革命を題材にした「民衆を導く自由の女神」を描いた。

文学においては，『チャイルド＝ハロルドの遍歴』で知られ，ギリシア独立戦争に参加した詩人（　**e**　），民話を収集した童話集で知られる言語学者（　**f**　），復古王政期から1833年頃までを描いた『レ＝ミゼラブル』で知られる作家・共和主義者（　**g**　）などがいる。また，詩人（　**h**　）は『歌の本』や『ドイツ冬物語』をとおして祖国の反動的な空気を強く批判するとともに，フランス七月革命に共感してパリに移住した。

さらに音楽においては，④ポーランド出身の（　**i**　）は民族舞踊を基にしたピアノ曲を残して「ピアノの詩人」と呼ばれ，ドイツ領邦出身の（　**j**　）は北欧神話や伝説を基にして「ニーベルンゲンの指環」を生み出すなど，独自の芸術論にもとづく大作を発表した。

このように圧政からの民衆の解放，そして独立運動や国家統一運動の機運が高まる中で，ついには1848年にフランス二月革命が勃発した。プロイセンとオーストリアでも三月革命が勃発して，ドイツ統一を求める動きがさらに強まるなど，⑤「諸国民の春」と呼ばれる状況が生まれた。

設問 1　文中の（　**a**　）～（　**j**　）に入る最も適切な語句を次の語群から一つずつ選び，番号を解答欄Ⅲ－Aに記入しなさい。

【語群】

1．イプセン　2．ヴァーグナー（ワグナー）
3．ヴェーバー（マックス＝ヴェーバー）　4．カント
5．グリム兄弟　6．クールベ　7．ゴッホ
8．ゴヤ　9．コント　10．ショパン
11．スタンダール　12．セザンヌ　13．ゾラ
14．ダヴィド（ダヴィッド）　15．デューイ
16．ドストエフスキー　17．ドラクロワ　18．トルストイ
19．ハイドン　20．ハイネ　21．バイロン
22．バッハ　23．バルザック　24．ヘーゲル
25．ボードレール　26．ミレー　27．モーツァルト
28．モネ　29．ユゴー（ユーゴー，ヴィクトル＝ユゴー）
30．ランケ　31．ルノワール　32．ロダン

設問2　下線部①～⑤に関連する次の記述(a)(b)のうち，(a)(b)ともに正しい場合は数字**1**，(a)のみ正しい場合は数字**2**，(b)のみ正しい場合は数字**3**，(a)(b)ともに正しくない場合は数字**4**を，解答欄Ⅲ－Bに記入しなさい。

①　フランス革命の原動力となる著作を残した思想家・哲学者

(a)　ヴォルテールは『法の精神』をとおして，フランスよりも先進的なイギリスの立憲政治を称賛し，フランス革命に影響を与えた。

(b)　ルソーは『社会契約論』をとおして，人間の平等性に立脚した人民主権論を主張し，フランス革命に影響を与えた。

②　ウィーン体制期（1815～1848年）に展開された思想

(a)　フランスではサン＝シモン，フーリエらによって，貧困問題の解決などが目指された。

(b)　リストは保護貿易主義を唱え，ドイツ関税同盟の結成を提唱した。

③　フランス七月革命によって成立した七月王政

(a)　多額納税者のみが選挙権を保持したため，選挙権拡大を求める動きが強まった。

(b)　ドレフュス事件が発生するなど社会的混乱が続いた。

④ ポーランドをめぐる政治状況

(a) オーストリア，プロイセン，ロシアによる領土分割によってポーランドは消滅し，第一次世界大戦後に復活した。

(b) ポーランドで独立を目指して反乱が発生すると，アレクサンドル2世は専制政治を強化した。

⑤ このころの革命運動で活躍したマルクスの思想と著作

(a) マルクスはエンゲルスとともに『共産党宣言』を発表し，労働者階級による政権獲得を主張した。

(b) マルクスは資本主義の研究をとおして『資本論』を発表し，経済活動の自由放任主義を主張した。

設問3 文中の［ A ］には同じ語句が入る。適切な語句を漢字4文字で解答欄Ⅲ－Cに記入しなさい。

設問4 文中の［ B ］に入る適切な人名を解答欄Ⅲ－Cに記入しなさい。

設問5 文中の［ C ］には同じ語句が入る。適切な語句をカタカナで解答欄Ⅲ－Cに記入しなさい。

設問6 文中の［ D ］に入る適切な語句を解答欄Ⅲ－Cに記入しなさい。

設問7 文中の［ E ］に入る適切な人名を解答欄Ⅲ－Cに記入しなさい。

政治・経済

（75分）

〔Ⅰ〕　次の文章を読み、下の設問（設問１～設問９）に答えよ。　（50点）

＜京都市内の大学に通う大学生の大学構内での会話＞

X：久しぶり。先週は統一地方選挙だったね。そういえば、君は、サークルの練習に来ていたね。投票所にも行かなければならなくて、大変だっただろう。

Y：いや、そんなこともあるかと思って、ⓐ３日前には、市内で投票を済ませておいたんだ。

X：そういえば、君のお兄さんは、この２カ月ばかり、北海道に出張しているのだろう。困ったんじゃないか。

Y：なんで、うちの家族のことにそんなに詳しいんだ。まあ、いいけど。兄貴は、ⓑ出張先で投票するようなことをいっていたな。それにしても、僕の住んでいるあたりでは、統一地方選挙に加えて、別の日程で市長選挙があったんだ。姉は、２週続けて週末の予定を変えなければならなくなったとぼやいていた。

X：そうか、それは面倒だ。

Y：ⓒ当選者の決め方もなんだかややこしい。選挙運動もいろいろと規制されている。ⓓ選挙制度は複雑だし、よく変わる。大変だ。

【設問１】下線部ⓐに関連して、有権者が投票日当日に投票ができない場合に、投票日前に、その有権者が選挙人名簿に登録されている市区町村の投票所で、直接、投票することができる制度を何というか。その名称を、解答欄Ⅰ－甲に記入せよ。

【設問2】下線部ⓑに関連して、有権者が、選挙期間中、選挙人名簿に登録されている市区町村外に滞在している場合に、投票日前に、滞在先の市区町村で投票をすることができる制度を何というか。その名称を、解答欄Ⅰ－甲に記入せよ。

【設問3】下線部ⓒに関連して、次の文章の（　ア　）～（　キ　）に入る最も適切な語句や数字を、解答欄Ⅰ－甲のア～キに記入せよ。

比例代表制は、政党が名簿に登載した候補者から当選人を決定するものであり、少数意見を議会の議員構成に反映させるために採用されている手法の1つである。その中で、政党が名簿上で定めた順位に従って当選人を決定する（　ア　）方式は、日本の衆議院議員選挙において採用されている。2022年度末現在、比例代表制によって選出される議員数は、衆議院については（　イ　）名であり、参議院については（　ウ　）名である。

また、投票人が候補者に順位をつけて投票して、その順位に従って候補者間で得票が配分される方式として、（　エ　）式がある。

日本の国会議員選挙では、（　オ　）年の公職選挙法改正により、衆議院議員選挙に、比例代表制が一部導入された。衆議院議員選挙における比例代表制では、政党が小選挙区の候補者として公認した者を、当該政党の比例代表名簿に登載することが認められる。このような仕組みを（　カ　）制という。

参議院議員選挙についても、比例代表制が採用されている。この制度の採用によって廃止された、従前の全国区で選出される議員の定数は、（　キ　）名であった。

【設問4】下線部ⓒに関連して、日本において、2022年12月27日以降おこなわれる衆議院議員総選挙から採用されることとなった、都道府県ごとの人口比をより正確に反映した議員定数を設定することができる方式について、ある人名を付したその方式の名称を、解答欄Ⅰ－甲に記入せよ。

【設問5】下線部ⓒに関連して、日本の衆議院議員選挙で採用されている、比例代表制の議席配分に用いられる計算方式の提唱者ドントは、どの国の法学者か、次の1～4のうちから1つ選び、その番号を、解答欄Ⅰ－乙に記入せよ。

1．アメリカ　　2．フランス　　3．イギリス　　4．ベルギー

【設問6】下線部ⓒに関連して、日本で、定数10名の比例区において、良心党、弘風党、寒梅党、知真党の4つの政党が、自党の比例代表名簿に、それぞれ6人の候補者を登載したとする。4党の総得票数は、それぞれ、良心党が10万票、弘風党が8万票、寒梅党が6万票、知真党が4万票であった。日本の選挙制度の下で採用されている方法に従って8番目の順位で当選した候補者を名簿に登載した政党を、次の1～4のうちから1つ選び、その番号を、解答欄Ⅰ－乙に記入せよ。

1．良心党　　2．弘風党　　3．寒梅党　　4．知真党

【設問7】下線部ⓒに関連して、次の文章の（　A　）～（　C　）に入る最も適切な語句を、下の語群から1つ選び、その番号を、解答欄Ⅰ－乙のA～Cに記入せよ。

1つの選挙区で複数の候補者が当選することができる（　A　）制度の下では、小政党からの候補者も当選する可能性があり、（　B　）が少なくなるという利点があった。他方で、同一選挙区で、一つの政党から複数の候補者が立候補することがあるため、党内で（　C　）が形成されて、政党としての機能が十分に果たせなくなる、また、選挙費用の負担が大きすぎるなどの問題が指摘され、制度が改められた。

［語群］

1．無効票	2．職能代表	3．族議員
4．小選挙区	5．死票	6．派閥
7．部会	8．大選挙区	9．選挙違反

【設問8】下線部ⓓに関連して、次のａ～ｃの記述について、**正しいものには数字の1を、正しくないものには数字の2を**、解答欄Ｉ－乙のａ～ｃに記入せよ。

ａ．世界には、棄権を防止するために、法律で投票を強制している国がある。オーストラリアやスイスでは、全国で義務投票制が採用されている一方、ベルギーでは一部の州に限られている。

ｂ．日本でも、候補者は選挙期間中にウェブサイトや電子メールを使って選挙活動を行うことが認められるようになった。有権者も、候補者から送られてきた電子メールを他の有権者に転送する限りでは、電子メールを使うことが認められている。

ｃ．会計責任者など、候補者と一定の関係にある者が買収などの罪により刑に処せられた場合、候補者の当選は無効とされ、その後５年間は、同じ選挙区から立候補することが許されない。

【設問9】下線部ⓓに関連して、次の文章の（　Ｄ　）・（　Ｅ　）に入る最も適切な語句を、下の語群から１つ選び、その番号を、解答欄Ｉ－乙のＤ・Ｅに記入せよ。

法定得票数には、当選するために必要な最低限の得票数と、供託金の没収を受けないために必要な得票数がある。衆議院小選挙区で、ある候補者の得票数が有効投票総数の（　Ｄ　）であった場合には、当選が認められない。また、供託金が没収されるのは、得票数が有効投票総数の（　Ｅ　）であった場合である。

［語群］

1．５分の１以下　　2．６分の１以下　　3．７分の１以下
4．５分の１未満　　5．６分の１未満　　6．７分の１未満
7．10分の１以下　　8．10分の１未満

〔Ⅱ〕　次の文章を読み，下の設問（設問１～設問10）に答えよ。　（50点）

18世紀の後半に主張された（　ア　）主義は，政府の介入を認めないⓐ資本主義経済の典型的な理念とされ，レッセ・フェールともよばれる。この考えによれば，民間による経済活動を保障することによりⓑ価格の調整機能が働き，資源の効率的配分が達成されることが期待される。

20世紀に入り，所得格差や大量の失業，資源利用の非効率化の問題が深まり，1929年の世界恐慌の際には，（　ア　）主義に基づき，市場の自律的な調整に任せていたのでは，これらの問題を解決することができなくなった。そこでアメリカ合衆国ではⓒニューディール政策をケインズ的な経済理念のもとで実施し，この不況の克服を試みた。ケインズはⓓ貨幣支出をともなう需要の大きさが社会全体の産出や所得および雇用を決めるものとして，政府の経済活動への積極的介入が必要であると主張した。

先進資本主義国では，ケインズ経済学およびニューディール政策の影響をうけ，民間部門と並び公共部門が相互補完的に大きな役割を果たし，雇用の創出や社会福祉の充実が目標とされるようになった。このような政府の介入をともなった修正資本主義を（　イ　）経済とよぶ。

しかし，この「大きな政府」の考え方の行き詰まりから，フリードマンらが政府の裁量的政策を廃止し，通貨の安定供給を重視する（　ウ　）を唱え，市場機能の回復を図るべきであると主張した。この「小さな政府」を目指す新自由主義により経済の活性化はみられたが，社会保障の削減による雇用の不安定等により貧富の格差が拡大した。

市場における価格の変動により，効率的な資源配分がなされる市場メカニズムが機能するためには，（　エ　）市場の条件が満たされる必要がある。「市場の失

敗」とよばれる現象がみられるのは、この条件が満たされず、市場メカニズムによる効率的な資源配分が機能していないときであり、ⓔ独占や寡占、市場取引を経ず第三者に影響を及ぼす外部効果、公共財やⓕ情報の非対称性がある。公共財は特定の人を排除できないという「非排除性」と、多くの人が同時に消費できる「（　オ　）」を同時にもつ財であるため、市場に任せると費用を負担せずに利用可能であることから、（　A　）。

【設問1】文中の（　ア　）〜（　オ　）に入る最も適切な語句を、解答欄Ⅱ－甲のア〜オに記入せよ。ただし、ウはカタカナで記入せよ。

【設問2】文中の（　A　）に入る最も適切な語句を、次の1〜4のうちから1つ選び、その番号を、解答欄Ⅱ－乙のAに記入せよ。

1．需要と供給は均衡する　　2．需要は過少となる
3．供給は過少となる　　4．需要と供給はともに増加する

【設問3】下線部ⓐに関連して、資本主義経済に関する説明として最も適切なものを、次の1〜4のうちから1つ選び、その番号を、解答欄Ⅱ－乙に記入せよ。

1．資本主義経済以前の絶対王政の時代に、貿易を通じて金・銀を蓄積する重金主義的政策がとられ、後に貿易差額主義的政策がフランスのコルベールにより提唱された。
2．イギリスのアダム＝スミスは『自由論』を著し、「見えざる手」により市場価格が調整されることを主張した。
3．フランスのフランソワ＝ケネーは、農業生産こそ国家・社会の富の源泉であるとする重農主義を批判した。
4．国家・政府の役割は社会秩序の維持や国防等などの必要最小限に抑えるべきであるという国家観を、ドイツのラッサールは「福祉国家」と命名した。

【設問4】下線部ⓑに関連して、ある財Xの需要曲線や供給曲線を、他の条件を一定としたもとでシフトさせたとき、財Xの均衡価格が一般的に上昇すると考えられる要因として、次のa～dの記述について、**正しいものには数字の1を、正しくないものには数字の2を**、解答欄Ⅱ－乙のa～dに記入せよ。

a．消費者の所得が上昇したとき

b．財Xの代替品である財Yの価格が下落したとき

c．財Xが不作となったとき

d．技術の進歩により、少ない費用で財Xを生産できるようになったとき

【設問5】下線部ⓑに関連して、需要曲線の傾きに関する次の文章の（　ⅰ　）・（　ⅱ　）に入る最も適切な語句の組み合わせを、下の1～4のうちから1つ選び、その番号を、解答欄Ⅱ－乙に記入せよ。

生活必需品である財と奢侈財（ぜいたく品）の需要曲線の傾きに関して、生活必需品は奢侈財と比べ、価格の変動により、その需要量が（　ⅰ　）ため、生活必需品の需要関数の方が（　ⅱ　）に近づくことがわかる。

1．（　ⅰ　）あまり変化しない（　ⅱ　）より水平

2．（　ⅰ　）あまり変化しない（　ⅱ　）より垂直

3．（　ⅰ　）大きく変化する　（　ⅱ　）より水平

4．（　ⅰ　）大きく変化する　（　ⅱ　）より垂直

【設問6】下線部ⓑに関連して、次の文章を読み（　カ　）に入る数字を、解答欄Ⅱ－甲のカに記入せよ。

需要の価格弾力性は、価格の変化率に対して需要の変化率がどれほどであるのかを表しており、その値にマイナスの符号をつける。これは一般的に多くの財では、価格の変化と需要の変化の方向は逆であるためである。例えば、

ある財Ｚの価格が100から125に上昇したとき、需要量は2000から1000に減少したとする。このとき、この財Ｚの需要の価格弾力性は（　カ　）となる。

【設問７】下線部ⓒに関連して、次の文章の（　キ　）～（　ケ　）に入る語句を、解答欄Ⅱ－甲のキ～ケに記入せよ。ただし、キはカタカナで、クはアルファベット大文字３文字で記入せよ。

アメリカのニューディール政策の一環として、労働者の団結権・団体交渉権を保障し、労働組合を育成し対等な労使関係を目指す（　キ　）法が1935年に制定された。また、（　ク　）を設立し、テネシー川流域にダムを建設し、多くの失業者に対する雇用を創出した。さらに、老齢遺族年金と失業保険を柱とする（　ケ　）法が制定された。

【設問８】下線部ⓓを何とよぶか、最も適切な語句を、解答欄Ⅱ－甲に記入せよ。

【設問９】下線部ⓔに関連して、独占・寡占の説明として最も適切なものを、次の１～４のうちから１つ選び、その番号を、解答欄Ⅱ－乙に記入せよ。

1．独占の形態として、同一産業部門の複数の企業が合併・合同し、単一の企業となり市場を支配することをカルテルとよび、同一産業部門の各企業が利潤を得るために協定を結び、市場を支配することをトラストとよぶ。
2．日本では1947年に独占禁止法が制定され、これに違反した事業者に対しては、５人の委員からなる行政委員会である財務金融委員会が違反行為の差し止め命令等をおこなうことができる。
3．市場に少数の企業しか存在しない場合、影響力の強いプライス・リーダーの設定した管理価格は、技術の開発や合理化によって生産コストが低下することで、下がりやすくなる。
4．1997年の独占禁止法改正により、第二次世界大戦後の財閥解体以来禁止されていた持株会社の設立が可能となった。

【設問10】下線部ⓕに関連して、次のｅ・ｆの記述について、**正しいものには数字の1を**、**正しくないものには数字の2を**、解答欄Ⅱ－乙のｅ・ｆに記入せよ。

ｅ．需要者よりも供給者の方が、ある商品に対して多くの情報を持っている場合には、真に価値のある商品に対しても、支払うことのできる需要者の限度額が下がる傾向にある。

ｆ．ある商品の真の価値を示すため、その商品の供給者は品質を保証したり、価格をあえて引き上げることにより、商品の信用力を増したりすることで、情報の非対称性が解消される。

〔Ⅲ〕　次の文章を読み、下の設問（設問1～設問5）に答えよ。　(50点)

「日本は世界有数の豊かな国である」というような言葉を聞いたことがあるだろう。この豊かさを測るにはさまざまな指標があるが、どれだけの経済活動がおこなわれたかを示す指標にⓐＧＤＰがある。このＧＤＰの実質成長率（名目成長率から物価上昇率分を差し引いたもの）を用いて経済成長の程度を測定するが、経済成長を規定する要因は、おもに労働人口の伸び・資本蓄積と設備投資の増大・（　Ａ　）の3つからなる。ＧＤＰは一国の経済の（　Ｂ　）面のみをとらえるもので、このＧＤＰを含んだ（　Ｃ　）が国際連合にて1953年に策定された。

たとえば、1950年代半ばから1973年頃のⓑ高度経済成長期には、安価な労働力や活発な設備投資、（　Ａ　）などにより経済成長が進み、年平均（　Ｄ　）％前後の実質経済成長率を記録した。その後、1985年のプラザ合意をきっかけにして（　Ｅ　）が急速に進み、それまで輸出に依存して発展してきた日本経済は一時的に不況に陥った。

一国の経済規模は、ＧＤＰのように生産の側面から表すほか、（　ア　）の側面や支出の側面から表される。生産の側面から表す生産国民所得のうち、第1次産業が占める割合（名目値）は、2020年時点で、（　Ｆ　）％程度である。また、支出面で見た場合は支出国民所得とよばれ、日本で最も大きい割合を占めている項目は（　イ　）である。

これまで経済活動によって蓄えられた富の大きさについても考える必要がある。一国の資産ⓒについて、実物資産と（　G　）の合計を国富とよび、（　C　）に基づいて毎年内閣府が総額や内訳を発表している。

もっとも、GDPを国の豊かさの指標として用いることには限界もある。そこで近年は、これに変わる指標が出ており、（　ウ　）はGNH（国民総幸福）を2008年に新憲法にも取り入れた国として知られている。そのほか、2011年に経済協力開発機構が提唱した、雇用や環境などの生活と密接にかかわる11項目による豊かさを測る新しい概念である（　H　）や、厚生労働省が検討している、GNP（国民総生産）に労働時間や物価を加味した（　I　）がある。

【設問1】文中の（　ア　）～（　ウ　）に入る最も適切な語句を、解答欄Ⅲ－甲のア～ウに記入せよ。

【設問2】文中の（　A　）～（　I　）に入る最も適切な語句を、次の語群から1つ選び、その番号を、解答欄Ⅲ－乙のA～Iに記入せよ。

［語群］

1．物価上昇	2．消費者物価	3．技術革新
4．技術移転	5．貸借対照表	6．国民所得勘定
7．国民経済計算体系	8．海外からの純所得	9．対外純資産
10．固定資本減耗	11．1	12．5
13．10	14．15	15．フロー
16．消費	17．ストック	18．円高
19．円安	20．グリーンGDP	21．生活GNP
22．持続可能性指標	23．ベターライフインデックス	
24．社会的共通資本	25．国民純福祉	

【設問3】下線部ⓐに関連して、次の文章の（　J　）に入る最も適切な語句を、下の語群から1つ選び、その番号を、解答欄Ⅲ－乙のJに記入せよ。また、（　エ　）・（　オ　）に入る最も適切な語句や数字を、解答欄Ⅲ－甲のエ・オに記入せよ。ただし、オは漢字5文字で記入せよ。

2015年の日本のGDP（名目）は、約（　J　）である。また、2022年時点で日本のGDPは世界第（　エ　）位である。なお、1993SNAの導入に伴って導入された概念（GDPに海外からの純所得を足したもの）を（　オ　）という。

［語群］

1．430兆円　　2．530兆円　　3．630兆円　　4．730兆円

【設問4】下線部ⓑに関連して、次の文章の（　カ　）～（　ク　）に入る最も適切な語句を、解答欄Ⅲ－甲のカ～クに記入せよ。

高度経済成長が達成されたことに伴って、人々の暮らし向きもよくなった。所得が増えたことによる消費生活様式の急激な変化は、1959年の『経済白書』にて（　カ　）と表現された。購入される財の中でも庶民が欲した高価な耐久消費財は高い普及率をみせた。主要な耐久消費財の普及率を示した図1において、点線1は、「三種の神器」とよばれた耐久消費財のうち（　キ　）の普及率を示している。この高価な耐久消費財が広く普及した背景には、家計の可処分所得に占める飲食費の構成比率である（　ク　）が低下していったことが挙げられる。

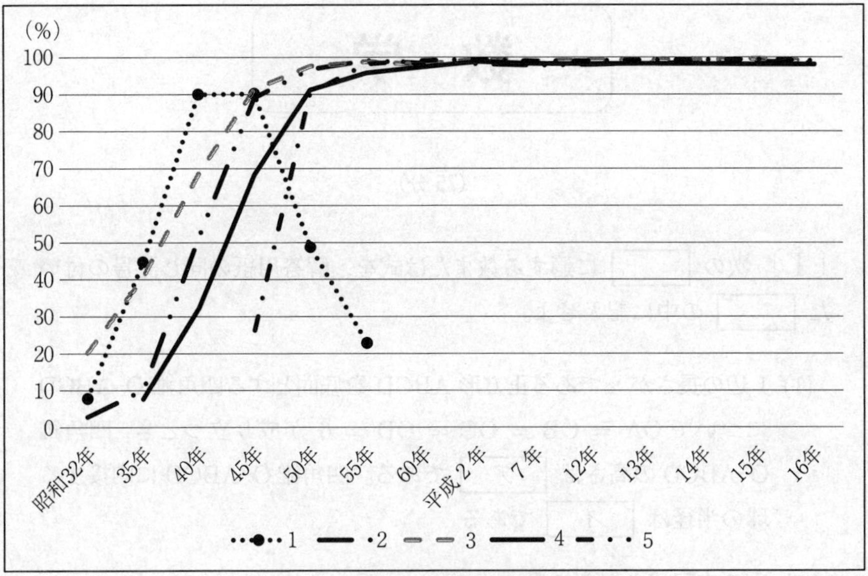

図1　主要耐久消費財普及率の推移

データ出典：内閣府「消費動向調査」

【設問5】下線部ⓒに関連して、次のa～cの記述について、**正しいものには数字の1**を、**正しくないものには数字の2**を、解答欄Ⅲ－乙のa～cに記入せよ。

a．日本銀行の金融広報中央委員会は、2人以上の世帯のうち、将来に備えた預貯金や株式などの金融資産を持たない世帯の割合は、2017年時点で31.2%と過去最低になったと報告した。

b．株式や土地などの資産価格の下落によって、家計などが保有する資産の価値が下落したとき、家計などが消費や投資を控えることを逆資産効果とよぶ。

c．公共部門での資産を社会資本という。日本の社会資本整備は進んでいるといわれており、このうち、下水道普及率は90%を超えている。

数　学

（75 分）

〔Ⅰ〕次の [　　] に適する数または式を，解答用紙の同じ記号の付いた [　　] の中に記入せよ。

(1) 1 辺の長さが 8 である正方形 ABCD を底面とする四角錐 O–ABCD について OA ＝ OB ＝ OC ＝ OD ＝ 6 が成り立つとき，四角錐 O–ABCD の高さは [ア] である。四角錐 O–ABCD に内接する球の半径は [イ] である。

(2) 次の方程式を考える。

$$\log_2(2x+8)-\log_2(-x)=1+\log_2(-1-x)$$

この方程式に含まれるすべての対数の真数が正となるような x の範囲は [ウ] であり，この方程式の解は $x=$ [エ] である。

(3) 等差数列 $\{a_n\}$ は $a_5=18$，$a_{10}=43$ を満たす。この数列 $\{a_n\}$ の一般項を n を用いて表すと $a_n=$ [オ] $(n=1,2,3,\cdots)$ である。また，等比数列 $\{b_n\}$ の一般項を $b_n=2^n$ $(n=1,2,3,\cdots)$ とする。2 つの数列 $\{a_n\},\{b_n\}$ に共通に含まれる数を小さいほうから順に並べてできる数列を $\{c_m\}$ とする。このとき，数列 $\{c_m\}$ の第 2 項は $c_2=$ [カ] である。数列 $\{c_m\}$ の一般項を m を用いて表すと $c_m=$ [キ] $(m=1,2,3,\cdots)$ である。

(4) 白玉 4 個，赤玉 2 個が入っている袋がある。この袋から玉を 1 個だけ取り出して玉の色を調べてからもとに戻すという試行を考える。この試行を 3 回続けて行うとき，赤玉がちょうど 2 回出る確率は [ク] であり，白玉が 2 回以上出る確率は [ケ] である。この試行を4回続けて行うとき，4回目で3度目の赤玉あるいは3度目の白玉が出る確率は [コ] である。

〔 II 〕 n を2以上の整数とする。変量 x の n 個の値 $x_1, x_2, \cdots, x_n$ からなるデータがあり，その平均値を $\overline{x}$，分散を s_x^2 で表す。$i = 1, 2, \cdots, n$ のとき，x_i の平均値からの偏差 $x_i - \overline{x}$ を d_i で表す。また，$j = 1, 2, \cdots, n$ のとき，n 個の値 $x_1, x_2, \cdots, x_n$ からなるデータから j 番目の数 x_j だけをのぞいた $n-1$ 個の値からなるデータの平均値，分散をそれぞれ y_j，z_j で表す。このとき，次の問いに答えよ。

(1) $j = 1, 2, \cdots, n$ のとき，y_j を n，$\overline{x}$，d_j を用いて表せ。

(2) n 個の値 $y_1, y_2, \cdots, y_n$ からなるデータの平均値を $\overline{y}$ とする。このとき，$\overline{y} = \overline{x}$ が成り立つことを示せ。

(3) n 個の値 $y_1, y_2, \cdots, y_n$ からなるデータの分散 s_y^2 を n，s_x^2 を用いて表せ。

(4) $j = 1, 2, \cdots, n$ のとき，z_j を n，s_x^2，d_j を用いて表せ。

(5) n 個の値 $z_1, z_2, \cdots, z_n$ からなるデータの平均値を $\overline{z}$ とする。このとき，$\overline{z} = \dfrac{n(n-2)}{(n-1)^2} s_x^2$ が成り立つことを示せ。

〔Ⅲ〕pを正の実数とする。xの 3 次関数を $f(x) = x^3 + px^2 - p^2x - p^3$ とおき，座標平面上の曲線 $y = f(x)$ を C とする。このとき，次の問いに答えよ。

(1) 曲線 C と x 軸で囲まれる部分の面積を p を用いて表せ。

(2) $f(x)$ の極小値 s を p を用いて表せ。また，方程式 $f(x) = s$ のすべての解 x を p を用いて表せ。

(3) $-1 \leqq x \leqq 1$ における $f(x)$ の最小値を $m(p)$ とする。$m(p)$ を求めよ。

(4) pが $p > 0$ の範囲を動くとき，$m(p)$ の最大値を求めよ。また，$m(p)$ を最大にする p の値を求めよ。

5　夜も更けぬめりやとそそのかしたまふ。

㈥　本文の内容に合致するものを、次のうちから二つ選び、その番号を記せ。

1　筆者は他国から桜が運び込まれる場に出くわした。
2　花を風から守るために、筆者は衣の袖を大きく作らせた。
3　筆者は草木に対する向き合い方を君臣関係になぞらえて説明している。
4　世の中に物は二つとないという聖人の思想を筆者は知らなかった。
5　筆者や翁の話を聞いて、身分の違う山賊もたいそう愉快がった。
6　筆者は「今年しも」の和歌を三句切れで詠んだ。

㈦　傍線――「思ふ様にこしらへつつ」について、誰が何のためにどのように「こしらへ」たのか、具体的に説明せよ（三十字以内、句読点を含む）。

（以上・六十点）

B　「うつろふ色にならはざらむ人」の説明として適当なものを、次のうちから一つ選び、その番号を記せ。

1　栄達を果たし満足している人。
2　花が咲くのを心待ちにする人。
3　花のような美しさが永続することを願う人。
4　恋人との逢瀬を待ち望んでいる人。
5　長生きできて喜んでいる人。

(四)　傍線――ウについて、「をしへを守れり」が表す筆者の具体的な行為として適当なものを、次のうちから一つ選び、その番号を記せ。

1　かへりみることなし
2　朝になで、夕べにかへりみて
3　爪を入れてこれをくじり
4　そのおぼつかなきを窺はむとする
5　強ひてものになぞらふ

(五)　傍線═══「知れりや」の「り」と文法的意味・用法が同じものを、次のうちから一つ選び、その番号を記せ。

1　かしこう空おぼえする朝臣なりやとて笑ひてやみたまひぬ。
2　面白の駒なりけりやと扇を叩きて笑ひて立ちぬ。
3　この西なる家は何人の住むぞ、問ひ聞きたりやとのたまへば、
4　今日よりは大人しくなりたまへりやとてうち笑みたまへる、

っている。

㈢　傍線――イ「今はほり植ゑじなどよめれど、うつろふ色にならはざらむ人は、なほうれしとのみもて騒ぎて」は、次の和歌によっている。これを読んで、後の問いに答えよ。

花の木も今は掘り植ゑじ春たてばうつろふ色に人ならひけり　（古今和歌集　素性法師）

A　和歌の解釈として適当なものを、次のうちから一つ選び、その番号を記せ。

1　花の咲く木を春に掘って植え替えるようなことはするまい。花が散りやすいことにつられて、人が早世する恐れがあるから。

2　これから花の咲く木を今掘って取るようなことはしたくない。春になって花が咲くのに誘われて、人が私を想ってくれるだろうから。

3　花の咲く木は今まさに掘って植え替えるべきだ。植えた翌春は花がひときわ美しくなるように、私も間もなく立身できるだろうから。

4　花の咲く木などもう掘って来て植えたりはするまい。春になると咲いてすぐに色あせて散る花を見習って、人も心変わりしてしまうのだから。

5　花の咲く木を今急いで掘って移すようなことはするまい。春になってから植え替えてこそ、花が美しく咲き、人は心引かれるのだから。

設問

㈠ 傍線――a・bの意味として適当なものを、次のうちからそれぞれ一つ選び、その番号を記せ。

a さるものから

1 そのように
2 その代わりに
3 そうは言っても
4 それと知らずに
5 そうでなくても

b ことなき

1 言葉もない
2 心もとない
3 思いがけない
4 取るに足りない
5 かけがえのない

㈡ 傍線――ア「予もまたこれかれひとしとやすべからむ」の説明として適当なものを、次のうちから一つ選び、その番号を記せ。

1 業平が女を背負って芥川へ行ったのと、自分が木を背負って芥川を渡ったのとは、風情がある点で一緒だと筆者は満足している。

2 自分が人目を忍んで他人の妻を誘惑したのと、業平が女を誘って逃げたのとは、罪には当たらない点で同じだと筆者は開き直っている。

3 年配の翁が木を背負って運んだことと、力自慢の男が山を背負うのとは、体力的に大変であるという点で同じだと筆者はねぎらっている。

4 自分が相手に気づかれないように女性を恋い慕うのと、力自慢の男が山を背負うのとは、精神的に辛い点で同じくらいのものだと筆者は嘆いている。

5 女を連れて逃げた業平と、木を移して植えた自分とは、美しいものを愛するという点で似たようなものだと筆者は面白が今、この木をうつして、ここに楽しむべしと言へども、すでにぬすめるのとがおほかなり。いかにせむと、元のあるじのがりまかりて、昨夜《よべ》のぬすめる者は知れりやと言ふに、よろこびて、誰やと問へば、口を耳に近づけて小声になりつつ、この長嘯子なりと言ひて、汗もしとどに手をすりつつ言はく、天地万物即一機、自家他家即一室。物はふたつなし、かるがゆゑに、聖人は一を尊む。ここに許して、花咲きなむをり必ずとぶらひ給へよ、我君《わぎみ》のために宴を設くべしと言ふ時に、翁にがめる顔くさとけて、こころよく笑ふ。ことわりにやをれけむ、酒にやめでけむ、思ふ様にこしらへつつ、かへりくるいきほひなのめならず。ぬすみも言ひなしによれるにや。あやしの山がつもいと興じき。

今年しも宿にさくらを植ゑそめつ花のあるじと人にいはれむ

注　郭橐駝　中国古代の植木職人。

商の継げる王のしたがはざりしに、阿衡文を作りて放ち　宰相が王をいさめた故事。

楚の公子のいにし時、その僕、箠をとりて罵りたりし　家来が主君の身分を偽り、難を逃れさせた故事。

濂渓が窓前の草をもてあそび　周濂渓が、家の窓の前にある草を愛でて抜かなかった故事。

淵明が孤松をなづるすさみ　陶淵明が、枯れずに緑を残す一本松をいたわった故事。

(七)　筆者はどのようなときに「公共圏」が誕生すると述べているか。「公共圏」とは何かをふまえて説明せよ（四十字以内、句読点を含む）。

（以上・九十点）

二　次の文章は、木下長嘯子『挙白集』の一節である。これを読んで、後の設問に答えよ。

ひそかに、外の桜をうつして、我が園に植うること侍り。有力《うりき》のもの、夜半に山を負ひて行く心地す。人や聞きつけむと忍びたる様いと興ありて、業平の朝臣、女をぬすみてにげし、芥川のほとりまで思ひやらる。色にめづる心のはなはだしさは、ア予もまたこれかれひとしとやすべからむ。素性法師か、イ今はほり植ゑじなどよめれど、うつろふ色にならはざらむ人は、なほうれしとのみもて騒ぎて、夜昼心を尽くし、花咲きなむ頃までかねてあらまし、さそふ風にはおほふばかりの袖を願はずしもあらず。aさるものから、しかもかへりみることなし。いはゆる郭橐駝がことばに、木を植うること、子のごとくせよ、捨つるがごとくせよと。ウ我このをしへを守れり。このことを聞かざるものは、朝になで、夕べにかへりみて、かつ爪を入れてこれをくじり、そのおぼつかなきを窺はむとするゆゑに、かへつて性を損なふものなり。

これを、戯れつつ強ひてものになぞらふれば、商の継げる王のしたがはざりしに、阿衡文を作りて放ち、楚の公子のいにし時、その僕、箠《むち》をとりて罵《の》りたりし、まことに愛するのあまりなり。さきの木をおくこと捨つるがごとくせよと言へるに同じかるべし。草木のbことなきうへも心をつけて見れば、おのづから君臣の義あり。濂渓が窓前の草をもてあそび、淵明が孤松をなづるすさみ、ともに故あるものならし。

い」人びとの利他性によって正当化された、公共的な制度が運用されている。

2　共同体では、所属する人びとの経済的利益は互いに考慮されていないのに対して、公共圏では、自由な生業を求める人びとが結びつき、私人としての利益の追求を可能にする公共的な制度をそなえることが求められている。

3　共同体では、帰属する人びとの集団は規模が問われないのに対して、公共圏では、公共的な制度の影響力が生まれる程度には、大規模になることが求められている。

4　共同体では、多元的な価値観に応じた多元的な集団があるのに対して、公共圏では、公共的な制度への理解が生まれることで、特定の価値観が受容されている。

5　共同体では、特定の価値観を共有している人びとが結びついているのに対して、公共圏では、価値観を異にする人びとが集い、共に受け入れることができる理由によって、公共的な制度が共有されている。

(六)　本文の内容に合致するものを、次のうちから二つ選び、その番号を記せ。

1　ハーバーマスは、デジタル・メディアの登場と急速な普及は、かつてないラディカルな変化をもたらしたと考えている。

2　デジタル化した公共圏は、アーレントが想定したミーティング・プレイスの性質をさらに強めるものとなった。

3　公共的な場で取り上げられる問題は、制度をそなえる社会に生きる人びとの「間」に存在するものであり、その時々の社会において解決されるべきである。

4　公共圏の「圏」が持つ「囲われている」という含意は、公共圏の特質を理解することを阻害するものとなっており、筆者は公共圏という訳語は使うべきでないと考えている。

5　街頭や広場でのデモや集会、特定の象徴的な場所の占拠などは、眼に見えるかたちで現れた具体的な公共圏である。

6　私的な利益の追求を自制し、相互に他の人びとを考慮に入れる態度は、「公共心」と呼ぶにふさわしいものである。

1　一部の者の利益や価値のみが考慮に入れられ、他の人びとが顧みられていない事態が生じる場合がある。「公共性がない」とはこのような事態を表し、安全性の確保のために建設される巨大なダムや長大な堤防などの「公共事業」によって改善される対象となる。

2　各人の努力によって制御できる範囲を超えて第三者に重大な影響を及ぼす、「公衆衛生」が必要とされる状況が生じることもある。このように、一部の人びとの権利が軽視され制約されてしまう望ましくない事態は、「公共性が欠けている」と表現される。

3　市民の権利・義務に関わる法の制定に際しては、市民の基本的権利が制約されないよう、その法を正当化する理由の公開が求められる。このように、人びとのアクセスに開かれているという意味での「公共的」は、「公開性」や「公知性」とも表現される。

4　公衆に開かれているという意味で「公共的」であるとは、たとえば「ニューヨーク公共図書館」に代表されるような、正統な権限をもったアクターが設置した空間が存在していることである。このように、その事業の運営が政府か否かは問われない。

5　治安や消防のような「公共財」は、誰もがそれらの便益を享受できるものである。「公共的価値」とはこのような財やサーヴィスによってもたらされるものを指し、制度や政策によって保障される際に、誰の権利も制約してはならないものと評価されている。

(五)　傍線――Cについて、「共同体」と「公共圏」はどのように区別されるか。適当なものを、次のうちから一つ選び、その番号を記せ。

1　共同体では、各人の価値観を尊重して人びとが結びついているのに対して、公共圏では、「自分のことを勘定に入れな

4　a　典型的　b　実質的

5　a　実質的　b　可逆的

㈡　空欄〔　〕に入る語句として適当なものを、次のうちから一つ選び、その番号を記せ。

1　一枚岩　2　一大事　3　一家言　4　一本道　5　一本気

㈢　傍線――A「公共的なコミュニケーションの断片化」とはどういうことか。適当なものを、次のうちから一つ選び、その番号を記せ。

1　プラットフォーム上で行われるオンラインのコミュニケーションは、自らの意見や考え方を論破されないよう身構えたものとなり、意見形成のパートナーを生み出すのではなく「敵」として人びとを分断しているということ。

2　プラットフォームを経由するオンラインのコミュニケーションが、同質の考えを持つ人びとの間で交わされるよう操作されており、そのような同類集団が互いにほとんど交流することなく併存しているということ。

3　プラットフォームを経由したオンラインのコミュニケーションは、「いま・ここ」を異にする人びとの間で行われるため、関心事も異なり、問題に協働して取り組めるような同類集団の形成が困難となっているということ。

4　デジタル化されたコミュニケーションのプラットフォームは、論議する公衆がにわかに集うものであり、偶然出会った集団における議論は、場当たり的でまとまりのないものとなっているということ。

5　デジタル化されたプラットフォームを経由するオンラインのコミュニケーションと、「いま・ここ」を共有する現実空間のコミュニケーションとが切り離されたものとなっており、相互のアクセスが困難になっているということ。

㈣　傍線――Bについて、筆者が「「公共的」(public) のいくつかの意味合いを整理」した内容に合致するものを、次のうちから一つ選び、その番号を記せ。

強制力をそなえる公共的な制度は、特定の価値観にもとづく理由によってではなく、価値観を異にする人びとが共に理解し、受容しうる理由によって正当化されなければならない。利害関心や価値観が異なっていても理解可能、受容可能な理由は「公共的理由」(public reason)、そうした理由にもとづく法や政策の正当化は「公共的正当化」(public justification)と呼ばれる。

分断された社会にあってそのような公共的理由にもとづく正当化などはたしてありうるのか、という疑問がもたれるかもしれない。気候変動に対処するために温暖化ガスの排出を規制する政策が検討されるとして、もっぱら自身の経済的利益を追求する私人として判断するなら、（追加的なコストを避けるため）その政策に当然異を唱えるはずである。しかし、制度を共有する市民として判断し、気候変動が他の人びとの生活や生業に及ぼしている深刻な影響を考慮するなら、その人は、温暖化ガスの排出規制を自ら自身の私的な利害関心には反するとしても（他の人もまたそうする用意があるという保証のもとに）受け入れることができる。市民には「自分のことを勘定に入れない」利他性は求められないとしても、相互に他の市民を考慮に入れることを通じて、利益の追求を自制するだけの用意は期待される。いまではあまり使われないが、「公共心」(public spirit)という言葉は、「自分のことだけを勘定に入れるのではない」、相互性のある態度を指すのにふさわしいかもしれない。

（齋藤純一「公共哲学は何を問うのか」）

設　問

㈠ 空欄　　a・bに入る語句の組み合わせとして適当なものを、次のうちから一つ選び、その番号を記せ。

1　a　規則的　　b　典型的
2　a　補足的　　b　規則的
3　a　可逆的　　b　補足的

と言っていいだろう。

　そうした議論は必ずしも対面でなされる必要はなく、オンラインの公共圏も現に数多く存在している。すでに触れたように、オンラインの公共圏は、公共的なコミュニケーションにとって両義的である。つまり、それは物理的、制度的な境界に制約されない情報交換・意見交換を促す一方で、異質な言説、不愉快な言葉との出会いを前もって避けることを可能にもしている。アーレントが強調するように、意見はあらかじめもたれるものではなく、意見と意見の交換を通じて形成されるものだとすれば、こうした出会いの制約は、ある閉じられた範囲で形成される意見を貧弱なものにしているかもしれない。

「公共圏」の用法は言説のネットワークには限られない。公共圏は、街頭や広場でのデモや集会あるいは特定の象徴的な場所の占拠など、人びとが実際にからだをもって集い自分たちの意思を表明するかたちをとることもある。とりわけ正統性が疑われる現体制や推進されようとしている特定の政策への強い抗議はこのような「街頭公共圏」(street publics)のかたちをとってきた。たとえば東欧の社会主義政権の崩壊時など歴史の大きな転換期には眼に見える具体的な公共圏が必ずと言っていいほど現れる。公共圏は、いわゆるアクティヴィズム(直接行動)とも結びつくのであり、人びとの注目と関心を当の問題に引き寄せ、公共的な関心事をつくりだす役割を果たしている。

　公共圏はしばしば大きな共同体とみなされることもあるが、C公共圏と共同体ははっきりと区別されるべきである。というのも、制度をそなえる社会(政治社会)に生きる人びとがいだく価値観は多元的に分かれており、もし何らかの特定の価値観にもとづいて制度がつくられるなら、その制度はそれ以外の価値観をいだく人びとにとっては抑圧的なものとならざるをえないからである(かりに公的な財源で特定の宗教のモニュメントがつくられるなら大いに不満をもつ人びとが出てくるはずである)。対照的に、共同体(community)は、宗教など何らかの価値観を共有することによって人びとが結びついている集団を指す。通常、この種の共同体は一つの政治社会に多元的に存在している。

基本的な諸権利という公共的価値が法的に保障されているときに、私たちはそれぞれ自らが定義する幸福をそれぞれの仕方で追求する自由を享受することができる。そうした基本的な諸権利には、良心の自由などの市民的権利、選挙権などの政治的権利、これらの権利を実効的に行使するための生活条件を得る社会的権利が含まれる（自らがコミットする集団の生き方を保全する文化的権利がこれらに加えられる場合もある）。公共哲学は、人びとの幸福の内容を定義したり、それを実現するための学問ではなく、各人が自らの幸福を自ら追求するための条件について考える学問である。

「公共的」には、ある範囲に閉じないコミュニケーションを指す「公共圏」や「公共的領域」の用法があるが、これについて説明したい。

本書でも用いる「公共圏」は英語の“public sphere”の訳語であるが、漢字の「圏」には「囲われている」という含みがあり、必ずしも適切な訳語とは言えないところがある。人びとの情報交換・意見交換のネットワークは、全体として見れば、時間的にも空間的にも、特定の圏域に閉じてはいないからである。とはいえ、どのような主題をめぐる情報交換・意見交換なのかに応じて、ハーバーマスがそうしているように、「政治的公共圏」と「文芸的公共圏」を区別することは適切だし、たとえば「対抗的公共圏」という表現が目下支配的な——その言説が妥当なものとして受け入れられている——公共圏に対して挑戦する言説のネットワークを指すように、公共圏は、それがけっして（　　）ではないことを理解するうえでも有益である。

本書では、主に、政治的な意見・意思形成にかかわる公共圏、つまり制度や政策のあり方をめぐる言説のネットワークである政治的公共圏を取り上げる。そして、その際、この公共圏は多元的であり、互いの間に抗争があることを前提とする。さまざまな公共圏の間には当然、利害関心や価値観をめぐる対抗関係がある。潤沢な資源をもった勢力ある公共圏もあれば、社会において周辺化されてきた問題に公衆の注目（public attention）を惹《ひ》こうとする公共圏もある。生活のさまざまな場面で何らかの共通の関心事をめぐって、あるいは共通の関心事を新たにつくりだす仕方で継続的に議論が交わされるときに、公共圏は生まれる排除しないことを指すが、近年では利用への課金などによって[b]に一部のアクセスに閉じられる事態も散見されるようになった。

一般のアクセスに開かれているという意味での「公共的」は、「公開性」ないし「公知性」(publicity) という言葉によっても表現される。イマヌエル・カントは市民の権利・義務に関わる法を正当化する理由を公開するように求めた。その理由が公開されないなら、市民によるチェックが利かなくなり、市民の基本的な権利を制約するような法が制定されるおそれが生じるからである。

そして、「公共的」の第四の意味は、私たちが共有している政治社会の制度や政策に関わっている。そうした制度や政策は、私人による努力によっては実現することができず、公共の制度や政策によってはじめて実現されうる価値、つまり「公共的価値」(public values) をもたらすためにある。

公共的価値は、いわゆる「公共財」(public goods) を含むがそれには還元されない。治安や消防などを典型とする公共財は、私的な財やサーヴィスとは異なり「非排除性」(特定の人の利用を排除できない) および「非競合性」(追加費用なしに誰もが便益を享受できる) を特徴とする財やサーヴィスである。

公共的価値のうちで最も重要と思われるのは、憲法をはじめとする法律によって保障される基本的な自由や権利である(ジョン・ロールズはそうした公共的価値を「政治的価値」と呼ぶ)。古典古代以来の言葉であり日本国憲法でもキータームとして用いられている「公共の福祉」(salus publica; public welfare) は、多数者の幸福を求める規範ではなく、ある人びとの自由や権利の行使によって他の市民の自由や権利が損なわれるのを防ぐことを求める規範として理解できる。日本の憲法学でも、「公共の福祉」を権利と権利の競合を調整する規範と解する「一元的内在制約説」が主流だが、公衆衛生など市民一般にとっての福祉のために一部の権利を制約しうる規範と解する立場もある。

私たちは、A公共的なコミュニケーションの断片化という、望ましいとは言えない環境に置かれているが、その一方で、時間的にも空間的にも「いま・ここ」を超えた諸問題への対応を迫られているのである。公共哲学は、どのような指針を私たちの探究に提供してくれるだろうか。まずは、B「公共的」(public)のいくつかの意味合いを整理しておきたい。

「公共的」の第一の意味は記述的である。『公衆とその諸問題』(一九二七年)の著者ジョン・デューイによれば、公共的であるとは、人びとの相互作用の影響が直接の関与者を超えて制御を要するような重大な影響を第三者に及ぼす事態を指す。言いかえれば、それは、私たちの「間」にある問題が、人びとが直接制御できる範囲を越えるような拡がりと複雑な質をもっていることを指す。たとえば、「公衆衛生」と訳される“public health”は各人の努力では達成できない健康であり、それを脅かすパンデミックには一部の人びとのローカルな制御では太刀打ちできない。

対照的に、「公共的」の第二の意味は規範的である。「公共性が欠けている」あるいは「公共性がない」などと言われるとき、特定の誰かのものではない事柄が一部の者に専有されたり、その利益のために用いられている事態、あるいは、一部の者の利益や価値のみが考慮に入れられ、他の人びとのそれが無視ないし軽視されている事態を意味する。

政府が行う事業は慣例的に「公共事業」と呼ばれるが、その事業にどれほどの「公共性」(公共的価値)があるかはしばしば疑問である。水資源を確保するはずだった巨大なダムや干潟を農地に変えるはずだった長大な堤防についていえば、その事業を正当化する理由は、いずれも治水による安全性の確保に変わった。政府は公共的価値を実現する正統な権限をもったアクターであり、その活動は強制力によっても支えられているが、その活動に「公共性」があるか否かはまた別の問題である。

「公共的」の第三の意味は、人びとのアクセスに対して開かれているという意味である。ドキュメンタリー映画にもなって注目された「ニューヨーク公共図書館」は公立の図書館ではないが(この図書館は市の出資を含む基金や寄付によって運営されている)、広く「公衆」(the public)の利用に開かれているという意味でパブリックである。公園の「公」も誰によるアクセスももほとんどコストのかからないアクセスが可能になった。しかし、こうした公共圏の「さらなる構造転換」は、はたして排除のない包摂をもたらしているだろうか。

　ハンナ・アーレントは、『過去と未来の間』（一九六一年）において、公共的空間を、私たちが「行いや言葉において他者と出会う」ミーティング・プレイスとして描いた。そこで出会う他者は自らとは異なったパースペクティヴや意見をもつと想定されているが、デジタル化した公共圏はそのような出会いを促しているだろうか。私たちが「出会う」のは同じような考えをもつ人びとであり、意見や生き方を大きく異にする人びととの出会いは「フィルタリング」によってあらかじめ遮られている。そうした同類集団は、「エコー・チェンバー」とも呼ばれるように、内に閉じがちなコミュニケーションの空間を「島」のように形成している。かりにそうした閉域を越えるような「出会い」が起こるとしても、それは、意見交換を通じた意見形成の「パートナー」ではなく、論破されないよう身構えなければならない「敵」との遭遇かもしれない。

　互いにほとんど媒介されることがないまま準公共圏（semi-publics）が断片化して併存しているのが現状であるとすれば、私たちの「間《あいだ》」に存在する——自覚するか否かにかかわらず私たちが共有している——諸問題についてどのようにして意見形成、意思形成をはかっていくことができるだろうか。

　実際、私たちの「間」には、協働して取り組むべき問題が文字通り山積している。地球温暖化に起因する気候変動、新型コロナウイルスなどの新興感染症の登場、そしてウクライナへのロシアの軍事侵攻とそれに伴う安全保障環境の変化などは、私たちの生存・生活に直結する問題としていまたしかに公共的な注目（public attention）をあつめている。

　私たちの「間」という場合、それは空間的な「間」には限られない。気候変動が[　a　]にそうであるように、公共的なものは将来に生きる人びととの「間」、そして過去に生きた人びととの「間」にも関わっている。私たちの関心はどうしても「いま・ここ」に傾きがちだが、公共的なものはそれを超えた拡がりをもっている。

国語

（七五分）

一　次の文章を読んで、後の設問に答えよ。

今世紀に入る頃から、ICT（Information and Communication Technology）の急速な発展に伴いコミュニケーションのデジタル化が進んだ。SNS（Social Networking Service）がそうであるように、私たちのコミュニケーションの多くはプラットフォームを経由する仕方で行われるようになってきた。そうしたプラットフォームは、情報を選別することもなく編集することもない。どれが「フェイク」かもにわかには特定できないまま、私たちは膨大な情報にさらされている。

『公共性の構造転換』（一九六二年）の著者ユルゲン・ハーバーマスは、近年の論文で、デジタル・メディアの登場と急速な普及は、かつての出版メディアのそれに匹敵するようなラディカルな変化を公共圏に及ぼしたと見る。出版メディアは、読書する公衆＝論議する公衆を生みだした。「公共の関心事」（res publica = public things）を共有する人びとの範囲は一挙に拡がり、その関心事をめぐって人びとは情報や意見を交換し、互いの意見の検討を経て「公共の意見」＝「世論」（public opinion）を形成した。「公共圏」（public sphere）とはそのような公共の関心事をめぐる情報・意見交換のネットワークを指す。ハーバーマスによれば、出版メディアがすべての人を「潜在的な読者」にしたとすれば、電子メディアはすべての人を「潜在的な著者」とした。いまや誰もが言葉や映像を公共圏に向けて発することができるようになった。公共圏の範囲は拡がり、しか

解答編

英語

I 解答

A. (X)―2　(Y)―4　(Z)―3

B. (a)―4　(b)―1　(c)―3　(d)―1　(e)―2　(f)―3　(g)―3

C. (ア)―4　(イ)―1

D. (い)―1　(え)―6　(か)―2

E. 〈A〉―3　〈B〉―1　〈C〉―2　〈D〉―4

F. 3・5・6

全訳

《ミツバチの言語の習得と伝承》

1　ギリシアの歴史家ヘロドトスは2000年以上前，ある王が人間の真の生まれつき持っている言語を発見するために，2人の子供に人間の言葉を聞かせなかったという誤った禁断の実験について報告している。

2　科学者は現在，人間の言語には社会的学習と他の人々との関わりが必要であり，これは複数の動物の言語と共有される特性であるということを知っている。しかし，なぜ人間や他の動物は，他の多くの動物種のようにこのようなことを知って生まれてくるのではなく，言語を学ぶ必要があるのだろうか？

3　この疑問は私と私の同僚たちを魅了し，『サイエンス』誌に掲載された最近の論文の根本となっている。私は生物学者として，ミツバチのコミュニケーションとそれがどのように進化してきたかを何十年もかけて研究してきた。

4　言語はなぜ習得されるものだと言えるのか，あるいは言語はなぜ生まれつき備わっていると言えるのかという疑問に対して2つの一般的な答えがある。ひとつは，複雑な言語は学習される過程で，それが使われている環境に応じて変化することが多いということ。もうひとつは，複雑なコミュニケーションは，生まれつき個体が正しい合図をある程度知っていたとしても，生み出すことが難しい場合が多いということだ。ミツバチのコミュニケーションの方法は非常に複雑であることから，私たちはこの言語の疑問に答えるため，ミツバチがどのようにこれらの行動を学習するのかを研究することにした。

ミツバチの尻振りダンスとはどのようなものか？

5　驚くべきことに，ミツバチには人間以外の動物のコミュニケーションの中で最も複雑な例の1つが見られる。彼らは体を動かして「尻振りダンス」を行うことで，餌や水，巣などの資源がどこにあるかをお互いに教え合うことができるのだ。このダンスは，ハチの巣の仲間に資源がある方向，距離，質を伝える。

6　基本的には，ダンスをするハチが腹部を振りながら前進する進み方を中心に，8の字を描くように繰り返し旋回することで，新入りのハチに正しい方向を指し示し，進むべき距離を伝える。ダンスをするハチは，伝えられた資源を見つけるのにどこへ行けばよいかを知るために密着してくる新入り候補のハチに追い回される。

7　尻振り走行が長ければ長いほど距離が長いことが伝えられ，尻を振る角度によって方向が伝えられる。甘い蜜のような質の高い蜜源の場合，ダンスをするハチは尻振り走行をさらに繰り返し行い，一回一回終わるたびにより素早く戻ってくる。

過ちを犯すこと

8　このダンスを踊るのは難しい。ダンスをするハチは，正しい尻振りの角度と継続時間を維持しようとしながら，1秒間におよそ体1つ分の距離を動くだけではない。このダンスはまた，通常は真っ暗闇の中，押し合いへし合いするハチの群れの中，さらには凸凹の表面で行われるのだ。

9　そのため，ハチは3種類の異なる過ちを犯す可能性がある。間違った方向を指す，間違った距離を示す，あるいは8の字ダンスパターンを行う際にさらに過ちを犯す――研究者たちはこれを混乱の誤りと呼んでいる。最初の2つの過ちが原因で，新入りのハチが伝えられた場所を見つけるのが難しくなる。混乱の誤りによって，新入りのハチがダンスをするハチを追いかけるのが難しくなる可能性もあるのだ。

⑩ 科学者は，セイヨウミツバチという種に属するすべてのハチが，成長してからのみ餌を探し，ダンスを始めること，さらに初めてダンスをしようとする前に，経験豊富なダンスをするハチについていくことも知っていた。セイヨウミツバチは練習を積んだ指導係から学んでいるのだろうか？

「禁断の」ミツバチ実験

⑪ こういう理由で，私と私の同僚たちは，実験用のミツバチの集団を作って隔離し，ミツバチたちが踊り始める前に他の尻振りダンスを観察できないようにした。ヘロドトスが説明した古代の実験のように，これらのハチはすべて同日齢で，ついていく先輩の経験豊富なミツバチがいなかったため，ダンス言語を観察することができなかった。これに対して，私たちの対照群の集団にはあらゆる日齢のミツバチがいたため，若いミツバチが先輩の経験豊富なダンサーの後を追うことができたのだ。

⑫ 私たちは両方の日齢構成を持つ集団に生息するミツバチの最初のダンスを記録した。経験豊富なミツバチのダンスについていけなかったハチは，対照群の初心者のミツバチのダンスに比べ，方向，距離，混乱の誤りが有意に多いダンスをした。

⑬ その後，私たちは同じハチが経験豊富な採餌ミツバチになってから，それらを調べた。指導係がいなかったミツバチは，方向と混乱の誤りが有意に少なくなっていた。おそらく練習を多く積んだか，あるいは結局他のダンスをするハチに従って学んだかのどちらかの理由によるものだ。指導係がいる集団の，成長した対照群のミツバチのダンスは，質の面において最初に踊ったダンスと変わらなかった。

⑭ したがって，ミツバチは生まれつき踊り方についてある程度の知識を持っているが，経験豊富なミツバチの後についていくことで，さらに上手な踊り方を学ぶことができることがこの発見によりわかった。これは昆虫に見られる非常に複雑な社会的コミュニケーション学習の知られている限りの最初の例であり，動物文化の一形態である。

ダンス方言は距離に関するものだ

15 最初からダンス指導係がいなかったハチについては，謎が残っていた。距離の誤りを修正することができなかったのだ。彼らは行き過ぎ続け，通常よりも長い距離を伝えていたのだ。ではなぜこのようなことが科学者にとって興味深いのだろうか？　その答えは，距離の伝え方が局地的条件にどのように適応していくのかということにあるのかもしれない。

16 異なる環境では，餌が分布する場所に大きな違いがある場合もある。その結果，ミツバチの種によって異なる「ダンス方言」（食料源までの距離とそれに対応する尻振りダンスの持続時間の関係として説明されるもの）が発展した。

17 興味深いことに，これらの方言は同じミツバチ種でも異なる。研究者たちは，同じ種であっても，それが属する集団が非常に異なる環境で生活することがあるため，このような違いが存在するのではないかと考えている。

18 言語を学ぶことが異なる環境に対処する方法だとすれば，おそらく各集団にはその土地に合わせた距離を表す方言があり，経験豊富なミツバチから初心者のミツバチに伝えられるはずだ。もしそうだとすれば，指導係を失った個々のミツバチたちは，自力で異なる距離を表す方言を身につけたために，距離の誤りを正すことはなかったのかもしれない。

19 通常，この方言は経験豊富なハチから学習されるはずだが，環境条件が変化したり，集団が新しい場所に群がったりすると，一世代のうちに変化する可能性がある。

20 さらに，それぞれの巣にはハチが踊る空間である「踊り場」があり，ダンスをするハチは，時間の経過とともに，あるいは先輩ダンサーの足跡をたどることによって，より上手にその複雑な地形を移動することを学ぶかもしれない。

21 これらの考えはまだ検証されていないが，先輩と後輩のミツバチの間の文化の伝承を探る将来の実験の根拠となる。この研究と今後の研究によって，動物社会における集団的知性と言語学習についての理解が深まると信じている。

解説

A. (X)　空所の直後に the ways honeybees communicate are quite elaborate という文があることから，正解は 2 となる。the ways が主語，

対応する動詞は are である。Given that S V は「～を考慮にいれれば」という意味。1は「～に沿って」，3は「～以外」，4は「～に関して」という意味で，すべて前置詞の働きをするため，直後には名詞が来る。

(Y) 空所の直後に「研究者が混乱の誤りと呼ぶ」とあり，call O C「O を C と呼ぶ」の O に当たるものがないので不完全文である。よって正解は「こと，もの」という意味を表す4の関係代名詞 what。

(Z) 直後の「ヘロドトスが説明した古代の実験」は第1段（The Greek historian …）で述べられているもので，それに続く「ミツバチはダンス言語を観察できなかった」という内容との間には共通点があることから，3が正解。like は前置詞で「～のように」という意味。

B. (a) 直後に「複数の動物の言語と共有される」という説明があることから，4が正解。property はここでは「特性，特質」という意味。1は「繁殖」，2は「財産，資産」，3は「歴史」という意味。

(b) evolved は「進化した」という意味なので，1が正解。2は「回転した」，3は「広がった」，4は「(エンジン・車などを）止まらせた」という意味。

(c) convey は「伝える」という意味なので，3の「示す」が最も近い。1は「計算する」，2は「取り組む」，4は「証明する」という意味。

(d) duration は「継続時間，持続時間」という意味なので，1が正解。2は「動きの速さ」，3は「行動の形式」，4は「空間の幅」という意味。

(e) significantly は「かなり，著しく」という意味なので，2が正解。1は「適切に」，3は「壮大に」，4は「不審そうに」という意味。

(f) cope with は「うまく処理する」という意味なので，「～の中でやり遂げる」という意味を表す3が正解。1は「～の間から選ぶ」，2は「～することに決める」，4は「～から移る」という意味。

(g) collective は「集団の，共同の」という意味なので，3が正解。1は「十分な」，2は「欠陥のある」，4は「特権的な」という意味。

C. (ア) 波線部は「両方の日齢構成を持つ」という意味。「両方の日齢構成」は第11段より，同じ日齢のミツバチといろいろな日齢のミツバチを指しているので，4.「一方の集団には同じ世代のミツバチだけ，もう一方の集団には初心者と経験豊富なミツバチが混在する」が正解。1は「研究者によって分析されたデータによると，多くのミツバチが成長する」，

2は「研究者がミツバチの数と日齢層の両方の情報を得ることができる」，3は「若いミツバチと高齢のミツバチが集団を適切に維持するために，お互い協力し合っている」という意味。

(イ)　波線部は直訳すると「私たちの，教師を奪われた個々のミツバチ」で，指導役がいないミツバチのことを言っている。teacher-deprived は形容詞で individual bees を修飾している。よって1.「先輩ダンサーの指導を受けることができないミツバチ」が正解。2は「指導係のダンス能力を凌駕するミツバチ」，3は「巣箱を出た後，単独で生活するミツバチ」，4は「指導者から技術や知識を教わったミツバチ」という意味。

D. 解答へのプロセスは以下の通り。

①that 節の中の主語は bees，動詞は are。空所(あ)には，are に続くものとして意味が通る born を入れる。be born は「生まれる」という意味。

②空所(い)・(う)・(え)には，ミツバチがどのように生まれてきたのかを考え，with some knowledge を入れる。第2段最終文（But why should …）にある born with this knowledge という表現が参考になる。

③空所(お)には knowledge に続く前置詞 of を入れる。knowledge of ～ は「～に関する知識」という意味。

④空所(か)には直後に不定詞 to があることから，how を入れる。how to *do* で「～の仕方」という意味。

E.〈A〉　第5段第3文（This dance conveys …）に waggle dance の説明が述べられていることから，3.「ミツバチの尻振りダンスとはどのようなものか」が正解となる。

〈B〉　第8段（This dance is …）に書かれている，尻振りダンスが行われる環境，状況を踏まえて，第9段（Bees therefore can …）でミツバチが犯す3種類の過ちについて述べられていることから，正解は1.「過ちを犯すこと」となる。

〈C〉　第11段第1文（My colleagues and …）に「実験用のミツバチの集団を作って隔離し，ミツバチたちが踊り始める前に他の尻振りダンスを観察できないようにした」とあり，これは第1段（The Greek historian …）のヘロドトスが報告した a misguided forbidden experiment と酷似している。さらに第12段（We recorded the …）から第14段（This finding told …）において，その実験の手順や結果が述べられていることから，２．「『禁断の』ミツバチ実験」が正解となる。

〈D〉 第15段（A mystery remained…）でダンスの指導係がいなかったミツバチが距離の誤りを修正できず，間違って伝えていたこと，第16段（There can be…）で食料源までの距離を伝えるダンス方言の発展，第18段（If learning language…）ではミツバチは周りの環境に合わせたダンス方言を学んだ可能性がある，と述べられていることから，４．「ダンス方言は距離に関するものだ」が正解となる。

F. それぞれの選択肢の意味と正誤の根拠は以下の通り。

１．「科学者たちは人間とミツバチの言語能力は先天的なものだから，ミツバチのダンス言語を研究することに決めた」

第４段第１文（There are two…）より，言語能力はなぜ後天的に習得されると言えるのか，あるいは言語能力はなぜ生まれつき備わっているものと言えるのかという疑問があることから，人間とミツバチの言語能力は先天的なものだとは言い切れないので誤りである。

２．「ハチはより良い資源を見つけるといつも，より上手くコミュニケーションをとるために，尻振り走行の数と速度を減らす」

第７段第２文（For higher-quality resources…）に，質の高い蜜源の場合，ダンスをするハチは尻振り走行をさらに繰り返し行い，一回ごとにより素早く戻ってくると書かれているので，誤りである。

３．「ハチが踊り方を覚えた後でも，適切な角度や持続時間が必要な動きがあるため，それは簡単ではない」

第８段第１・２文（This dance is … angle and duration.）より正しい尻振りの角度と継続時間を維持しながら踊らないといけないため，そのダンスは難しいと書かれているので，正解となる。

４．「ダンスをするハチが間違った方法で８の字ダンスを踊っても，他のハチは簡単に正しい場所を見つけることができる」

第９段第１・２文（Bees therefore can … being communicated.）で，８の字ダンスを行う際に過ちを犯した場合，新入りのミツバチは伝えられた場所を見つけることが難しくなる可能性が指摘されているので，誤りである。

５．「同世代のハチとしか以前に暮らしたことがなかったハチも，後になってダンス能力を向上させることができるが，完全ではない」

第13段第2文（Bees who had…）に，同世代の集団で暮らしていたミツバチでも後に経験を積むことで，方向と混乱の誤りを減らすことができると述べられている。また，第18段第2文（If so, our…）に，そうしたミツバチは距離の誤りを正すことはなかったかもしれないとあるので，正解である。

6.「ハチが尻振りダンスを踊る方法は，生息地の環境条件に影響されるようだ」

第16段（There can be…）および第17段第2文（Researchers suspect this…）より，ミツバチは環境に応じて異なった尻振りダンスを発展させていることがわかるので，正解である。本文中の different environments が environmental conditions of their habitat に言い換えられている。

7.「巣にはハチが自由に踊りやすい一定の空間があり，それは通常，滑らかな表面で行われる」

第20段（In addition, each…）に，巣にはハチが踊るための空間があると記述されているが，「複雑な地形」と書かれているので，誤りである。

8.「この研究結果は今後の研究で，後輩のハチと先輩のハチとの間で知識や技術が受け継がれていることを明らかにする上で役立たないだろう」

第21段第1文（These ideas remain…）より，本文で述べられている研究結果が後輩のミツバチと先輩のミツバチの間での文化の伝承を探る将来の実験の根拠となることがわかるので，誤りである。

Ⅱ　解答

A. (X)－4　(Y)－1　(Z)－3

B. (a)－3　(b)－2　(c)－4　(d)－1　(e)－4　(f)－2　(g)－1　(h)－3

C. (ア)－1　(イ)－3　(ウ)－4

D. (あ)－5　(う)－6　(お)－1

E. 1・7・8

F. 全訳下線部参照。

全訳

《親切な行為が生む幸福感に関する研究》

1　幸福を研究する科学者たちは，他人に親切にすることが幸福感を高める

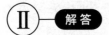

ことを知っている。例えば，誰かにコーヒーを一杯奢るという単純な行為が，その人の気分を高めることがある。日常生活にはそのような行為の機会がたくさんあるが，人はいつもそれを利用しているわけではない。

[2]　Journal of Experimental Psychology: General のオンライン版で発表された一連の研究において，シカゴ大学ブース・スクール・オブ・ビジネスの行動科学者であるニック＝エプリーと私は，その理由になりそうな説明を検証した。私たちは，無作為に親切な行為をする人は，自分が他の人にどれほどの影響を与えているのか必ずしも自覚していないことを発見した。人は他人がこれらの行為をどのように評価しているかを，一貫して過小評価する傾向にあるのだ。

[3]　約 1,000 人の参加者を対象とした複数の実験を通じて，人々が無作為の親切行為，つまり（その行為を期待していない）他の誰かを良い気分にさせるのが主な目的である行為を行った。このような行為をする人は，見返りを期待していないのである。

[4]　手順によって，具体的な親切の行為は異なる。例えば，ある実験では，人々は友人や家族に「特に理由もなく」手紙を書いた。別の実験では，カップケーキをプレゼントした。これらの実験では，親切な行為をした人とされた人の両方にアンケートに答えてもらった。親切な行為をした人には，自分の経験を報告してもらい，受けた側の人の反応を予測してもらった。私たちは人々が親切な行為にどれほどの価値があると感じているかを理解したかったので，親切な行為をした人とされた人の双方に，その行為がどれほど「大きなもの」に思えたかを評価してもらった。場合によっては，時間，お金，労力など，実際にかかった，またはかかったと思われるコストについても質問した。あらゆる場合において，親切な行為をした人が期待する受け手の気持ちと，受け手が「実際に」経験したことを比較した。

[5]　調査の結果，いくつかのよく見られる傾向が浮かび上がった。一つは，親切な行為をする人とその受け手の両方が，やりとりの後，通常よりも良い気分になったことである。もう一つは，親切な行為をした人が自分の影響を過小評価していることが明らかだったことである。親切な行為を受けた人は，親切な行為を行った側が期待したよりもかなり良い気分になっていた。またその人たちは親切な行為をした人たちより，これらの行為を確かに「高く」評価したのだ。

6　私たちは当初，友人や同級生，家族など，身近な人に対する親切な行為について研究した。しかし，実験に参加した人が見知らぬ人への良い影響も過小評価していることに気づいた。ある実験では，寒い冬の日，公共の公園のアイススケートリンクで，参加者がホットチョコレートを配った。この場合も，たまたま近くにいただけの人たちである，もらう側にとっては，配る側の予想以上によい体験となった。ホットチョコレートを配る側は，その行為を比較的取るに足らないものだと考えていたが，受け取る側にとっては本当に重要なことだったのだ。

7　私たちの調査では，人が自分の行動の影響を過小評価する理由のひとつも明らかになった。例えば，ある研究に参加しただけでカップケーキをもらえるとしたら，その人がどれくらい喜ぶか，一群の参加者に推測してもらったところ，彼らの予測は受け取った人の反応とよく合致した。しかし，人々が無作為の親切な行為によってカップケーキを受け取った場合，カップケーキを配った人は，受け取った人がどの程度好意的に感じるかを過小評価していた。このような予期せぬ行為を受ける側は，行う側よりも「思いやり」に注目する傾向がある。

8　私たちの研究は，前向きな，相手によくしてあげようとするやり取りに参加するだけで，その人が受け取るものが何であれ，それ以上に意味があることを示唆している。人々はカップケーキが人々を良い気分にさせることを確かに理解しているが，親切心から配られたカップケーキが人々を「驚くほど」良い気分にさせることが判明している。あげるための美味しいお菓子を第一に考えているときに人は，その振る舞いの思いやりによって，カップケーキをさらに甘くする要素が追加されることに気づかないかもしれない。

9　思いやりがいかに大切かを見過ごしているために，日常生活で親切にすることが妨げられるかもしれない。一般的に，人は親切な行為をしたいと思うものだ。実際，参加者の多くは，もっと頻繁にそうしたいと述べている。しかし，私たちのデータは，自分の行為が与える影響を過小評価することが，親切な行為の可能性を減らすかもしれないと示唆している。もし人々がその影響を過小評価すれば，このような思いやりがあり，相手によくしてあげようという行動をわざわざ実行しないかもしれない。

10　さらに，こうした行為がもたらす結果は，一人の受け手にとどまらないかもしれない。親切は伝染する可能性がある。別の実験では，「ペイ・イット・フォワード」効果とも呼ばれるものを調べるために，人々に経済ゲームをしてもらった。このゲームでは参加者は自分と一度も会わないであろう人との間でお金を分けた。直前に親切な行為を受ける側にいた人は，そうでない人に比べて，匿名の人にかなり多くのお金を渡した。一方，その発端となる行為をした人は，自分の寛大さがこのような行為の結果として生じる相互作用に波及することを認識していなかった。

11　これらの知見は，私たちが誰かのために親切なことをするかしないかを決めているときには小さく見えることでも，相手にとっては大きな意味を持つ可能性があることを示唆している。このような思いやりのある行動が自分の気分を高め，相手の一日を楽しくすることを考えれば，できるときに親切な行動をとることを選んでみてはどうだろうか。

解説

A. (X)　直後の関係詞 who の先行詞としてふさわしいものは，4の Those。those who ～で「～する人々」という意味。

(Y)　空所の直前文の one は several robust patterns「いくつかのよく見られる傾向」を受けた表現なので，For one に対応する表現は1である。one ～，another … は「一方は～で，もう一方は…」という意味。2は「2つにとっては」，3は「以前は」，4は「幸運にも」という意味。

(Z)　空所の直前で「人は親切な行動をとりたいと思うものだ」と述べられている。直後では「参加者の多くは，もっと頻繁にそうしたいと述べている」と書かれていることから，前文の内容を補足していると考えることができるので，正解は3の「実際」。1は「対照的に」，2は「需要がある」，4は「順番に」という意味。

B. (a)　intention は「意図，目的」という意味なので，3が正解。1は「確実性」，2は「知覚」，4は「主題，教科」という意味。

(b)　varied は「異なった」という意味なので，2が正解。1は「持続した」，3は「増加した」，4は「重要であった」という意味。

(c)　emerged は「現れた」という意味なので，4が正解。1は「宣言した」，2は「失敗した」，3は「開始した」という意味。

(d)　inconsequential は「重要でない」という意味なので，1が正解。下線部を含む文の while が対比を表す接続詞であることから，主節の

mattered「重要であった」の反対の意味だと推測することもできる。2は「自然でない」，3は「不愉快な」，4は「普通でない」という意味。

(e)　likelihood は「可能性」という意味なので，4が正解。1は「寛大さ」，2は「害，損害」，3は「気分」という意味。

(f)　contagious は「人に移りやすい，伝染する」という意味。直前で「こうした行為がもたらす結果は，一人の受け手にとどまらないかもしれない」と書かれており，これを受けて contagious と言っていることから，意味を推測できる。正解は2の「影響力のある」となる。1は「一般的な」，3は「元気いっぱいの」，4は「正直な」という意味。

(g)　allocated は「分配した，割り当てた」という意味なので，1「分けた」が正解。2は「生成した，生み出した」，3は「戻った」，4は「許した」という意味。

(h)　anonymous は「匿名の」という意味なので，3の「知られていない」が正解。1は「有名な」，2は「悪名高い」，4は「裕福な」という意味。

C. (ア)　波線部の just because は「ただなんとなく」という意味の口語表現。一般的には接続詞として使用され，後ろにＳＶが来て「ただ～という理由で」という意味で用いられる。この場合，just because の後に they were told to do so「ただそうするように言われたという理由で」といった内容が省略されていると考えると，意味を推測できる。これに最も近いのは1の「特別な理由なく」である。2は「褒められることを期待して」，3は「明らかな理由で」，4は「叱られることを期待して」という意味。

(イ)　波線部は「その行為がどれほど『大きなもの』に思えたかを評価する」という意味。rate を evaluate に，big を significance に言い換えた3の「ある行為の重大性を評価する」が正解。1は「ある行為のタイミングの良さを評価する」，2は「カップケーキの大きさを調べる」，4は「カップケーキの値段を調べる」という意味。

(ウ)　波線部は「カップケーキをさらに甘くする要素が追加されること」という意味。これに対する主語は the warmth of that gesture なので比喩だと判断する。よって正解は4の「人々がより感謝するよう促す要素」が正解。1は「カップケーキをさらに甘くする物質」，2は「人々に恩に報いさせる要素」，3は「カップケーキに内緒で加えられた物質」という意味。

D. ポイントは以下の通り。

①二重下線部の主語は the cupcake givers なので，空所(あ)には動詞 underestimated「過小評価した」を入れる。

②空所(い)以下で疑問詞 how を先頭に underestimated の目的語を作る。所有格 their の後ろには名詞が来るので，空所(え)には recipients が入る。

③their recipients would feel positive という文を元に，程度を問う場合は〈how＋形容詞・副詞＋S V〉の語順になるので，how positive their recipients would feel となる。

E. それぞれの選択肢の意味と正誤の根拠は以下の通り。

1.「筆者は，人の親切な行為が他人にどのように影響を与えるのかに関する一連の研究に携わっていた」

第2段第1・2文（In a set … on another individual.）より，筆者が親切な行為が人に与える影響について研究していることがわかるので，正解である。

2.「ニック＝エプリーと筆者は，親切な行為をした人にのみ一連の質問に答えてもらった」

第4段第4文（Across these experiments, …）より，親切な行為をした人だけでなく，親切な行為を受けた人にも質問したことがわかるので，誤りである。

3.「親切な行為をしようがされようが，一般的に人はそれを取るに足らないものとみなす」

第5段第3・4文（For another, it … them did.）より，親切な行為を行った人は自分の影響を過小評価しているが，親切な行為を受けた人はそれを高く評価していることがわかる。また，第6段最終文（While the people …）にも同様の趣旨の内容が述べられているので，誤りである。

4.「研究者たちは，贈るプレゼントが高価であればあるほど，受け取った人は気分が良くなることを発見した」

高価なプレゼントを贈ったという記述は本文中に書かれていないので，誤りである。

5.「友人や家族のために親切な行いをしたほうが，他の人のためにしたときよりも，その後の気分はずっといい」

第6段（We initially studied …）で，身近な人ではなく見知らぬ人に対する親切な行為についての実験が記述されているが，友人や家族に親切な行いをしたほうが，他の人にした場合と比べて気分がよかったかどうかということについては書かれていないので，誤りである。

6.「カップケーキを受け取った人は，通常，その受け取ったカップケーキが温かいと，さらにもっと喜ぶ」

第7段（Our research also…）で，カップケーキを配った場合の受け取り手の反応に関して報告されているが，カップケーキが温かいかどうかがその反応に影響を与えるということについては書かれていないので，誤りである。

7.「人は，自分の行為が他人にあまり影響を与えないのではと思ってしまうと，親切な行為をしにくくなるのかもしれない」

第9段第3文（But our data…）で，自分の行為が与える影響を過小評価すると，親切な行為の可能性が減るかもしれないと記述されているので，正解である。

8.「ある実験によると，親切な行為を受けた人はその後，より寛大になる傾向があることが明らかになった」

第10段第4文（People who had…）で示されている経済ゲームの実験において，直前に親切な行為を受けた人は，そうでない人に比べて，匿名の人にかなり多くのお金を渡したという結果が示されているので，正解である。

F. 文全体の主語は動名詞句 Missing the importance of warmth，動詞は stand である。the importance of warmth は「思いやり（温かみ）の重要性」，または importance を how important warmth is と疑問詞を補って考えて「いかに思いやりが大切であるか」と訳してもよい。miss は「見過ごす，見逃す」という意味の他動詞。stand in the way of ～ は「～を妨げる」という意味の熟語。

III　解答

A. (a)－9　(b)－8　(c)－1　(d)－3　(e)－6　(f)－10　(g)－4　(h)－5

B. 〈解答例1〉In that case, you might want to carry a smaller one.

〈解答例2〉In that case, consider taking a smaller one with you.

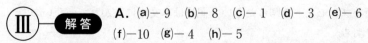

全訳

《アウトドア用品店での会話》

(ブラッドはアウトドア用品店で，店員のヤンと話している)。

ヤン：いらっしゃいませ。何かご質問がありましたらお尋ねください。

ブラッド：実は手伝ってもらいたいことがあります。家族でキャンプに行く予定なのですが，今まで一度も実際にキャンプに行ったことがないんです！ 何を買えばいいのかわかりません。少しアドバイスをいただけますか？

ヤン：わかりました。どこに行く予定ですか？

ブラッド：ニューヨーク北部のアディロンダックという地域です。聞いたことありますか？

ヤン：はい，何度もキャンプしたことがあります。この時期に行くにはとてもいい所です。

ブラッド：なるほど，それはよかったです。雨の予報なのが心配ですけど。

ヤン：それならなおさら準備が必要ですね。まず最初に素敵で頑丈なテント，軽いだけでなく天候に耐えられるものが必要ですね。

ブラッド：ええ，かなり必須アイテムだと思います。

ヤン：その通りです。素材や大きさなどによって，様々な商品からお選びいただけます。

ブラッド：それに価格にも幅がありますね。

ヤン：はい，たくさんの選択肢の中から選べますが，お手頃な価格の物でも，あらゆる状況にかなり耐えられると思います。ご家族で行かれるとおっしゃいましたね？

ブラッド：その通りです。４人で行きます。

ヤン：では，４人用テントを１つ持って行くか，２人用テントを２つ持って行くか，どちらかですね。お子様はご一緒ですか？

ブラッド：はい。どちらもまだとても小さいです。

ヤン：その場合，もっと小さいのを持って行きたいと思うかもしれませんね。こちらのような。

ブラッド：ああ，これなら大丈夫そうですね。雨はしのげますか？

ヤン：もちろん。私たちが販売しているテントはすべて完全防水です。ですので，その点については心配される必要はありません。

ブラッド：よかったです。これでひとつリストにチェックが入りました。寝袋も必要だと思うのですが。

ヤン：もちろんです。寝袋については使用する季節を主に考えないといけませんね。夏場に行かれるようなので，暖かい気候で使用する寝袋をお勧めします。持ち運びがずっと軽くなります。

ブラッド：それと，できれば安くなるといいのですが。

ヤン：おそらく少しは安くなりますが，大した差ではないと思います。あと就寝用マットも必要ですね。

ブラッド：それって本当に必要なのですか？　荷物が増えるだけのような気がするんですが。

ヤン：確かにそうですが，地面に直接寝るのは心地が悪いですよね。それに薄い寝袋を使われるということなので，少し余分なマットがあったほうがいいですよ。特に長い１日のハイキングの後は，筋肉も喜びますよ。

ブラッド：そうですね。そのマットを背負っているので，筋肉も疲れているかもしれませんし。

ヤン：ああ，それはあまり気にされなくて大丈夫です。就寝用マットはとても軽いです。膨らませて使用して，使わないときは折りたためるものも売っています。

ブラッド：なるほど，それはよさそうですね。では他に何が必要ですか？

ヤン：それでは，もしすでにお持ちでなければ，ハイキング用のリュックサックはどうでしょう。荷物が全部入る大きさのものです。

ブラッド：そうですね。それは次に必要なものだと思います。大人サイズのものが２つ欲しいです。

ヤン：わかりました。このブランドは評価が高いです。こちらのリュックサックはそれぞれ60リットル入ります。

ブラッド：それがどれくらいの容量なのか，僕にはよくわからないんですけど。

ヤン：コンロやお皿，道具，水筒などの荷物を含め，数日間のハイキングに必要なものはほとんど入りますよ。

ブラッド：ああ，そうなんですね。そういった器具のことは考えもしませんでした！

解説

A. (a)　空所の直後でヤンが「はい，何度もキャンプしたことがあります」と答えているので，これに対する適切な質問は9．「聞いたことありますか？」である。Ever の前には Have you が省略されている。

(b)　空所の直後でヤンが「それならなおさら準備が必要ですね」と言っていることから，何の準備かを考える。正解は8．「雨の予報なのが心配ですけど」である。though は副詞で「でも，～だけど」という意味。

(c)　空所の直後でヤンが「はい，たくさんの選択肢の中から選べます」と言っていることから，その選択肢を含んでいる1．「それに価格にも幅がありますね」が正解である。

(d)　空所の直前でヤンが「ご家族で行かれるとおっしゃいましたね？」と言っていることから，これに対して適切な返答は3．「その通りです」。これを入れると，直後の「4人で行きます」につながる。

(e)　空所の直前でヤンが「私たちが販売しているテントはすべて完全防水です」と言い，これに続く発言として適切なのは6．「ですので，その点については心配される必要はありません」である。

(f)　空所の直前でブラッドが「それって本当に必要なのですか？」という懸念を示す発言をしていることから，これに続くのは10．「荷物が増えるだけのような気がするんですが」である。

(g)　空所の直後でヤンが「それでは，もしお持ちでなければ，ハイキング用のリュックサックはどうでしょう」と提案しているので，正解は4．「では他に何が必要ですか？」である。ヤンの発言の中の代名詞 them は後ろの hiking backpacks を指している。

(h)　空所の直前でヤンが「これらのリュックサックはそれぞれ60リットル入ります」と言っており，さらに直後でヤンがどれぐらいの荷物が入るのかを説明していることから，正解は5．「それがどれくらいの容量なのか，僕にはよくわからないんですけど」である。

B.「その場合」は in that case と表す。「～したいと思うかもしれません」は might want to *do*，またはこの婉曲表現を「～することを考えてみてください」という命令文に読みかえて consider *doing* を使うこともできる。「持っていく」は carry や take *A* with *B*（人）を使うことができる。「小さいの」は名詞 tent の繰り返しを避けるため，代名詞 one を用いる。〈a / an＋形容詞＋one〉という語順に注意すること。

講評

2024 年度も 2023 年度と同様に，長文読解問題が 2 題，会話文問題が 1 題の構成で，試験時間 100 分，下線部和訳と和文英訳以外はすべて選択式であった。ⅠとⅡは英文が長く，問題量も多いので，解答するにはかなり時間がかかる。正確さに加え，日ごろから色々な英文を読み，多くの問題を制限時間内で解き，即断即決する習慣を身につける必要がある。

Ⅰは「ミツバチの言語の習得と伝承」について論じた英文である。言い換え表現を把握し，waggle dance がどのようなものかなどを想像しながら読み進めていくこと。難解な箇所があるものの，研究者の実験結果を丁寧に読み，論旨を見失わないようにしたい。設問に関して，2024 年度は段落に見出しを付す問題が出題されたが，当該段落を丁寧に読めば，そこまで難しいものではなかった。その他は例年通り，すべて標準的なもので，文章の大意を見失うことなく，文構造が複雑な箇所で立ち止まらずに 1 問 1 問丁寧に解答していけば，十分対応可能なものである。

Ⅱは「親切な行為が生む幸福感に関する研究」について論じた英文である。カップケーキやホットチョコレートを無作為に人に配り，行為者と受け手がどのように感じるかを調べた実験結果を丁寧に読めば，難しい問題ではなかった。設問はほぼ標準レベルであった。空所補充問題や同意表現問題において，一部難解なもの，ややこしいものがあったが，文脈から推測すれば選択肢を絞ることができるので落ち着いて解答したい。

Ⅲはアウトドア用品店での店員ヤンと客のブラッドの会話で，ブラッドが購入を検討している，テントや寝袋などのキャンプ用品に関する質問に対して，ヤンが丁寧に答え，いろいろなものを勧めている。聞き慣れないイディオムや会話表現はほとんど使われておらず，また空所補充問題は比較的平易でぜひ満点を目指してほしいところである。和文英訳問題については「～したいと思うかもしれません」を might want to *do* などで書き，「持っていく」を carry や take *A* with you を使って表現すれば簡単に書ける。いずれも難しい要求ではないので，ミスなく確実に得点したい。

2024 年度の読解問題の英文は一部を除いてそこまで抽象度が高くなく，原文をほぼそのまま用いているために注が多いが，その注を利用しながら読み進めていけば，決して難しいものではなかったと考えられる。

形式・分量・難易度を考慮すると，100 分という試験時間ではやや足りないと思われる。過去問演習をする中で，例えばⅠは 35 分，Ⅱは 35 分，Ⅲは 25 分，見直し 5 分といった時間配分を決めて解いていく必要があり，同時に正確かつ迅速に読み解けるように語彙力・文構造解析力・内容理解力をバランスよく磨いていこう。

日本史

I 解答

【設問a】 光仁 **【設問b】** 藤原種継
【設問c】 藤原仲成 **【設問d】** 弘仁格式
【設問e】 令外官 **【設問 f】** 北条政子 **【設問g】** 後鳥羽上皇
【設問h】 宇多 **【設問 i】** 乾元大宝 **【設問 j】** 藤原純友
【設問ア】 2 **【設問イ】** 14 **【設問ウ】** 5 **【設問エ】** 8
【設問オ】 13 **【設問カ】** 6 **【設問キ】** 4 **【設問ク】** 2
【設問ケ】 19 **【設問コ】** 13

解説

《平安時代・鎌倉前期の政治》

【設問b・c】 桓武天皇の寵臣で，長岡京造営を主導していたが，暗殺されたのは藤原種継である。その子は，「二所朝廷」と呼ばれる平城太上天皇の変を妹薬子とともに謀ったが失敗し，射殺された藤原仲成である。

【設問d】 大宝律令制後に出された「法令」や「施行細則」とは，格や式。それらを藤原冬嗣らが初めて編集したものは，弘仁格式である。

【設問 f】 「(源) 頼朝の妻になった」北条政子は，伊豆国の在庁官人を出自とする豪族北条時政の娘である。

【設問g】 「承久の乱を起こすも敗れ，隠岐に配流され」たのは，後鳥羽上皇である。なお，土御門上皇は土佐，順徳上皇は佐渡に配流された。

【設問 j】 藤原純友は，伊予国日振島を根拠地として瀬戸内海の海賊をひきいて，讃岐・伊予の国府や大宰府を襲った。

【設問ア】 2が正解。「嵯峨天皇の時に征夷将軍として」蝦夷を平定し，徳丹城を築いたのは，文室綿麻呂である。なお，1の文室宮田麻呂は9世紀前半に，謀反の嫌疑で伊豆に流された官人。3の文屋康秀は，清和・陽成朝の下級官人で六歌仙の一人。4の大伴古麻呂は，橘奈良麻呂の変に加担して捕らわれ獄死した。

【設問ケ・コ】 宇多天皇に抜擢された菅原道真（選択肢 19）は，醍醐朝では右大臣（選択肢 13）にまでのぼったが，901年，左大臣藤原時平の陰謀で大宰権帥に左遷された。

Ⅱ　解答

【設問ア】 伴大納言絵巻　**【設問イ】** 春日権現験記
【設問ウ】 重源　**【設問エ】** 南大門　**【設問オ】** 運慶
【設問カ】 バサラ　**【設問キ】** 同仁斎　**【設問ク】** 唐物
【設問ケ】 蔭凉軒日録　**【設問コ】** 土佐光信
【設問ａ】 24　**【設問ｂ】** 25　**【設問ｃ】** 20　**【設問ｄ】** 6　**【設問ｅ】** 8
【設問ｆ】 35　**【設問ｇ】** 13　**【設問ｈ】** 17　**【設問ｉ】** 10　**【設問ｊ】** 32

解説

《中世の建築・絵画》

【設問ア】 平安末期に制作され「応天門の変を題材とした絵巻」は，『伴大納言絵巻』である。2022 年度〔Ⅱ〕設問カにも出題歴がある。

【設問イ】 高階隆兼が描いた『春日権現験記』は，藤原氏の氏神である春日明神の霊験奇瑞を記すものだが，当時の社殿建築などが詳細に描かれ，「鎌倉後期の絵画史料」としての価値が高い絵巻である。

【設問ウ】 「焼失した東大寺伽藍の再建復興をした大勧進職」は重源である。なお，重源とともに東大寺大仏再建や浄土寺浄土堂（兵庫県小野市）の建立にあたった宋の工人・陳和卿との混同に注意したい。

【設問カ】 「派手で奢侈な態度，華美な服装を好む習俗や美意識」とは，バサラ（婆娑羅）である。解答は漢字指定ではないので「バサラ」でよい。南北朝時代の佐々木高氏（道誉）や高師直がバサラ大名として有名である。

【設問キ】 「書院造の代表」で「慈照寺東求堂の書院」は，同仁斎である。2022 年度〔Ⅱ〕設問ケに出題歴がある。

【設問ク】 室町時代に「中国より舶載された工芸品，書画等の物品」は総称して，唐物《からもの》という。

【設問ケ】 難問。「相国寺鹿苑院内に置かれた寮舎名に由来し，禅林行政にあたる職にあった人物の公用日記の名」は『蔭凉軒日録』である。加賀の一向一揆について「一揆衆二十万人，富樫が城を取り回く」といった内容を伝えるなど，15 世紀の重要史料である。

【設問コ】 「雪舟と同じ頃」，つまり東山文化期に「大和絵で土佐派の基礎をかためた画家」は，土佐光信である。

【設問ａ】 24 が正解。東大寺伽藍が焼失した 1180 年に始まる源平の争乱は，治承・寿永の乱ともいうことから，「治承」が選び出せる。

【設問ｃ・ｄ・ｅ】 東大寺再建に採用された建築様式ｃは，大仏様（選択肢 20)。鎌倉時代のうちに大仏様に替わって取り入れられた建築様式 d は，禅宗様（選択肢 6）である。そして室町時代に，禅宗様が和様と混交して生まれた e は折衷様（選択肢 8）である。

【設問 f】 35 が正解。雪舟の作品は［語群］16 に『四季山水図巻』，［図版群］に 33『秋冬山水図』と 35『天橋立図』があるが，「名所絵作品」から，日本三景の一つ天橋立を描いた 35 に限定できる。なお，［図版群］の 34 は長谷川等伯の『松林図屏風』，36 は狩野永徳の『唐獅子図屏風』，37 も永徳の『檜図屏風』で，これら 3 つは桃山時代の作品。38 は葛飾北斎の『富嶽三十六景』中の『神奈川沖浪裏』で，化政期の作品である。

【設問 g】 13 が正解。狩野元信の代表作は，大徳寺大仙院の方丈の襖絵として描かれた『大仙院花鳥図』である。元信は，水墨を基調としながら，大和絵の手法での彩色をとりいれた障壁画の新様式を確立した。なお，1 の『智積院襖絵』は，桃山時代の長谷川等伯の作品。28 の『周《しゅう》茂《も》叔《しゅく》愛《あい》蓮図《れんず》』は，狩野正信（元信の父）の作品である。

【設問 h】 17 が正解。「岐阜県多治見市の臨済宗寺院にある」禅宗様建築は，永保寺開山堂である。なお，27 の円覚寺舎利殿も禅宗様建築であるが，8 代執権北条時宗の開創で鎌倉にあるから消去できる。

【設問 j】 32 が正解。「1415 年に和様建築として再建された」のは興福寺東金堂である。なお，11 の三仏寺投入堂は院政期の阿弥陀堂建築。19 の妙喜庵待庵は桃山期の茶室建築。31 の平等院鳳凰堂は国風期の阿弥陀堂建築。よって，興福寺東金堂は教科書収載頻度が低いが，消去法で解答可能である。

Ⅲ　解答

a－1　**b.** 海舶互市新例　**c**－2　**d**－4
e. (あ)－1　(い)－2　(う)－1　**f**－3
g. 五品江戸廻送令　**h**－1　**i.** 万延小判　**j.** ガラ紡
k. 長崎造船所　**l.** (あ)－1　(い)－1　(う)－2　**m**－1　**n**－4　**o**－3
p. 航海奨励法　**q**－1　**r.** 重要産業統制法　**s**－4　**t.** 野口遵

解説

《鎖国下の長崎貿易，近代の貿易と産業経済》

a. 1 が正解。銅は鎖国下の長崎貿易における最大の輸出品である。背景には 17 世紀に発見された足尾銅山・別子銅山の産銅量増大があった。

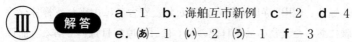

b．新井白石が主導した「オランダ・清からの輸入額や来航する船舶数を制限する」貿易統制は，海舶互市新例である。「例」の漢字ミスや，「漢字6字」指定なので長崎新令や正徳新令は不可である。

c．2が正解。工藤平助が献上した『赤蝦夷風説考』によって，田沼意次はロシアとの交易を想定した。実際，最上徳内を派遣してその可能性や蝦夷地開発を調査させている。

e．(あ)　1が正解。「1858年にアメリカと締結した」日米修好通商条約の第3条に基づいて神奈川（横浜）・新潟・長崎・兵庫（神戸）が開港された。

(い)　2が正解。外国人の居住は開港地に設けられた居留地に限定された。外国人が日本国内で自由に居住する「内地雑居」は，明治政府による条約改正が実現する1899年まで許されなかった。

(う)　1が正解。江戸・大坂が開市され，外国人の商取引が可能となった。

f．3が正解。「原善三郎に代表される」「生糸を買い付け，居留地にいる外国人貿易商へ販売した」のは，売込商という。1の引取商は，居留地で外国人商人から輸入品を買い取り，各地に販売した日本人商人。2の在郷商人は，農村で百姓身分のまま商業活動を営むもの。幕末には，生糸などを産地で集荷し開港場に直送し，売込商に販売を委託した。4の問屋は，生産者や荷主と仲買・小売商の仲介をする卸売商である。

i．金銀比価の相違による金の流出を防ぐため，幕府は金の含有量を少なく形状も小さく改鋳したが，それは万延小判という。

k．幕府財産を接収し，のちに払い下げた施設で，日露戦争後には「世界水準に達した」のは，三菱の長崎造船所である。他の造船工場では条件があわない。つまり，横須賀造船所は幕府の横須賀製鉄所を政府が接収したのだが，横須賀海軍工廠と名称変更をして払い下げられなかった。また兵庫造船所は川崎正蔵に払い下げられたが，政府接収前は加賀藩が創設したものであった。

l．(あ)　1が正解。生糸の輸出額は，1885年が1303万9650円（3715万円の35.1％）だったが，日清戦争前後に進展した軽工業の「産業革命の結果」，1899年は6254万4630円（2億1493万円の29.1％），1913年は1億8847万3080円（6億3246万円の29.8％）と増加している。

(い)　1が正解。1883年操業開始の大阪紡績会社が，安価な輸入綿花を原料に，蒸気力・イギリス製機械の導入による大規模経営に成功して産業革命を牽引し，紡績業は発展した。ゆえに産業革命前の1885年には，綿花は主な輸入品にあがっていないが，産業革命の結果，1899年は輸入品１位で6215万2800円（２億2040万円の28.2%），1913年も輸入品１位で２億3341万7600円（７億2943万円の32.0%）と，原料輸入額は増加している。

(う)　２が正解。鉄鋼業など重工業の産業革命は日露戦争前後に進展する。産業革命前の鉄類の輸入額の割合として，1885年が3.6%，1899年は5.4%である。そして産業革命の結果としての数値が，1913年で7.8%。よって「輸入額の割合は増加した」といえる。

m.　１が正解。横浜正金銀行が，1887年に貿易金融を行う特殊銀行となった。２の朝鮮銀行は，日韓併合後の1911年に設立された，日本の朝鮮統治における特殊銀行である。３の第一国立銀行は，国立銀行条例に基づき1873年に三井・小野組の共同出資で設立された日本初の銀行で，1896年に普通銀行となった。４の日本勧業銀行は，1897年に農工業の改良発達を図るために設立された特殊銀行である。

n.　４が正解。「江戸時代からの豪商」三井家の「系譜をもつ財閥傘下」の商社は，三井物産（会社）である。１の鈴木商店は明治初年創業で第一次世界大戦期に商社に発展し，３の三菱商事も明治初年に岩崎弥太郎が創設した三菱商会からの系譜をもつ三菱財閥の傘下で，「江戸時代から」ではない。２の白木屋は江戸時代からの豪商だが，総合商社ではない。

o.　３が正解。「三井系の半官半民の運輸企業」共同運輸会社（選択肢２）と，「三菱系の企業」三菱汽船会社（選択肢１）が合併して，1885年に設立されたのは日本郵船会社である。なお，４の東洋汽船会社は，浅野総一郎が1896年に設立した海運会社だが，第一次世界大戦後の経営難で1926年に日本郵船に合併された。

q.　１が正解。1897年に「日清戦争の賠償金の一部を準備金として」制定された貨幣法で，「純金量目２分（0.75g）を金１円」とする金本位制を採用した。２の新貨条例は，1871年制定で純金1.5gを１円として金本位制を採用した。しかし実際は貿易銀貨が国内でも通用可能となり，金銀複本位制となった。３の日本銀行条例は1882年制定で，日本の中央銀行である日本銀行設立を規定した。４の国立銀行条例は1872年制定で，国立銀行の設置を定めた法律である。

s. 4が正解。犬養毅内閣は組閣直後の1931年12月に，金輸出再禁止を断行して金本位制を停止し，管理通貨制度に移行した。そのため円為替相場は暴落したが，円安によって綿織物の輸出は大幅に拡大し，1934年にはイギリスを抜いて綿織物輸出量は世界1位になった。なお，1の石油，3の綿花は輸入品。2の米も植民地の台湾・朝鮮からの移入に依存していた。

t. 日窒コンツェルンは，野口遵が設立した日本窒素肥料を持株会社とした新興財閥であった。

講評

Ⅰ　平安初期〜中期の政治を中心に，一部に鎌倉時代前期の政治についても出題された。【設問ア・コ】の語句選択問題では，やや細かい知識の語句が入っているが，解答そのものは標準レベルである。それら以外の設問は，基本レベルの用語中心の出題のため，全体的に「やや易」レベルであった。ここでは，極力取りこぼさないようにしたい。

Ⅱ　中世の建築・絵画に焦点を絞った問題である。【設問ケ】の『蔭凉軒日録』は難問。【設問イ】『春日権現験記』も，正確な記述となると，やや難。【設問f・g】では，解答を「［語群］または［図版群］より選ぶ」という，初の出題形式であった上に，【設問f】は［図版群］に2点ある雪舟の作品のうち，「最晩年に描いた名所絵作品」という詳細な条件で限定する，やや難問。一方，【設問a・h・i・j】はどれも，やや細かい用語が要求されているが，消去法で正解を選びやすく，標準レベルである。裏を返せば標準レベルの用語を熟知し，条件に外れた選択肢を排除できるだけの知識とテクニックを前提としている。総じてⅡは「やや難」レベルといえよう。ただ，(1)の問題文が一般教養書からの引用で，中世の絵画や建築を扱うという出題形式，および【設問ア・キ・c・f】の出題内容などは2022年度Ⅱとの類似点が多く，過去問演習の習熟度で大きな差がついたであろう。

Ⅲ　(1)は鎖国下の長崎貿易，(2)〜(4)で幕末・明治・昭和戦前それぞれの貿易・産業経済について出題された。輸出入品の割合に関する円グラフの読み取りを要する【設問 l】は，新学習指導要領を踏まえた新規の傾向である。また各短文ごとに正誤判断を求める【設問 e・l】も初の出題形式で，消去法が使えないため難しく感じる。【設問 f】で，解答を3の売込商に限定するための「原善三郎に代表されるような商人」といった文章に顕著であるが，詳細な知識は山川出版社『日本史用語集』に依拠した学習を想定して作問されていると思われる。【設問 t】はやや難であるが，全体的には「標準レベル」である。

総括すれば，2024年度は，2023年度と比べ記述式が4個減・選択式9個増で設問総数は5個増加して64個であった。とはいえ，難問数・やや難問数ともにほぼ2023年度並であり，全体として難易度は2023年度と同程度の「標準レベル」といえる。それだけに過去問演習による習熟度の差で，得点差は大きくなったであろう。

世界史

Ⅰ　解答

設問1． **a**－3　**b**－33　**c**－6　**d**－9　**e**－32　**f**－29　**g**－12　**h**－60　**i**－35　**j**－25　**k**－41　**l**－44　**m**－40　**n**－45　**o**－48　**p**－53

設問2． カロリング＝ルネサンス　**設問3．** 4　**設問4．** 唯名論

設問5． サレルノ大学　**設問6．**『ローランの歌』　**設問7．** レオ10世

解説

《中世から近世にかけてのヨーロッパの学芸の展開》

設問1．a． アルクインはイングランドからアーヘンの宮廷学校に招聘され，死語化しつつあったラテン語の復興や，キリスト教の教義・典礼の整備に尽力した。

b． アッバース朝は，バグダードに「知恵の館（バイト＝アルヒクマ）」を創設し，ギリシア語文献などの翻訳や研究を行わせた。

c． 11世紀に成立したイブン＝シーナーの『医学典範』は，12世紀にはラテン語に翻訳され，その後も長くヨーロッパの医学界に影響を及ぼした。

e． 西ゴート王国の都であったトレドは，イスラーム圏に含まれた時期もあったが，11世紀にカスティリャ王国によって再征服された後，12世紀以降には翻訳学校がつくられ，ギリシア語やアラビア語の文献がラテン語に翻訳された。

f． ドミニコ会士トマス＝アクィナスは，パリ大学その他イタリア各地で教授をつとめ，『神学大全』を著した。実在論の立場から，信仰と理性，神学と哲学の調和をはかった。

i・j． フィレンツェ出身のダンテは，皇帝党（ギベリン）と教皇党（ゲルフ）の抗争，さらにその内部抗争に巻き込まれてフィレンツェから追放され，以後一度も故郷に帰ることなく『神曲』などを著した。『神曲』はフィレンツェのあるトスカナ地方の口語であるトスカナ語で記されている。

m． ルネサンス建築の設計者としては，フィレンツェの聖マリア大聖堂をブルネレスキが，ローマ（ヴァチカン）のサン＝ピエトロ大聖堂をブラマンテが手掛けたことをしっかり区別しておきたい。

o. ミケランジェロの作品は，絵画としては「最後の審判」と同じくシスティナ礼拝堂の天井画として「天地創造」が，彫刻では「ダヴィデ像」などが知られている。

設問2. カロリング＝ルネサンスにおける文芸復興では，のちの中世ヨーロッパにおける知識人の基礎教養とされた「自由七科」が整備され，12世紀頃から設置されはじめた大学でも，これらが神・医・法の専門学部で学ぶための教養課程で学ばれた。

設問3. 1．誤文。万物の根源を原子としたのは，デモクリトスである。2．誤文。プロタゴラスは「人間は万物の尺度」と説いた。「万物は流転する」は，ヘラクレイトスの言葉。3．誤文。プラトンは，師であるソクラテスが民主政下で死刑に処されたことから，民主政には批判的であった。

設問4. 唯名論は，普遍論争において「スコラ学の父」と称されたアンセルムスに代表される実在論を批判してあらわれ，アベラールが代表的学者とされる。

設問5. 中世ヨーロッパにおける大学の起源として，南イタリアのサレルノ大学は医学で，北イタリアのボローニャ大学は法学で知られている。

設問6. その他騎士道文学や武勲詩には，ブルグンドの滅亡をうたった『ニーベルンゲンの歌』，ブリトン人の英雄アーサー王とその円卓の騎士の活躍をモチーフとした『アーサー王物語』がある。

設問7. レオ10世は，イタリア＝ルネサンス期の学芸の保護者であっただけではなく，ローマのサン＝ピエトロ大聖堂建設の際の贖宥状の販売をルターに批判された人物でもある。

Ⅱ 解答

設問1. **a**－5　**b**－19　**c**－44　**d**－15　**e**－38　**f**－2　**g**－10　**h**－45　**i**－6　**j**－33　**k**－23　**l**－29　**m**－37

設問2. 2・3　**設問3.** 朱元璋　**設問4.** 金陵　**設問5.** 3

設問6. 壬辰　**設問7.** 李舜臣　**設問8.** ホンタイジ　**設問9.** 4

解説

《元から清にかけての諸王朝と周辺地域の関係》

設問1. **a.** モンゴル高原を統一したテムジンは，1206年，有力者の会合であるクリルタイによってハン位に推戴され，チンギス＝ハン（カン）

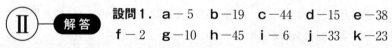

となった。

b．紅巾の乱は，元末，弥勒下生信仰と結びついた仏教系の白蓮教が中心となって起こした農民反乱である。

c．朱元璋（洪武帝）は，民衆の教化には朱子学のエッセンスをわかりやすくした六諭を用い，さらに朱子学を官学化して科挙を整備するなど，朱子学を利用して統治の安定をはかった。

d・e．朱元璋（洪武帝）の四男で北平（現在の北京）に封じられていた燕王朱棣は，1399～1402 年の靖難の役で建文帝を倒して皇帝に即位，永楽帝となった。その後ムスリムで宦官の鄭和が南海遠征に派遣され，この地域からの朝貢国増加や様々な情報入手に貢献した。鄭和および鄭和の寄港先は図説の地図などでチェックしておこう。

f．明代のモンゴル系北方民族，いわゆる「北虜」に関しては，15 世紀中頃に土木の変を起こしたオイラトと，16 世紀中頃に北京を包囲したタタールがあるが，空欄 f を含む段落の冒頭に「16 世紀」とあることから，解答はタタールのアルタン＝ハンとわかる。

g．16 世紀後半にポルトガルがマカオにおいて得たのは居住権で，マカオが正式にポルトガルの植民地となるのは 19 世紀末のことである。

i・j．中国東北部において，明の影響力のもとで成長した女真のヌルハチが，1616 年，後金を建国した。やがて明に反抗し，遼河以東を統一し，最終的に瀋陽を都とした。彼は八旗制を制定し，満州文字を創始した。

k・l．呉三桂は，李自成の乱による明の滅亡の知らせを受けると，清の順治帝に降伏し．清の中国進出に協力したことで平西王（雲南王）に封じられたが，康熙帝の治世には広東王，福建王とともに三藩の乱を起こし，鎮圧された。

m．1681 年に三藩の乱を鎮圧した康熙帝は，続いて台湾で「反清復明」を唱えていた鄭成功の子孫を降伏させた。

設問２．　1．誤文。フランシスコ＝ザビエルは，明代の 1549 年に鹿児島に来訪し，日本各地での布教を行った後，明に渡ろうとしたところ，広州付近で死去した。4．誤文。13 世紀末，教皇ニコラウス 4 世の命で元を訪れ，大都の大司教に任じられたのはモンテ＝コルヴィノである。アダム＝シャールは，明末の中国を訪れ，徐光啓とともに『崇禎暦書』を編纂した後，清朝にも仕え，天文台長官となった。

設問5． ウ．誤文。朝鮮王朝を建てた李成桂は，朱子学を官学とした。

設問8． ホンタイジは，国号を清と改称したほか，朝鮮王朝の属国化，内モンゴルのチャハル部の征服，蒙古八旗・漢軍八旗の創設などを行った。

設問9． (a)誤文。キャフタ条約を調印した際の清の皇帝は雍正帝である。康熙帝は1689年のネルチンスク条約の際の清の皇帝。(b)誤文。1758年，ジュンガル部を滅ぼした際の清の皇帝は乾隆帝である。

Ⅲ　解答

設問1． **a**－14　**b**－30　**c**－24　**d**－17　**e**－21　**f**－5　**g**－29　**h**－20　**i**－10　**j**－2

設問2． ①－3　②－1　③－2　④－1　⑤－2

設問3． 啓蒙思想　**設問4．** ゲーテ　**設問5．** ナショナリズム

設問6． ロマン主義　**設問7．** フィヒテ

解説

《フランス革命から二月革命までの時期のヨーロッパ文化》

設問1． **a．** ダヴィドは，フランス革命期に生きた古典主義画家で，ナポレオンの宮廷画家として描いた「ナポレオンの戴冠式」以外にも，「球戯場の誓い」や「マラーの死」などフランス革命をモチーフに多くの作品を残した。

b． ランケは，厳密な史料批判に基づき，科学的な歴史記述を残し，近代歴史学の祖とされる。

c． ヘーゲルは，弁証法哲学を提唱してドイツ観念論哲学を大成した。

f． グリム兄弟は，童話集を発行した後，『ドイツ語辞典』の編纂にもたずさわった。

h． ハイネは，社会主義革命を予言するような風刺の際立つ『ドイツ冬物語』を著したことや，マルクスとの交友から「革命詩人」と称されることがある。

j． ヴァーグナーの代表作『ニーベルンゲンの指環』は，ブルグンドの滅亡などをテーマとした中世ドイツの英雄叙事詩『ニーベルンゲンの歌』をモチーフとしている。

設問2． ①　(a)誤文。啓蒙思想家ヴォルテールがイギリス政治を称賛しフランスの現状を批判した著作は，『哲学書簡（イギリス便り）』である。『法の精神』は，モンテスキューの著作。(b)正文。

② (a)正文。サン＝シモンやフーリエは，のちのマルクスらによって空想的社会主義者と呼ばれた。(b)正文。リストは，自由主義を求めるイギリス古典派経済学を批判し，保護貿易を主張してドイツ関税同盟の結成を提唱したことで，ドイツ歴史学派の祖とされる。

③ (a)正文。(b)誤文。ユダヤ人大尉のスパイ冤罪事件であるドレフュス事件は，19 世紀末の第三共和政期に起こった。

④ (a)正文。18 世紀末，ロシア・プロイセン・オーストリアによる第 3 回ポーランド分割によってポーランドは消滅した。その後，ウィーン議定書によってポーランド立憲王国が成立したが，国王をロシア皇帝が兼ねていたため，ここでは第一次世界大戦後を独立回復とする。(b)正文。アレクサンドル 2 世は 1861 年に農奴解放令を発布するなど，近代化改革を行ったが，1863 年のポーランド反乱を受けて反動化した。

⑤ (a)正文。(b)誤文。経済活動の自由放任主義を主張したのは，ケネーを代表とする重農主義や，アダム＝スミスを代表とするイギリス古典派経済学である。

設問 4． シュトルム＝ウント＝ドランクの代表的文筆家にはゲーテとシラーがいるが，『ファウスト』の作者という記述から解答はゲーテとなる。

設問 5． ナショナリズムは，その後 20 世紀にかけて西欧から東欧，さらにアジアやアフリカにまで広がっていった。

講 評

Ⅰ 中世から近世にかけての学芸の展開をテーマにしたリード文から，まず空所補充問題で文化史に関連する人名・地名を問うている。苦手にしている受験生も多いであろう文化史関連であるが，空所補充，その後の語句記述問題，正文選択問題のいずれも基本的内容であるので，取りこぼさないようにしたい。

Ⅱ 中国の諸王朝と北方民族の関係をテーマにしたリード文で，Ⅰ同様，空所補充の選択問題からはじまるが，記述問題が空所補充になっており，正文・誤文選択問題も，正しいものが 2 つあるもの，正文の数を答えるものなど，少し形式が異なる出題がみられる。設問文をよく読み，要求に応える形で解答したい。

Ⅲ　フランス革命から二月革命という2つの革命の間の時期のヨーロッパの文化的風潮の変化に関するリード文で，記号での人名空所補充，記述での空所補充に加えて，同志社大学おなじみの2文組み合わせ正誤問題が出題されている。標準レベルだが，ところどころ検討が必要なものもあり，ここで差がついたかもしれない。

政治・経済

I　解答

【設問１】 期日前投票制度

【設問２】 不在者投票制度

【設問３】 **ア.** 拘束名簿　**イ.** 176　**ウ.** 100　**エ.** ボルダ　**オ.** 1994
カ. 重複立候補　**キ.** 100

【設問４】 アダムズ方式　**【設問５】** 4　**【設問６】** 3

【設問７】 A－8　B－5　C－6

【設問８】 a－2　b－2　c－1

【設問９】 D－5　E－8

解説

《日本の選挙制度》

【設問１・２】 期日前投票制度は，選挙当日に居住自治体の指定された投票所で投票できない有権者のために，事前に指定された投票所で投票を認める制度である。これに対し，不在者投票制度は，選挙当日に居住自治体の指定された投票所で投票できない有権者を想定している点では期日前投票制度と同じであるが，選挙期日前に仕事や旅行などでの滞在先や入院中の病院・入所中の施設などから投票を認める制度である。

【設問３】 **エ.** 投票人が候補者に順位をつけて投票して，その順位に従って候補者間で得票が配分される仕組みは，フランスの数学者ボルダが考案したもので，ボルダ式（ボルダ・ルール）と呼ばれる。現在は，スロベニアの議会などで採用されている。

【設問４】 アメリカの第６代大統領ジョン＝クインシー＝アダムズ（1767～1848年）が考案した人口が少ない地域や泡沫政党などに配慮した議員定数の比例配分の方式をアダムズ方式という。日本では2016年に国政選挙における導入が決定された。

【設問５】 日本の国政選挙における比例代表制で導入されているドント式とは，ベルギーの数学者ヴィクトール＝ドント（1841～1902年）にちなんで名づけられている。

【設問６】 この設問にある「日本の選挙制度の下で採用されている方法」

とは，ドント式である。これに基づいて，各政党の獲得議席数を計算すると，良心党が4議席（1位，4位，7位，10位），弘風党が3議席（2位，5位，9位），寒梅党が2議席（3位，8位），知真党（5位）が1議席となる。よって正解は，3の寒梅党となる。

【設問8】 **a．** 誤り。選挙における投票を全国的に義務としているのはオーストラリアやベルギーなどである。これに対し，スイスでは一部の州のみで義務投票制を採用している。

b． 誤り。公職選挙法では，一般有権者に対して，メールを用いた選挙運動を禁止している（2024年4月現在）。

c． 正しい。公職選挙法は，候補者の親族や，選挙運動の総括主宰者，出納（会計）責任者が選挙違反により刑に処せられた場合は，候補者の当選を無効とし，その後5年間は同じ選挙区からの立候補を禁止する連座制を規定している。

Ⅱ　解答

【設問1】 **ア．** 自由放任　**イ．** 混合
ウ． マネタリズム　**エ．** 完全競争　**オ．** 非競合性

【設問2】 3　**【設問3】** 1　**【設問4】** **a**－1　**b**－2　**c**－1　**d**－2

【設問5】 2　**【設問6】** 2

【設問7】 **キ．** ワグナー　**ク．** TVA　**ケ．** 社会保障

【設問8】 有効需要　**【設問9】** 4

【設問10】 **e**－1　**f**－2

解説

《市場経済とその理論》

【設問3】　1．適切。重金主義と貿易差額主義を合わせてを重商主義という。

2．不適。『自由論』の著者はジョン＝スチュアート＝ミル（1806～1873年）である。アダム＝スミス（1723～1790年）は『諸国民の富』（『国富論』）を著した。

3．不適。フランソワ＝ケネー（1694～1774年）は重農主義を批判したのではなく，主張した人物である。

4．不適。フェルディナント＝ラッサール（1825～1864年）は当時の国家を夜警国家と呼んで批判した。「福祉国家」は20世紀に登場した概念で

ある。

【設問4】 a．正しい。消費者の所得が上昇すれば，需要曲線が右にシフトする要因となるので，財Xの均衡価格は上昇すると考えられる。

b．誤り。財Yの価格が下落すれば，それまで財Xを買っていた人が財Yを買うようになるので，財Xの需要は減少し価格も下落するはずである。

c．正しい。財Xが不作となれば供給が過少となり，その価格は上がるはずである。

d．誤り。財Xの生産コストが下がれば，供給が増大し，その価格は下がるはずである。

【設問5】 2．適切。一般的に贅沢品の需要曲線の傾きは，その需要量が価格によって大きく変化することから，水平に近いとされる。これに対し，生活必需品の需要曲線の傾きは，その需要量が価格の変動によって大きく変わらないことから，垂直に近いとされる。

【設問6】 価格弾力性は，価格の変化率に対する需要量の変化率，すなわち（需要量の変化率）÷（価格の変化率）で求めることができる。需要量の変化率（％）は，｛(変化後の需要量－変化前の需要量)÷(変化前の需要量)｝×100で求められるので，｛(1000−2000)÷2000｝×100＝−50〔％〕となる。価格の変化率は｛(変化後の価格－変化前の価格)÷変化前の価格｝×100で求められるので，｛(125－100)÷100｝×100＝25〔％〕となる。価格弾力性は（－50)÷25＝－2である。この値に，設問にある通りマイナスの符号をつけて，正答は「2」となる。

【設問8】「貨幣支出をともなう需要」とは，貨幣を支出して品物を購入できる需要，すなわち購買力をともなった需要と考えられ，ケインズが主張した有効需要がこれに当たる。

【設問9】 4．適切。

1．不適。同一産業部門の複数の企業が合併・合同し，単一の企業となって市場を支配することはトラストと呼ばれる。一方，協定を結んで市場を支配することはカルテルと呼ばれる。

2．不適。独占禁止法を運営するのは公正取引委員会である。

3．不適。寡占市場における管理価格は，一般的に下がりにくいとされる。このことを価格の下方硬直性という。

【設問10】 e． 正しい。「情報の非対称性」は，売り手の方が買い手よりも圧倒的に情報を有しているときに発生する。その場合，買い手は商品の品質がわからないため，支払う金額を抑えようとする。たとえば，中古車市場においては，買い手は欠陥車をつかまされることを恐れて，低い価格でしか買わないようになる。そのため，高品質の中古車も低価格でしか売れなくなるので，市場には低品質の中古車しか出回らなくなる。これを逆選択あるいは「レモンの原理」という。

f． 誤り。「情報の非対称性」では，商品の価値に関して売り手の方が買い手よりも情報を持っている。したがって，売り手が品質を保証したり，高品質をアピールするためにあえてその商品の価格を引き上げたとしても，買い手が情報を持っていない以上，その保証などが信用できるかどうかは買い手にはわからず，情報の非対称性の解消には結びつかない。

Ⅲ 解答

【設問1】 ア． 分配 **イ．** 民間消費（個人消費も可）
ウ． ブータン

【設問2】 A－3 **B**－15 **C**－7 **D**－13 **E**－18 **F**－11 **G**－9
H－23 **I**－21

【設問3】 J－2 **エ．** 3 **オ．** 国民総所得

【設問4】 カ． 消費革命 **キ．** 白黒テレビ **ク．** エンゲル係数

【設問5】 a－2 **b**－1 **c**－2

解説

《日本の経済成長と社会の変化》

【設問1】 イ． 支出面から見た国民所得の内訳において，全体の60％近くを民間消費が占めており，これが最大の項目である（2022年統計）。

ウ． ブータン王国は憲法において，GNH（国民総幸福）を重要な指標と位置づけることを定めている。

【設問2】 C． 国際連合が1953年に策定したGDPなどの基準は「国民経済計算体系」（System of National Account, SNA）と呼ばれる。

【設問4】 キ．「三種の神器」とは電気冷蔵庫・電気洗濯機・白黒テレビのことである。点線1は，昭和40（1965）年には普及率が90％に達し，その後昭和45年ごろまでその水準を維持するも，それ以降は急速に普及率が下がっている。このことから，昭和30年代から40年代にかけて普及し，

50 年代には後継のカラーテレビが普及し始めたことにより急速に姿を消した白黒テレビが該当すると考えられる。

【設問 5】 **a．** 誤り。日本において，２人以上の世帯で金融資産を持たない世帯は，2017 年時点で過去最高の 31％程度に達したとされた。

c． 誤り。一般的に日本の社会資本整備は欧米に比べて遅れているとされ，環境省の発表によれば，下水道普及率は 2021 年度末の時点で 80％程度であった。

講評

Ⅰ　日本の選挙制度について，基礎から発展的な知識まで，幅広く出題された。設問３や設問９などは，日本の選挙制度について詳細な知識を問う設問であり，難易度は高かったと言えるだろう。設問８の正誤問題は，ネット選挙運動に関する現行法上の扱いや，連座制などが問われた。インターネットや資料集などを活用した学習を心がけたい。

Ⅱ　市場経済とその理論について，比較的基礎的な知識および論理的思考力が試された。設問６に見られるように，全体的に，教科書レベルの知識をしっかりと身につけた上で，設問により与えられた条件を基にして，いかに論理的に思考できるか，という問題が中心であった。教科書の記述を，単なる暗記ではなく，資料集などを活用して丁寧に調べ，理解することを中心にした学習を心がけたい。

Ⅲ　日本の経済成長と社会の変化について，多角的な出題がなされた。全体的に難易度が高く，教科書の暗記を中心とした学習では太刀打ちできない。教科書の事項を資料集やインターネットなどを活用して調べ，ノートにまとめるなどして整理する発展的な学習の成果が試された。設問２の選択問題や設問５の正誤問題などで，細かく発展的な知識が求められた。

以上のことから，2024 年度は過去の出題と比較して，全体としては標準的なレベルであったと考えられる。

数　学

I　解答

(1)ア．2　イ．$4(\sqrt{5}-2)$

(2)ウ．$-4<x<-1$　エ．-2

(3)オ．$5n-7$　カ．128　キ．2^{4m-1}

(4)ク．$\frac{2}{9}$　ケ．$\frac{20}{27}$　コ．$\frac{10}{27}$

解説

《小問4問》

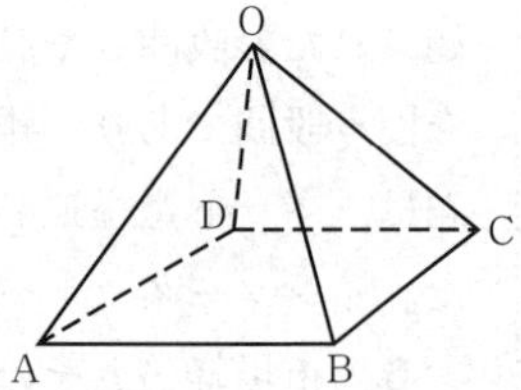

(1)　正方形 ABCD の対角線の交点を H とする。三角形 OAC は OA＝OC である二等辺三角形であり，H は AC の中点であるから，OH⊥AC。同様に，OH⊥BD であり

　　OH⊥正方形 ABCD

　よって，OH は四角錐 O-ABCD の高さであり，△OAH で三平方の定理より

$$\mathrm{OH}=\sqrt{6^2-(4\sqrt{2})^2}=\sqrt{4}=2\quad\to ア$$

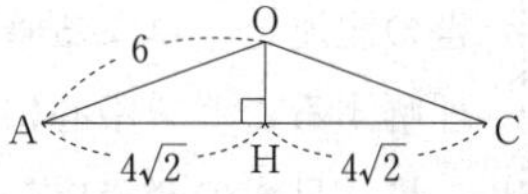

　また，四角錐 O-ABCD に内接する球の中心を I，半径を r，四角錐 O-ABCD の体積を V とおく。さらに，四角錐 I-ABCD，三角錐 I-OAB，I-OBC，I-OCD，I-ODA の体積を V_1，V_2，V_3，V_4，V_5 とおくと，$V_2=V_3=V_4=V_5$ であり

$$V=V_1+V_2+V_3+V_4+V_5=V_1+4V_2 \quad \cdots\cdots ①$$

　ここで

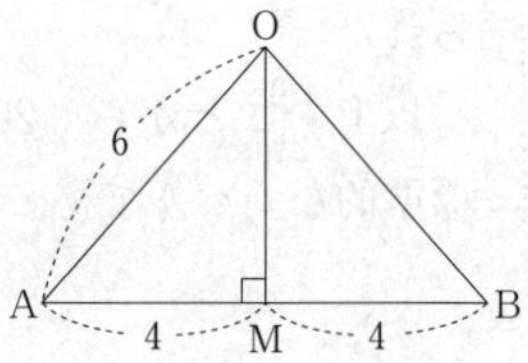

$$V_1=\frac{1}{3}\times(正方形\mathrm{ABCD}の面積)\times r$$
$$=\frac{64}{3}r$$

　また，辺 AB の中点を M とすると

$$V_2=\frac{1}{3}\left(\frac{1}{2}\mathrm{AB}\cdot\mathrm{OM}\right)r$$

$$=\frac{1}{3}\left(\frac{1}{2}\cdot 8\cdot\sqrt{6^2-4^2}\right)r$$

$$=\frac{8\sqrt{5}}{3}r$$

さらに

$$V=\frac{1}{3}\times(\text{正方形 ABCD の面積})\times \mathrm{OH}$$

$$=\frac{1}{3}\cdot 64\cdot 2=\frac{128}{3}$$

これらを①に代入して

$$\frac{128}{3}=\frac{64}{3}r+4\cdot\frac{8\sqrt{5}}{3}r$$

$$r=\frac{4}{2+\sqrt{5}}=4(\sqrt{5}-2)\quad \to イ$$

(2)　すべての対数の真数が正より

$$2x+8>0\quad かつ\quad -x>0\quad かつ\quad -1-x>0$$

すなわち

$$x>-4\quad かつ\quad x<0\quad かつ\quad x<-1$$

より

$$-4<x<-1\quad \to ウ$$

このとき

$$\log_2(2x+8)-\log_2(-x)=1+\log_2(-1-x)$$

$$\log_2(2x+8)=\log_2(-x)+\log_2 2+\log_2(-1-x)$$

$$=\log_2 2\cdot(-x)(-1-x)$$

$$2x+8=2(-x)(-1-x)$$

$$x+4=x(x+1)$$

$$x^2=4$$

$-4<x<-1$ より

$$x=-2\quad \to エ$$

(3)　数列 $\{a_n\}$ の初項を a，公差を d とおくと，$a_5=18$，$a_{10}=43$ より

$$\begin{cases} a+4d=18 \\ a+9d=43 \end{cases}$$

これを解いて

$$a=-2,\ d=5$$

よって

$$a_n=-2+(n-1)\times 5=5n-7 \quad \to オ$$

数列 $\{a_n\}$ の第 k 項と $\{b_n\}$ の第 l 項が一致するとき

$$5k-7=2^l$$

$5k-7=5(k-2)+3$ より $5k-7$ を5で割ると3余る。一方，2^1，2^2，2^3，2^4 を5で割った余りは2，4，3，1であり

$$2^{l+4}-2^l=2^l(2^4-1)=2^l\cdot 15=(5の倍数)$$

より，2^l を5で割った余りは周期4で2，4，3，1を繰り返すから，2^l を5で割ったとき余りが3となる l は

$$l=4m-1 \quad (m：自然数)$$

したがって

$$c_2=2^{4\cdot 2-1}=2^7=128 \quad \to カ$$

$$c_m=2^l=2^{4m-1} \quad \to キ$$

(4) 袋から玉を1個だけ取り出すとき，白玉である確率は $\dfrac{2}{3}$，赤玉である確率は $\dfrac{1}{3}$。

試行を3回続けて行うとき，赤玉がちょうど2回出る確率は

$${}_3C_2\left(\frac{1}{3}\right)^2\left(\frac{2}{3}\right)=\frac{2}{9} \quad \to ク$$

白玉が2回以上出るのは次の場合である。

(i)白玉がちょうど2回出る

(ii)白玉がちょうど3回出る

(i)が起こる確率は

$${}_3C_2\left(\frac{2}{3}\right)^2\left(\frac{1}{3}\right)=\frac{4}{9}$$

(ii)が起こる確率は

$$\left(\frac{2}{3}\right)^3=\frac{8}{27}$$

(i)，(ii)は互いに排反より

$$\frac{4}{9}+\frac{8}{27}=\frac{20}{27} \quad \to ケ$$

試行を 4 回続けて行うとき，4 回目で 3 度目の赤玉が出る確率は

$$\underbrace{{}_3\mathrm{C}_2\left(\frac{1}{3}\right)^2\left(\frac{2}{3}\right)}_{\text{初めの3回で2回赤玉が出る}}\times\frac{1}{3}=\frac{2}{27}$$

また，4 回目で 3 度目の白玉が出る確率は

$$\underbrace{{}_3\mathrm{C}_2\left(\frac{2}{3}\right)^2\left(\frac{1}{3}\right)}_{\text{初めの3回で2回白玉が出る}}\times\frac{2}{3}=\frac{8}{27}$$

よって

$$\frac{2}{27}+\frac{8}{27}=\frac{10}{27}\quad\rightarrow コ$$

別解　**ケ.** 余事象は「白玉がちょうど 1 回出る（ク）または白玉が出ない」であるから

$$1-\frac{2}{9}-\left(\frac{1}{3}\right)^3=1-\frac{6+1}{27}=\frac{20}{27}$$

Ⅱ　解答

(1)　$j=1,\ 2,\ 3,\ \cdots,\ n$ のとき

$$y_j=\frac{1}{n-1}\{(x_1+x_2+x_3+\cdots+x_n)-x_j\}$$

$$=\frac{1}{n-1}\{n\overline{x}-(d_j+\overline{x})\}\quad(\because\quad d_j=x_j-\overline{x}\ より，\ x_j=d_j+\overline{x})$$

$$=\frac{1}{n-1}\{(n-1)\overline{x}-d_j\}$$

$$=\overline{x}-\frac{d_j}{n-1}\quad\cdots\cdots(答)$$

(2)

$$\overline{y}=\frac{1}{n}\sum_{i=1}^{n}y_i$$

$$=\frac{1}{n}\sum_{i=1}^{n}\left(\overline{x}-\frac{d_i}{n-1}\right)\quad((1)より)$$

$$=\frac{1}{n}\left(n\overline{x}-\frac{1}{n-1}\sum_{i=1}^{n}d_i\right)$$

$$=\overline{x}-\frac{1}{n(n-1)}\sum_{i=1}^{n}(x_i-\overline{x})$$

$$=\overline{x}-\frac{1}{n(n-1)}(n\overline{x}-n\overline{x})$$

$$=\overline{x}$$ （証明終）

(3)　n 個の値 y_1，y_2，y_3，…，y_n からなるデータの分散が $s_y{}^2$ より

$$s_y{}^2=\frac{1}{n}\sum_{i=1}^{n}(y_i-\overline{y})^2$$

$$=\frac{1}{n}\sum_{i=1}^{n}\left(\overline{x}-\frac{d_i}{n-1}-\overline{x}\right)^2 \quad ((1),\ (2)\text{より})$$

$$=\frac{1}{n}\sum_{i=1}^{n}\frac{d_i{}^2}{(n-1)^2}$$

$$=\frac{1}{(n-1)^2}\sum_{i=1}^{n}\frac{(x_i-\overline{x})^2}{n}$$

$$=\frac{1}{(n-1)^2}s_x{}^2 \quad \cdots\cdots(\text{答})$$

(4)　n 個の値 x_1，x_2，x_3，…，x_n から x_j を除いたデータの平均が y_j，分散が z_j より

$$z_j=\frac{1}{n-1}\left\{\sum_{i=1}^{n}(x_i-y_j)^2-(x_j-y_j)^2\right\}$$

$$=\frac{1}{n-1}\left\{\sum_{i=1}^{n}\left(x_i-\overline{x}+\frac{d_j}{n-1}\right)^2-\left(x_j-\overline{x}+\frac{d_j}{n-1}\right)^2\right\}$$

$$=\frac{1}{n-1}\left[\sum_{i=1}^{n}\left\{(x_i-\overline{x})^2+\frac{2d_j}{n-1}(x_i-\overline{x})+\frac{d_j{}^2}{(n-1)^2}\right\}-\left(x_j-\overline{x}+\frac{d_j}{n-1}\right)^2\right]$$

$$=\frac{1}{n-1}\left[\left\{n\sum_{i=1}^{n}\frac{(x_i-\overline{x})^2}{n}+\frac{2d_j}{n-1}(n\overline{x}-n\overline{x})+\frac{nd_j{}^2}{(n-1)^2}\right\}-\left(d_j+\frac{d_j}{n-1}\right)^2\right]$$

$$=\frac{1}{n-1}\left\{ns_x{}^2+\frac{nd_j{}^2}{(n-1)^2}-\frac{n^2d_j{}^2}{(n-1)^2}\right\}$$

$$=\frac{n}{n-1}s_x{}^2-\frac{n}{(n-1)^2}d_j{}^2 \quad \cdots\cdots(\text{答})$$

(5)　n 個の値 z_1，z_2，z_3，…，z_n からなるデータの平均値が $\overline{z}$ より

$$\overline{z}=\frac{1}{n}\sum_{i=1}^{n}z_i$$

$$=\frac{1}{n}\sum_{i=1}^{n}\left\{\frac{n}{n-1}{s_x}^2-\frac{n}{(n-1)^2}{d_i}^2\right\}$$

$$=\frac{1}{n}\left\{\frac{n^2}{n-1}{s_x}^2-\frac{n}{(n-1)^2}\sum_{i=1}^{n}{d_i}^2\right\}$$

$$=\frac{1}{n}\left\{\frac{n^2}{n-1}{s_x}^2-\frac{n^2}{(n-1)^2}\sum_{i=1}^{n}\frac{(x_i-\overline{x})^2}{n}\right\}$$

$$=\frac{1}{n}\left\{\frac{n^2}{n-1}{s_x}^2-\frac{n^2}{(n-1)^2}{s_x}^2\right\}$$

$$=\frac{1}{n}\cdot\frac{n^2}{(n-1)^2}\{(n-1)-1\}{s_x}^2$$

$$=\frac{n(n-2)}{(n-1)^2}{s_x}^2$$

（証明終）

解説

《2つのデータの平均，分散の計算》

(3)　分散は偏差の2乗の平均である。あとは(1)，(2)を用いれば結果が得られる。

(4)　問題が定める y_j や z_j の意味を正しく把握して，(1)の結果を用いて先を見通しながら計算していきたい。

(5)　全体を通して言えることだが，平均，分散，偏差など定義に従って正しく計算することが大事である。

III 解答

(1)

$$f(x)=x^3+px^2-p^2x-p^3$$
$$=x^2(x+p)-p^2(x+p)$$
$$=(x^2-p^2)(x+p)$$
$$=(x-p)(x+p)^2$$

よって，$y=f(x)$ のグラフは $p>0$ より右図のようになるから，求める面積を S とすると

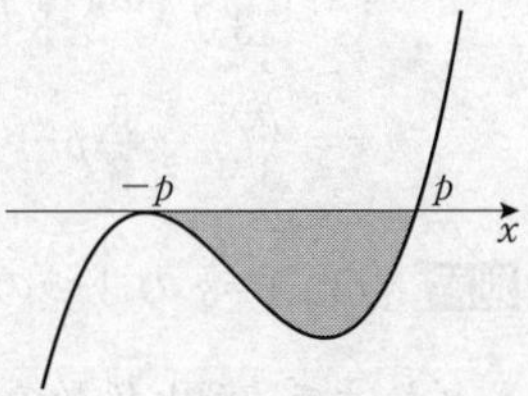

$$S=\int_{-p}^{p}(-f(x))dx$$
$$=-\int_{-p}^{p}(x^3+px^2-p^2x-p^3)dx$$
$$=-2\int_{0}^{p}(px^2-p^3)dx$$

$$=-2\left[\frac{p}{3}x^3-p^3x\right]_0^p$$

$$=-2\left(\frac{1}{3}p^4-p^4\right)$$

$$=\frac{4}{3}p^4 \quad \cdots\cdots(\text{答})$$

(2)　$f'(x)=3x^2+2px-p^2=(3x-p)(x+p)$

$f'(x)=0$ のとき，$x=-p,\ \dfrac{p}{3}$ である。よって，$f(x)$ の増減は右のようになる。

x	$\cdots$	$-p$	$\cdots$	$\dfrac{p}{3}$	$\cdots$
$f'(x)$	$+$	0	$-$	0	$+$
$f(x)$	↗		↘		↗

$$f\left(\frac{p}{3}\right)=\left(\frac{p}{3}\right)^3+p\left(\frac{p}{3}\right)^2-p^2\left(\frac{p}{3}\right)-p^3$$

$$=\frac{p^3}{27}+\frac{p^3}{9}-\frac{p^3}{3}-p^3$$

$$=-\frac{32}{27}p^3$$

したがって，極小値 s は

$$s=-\frac{32}{27}p^3 \quad \cdots\cdots(\text{答})$$

また，x の方程式 $f(x)=s$ を解くと

$$x^3+px^2-p^2x-p^3=-\frac{32}{27}p^3$$

$$x^3+px^2-p^2x+\frac{5}{27}p^3=0$$

$f(x)-s$ は $\left(x-\dfrac{p}{3}\right)^2$ を因数にもつから

$$\left(x-\frac{p}{3}\right)^2\left(x+\frac{5}{3}p\right)=0$$

$$x=\frac{p}{3},\ -\frac{5}{3}p \quad \cdots\cdots(\text{答})$$

別解　$f(x)=s$ の 3 つの解は $x=\dfrac{p}{3}$ で重解をもつことから $x=\dfrac{p}{3},\ \dfrac{p}{3},\ \alpha$ とおけて，解と係数の関係より

$$\left(\frac{p}{3}\right)^2\alpha=-\frac{5}{27}p^3 \qquad \therefore\quad \alpha=-\frac{5}{3}p$$

$x=\dfrac{p}{3},\ -\dfrac{5}{3}p$

(3)　$-1\leqq x\leqq 1$ における $f(x)$ の最小値 $m(p)$ を p (>0) の値で場合分けすると次のようになる。

(i) $-\dfrac{5}{3}p<-1,\ 1<\dfrac{p}{3}$，すなわち $p>3$ のとき

$x=1$ のとき $f(x)$ は最小となり

最小値 $m(p)=f(1)$

$=-p^3-p^2+p+1$

(i) $p>3$ のとき

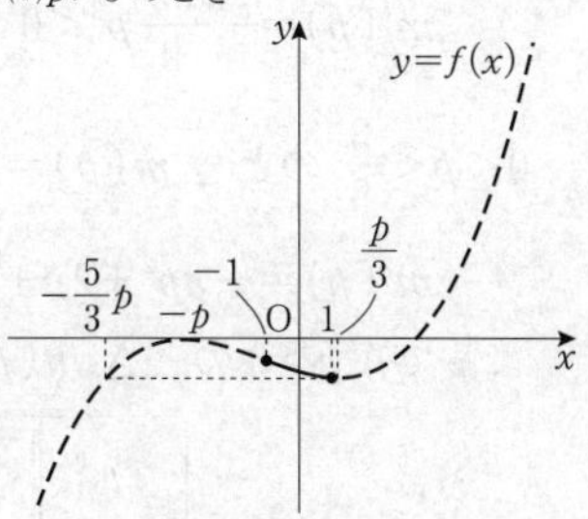

(ii) $-\dfrac{5}{3}p\leqq -1,\ \dfrac{p}{3}\leqq 1$，すなわち $\dfrac{3}{5}\leqq p\leqq 3$ のとき

$x=\dfrac{p}{3}$ のとき $f(x)$ は最小となり

最小値 $m(p)=f\left(\dfrac{p}{3}\right)$

$=-\dfrac{32}{27}p^3$

(ii) $\dfrac{3}{5}\leqq p\leqq 3$ のとき

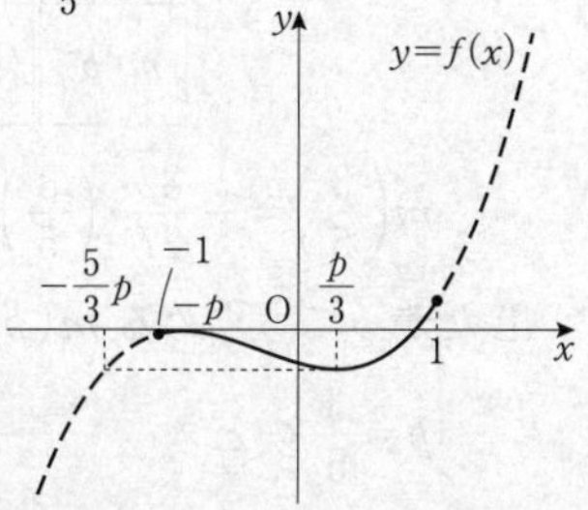

(iii) $-1<-\dfrac{5}{3}p,\ \dfrac{p}{3}<1$，すなわち $0<p<\dfrac{3}{5}$ のとき

$x=-1$ のとき $f(x)$ は最小となり

最小値 $m(p)=f(-1)$

$=-p^3+p^2+p-1$

(iii) $0<p<\dfrac{3}{5}$ のとき

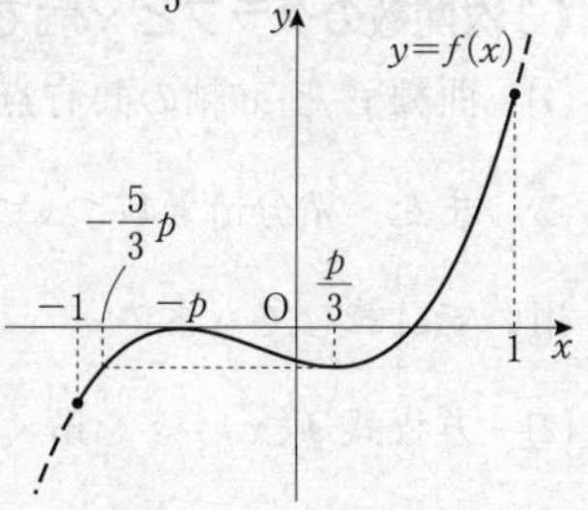

以上をまとめると $m(p)$ は

$$\begin{cases} p>3\ \text{のとき} & -p^3-p^2+p+1 \\ \dfrac{3}{5}\leqq p\leqq 3\ \text{のとき} & -\dfrac{32}{27}p^3 \\ 0<p<\dfrac{3}{5}\ \text{のとき} & -p^3+p^2+p-1 \end{cases}$$

……(答)

(4)　$p>3$ のとき $m(p)=-p^3-p^2+p+1$ より

$m'(p)=-3p^2-2p+1=-(p+1)(3p-1)<0$

$\frac{3}{5}<p<3$ のとき $m(p)=-\frac{32}{27}p^3$ より

$$m'(p)=-\frac{32}{9}p^2<0$$

$0<p<\frac{3}{5}$ のとき $m(p)=-p^3+p^2+p-1$ より

$$m'(p)=-3p^2+2p+1=-(p-1)(3p+1)>0$$

よって，$p>0$ のとき $m(p)$ の増減は次のようになる。

p	(0)	$\cdots$	$\frac{3}{5}$	$\cdots$	3	$\cdots$
$m'(p)$		$+$	／	$-$	／	$-$
$m(p)$	(-1)	↗	$-\frac{32}{125}$	↘		↘

$$m\left(\frac{3}{5}\right)=-\frac{32}{27}\cdot\left(\frac{3}{5}\right)^3=-\frac{32}{125}$$

したがって，求める $m(p)$ の最大値は

$p=\frac{3}{5}$ のとき　$-\frac{32}{125}$　……(答)

解説

《3次関数のグラフと x 軸で囲まれる部分の面積，3次関数の最小値》

(1)　曲線 C と x 軸の共有点や上下関係をしっかり捉えることが大事である。また，積分計算については，$\left|\int_{\alpha}^{\beta}(x-\alpha)^2(x-\beta)dx\right|=\frac{1}{12}(\beta-\alpha)^4$ を用いて計算してもよい。

(2)　方程式 $f(x)=s$ を解く際，極小値をとる x の値 $\frac{p}{3}$ を重解にもつ，すなわち $f(x)-s$ は $\left(x-\frac{p}{3}\right)^2$ を因数にもつことを前提に計算を進めることが大事である。また，解と係数の関係を利用することもできる。

(3)　$f(x)$ は，$x=-1$ または $x=1$ または $x=\frac{p}{3}$ のいずれかで最小値をとる。しっかりグラフを描いて p の値で場合分けできるかがポイントである。

(4)　$0<p<\frac{3}{5}$，$\frac{3}{5}\leqq p\leqq 3$，$3<p$ における $y=m(p)$ のグラフを丁寧に考

えることが大事である。

講評

Ⅰ (1)　正方形を底面とする四角錐の高さと内接する球の半径を求める問題である。Oから底面に下ろした垂線は，正方形ABCDの対角線の交点になることから高さを求めればよい。内接する球の半径については球の中心をIとして，Iを頂点とする四角錐と三角錐の体積の和を考えることにより求めればよい。

(2)　真数が正となる x の範囲，および方程式を解く問題である。基本的な問題であるから必ず正解したい。

(3)　等差数列と等比数列の共通項である数列を考える問題である。$5k-7=2^l$ を満たす l を，両辺を5で割った余りに着目して求めればよい。

(4)　反復試行の確率の問題である。状況にあわせて求める事象を重複せずもれがないように考えることが大事である。

Ⅱ　データの平均と分散を計算する問題である。全体的に定義に従って立式して計算していけばよい。しかし，用いてよい文字が決まっているのでやみくもに計算するのではなく先を見据えてどのように変形していけば必要なものが出てくるか考える思考力，考察力などが要求される。特に，分散の計算に関しては計算の中にも工夫が必要であり，前出の小問の結果をうまく利用していくことがポイントとなる。

Ⅲ (1)　C と x 軸の共有点は $x=-p$（重解），p であり $f(x)=(x-p)(x+p)^2$ より C と x 軸の上下関係を判断できる。

(2)　方程式 $f(x)=s$ を解くとき，$x=\dfrac{p}{3}$ が重解になっていることを前提に計算をしていくことが大事である。

(3)　$-1\leqq x\leqq 1$ における $f(x)$ の最小値 $m(p)$ を求める問題である。p の値によって場合分けが必要になってくるのだが，(2)の結果である $x=\dfrac{p}{3}$，$-\dfrac{5}{3}p$ と1，-1 の大小関係を考えればよい。グラフを用いて考えるとよい。

(4)　(3)で求めた $y=m(p)$ のグラフを丁寧に考えれば $m(p)$ の最大値が

わかる。標準的な問題であるから，最後まで解き切りたい。

る。その「思ふ様」とは直前に「ことわりにやをれけむ、酒にやめでけむ」とあるように、道理を説くというやり方と、宴会に招待するというやり方をいう。では何のためにかというと、少し前に「元のあるじのがりまかりて」「汗もしとどに手をすりつつ」などとあるように、桜の木を盗んだことを「翁」に謝り、許してもらうためである。この事情を説明すると、筆者が桜の木を盗んだことを翁に謝り、許してもらうために、聖人の思想を説いたり、花見の宴会に翁を誘ったりしたとなる。これを指定字数以内にまとめる。

講評

一の現代文は公共圏について論じた文章である。かなりの長文であり、公共圏をめぐる射程も広いため、慎重に読み進める必要がある。ただ、デジタル化した公共圏の同質性や閉鎖性が問題化されている部分は、近年の評論文でもよく見かけるので、すっと頭に入るだろう。設問は標準～やや難のレベル。㈠・㈡の空所補充は確実に得点したい。㈣は選択肢が長いので、その適否の吟味にある程度時間を要するだろう。㈥の内容真偽は、各選択肢とその該当箇所を丁寧に照らし合わせて吟味すれば、二つとも正解できるだろう。㈦の記述問題は全体の要約力が試される良問といえる。

二の古文は『挙白集』という珍しい出典からの出題である。桜の木を盗んできて自宅の庭に植えるという話で、内容的には面白いが、和漢の古典からの引用が多く、けっして読みやすい文章ではない。注が頼りになるので、しっかりと参照したい。設問は標準～やや難レベル。要所要所の理解を試す良問ぞろいである。㈦の記述問題は字数制限が厳しく、「どのように『こしらへ』たのか」という問い方に対して、どのように答えればよいのか戸惑うだろう。語彙力が試される。

「人が早世する」が不適。

B、傍線部に「今はほり植ゑじなどよめれど」とあり、これに「うつろふ色にならはざらむ人」が対置される。すなわち、素性法師は花の木を掘って移し植えることはするまいと言うけれど、心変わりしない人はそうではないという趣旨となって、以下の、花が咲くのを心待ちにするという内容につながる。よって2が正解となる。

㈣　「このをしへ」とは「郭槖駝がことば」すなわち「木を植うること、子のごとくせよ、捨つるがごとくせよ」を指す。花の木を移植することの心得として、大切に扱う一方で、放っておくのがよいと述べている。筆者はこの教えを守っていると言い、傍線部以下、「このことを聞かざるもの」は「朝になで……性を損なふ」と、郭槖駝の教えを守らない者が陥る失敗を指摘する。すなわち花の木の世話を焼きすぎると、木をだめにしてしまうという戒めである。よって1が正解。2～4は右の引用箇所にあるから不適。5は傍線部とは関係がない。

㈤　「知れりや」の「り」は、四段動詞「知る」の已然形（命令形）「知れ」に接続するので（「れ」がエ段であるように、エ段＋「り」の形をとる）、完了・存続の助動詞「り」の終止形である。4の「たまへり」の「り」が同じ助動詞である。1は断定の助動詞「なり」の終止形の一部。2は詠嘆の助動詞「けり」の終止形の一部。3は完了・存続の助動詞「たり」の終止形の一部。5は推量の助動詞「めり」の終止形の一部。

㈥　1、「他国から桜が運び込まれる場に出くわした」が不適。本文に書かれていない。

2、「筆者は衣の袖を大きく作らせた」が不適。第一段落の「さそふ風……願はずしもあらず」に合致しない。

3、第二段落の「草木のことなき……君臣の義あり」に合致する。君に草木、臣に草木を移植する人が対応する。

4、「筆者は知らなかった」が不適。第三段落で、筆者は「天地万物即一機……物はふたつなし」と発言している。

5、第三段落の「あやしの山がつ」は「山賊」ではなく、筆者の使う下男である。

6、第三句の「植ゑそめつ」の「つ」が完了の助動詞「つ」の終止形であるから、ここで句切れとなる。

㈦　「思ふ様に」は自分の思うやり方でということ。「こしらへ（こしらふ）」は〝なだめすかす〟の意。主語は筆者であ家に戻るときの威勢のよさといったら並々でない。盗みも言いつくろい方によるのであろうか。卑しい下男もたいそう面白がった。

今年こそ家の庭に桜を初めて植えた。花の木の持ち主と人には言われるのだろうか。

解説

㈠ **a**、「さる」はラ変動詞「さり（＝そうである）」の連体形。「ものから」は逆接または順接の接続助詞。桜の開花を待ち望むという直前の内容と、桜の木に対して世話をすることはないという直後の内容をつなぐから、ここは逆接の用法になる。〝そうではあるけれども〟の意。よって3が正解となる。

b、「ことなし」は〝無事だ。たいしたことがない。容易だ。欠点がない〟といった意がある。ここは中国の君主や公子の話をたとえに持ち出した後、「草木」にだって「君臣の義」があると述べている。よって君主や公子と「草木」を対比している点をふまえれば、4の「取るに足りない」が適当とわかる。

㈡ 「予（＝私）」は自称の代名詞。「これかれ」は〝このもの、あのもの。この人、あの人〟の意。直前に「色（＝美しさ）にめづる心のはなはだしさは」とあるから、「これかれ」は桜の木を盗んだ自分と、女を盗んだ業平を指すとわかる。「ひとし」は〝同じだ〟の意。「や」は疑問の係助詞。「べからむ」は助動詞「べし」と「む」を続けたもので、〝～べきであろう。～はずであろう〟の意。よって5が正解となる。1は「自分が木を背負って芥川を渡った」が不適。

㈢ **A**、「花の木も」の和歌は二句切れである。「今は」は〝今となってはもう〟の意。「植ゑじ」の「じ」は打消意志の助動詞。〝植えまい。植えるつもりはない〟の意。「たて（たつ）」は〝新しい季節が始まる〟。「うつろふ」はここは桜のことをいうので、〝色が変わる。色あせる。散る〟の意になる。「ならひ（ならふ）」は〝まねる〟の意。第三句以下を直訳すると、〝春になると色あせて散る花を人はまねるのだなあ〟となる。要するに、花も人の心も変わりやすいということ。よって「うつろふ」を「色あせて散る」「心変わりしてしまう」と解釈した4が正解となる。1はう点では、私もまた業平と同じということだろうか。素性法師（であった）か、（花の咲く木を）もう掘ってきて（庭に）植えたりはするまいなどと詠んでいるけれど、色あせて散る花を見習わないような人は、やはり（花が咲くのを）ひたすらうれしいと思いはしゃいで、夜も昼も心をくだき、花が咲くような頃まで前々から待ち望み、（落花を）誘う風に対しては（花の木を）覆うほどの（広い）袖を願わないとは限らない。そうは言っても、そこまで（花の木を）世話するわけではない。いわゆる郭《くわく》橐駝《たくだ》の言葉に、木を植えることは、子どものように（大切に）せよ、（しかしながら）放っておくようにせよ（＝世話をしすぎてはいけない）と。私はこの教えを守っている。この言葉に耳を貸さない者は、朝にいつくしみ、夕べに世話をして、その上（土に）爪を入れてかき回し、心配なあまり様子を探ろうとするために、かえって（木の）本性を損なうものである。

　これを、興に乗って強いて何かにたとえれば、商の位を継いだ君主が（宰相の諫言《かんげん》に）従わなかったときに、宰相が詔勅文を作って（君主を）追放し、（また）楚の公子の昔、その家来が、（主君の身分を偽って）鞭を取って（主君を）ののしったのは、まことに（主君を）愛するあまりのことである。さきほどの木を植えておくことは放っておくようにせよと言っているのと同じであろう。草木のような取るに足りないものでも心して見れば、おのずと君臣の道義がある。周濂渓《れんけい》が窓の前にある草を愛で、陶淵明が一本松をいつくしむ心の慰みは、ともに理由のあることであるにちがいない。

　今、この木を移し植えて、ここで楽しもうとは言うものの、確かに盗んだ罪は多いようだ。どうしたものかと思って、元の持ち主の所へ出かけて、昨夜（木を）盗んだ者は（誰か）知っているかと言うと、（元の持ち主は）喜んで、誰だと尋ねるので、口を（相手の）耳に近づけて小声になりながら、この長嘯子だと言って、汗もびっしょり（かいて）両手をすり合わせて（謝罪して）言うには、天地万物はその作用は一つであり、自分の家も他人の家も同じ一つのものである。物は二つとない、そうであるから、聖人は一を貴ぶ。それゆえ（木を盗んだことを）許して、花が咲くような折は必ず訪ねてくださいよ、私はあなたのために（花見の）宴を設けようと言うと、老人のしかめた顔がほころびて、気分よく笑う。道理に負けたのだろうか、（それとも）酒に心をひかれたのだろうか、（自分の）思うやり方で（老人を）なだめすかして、

5、傍線Cの前段落の「公共圏は、……かたちをとることもある」「眼に見える具体的な公共圏」に合致する。
6、最終段落の「『公共心』……相互性のある態度を指すのにふさわしいかもしれない」に合致する。

(七) 「公共圏」について、「公共の関心事をめぐる情報・意見交換のネットワーク」（第二段落）、「生活のさまざまな場面で……公共圏は生まれる」（文中〔　〕の直後の第二十段落）などと説明される。ここから、公共の関心事をめぐる議論が交わされるというポイントが取り出せる。また共同体との違いから、「価値観を異にする人びと」（最後から二つ目の段落）の間で議論が交わされるという点もポイントにあげられる。

二

出典　木下長嘯子『挙白集』〈巻第六〉

解答

(一) a―3　b―4
(二) 5
(三) A―4　B―2
(四) 1
(五) 4
(六) 3・6
(七) 筆者が盗みの弁解のために、聖人の思想と宴の誘いを持ち出した。（三十字以内）

全訳

こっそりと、他所《よそ》の桜の木を移して、うちの庭に植えることがあります。力持ちが、夜中に山を背負って行くような気持ちがする。人が（物音を）聞きつけるだろうかと人目を忍んでいる様子はとても面白くて、業平朝臣が、女を盗んで逃げたところ、芥川のほとり（まで連れ出したという昔話）までつい想像される。美しいものを愛する心が並々でないとい第一の意味の例として挙げられた「公衆衛生」について「一部の人びとの……事態」という「公共性が欠けている」事例としている点が不適切。3は第三の意味にかかわる。空欄bの段落とその次の段落の内容に合致する。4も第三の意味にかかわる。「ニューヨーク公共図書館」は公立の図書館ではないから（空欄bの段落）、「正統な権限をもったアクターが設置した」が不適となる。5は第四の意味にかかわる。「誰の権利も制約してはならない」が、空欄bの四段落後の「市民一般にとっての福祉のために一部の権利を制約しうる規範」に矛盾する。

(五)　〔　〕の後の段落（第二十段落）以下、「政治的公共圏」について、「共通の関心事をめぐって……継続的に議論が交わされる」（第二十段落）、「意見と意見の交換を通じて形成される」（第二十一段落）などとあるように、そこでは考えや価値観の違いを前提として議論が交わされ合意形成が図られることが指摘される。またそのような合意形成に基づいて受容可能な公共的な制度が正当化されるとも言われる（傍線Cの次の段落）。これに対して「共同体」とは「何らかの価値観を共有することによって人びとが結びついている集団」（傍線Cの段落）であると定義される。以上の事情を説明したのは5である。1は「各人の価値観を尊重」「利他性によって正当化された」が不適。2は経済的利益の存否をあげており不適。3は規模の大小で説明しており不適。4は「特定の価値観が受容されている」が不適。右の説明に合致しない。

(六)　1、「かつてないラディカルな変化」が、「かつての出版メディアのそれに匹敵するようなラディカルな変化」（第二段落）に合わない。

2、「さらに強めるものとなった」が不適。第四段落に「デジタル化した公共圏はそのような出会いを促しているだろうか」と、否定的に述べている。

3、「その時々の社会において解決されるべきである」が不適。空欄aの次文の「公共的なものはそれ（＝「いま・ここ」）を超えた拡がりをもっている」に合致しない。

4、「公共圏という訳語は使うべきでない」が不適。筆者はこの語を積極的に用いている。

解説

(一) 空欄aの前後で、「間」は空間的な「間」だけではなく、過去・未来という時間的な「間」にも関わっているという趣旨のことが述べられる。「気候変動」はその時間的な「間」に関わる問題のわかりやすい例として示される。よって4の「典型的」が入ることになる。他の選択肢はいずれも文脈的に不適。空欄bの前後では、本来無料で利用できるはずの公園が、有料化されて自由な出入りができなくなる事態が発生していることが指摘される。この文脈ではやはり4の「実質的」以外、入りうる選択肢はない。

(二) 空欄の前で、公共圏は時間的にも空間的にも特定の圏域に閉じてはいないとはいえ、情報交換・意見交換の主題をめぐって「政治的公共圏」と「文芸的公共圏」を区別したり、対立する公共圏を認めたりすることは適切であると述べられる。ここから、公共圏が多元的であるという意味で、〝組織がしっかりとまとまっている〟ことをたとえた「一枚岩」が入ることがわかる。

(三) 第一〜第五段落で公共圏の変質が論じられる。すなわち出版メディアが作り出した公共圏から、デジタル・メディアが作り出した公共圏（第四段落「デジタル化した公共圏」）への変質である。この後者について、そこで出会うのは同じような考えの人びとだけであり、「内に閉じがちなコミュニケーションの空間」（第四段落）であると指摘される。第五段落にも「断片化して併存している」「準公共圏」とあり、傍線部はこれをいう。この事情を「同質の考え……併存している」と説明した2が正解となる。1・4・5は集団の同質化を説明していない。3は「『いま・ここ』を異にする」以下が不適。

(四) 傍線部直後からの九段落（〔　　〕の段落の二段落前まで）で「公共的」の四つの意味が説明される。すなわち「記述的」「規範的」「人びとのアクセスに対して開かれている」「公共的価値」の四つである。各選択肢はこのいずれかの意味についてまとめたもので、順にその適否を検討する。1は第二の意味にかかわる。「安全性の確保のために」が不適。傍線B三段落後の「治水による安全性の確保に変わった」に矛盾する。2は第一、第二の意味にかかわる。

国語

一

出典　齋藤純一「公共哲学は何を問うのか」〈第一節　公共圏の現代と課題　第二節　「公共的」は何を意味するか〉（齋藤純一・谷澤正嗣『公共哲学入門——自由と複数性のある社会のために』NHKブックス）

解答

(一)　4

(二)　1

(三)　2

(四)　3

(五)　5

(六)　5・6

(七)　価値観を異にする人びとが、公共の関心事について継続的に議論を交わすとき。（四十字以内）

要旨

公共圏とは公共の関心事をめぐる情報・意見交換のネットワークを指す。公共圏は時間的にも空間的にも特定の圏域に閉じてはいないが、どのような主題をめぐる情報交換・意見交換なのかに応じて、政治的公共圏と文芸的公共圏を区別することは適切である。このうち政治的公共圏は政治的な意見・意思形成にかかわる公共圏をいう。特定の価値観を共有することで成り立つ共同体とは異なり、公共圏においては人びとの価値観は多元的に分かれている。そのため強制力を備える公共的な制度は、価値観を異にする人びとが共に理解し、受容しうる理由によって正当化されなければならない。

////////////////////// · memo · //////////////////////

//////////////////// · memo · ////////////////////

/////////////////////// · memo · ///////////////////////

////////////////////// · memo · //////////////////////

2023年度

問題と解答

■学部個別日程（政策学部・文化情報学部〈文系型〉・スポーツ健康科学部〈文系型〉）

問題編

▶試験科目・配点

教科	科目	配点
外国語	コミュニケーション英語Ⅰ・Ⅱ・Ⅲ，英語表現Ⅰ・Ⅱ	200 点
選択	日本史Ｂ，世界史Ｂ，政治・経済，「数学Ⅰ・Ⅱ・Ａ・Ｂ」から１科目選択	150 点
国語	国語総合，現代文Ｂ，古典Ｂ	150 点

▶備　考

「数学Ｂ」は「数列」および「ベクトル」から出題する。

英語

（100分）

〔Ⅰ〕 次の文章を読んで設問に答えなさい。[＊印のついた語句は注を参照しなさい。]（70点）

Humans speak many languages, but we may be united in our confusion. A new study examined languages from around the world and discovered what they say could be a universal word: "Huh?"

Researchers traveled to cities and remote(a) villages on five continents, visiting native speakers of 10 very different languages. Their nearly 200 recordings of casual conversations revealed that there are versions of "Huh?" in every language they studied — and they sound remarkably(b) similar.

While it may seem like a throwaway word*, "Huh?" is the glue that holds a broken conversation together, the globe-trotting* team reported Friday in the journal *PLOS ONE**. The fact that it appears over and over reveals a remarkable case of "convergent evolution" in language, they added.

"Huh?" is a much-maligned* utterance in English. It's seen as a filler* word, little more than what's called a "conversational grunt," like mm-hmm. But it plays a crucial role in conversations, said Herbert Clark, a psychologist at Stanford University who studies language.

When one person misses a bit of information and the line of communication breaks, there needs to be a quick, easy and effective way to fix it, he said. "You can't have a conversation without the ability to make repairs," said Clark, who wasn't involved in the study. "It is a

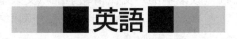

universal need, no matter what kind of conversation you have."

Without something like "Huh?" a conversation could be quickly and irreversibly (c) derailed at the slightest misunderstanding. That would be bad news for a highly social species that relies (X) good communication to survive. For this study, scientists from the Max Planck Institute for Psycholinguistics* in the Netherlands (d) set out to show that "Huh?" had earned the status of a full-fledged* word, though an admittedly odd one. They also wanted to see whether other languages had a similar word with a similar function.

The problem is that "Huh?" often seems like such an unimportant feature of language that it's not well documented, said Nick Enfield, a linguistic anthropologist* who worked on the study. The word doesn't (e) crop up much in linguistic literature because researchers who record speakers of remote languages often ignore such forgettable filler.

The scientists knew that to find out whether "Huh?" had (f) counterparts in other languages, they'd have to go looking themselves. So they headed to remote villages in Ecuador, Laos, Ghana and Australia and spent weeks (ア) getting acquainted with the locals. They felt they had to gain people's trust before they could record natural, casual conversations — and perhaps catch a few (g) instances of "Huh?" in its natural environment.

"The kind of conversations we collected were just the kind of conversations you and I would have at the breakfast table or in the evening when we're doing our handicrafts," Enfield said. The "Huh?" hunters also visited family homes in Italy, Russia and Taiwan as well as laboratories in Spain and the Netherlands. The languages studied were Cha'palaa, Dutch, Icelandic, Italian, Lao, Mandarin Chinese, Murriny Patha, Russian, Siwu and Spanish. (中略)

Across these languages, they found a remarkable similarity among the "Huhs?" All the words had a single syllable*, and they were typically limited to a low-front vowel*, something akin (Y) an "ah" or an "eh."

Sometimes this simple word started with a consonant*, as does the English "Huh?" or the Dutch "Heh?" (中略) Across all 10 languages, there were at least 64 simple consonants to choose from, but the word always started with an H or a glottal stop — the sound in the middle of the English "uh-oh."

Every version of "Huh?" was clearly a word because it passed two key(h) tests, the scientists said: Each "Huh?" had to be learned by speakers, and each version always followed the rules of its language. For example, English speakers ask questions with rising tones, so when they say "Huh?" their voices rise. Icelandic speakers' voices fall when they ask a question, and sure enough, the tone goes down as they ask, "Ha?" (中略)

"It's amazing," said Tanya Stivers, a sociologist at UCLA* who was not involved in the study. "You do see that it's slightly(i) different and that it seems to adapt to the specific language. I think that's fascinating." After all, Stivers pointed out, words with the same meaning sound very different in different languages: "Apple" in English is "manzana" in Spanish, "ringo" in Japanese and "saib" in Urdu. Why wouldn't "Huh?" also sound completely different across unrelated languages, they wrote — say, "bi" or "rororo"?

The Dutch researchers think it's because the word developed in a specific environment for a specific need — quickly trying to fix a broken conversation by getting the speaker to fill in the listener's blank(イ). A low-front vowel in the "ah" or "eh" families involves minimal effort, compared (Z) a high vowel like "ee" or a lip-rounder like "oo." The same can be said for a glottal stop or a "h" — hardly any mouth movement is needed to make those sounds. This (あ)(い) to very quickly signal (う) they missed a bit of information, and (え) it again. (中略)

The linguists borrowed a term from biology to describe this phenomenon: "convergent evolution." Just as sharks and dolphins developed the same body plan to thrive(j) in the water even though they're from very different lineages*, all languages have developed a "Huh?" because it's so useful for solving a particular problem, researchers said.

"'Huh?' has almost certainly been independently invented many, many, times," said Mark Pagel, who studies language evolution at the University of Reading in England and was not involved in the *PLOS ONE* study. "And that is why it appears universal."

(By Amina Khan, writing for *Los Angeles Times*, November 9, 2013)

［注］ throwaway word　なにげなく発される言葉

globe-trotting　世界中をまわった

PLOS ONE　『プロス・ワン』(科学分野の学術雑誌)

much-maligned　悪評ばかりの

filler　会話の隙間を埋める「あー」「ええと」などのつなぎの言葉

Max Planck Institute for Psycholinguistics　マックス・プランク心理言語学研究所

full-fledged　成熟した

linguistic anthropologist　言語人類学者

syllable　音節 (言語における音のかたまり)

low-front vowel　前舌低母音 (母音の一種)

consonant　子音

UCLA　カリフォルニア大学ロサンゼルス校

lineages　系統

I－A　空所(X)～(Z)に入るもっとも適切なものを次の１～４の中からそれぞれ一つ選び、その番号を解答欄に記入しなさい。

(X)　1 as　　2 in　　3 on　　4 up

(Y)　1 at　　2 by　　3 on　　4 to

(Z)　1 for　　2 in　　3 upon　　4 with

I－B　下線部 (a)～(j) の意味・内容にもっとも近いものを次の１～４の中からそれぞ

れ一つ選び、その番号を解答欄に記入しなさい。

(a) remote

1 agricultural　　2 distant

3 empty　　4 small

(b) remarkably

1 notably　　2 occasionally

3 partially　　4 tentatively

(c) derailed

1 broken　　2 deepening　　3 encouraged　　4 proceeding

(d) set out

1 declined　　2 determined　　3 established　　4 stood

(e) crop up

1 appear　　2 climb　　3 disappear　　4 lift

(f) counterparts

1 accents　　2 corrections

3 equivalents　　4 voices

(g) instances

1 cases　　2 instructions

3 mispronunciations　　4 replacements

(h) key

1 easy　　2 entrance　　3 essential　　4 exact

(i) slightly

1 a little　　2 a lot　　3 completely　　4 regularly

(j) thrive

1 dive　　2 flourish　　3 shrink　　4 swim

I－C　波線部 (ア)と(イ) の意味・内容をもっとも的確に示すものを次の1～4の中からそれぞれ一つ選び、その番号を解答欄に記入しなさい。

(ア) getting acquainted with the locals

1 acquiring the local languages

2 becoming familiar with the local people

3 exploring the local areas

4 studying the local cultures

(イ) to fill in the listener's blank

1 to explain things more clearly to the listener

2 to introduce the listener to a new topic

3 to recognize that the listener is not paying attention

4 to show that the listener is involved in the conversation

I－D 二重下線部の空所(あ)～(え)に次の1～7の中から選んだ語を入れて文を完成させたとき、(あ)と(い)と(え)に入る語の番号を解答欄に記入しなさい。同じ語を二度使ってはいけません。選択肢の中には使われないものが三つ含まれています。

This (あ)(い) to very quickly signal (う) they missed a bit of information, and (え) it again.

1 allows 2 listener 3 lost 4 request

5 speakers 6 that 7 which

I－E 本文の意味・内容に合致するものを次の1～8の中から三つ選び、その番号を解答欄に記入しなさい。

1 Although humans speak many languages, they may all use a version of "Huh?" in a similar way.

2 According to Herbert Clark, a psychologist at Stanford University, the word "Huh?" is less important than "mm-hmm" in English.

3 The scientists from the Max Planck Institute for Psycholinguistics wanted to know whether other languages had similar words to "Huh?" to fix communication breakdowns.

4 Nick Enfield was impressed by the way conversations the researchers collected were so different from the researchers' own daily conversations.

5 The researchers found that from the 64 simple consonants in the 10

languages they studied, every word with a similar sound to “Huh?” had a remarkable difference in meaning.

6　“Huh?” had to be learned in every culture, but the researchers found that it did not always follow the rules of the local language.

7　Tanya Stivers observed that words with the same meaning often sound surprisingly similar across different languages.

8　In this article, the term “convergent evolution” refers to the process in which a word like “Huh?” emerges independently in different languages to solve a similar problem.

〔Ⅱ〕　次の文章を読んで設問に答えなさい。[＊印のついた語句は注を参照しなさい。](80点)

Many studies have shown that when people read on-screen, they don’t understand what they’ve read as well as when they read in print. Even worse, many don’t realize they’re not getting it. For example, researchers in Spain and Israel took a close look at (a) 54 studies comparing digital and print reading. Their 2018 study involved more than 171,000 readers. Comprehension, they found, was better overall when people read print rather than digital texts. The researchers shared the results in *Educational Research Review**.

Patricia Alexander is a psychologist at the University of Maryland in College Park. She studies how we learn. Much of her research has delved into (b) the differences between reading in print and on-screen. Alexander says students often think they learn more from reading online. When tested, though, it turns out that they actually learned less than when reading in print.

Reading is reading, right? Not exactly. Maryanne Wolf works at the University of California, Los Angeles. This neuroscientist* specializes

(W) how the brain reads. Reading is not natural, she explains. We learn to talk by listening to those around us. It's pretty automatic. But learning to read takes real work. Wolf notes(c) it's because the brain has no special network of cells just for reading.

To understand text, the brain borrows networks that evolved to do other things. For example, the part that evolved to recognize faces is (d)called into action to recognize letters. This is similar to how you might adapt a tool for some new use. For example, a coat hanger is great for putting your clothes in the closet. But if a blueberry rolls under the refrigerator, you might straighten out the coat hanger and use it to reach under the fridge* and pull out the fruit. You've taken a tool made for one thing and adapted it for something new. That's what the brain does when you read.

It's great that the brain is so flexible. It's one reason we can learn to do so many new things. But that flexibility can be a problem (X) it comes to reading different types of texts. When we read online, the brain creates a different set of connections between cells from the ones it uses for reading in print. It basically adapts the same tool again for the new task. This is like if you took a coat hanger and instead of straightening it out to fetch(e) a blueberry, you twisted it into a hook to unclog a drain*. Same original tool, two very different forms.

As a result, the brain might slip into skim mode(ア) when you're reading on a screen. It may switch to deep-reading mode when you turn (Y) print. That doesn't just depend on the device, however. It also depends on what you assume about the text. Naomi Baron calls this your mindset*. Baron is a scientist who studies language and reading. She works at American University in Washington, D.C. Baron is the author of *How We Read Now*, a new book about digital reading and learning. She says one way mindset (あ) is (い) anticipating (う) easy or hard we (え) the reading to be. If we think it will be easy, we might not put in much effort.

Much of what we read on-screen tends to be text messages and social-media posts. They're usually easy to understand. So, "when people read on-screen, they read faster," says Alexander at the University of Maryland. "Their eyes scan the pages and the words faster than if they're reading on a piece of paper."

But when reading fast, we may not (f)absorb all the ideas as well. That fast skimming, she says, can become a habit associated with reading on-screen. Imagine that you turn on your phone to read an assignment for school. Your brain might (g)fire up the networks it uses for skimming quickly through TikTok* posts. That's not helpful if you're trying to understand the (h)themes in that classic book, *To Kill a Mockingbird*. (イ)It also won't get you far if you're preparing for a test on the periodic table*.

Speed isn't the only problem with reading on screens. There's scrolling, too. When reading a printed page or even a whole book, you tend to know where you are. Not just where you are on some particular page, but which page — (ウ)potentially out of many. You might, for instance, remember that the part in the story where the dog died was near the top of the page on the left side. You don't have that sense of place when some (i)enormously long page just scrolls past you. (中略)

Mary Helen Immordino-Yang is a neuroscientist at the University of Southern California in Los Angeles. She studies how we read. When your mind has to keep up (Z) scrolling down a page, she says, it doesn't have a lot of resources left for understanding what you're reading. This can be especially true if the passage you're reading is long or complicated. While scrolling down a page, your brain has to continually account for the placement of words in your view. And this can make it harder for you to simultaneously understand the ideas those words should convey.

(By Avery Elizabeth Hurt, writing for *Science News Explores*, October 18, 2021)

［注］ *Educational Research Review* 『教育研究レビュー』(教育学分野の学術雑誌)
neuroscientist　脳神経科学者
fridge　(refrigerator の略)
unclog a drain　排水管の詰まりを取り除く
mindset　思考態度
TikTok　(動画に特化したソーシャルネットワーキングサービス)
the periodic table　化学元素の周期表

Ⅱ－A　空所(W)～(Z)に入るもっとも適切なものを次の1～4の中からそれぞれ一つ選び、その番号を解答欄に記入しなさい。

(W)　1 for　2 in　3 on　4 up
(X)　1 what　2 when　3 which　4 why
(Y)　1 above　2 to　3 under　4 up
(Z)　1 as　2 at　3 of　4 with

Ⅱ－B　下線部 (a)～(i) の意味・内容にもっとも近いものを次の1～4の中からそれぞれ一つ選び、その番号を解答欄に記入しなさい。

(a) took a close look at
1 conducted　2 dismissed　3 examined　4 summarized

(b) delved into
1 claimed　2 expanded　3 invested　4 investigated

(c) notes
1 complains　2 denies　3 points out　4 questions if

(d) called into action
1 deleted　2 employed　3 held　4 seen

(e) fetch
1 buy　2 eat　3 retrieve　4 roll

(f) absorb
1 agree with　2 take in　3 use up　4 write down

(g) fire up

1　activate　　2　repair　　3　take away　　4　turn off

(h)　themes

1　characters　　2　ideas　　3　schemes　　4　worlds

(i)　enormously

1　expectedly　　2　immensely　　3　relatively　　4　surprisingly

Ⅱ－C　波線部(ア)〜(ウ)の意味・内容をもっとも的確に示すものを次の１〜４の中からそれぞれ一つ選び、その番号を解答欄に記入しなさい。

(ア)　slip into skim mode

1　be distracted by the glare from the screen

2　be relaxed and simply glance through the text

3　find it impossible to read at a consistent speed

4　lose its place and need to start again

(イ)　It also won't get you far

1　It prevents you from missing important points

2　It prevents you from taking any shortcut

3　It will help you very much

4　It will only give you limited assistance

(ウ)　potentially out of many

1　maybe both the page and the book

2　possibly one page in a thick book

3　probably popular with other readers

4　very likely a page with many words

Ⅱ－D　二重下線部の空所(あ)〜(え)に次の１〜７の中から選んだ語を入れて文を完成させたとき、(あ)と(い)と(え)に入る語の番号を解答欄に記入しなさい。同じ語を二度使ってはいけません。選択肢の中には使われないものが三つ含まれています。

She says one way mindset（　あ　）is（　い　）anticipating（　う　）easy or hard we（　え　）the reading to be.

1　expect　　2　how　　3　in　　4　that

5　to　　　　6　what　　　　7　works

Ⅱ－E　本文の意味・内容に合致するものを次の1～6の中から二つ選び、その番号を解答欄に記入しなさい。

1　Based on the study of more than 171,000 readers, researchers in Spain and Israel found that people comprehend the texts better when reading in print rather than on-screen.

2　The psychologist Patricia Alexander stated that students often think they learn less from reading texts on screen but that they actually learn more than when reading them in print.

3　The neuroscientist Maryanne Wolf explains that we naturally learn to read by listening to people around us talking.

4　Online reading and reading printed texts use the same set of connections between brain cells.

5　According to Patricia Alexander, people who read on-screen usually read faster because they have to deal with longer texts.

6　According to Mary Helen Immordino-Yang, we have few resources available to comprehend a text when we are scrolling down a screen to read.

Ⅱ－F　本文中の太い下線部を日本語に訳しなさい。(thisの内容を明らかにせずに「これ」と訳しなさい。)

And this can make it harder for you to simultaneously understand the ideas those words should convey.

〔Ⅲ〕　次の会話を読んで設問に答えなさい。(50点)

(*Alan is running round the park; he meets his old sports teacher from high school, Mr. Baxter.*)

Mr. Baxter: Good morning, Alan! I'm pleased to see you're still keeping fit. It's a nice sunny day for it, too.

Alan: Hello Mr. Baxter! Wow, seeing you here reminds me of all the school runs we used to do.

Mr. Baxter: Yes, goodness me, I must have led thousands of school kids round this park. I believe you were one of the few who actually enjoyed it. ____(a)____

Alan: Well, I always loved it when the weather was nice. ____(b)____ And do you remember that time we did it when it was all icy? Jenkins fell over and broke his nose.

Mr. Baxter: Oh yes! Who could forget poor Jenkins and his unfortunate accidents? ____(c)____ How is university life? Are you still doing your judo?

Alan: University is great! ____(d)____ But I'm not doing judo any more. There isn't a judo club at university.

Mr. Baxter: Oh, that's a shame. Are you doing anything else instead? Any other sport?

Alan: Yes, I am. A friend persuaded me to start boxing, so I'm now a member of the university boxing club. ____(e)____ And each time it's a two- or three-hour session. Honestly, it takes up more of my time than studying does!

Mr. Baxter: Ah, good old boxing, hey! I used to do some boxing when I was a teenager. It was the only combat sport that anyone was teaching in my little town. I always loved it.

Alan: Yes, I love it too, though the training is really tough. It's actually the reason why I'm running here today. The coach wants us to run at least 30 km a week during the summer break.

Mr. Baxter: 30 km a week? That's not much for an athletic person like you, is it?

Alan: Well yes, but that's just the running. We're also supposed to do weight-lifting three times a week. ＿＿＿(f)＿＿＿ I feel sore all the time!

Mr. Baxter: Well, I'd enjoy all that if I was younger. ［年をとればとるほど動機を見つけるのが難しくなるから、若いうちに頑張らないといけません。］ And of course when you're young, and you get injured, you usually recover so fast. I miss that at my advanced age! Anyway, Alan, don't let me keep you here any longer. ＿＿＿(g)＿＿＿

Alan: Yes, I suppose I better. I've promised myself that I'll go round another three times. ＿＿＿(h)＿＿＿ It's been really good to see you again, Mr. Baxter.

Mr. Baxter: It's lovely to see you too, Alan. I do hope university keeps going well — and of course the boxing!

Ⅲ－A 空所 (a)〜(h) に入るもっとも適切なものを次の1〜10の中からそれぞれ一つ選び、その番号を解答欄に記入しなさい。同じ選択肢を二度使ってはいけません。選択肢の中には使われないものが二つ含まれています。

1 And we do that in pairs.

2 At least it always looked that way.

3 But tell me about you.

4 I can't say it was so great in the rain.

5 I've just finished the second year, would you believe.

6 I won my first fight.

7 It sounds like really hard work.

8 Maybe one or two extra laps if I've got any energy left.

9 We train three or four times a week, including Sundays.

10 You need to get on with your run.

Ⅲ－B 本文中の［　　　］内の日本語を英語で表現しなさい。

年をとればとるほど動機を見つけるのが難しくなるから、若いうちに頑張らないといけません。

日本史

（75 分）

〔Ⅰ〕　次の①～⑤の文章を読んで、下記の【設問ア】～【設問テ】に答えよ。なお同一記号の空欄には同一の語句が入る。　(45点)

①　沖縄県石垣島の（　ア　）遺跡では、旧石器時代遺跡としては世界的にもまれな多数の人骨が出土し、そのうちおよそ24000年前とされる人骨も最近確認された。一説には、この遺跡を墓地（崖葬墓）と想定する研究結果もある。また、同じ旧石器時代遺跡では、北海道の美利河遺跡のように死者を埋葬する風習イもあったことが知られている。

②　縄文時代に入ると、墓はその形や様相で、被葬者の社会での役割や位置づけを示すウようになると考えられている。縄文時代前期までは、単に土坑に身体を縮めた形で埋葬される遺体エが多く確認できるが、中期以降では、廃屋墓のような共同墓地的な性格を持つ場合オや、その中でも副葬品カなどで他の被葬者と異なる社会的位置づけを示す場合などの事例も確認されるようになる。

③　弥生時代の政治は、農耕儀礼などと関連してマツリゴトとしての側面が強く表れるようになる。奈良県の（　キ　）遺跡は、出土した土器に楼閣が描かれており、その集落自体も巨大な環濠集落クであった。こうした拠点的集落は周囲の集落よりも社会的立場や重要性も高かったと推察されている。この時代、耕地や水の確保、余剰生産物ケの争奪を巡る争いも起きるようになり、そうした争いやマツリゴトを通じて各集落は地域連合などを形成コしていった。

④　ヤマト政権の存続は、3世紀頃から律令国家成立頃までの期間とされ、考古学ではおおむね古墳時代に該当する。古墳はその大きさや形に一定の秩序や制度的な取り決めが反映されているとされる。墳墓での葬送のマツリサと日常のマツリゴトの関係が可視化され、ヤマト政権の力が全国的に拡張されていった。巨大な前方後円墳シの出現や、全国に広がる相似形の墳丘や類似する葬送、副葬品の存在は、地域の擬制的な同祖・同族の関係を越えス、全国的な政治権力の確

立を物語っているとされる。

⑤　ヤマト政権では、地方の豪族をヤマトの大王の支配体制下に組み入れるため氏姓制度が採られたとされる。豪族には、蘇我・葛城のような居住域名による氏や、大伴・物部のような職名による氏があった。（　セ　）は氏人を束ね、部民や土地を支配し、姓ソが与えられた。また、これとは別にヤマト政権は地方支配のため地方の豪族を（　タ　）に任じた。政権の直轄領や九州北部の要衝支配のためには地方官である（　チ　）を任じ、他に稲置なども設置して地方支配をすすめた。これらの制度の実態については、松江市の（　ツ　）で発見された大刀銘に『額田部臣』とあり、臣が姓、額田部が名代の一つであったことからヤマト政権の地方支配は少なくとも6世紀には確立できていたテと考えられている。

【設問ア】空欄（　ア　）に入る遺跡名の番号を、解答欄Ｉ－Ｂに記入せよ。

1．山下町洞穴　　2．白保竿根田原洞穴

3．港川フィッシャー　　4．早水台

【設問イ】下線部イの内容に該当する、美利河遺跡の状況を説明した内容の番号を、解答欄Ｉ－Ｂに記入せよ。

1．琥珀玉を副葬し、赤色顔料を撒いた。

2．石棒や石偶などを配列した。

3．文様をつけた垂れ飾りを副葬した。

4．サメの歯のペンダントを副葬した。

【設問ウ】下線部ウについて、縄文時代中期以降の土壙墓などで確認される抜歯や歯の加工例は、その社会における特別な地位を示すと考えられている。これらのうち、呪術者や特別な地位や役割であった者になされたと考えられている、歯を三つ叉に削る加工の名称を、解答欄Ｉ－Ａに漢字4字で記せ。

【設問エ】下線部エの埋葬方法の名称を、解答欄Ｉ－Ａに漢字で記せ。

【設問オ】下線部オについて、この時代の共同的生活を示す集落形態の番号を、解答欄Ｉ－Ｂに記入せよ。

1．岩　陰　　2．環　状　　3．高地性　　4．集　石

【設問カ】下線部カに該当しない資料の番号を、解答欄Ｉ－Ｂに記入せよ。

1．ガラス璧　2．耳飾り　3．貝　輪　4．勾　玉

【設問キ】空欄（　キ　）に入る遺跡名の番号を、解答欄Ⅰ－Bに記入せよ。

1．纒　向　2．唐古・鍵　3．吉野ヶ里　4．池上曽根

【設問ク】下線部クに該当しない遺跡名の番号を、解答欄Ⅰ－Bに記入せよ。

1．登呂遺跡　2．朝日遺跡　3．大塚遺跡　4．加茂遺跡

【設問ケ】下線部ケは、農耕を機軸とした生業活動の結果生み出される産物の総称である。これらを共同で管理・保管したと考えられている建物の名称を解答欄Ⅰ－Aに漢字で記せ。

【設問コ】下線部コの説明で、内容に該当する番号を、解答欄Ⅰ－Bに記入せよ。

1．同じ鋳型で作った同笵鏡を必ず所持する首長－集落間関係のこと。

2．中国の皇帝や帝国と冊封で外交関係を有する地域のこと。

3．一大率と呼ばれる常備軍を地域が連携して管理しクニをおさめること。

4．統一的な国家が形成される以前の地域的な小集団や小国のこと。

【設問サ】下線部サについて、墳丘に並べられた古墳時代のマツリに関わると考えられる資料の番号を、解答欄Ⅰ－Bに記入せよ。

1．礎　石　2．器財埴輪　3．青銅製祭器　4．三角縁神獣鏡

【設問シ】下線部シのうち、大仙陵古墳やミサンザイ古墳などが分布する古墳群の名称を、解答欄Ⅰ－Aに漢字6文字で記せ。

【設問ス】下線部スを示す例として、5世紀前半に築造され、畿内の大型前方後円墳との関わりも考えられる岡山県の古墳がある。この古墳は全国で4番目の墳丘規模であり、墳丘斜面には葺石と埴輪が認められる。この古墳の名称を解答欄Ⅰ－Aに漢字で記せ。

【設問セ】空欄（　セ　）に入る名称を、解答欄Ⅰ－Aに漢字で記せ。

【設問ソ】下線部ソのうち、大王家から分かれた氏や、筑紫・毛野など地方有力豪族に与えられた姓の番号を、解答欄Ⅰ－Bに記入せよ。

1．連　2．首　3．直　4．君

【設問タ】空欄（　タ　）に入る名称を、解答欄Ⅰ－Aに漢字で記せ。

【設問チ】空欄（　チ　）に入る名称の番号を、解答欄Ⅰ－Bに記入せよ。

1．品　部　2．上　卿　3．舎　人　4．県　主

【設問ツ】空欄（　ツ　）に入る遺跡名の番号を、解答欄Ⅰ－Bに記入せよ。

1．野口王墓古墳　　　　　　2．加茂岩倉遺跡

3．黒塚古墳　　　　　　　　4．岡田山１号墳

【設問テ】下線部テの時期の説明で、内容に該当する番号を、解答欄Ⅰ－Bに記入せよ。

1．景行天皇の命により日本武尊が熊襲・出雲・蝦夷を征討した。

2．仏教が伝来するなど、アジア情勢の影響をヤマト政権もうけた。

3．憲法十七条が制定され、豪族の天皇への服従や官人の道徳などが示された。

4．崇神天皇が即位し、全国制覇のため四道将軍を各地に派遣した。

〔Ⅱ〕　次の（1）と（2）の文章を読んで、空欄（　ア　）～（　ケ　）に入る適切な語句を［語群］から選び、その番号を解答欄Ⅱ－Bに記入せよ。また、【設問a】～【設問i】の解答を解答欄Ⅱ－Aに記せ。なお、同一記号の空欄には同一の語句が入る。　　(45点)

（1）　4世紀以降、朝鮮半島では国家間の対立が続いていた。中国で（　ア　）侵略の失敗などが原因で隋が滅び、618年に唐が建国する$_{a}$と、それがきっかけとなり紛争が激化する。唐に依存して国力の劣勢を挽回しようとした（　イ　）は、660年に唐との連合軍により（　ウ　）を攻め、（　ウ　）の王は唐の捕虜となった。（　ウ　）の遺臣たちから救援軍派遣の要請を受けた日本は、復興を支援するため、大軍を派遣した$_{b}$が、663年に唐・（　イ　）連合軍に大敗した$_{c}$。これにより、日本の対朝鮮外交は一旦終止符が打たれることになる。（　ウ　）から日本に亡命した王族や貴族たちは、すぐれた技術や学問をもたらし、その指導のもと、北九州から瀬戸内海沿岸にかけて朝鮮式山城などが築かれ、唐の侵攻に備えた。

続く668年には、唐・（　イ　）連合軍により（　ア　）も滅ぼされる。やがて、（　イ　）は唐を追い出して朝鮮半島の支配権を確立し、676年に半島を統一した。（　イ　）と日本との間では、多くの使節が往来したが、8世

紀末になるとまばらになり、その一方で民間の商人たちの往来が活発化していった。また、713年に中国東北部に建国した渤海と日本との間にも、使節の往来が行われ、友好的な外交関係が保たれた$_{d}$。755年、唐で反乱がおこり、混乱が広がると、その情報を渤海から得た藤原仲麻呂$_{e}$は（　イ　）への侵攻を計画したが、実現しなかった。

やがて10世紀初めに（　エ　）がおこり、（　イ　）を滅ぼして半島を統一した。（　エ　）と日本とは正式な国交はなかったが、刀伊と呼ばれる沿海州地方の（　オ　）族が1019年に九州北部を襲った際に略奪した日本人捕虜を、（　エ　）が奪還して送り返すなどの交流があり、民間交易も頻繁に行われた。

その後、（　エ　）の武将で、北方の（　オ　）族や南方の倭寇などの討伐で武功をあげた（　カ　）がクーデターで実権を握り、1392年に朝鮮（李朝）を建国した。

（2）　倭寇とは、13世紀から16世紀にかけて、朝鮮半島、中国大陸沿岸で略奪行為をした海賊集団をいう。（　エ　）は倭寇の制止を日本に求めたが、続く朝鮮も倭寇のとりしまりを日本に要請し、それを機に国交が樹立され、経済・文化面での交流がさかんになった。貿易に着目すると、朝鮮からの主な輸入品は織物類で、とくに当時日本で生産されていなかった（　キ　）が大量に輸入され、急速に普及した。文化面では、（　エ　）が再刻した版木により印刷された（　f　）や、仏像・仏画などがもたらされた。日本からは、銅や硫黄などの鉱産物や、扇などの工芸品のほか、南海の特産物である香木や蘇木などが輸出された$_{g}$。

1419年、朝鮮は倭寇の根拠地とみなした対馬に対し、掃討を目的として大軍で襲った。この事件を「（　h　）」という。これにより日朝間の貿易は一時中断したものの、数年後の修好の復旧にともない再開された。朝鮮は、対馬島主で守護の宗氏が発行した渡航認可証である（　ク　）を持つ船だけに交易を認め、1443年に宗氏との間に癸亥約条を結んで貿易の統制を行った。また、貿易港は朝鮮南部の3港のみに限定され$_{i}$、それらの港と首都漢城に、使節の接待と貿易のための（　ケ　）がおかれた。貿易港に住む日本人には種々の特権が与えられていたが、次第に縮小されていったため、その運用をめぐって1510年に暴動をおこし、朝鮮の役人に鎮圧された。日朝貿易はこのあと徐々に衰退することになる。

【設問a】下線部aに関連して、614年に最後の遣隋使として隋に渡った人物は、630年には第1回の遣唐使として薬師恵日らと再び海を渡り、632年に唐の送使の高表仁らをともなって帰国した。この人物名を漢字で記せ。

【設問b】下線部bに関連して、母である斉明天皇とともに筑紫に出征し、戦争の指揮をとった人物はその後、667年に都を大和の飛鳥から近江の大津に移し、翌年その地で正式に天皇に即位した。即位前のこの人物の名を漢字で記せ。

【設問c】下線部cの戦いでは、両陣営の水軍が、ある河川の河口で船上戦を展開したが、その様子は『日本書紀』にも記されている。『日本書紀』にみえる、その河川の名称を漢字3字で記せ。

【設問d】下線部dに関連して、渤海の都城の遺跡からは、日本の銭貨がみつかっている。この銭貨は、唐の開元通宝にならったもので、708年に初めて鋳造された。この銭貨の名称を漢字4字で記せ。

【設問e】下線部eの藤原仲麻呂の政権のもとで冷遇されたある人物は、かつて藤原広嗣とも対立したが、藤原仲麻呂が764年におこした乱の平定に尽力し、766年には右大臣に昇った。逸話が多く、のちに絵巻物の主人公にもなったこの人物名を漢字で記せ。

【設問f】空欄（　f　）は、仏教経典を網羅的に総集したものである。11世紀に完成したその版木がモンゴル軍による兵火ですべて焼失したため、13世紀中ごろに再び版木がつくられた。それらは現在でも慶尚南道の海印寺に保存されている。空欄（　f　）に入る適切な語句を漢字3字で記せ。

【設問g】下線部gにみえる蘇木は、ある地域の商船による中継貿易で日本にもたらされ、それがさらに朝鮮へ運ばれた。この地域では、1429年から1879年にかけて王国が成立したが、その国名を漢字で記せ。

【設問h】空欄（　h　）に入る適切な語句を記せ。

【設問i】下線部iの3か所の貿易港では、日本人の居留・交易が認められた。

これらの貿易港をまとめて何と呼ぶか。漢字で記せ。

[語群]

1. 生　糸	2. 任　那	3. 倭　館
4. 弁　韓	5. 木　綿	6. 楽浪郡
7. 文　引	8. 匈　奴	9. 李承晩
10. 迎賓館	11. 高　麗	12. 勘　合
13. 馬　韓	14. 李鴻章	15. 女　真
16. 藍	17. 通信符	18. 辰　韓
19. 高句麗	20. 契　丹	21. 和人地
22. 李退渓	23. 百　済	24. 蚕卵紙
25. 鴻臚館	26. 靺　鞨	27. 新　羅
28. 加　耶	29. 李成桂	30. 図　書

〔Ⅲ〕　次の（1）（2）（3）（4）の史料や文章は、近世及び近現代の日本における経済や社会の動きについて述べたものである。これらを読んで、以下の【設問1】～【設問22】に答えよ。なお、史料・文献の引用にあたり、一部あらためたところがある。　(60点)

（1）　凡《およそ》木をうゆる所は深山幽谷の土地厚く深く、尤《もっとも》肥へたるをよしとす。高き岡は是に次げり。若くは平地にても其土地に宜しき木をはかりて栽ゆべし。古より唐の書には十年のはかり事は樹をうゆるにありと云へり。又木を栽ゆる者は用を十年の後に期《ま》つとて、うへて十年ばかりもすれば必ず用に立つものなりと見えたり。本朝にても杉、〔　a　〕、松、桐、$\underset{b}{\underline{\text{橿}}}$、其外ふとりやすき木を肥地に植ゆれば、十年の内外にて必ず小材とはなると見えたり。薪にする雑木は四五年を過ぎずして用に立つものなり。或は桑、漆、茶、〔　c　〕の四木、又柿、梨、桃、栗などの菓樹は子をうへ、或は接木にして二三年を過ぎずして実を結ぶ物なり。凡有用の材木、菓実の樹木に至るまで、よく其地味をしらずしては心力を尽して植ゆるといへども益なし。委しく各其木の条下に記す。

【設問１】この史料は宮崎安貞が17世紀末頃に著した書物の一部である。この書物の名称を漢字４字で解答欄Ⅲ－Ａに記せ。

【設問２】近世にはこの史料の書物以外にも、多くの農書がまとめられた。次の書物のうち、農書にあてはまらないものを下から選んで、その記号を解答欄Ⅲ－Ｂに記入せよ。

１．広益国産考　２．自然真営道　３．耕稼春秋　４．老農夜話

【設問３】この史料の時代に多くの農書が編まれる理由としては、さまざまな技術や農具が広まり、農業の生産性があがったことがあげられる。中世から近世前期にかけて用いられた中国伝来の揚水機の名称を解答欄Ⅲ－Ａに漢字３字で記せ。この道具は破損が多かったため、近世後期には用いられなくなった。

【設問４】空欄〔　ａ　〕には、本州、四国、九州に広く分布し、とくに木曽地域を領地とする尾張藩の重要な財源ともなった樹木の名称が入る。この樹木の名称を解答欄Ⅲ－Ａに漢字１字で記せ。

【設問５】下線部ｂは、高品質の炭の原料となることで知られている。紀伊を主産地とする高品質の炭を何というか。その名称を解答欄Ⅲ－Ａに漢字で記せ。

【設問６】この史料の時期に商品作物として奨励されるようになった四木（四種の樹木）のひとつにあげられる〔　ｃ　〕は、クワ科の落葉樹で、樹皮を加工すると、その繊維が和紙の原料となることで知られる。この樹木の名称を解答欄Ⅲ－Ａに漢字１字で記せ。

【設問７】四木と並んで商品作物として奨励された植物に三草がある。三草は、書物によって諸説あるが、三草としてふさわしくないものを下の語句から選び、その記号を解答欄Ⅲ－Ｂに記入せよ。

１．紅　花　２．麻　３．藍　４．蜜　柑

（2）いにしへは百姓より町人は下座《げざ》なりといへども、いつ比よりか天下金銀づかひとなりて、天下の金銀財宝みな町人の方に主《つかさ》どれる事にて、貴人の御前へも召出さるる事もあれば、いつとなく其品百姓の上にあるに似たり。況や百年以来は、天下静謐の御代なる故、儒者・医者・歌道者・茶湯風流の諸芸
d

者、多くは町人の中より出来ることになりぬ。水は万物の下にありて万物をうるほし養へり。

【設問8】この史料は18世紀前半にまとめられた「町人嚢」の一節であるが、これを記した人物は『華夷通商考』の著者としても知られている。その人物名としてふさわしいものを下から選んで、その記号を解答欄Ⅲ－Bに記入せよ。

1．石田梅岩　　2．新井白石　　3．林子平　　4．西川如見

【設問9】下線部dに関連して、この時代に活躍した学者の中には、町人や農民出身の者もいた。松永貞徳に俳諧を学び、『源氏物語』や『伊勢物語』の注釈書を著した人物もその一人である。幕府の歌学方にも登用され、松尾芭蕉の師としても知られるこの人物名を解答欄Ⅲ－Aに漢字で記せ。

【設問10】下線部dに関連して、囲碁の家元の家に生まれ、数学や天文学を学んだ人物に、渋川春海がいる。渋川が天体観測の末に完成させた暦を何というか。その名称としてふさわしいものを下の語句から選んで、その記号を解答欄Ⅲ－Bに記入せよ。

1．授時暦　　2．宣明暦　　3．貞享暦　　4．太陽暦

【設問11】下線部dに関連して、少し時代は下がるが、後藤艮山から古医方を学び、刑死人の解剖結果をもとに『蔵志』を著したことで知られる医者を何というか。その人物名を解答欄Ⅲ－Aに漢字4字で記せ。

【設問12】下線部dに関連して、町人を中心とする新しい学問への欲求は、オランダからもたらされる西洋の学問に対する関心も高めた。18世紀に活躍した平賀源内は、さまざまな発明をおこない、洋画や浄瑠璃の作者としても知られた。源内が製作した静電気発生装置の名称を解答欄Ⅲ－Aにカタカナで記せ。

（3）　鉱毒の害悪はただ禾穀《かこく》を枯らし、魚族を斃すに止まらず、人体にもまた危害あることは、既に学者の証明する所、また議会に於てしばしば痛論する者あり、彼の鉱毒地(e)を巡視する人、誰かその惨に驚かざる者あらんや、明治三十年松隈内閣(f)の時に当りて、鉱毒予防工事(g)を行ふあり、世人皆この工事に依てその鉱毒を予防し得べしと思へるも、惜しいかなその事実に於てはこの予防工事が、頗る姑息にして鉱毒の根源を絶滅すべき効果を奏せざるを如何せん

【設問13】この史料は、生涯をかけて鉱毒問題に取り組んだ人物が1901年に『警世』という雑誌に寄稿したものである。この年に衆議院議員を辞し、天皇への直訴をおこなった人物を何というか。この人物名を解答欄Ⅲ－Aに漢字4字で記せ。

【設問14】下線部eは、この史料で問題となっている鉱毒が広がった地域を指すが、その原因となった銅山の名称を何というか。その名称としてふさわしいものを下から選んで、その記号を解答欄Ⅲ－Bに記入せよ。

1．阿仁銅山　　2．尾去沢銅山　3．足尾銅山　　4．小坂銅山

【設問15】下線部fの内閣が発足したのは実際には1896（明治29）年だったが、この時ある政党の党首だった大隈重信が重要閣僚として入閣したことから、こう呼ばれた。この時大隈が党首をつとめていた政党を何というか。その名称を解答欄Ⅲ－Aに漢字で記せ。

【設問16】この史料の鉱毒問題は、1896年の大水害を契機に深刻化した。【設問13】の人物もこの水害を機に鉱業停止を求める活動を本格化させるが、松隈内閣は経営者に鉱業停止ではなく鉱毒継続を前提とした下線部gの予防工事を命じたため、根本的な解決にはいたらなかった。この鉱山の経営者はかつて小野組で働いていたことでも知られる。その人物名を解答欄Ⅲ－Aに漢字で記せ。

【設問17】この史料が示すような、銅山を原因とする公害としては、精錬所から排出される煙による健康被害も重要であった。別子銅山から採掘された銅の精錬でも煙害は広がったが、この銅山を経営の基礎として発展した財閥を何というか。その名称を解答欄Ⅲ－Aに漢字で記せ。

（4）　7月22日夜、富山県下新川郡魚津町の漁民の妻らが、井戸端で、米が高くなるのは同地方の米を県外へ移出するためであるから、明日魚津港から船で積み出すことになっているのを中止してもらおうではないかと相談し、23日午前8時すぎ、警察の調べでは46名が海岸に集まった。これが全国をおおうた米騒動の発端であったことは、よく知られている。この後、上、中、下の新川郡の女たちが、あるいは米積み出し阻止のため、あるいは資産家や町役場に救助をもとめて、数名ないし数十名の集団となって行動することがひろ

まり、8月3日、中新川郡西水橋町の婦人2～300人が、米屋・資産家におしかけ、移出のとりやめや安売りを嘆願、その翌日には運動は隣りの東水橋町に波及し、4日から6日にかけて、西水橋、東水橋、魚津、生地、滑川、泊等に数十名から千名以上の、婦人を主力とする、米の安売り、困窮者救助あるいは移出阻止のデモや嘆願がつづき、警察との衝突もおこった。

(井上清・渡部徹編『米騒動の研究』第1巻より)

【設問18】この史料で描かれた出来事は、富山県の女性の立ち上がりが大きく報じられたため、富山県の旧国名を冠して、「〔　　〕女一揆」とも呼ばれる。この〔　〕に入る旧国名を解答欄Ⅲ－Aに漢字2字で記せ。

【設問19】この米騒動のきっかけは、富山から北海道に米の移出がなされることに対し、富山で米価が高騰することに対する庶民の不安があったためともいわれる。北海道に米を移出するのは、時の内閣がシベリア出兵を決めたためであるが、この決定時の首相は誰だったか。その人物名を解答欄Ⅲ－Aに漢字4字で記せ。

【設問20】日本がシベリア出兵をおこなったのは、前年のロシア革命で成立した社会主義政権に圧力をかけるためであったが、この革命によって倒された王朝を何というか。その王朝名を解答欄Ⅲ－Aにカタカナ4字で記せ。

【設問21】ロシアで社会主義政権が成立したため、日本でも労働運動や農民運動の活発化、学生の思想運動団体の結成が促された。1921年に山川菊栄や伊藤野枝らによって設立された女性の社会主義者の団体を何というか。その団体の名称を解答欄Ⅲ－Aに漢字3字で記せ。

【設問22】【設問21】の団体を設立した山川菊栄は、1918年から1919年にかけて母性保護論争を繰り広げたことでも知られる。この論争の中で、女性の経済的自立の重要性を主張したのは誰か。『みだれ髪』の作者としても知られるこの人物の名を下から選んで、その記号を解答欄Ⅲ－Bに記入せよ。

1．伊藤野枝　　2．樋口一葉　　3．平塚雷鳥　　4．与謝野晶子

世界史

（75分）

〔Ⅰ〕　次の文章を読み，設問１～３に答えなさい。　　（50点）

イングランドを含めてヨーロッパの王家は，父系だけでなく母系の血統も重んじ，国内の臣下よりも外国の王家や諸侯と相互に婚姻をむすんだ。そのため，しばしば外国の出身者を王位に迎え，ときには王位継承が国際問題となって戦争を引きおこした。

４世紀なかば，中央アジアの遊牧民がヨーロッパに移動し，黒海北岸にいたゲルマン人の一派の（　**ア**　）人は，イタリア半島に移動して，493年に王国を建てた。一方，ドナウ川下流域の一派は圧迫を受けてローマ帝国に庇護を求めた。これをきっかけにゲルマン諸部族は大規模な移動を開始し，アングロ＝サクソン人は大ブリテン島に７つの王国をたてた。しかし，この七王国はゲルマン人の別の一派であるノルマン人の侵入に悩まされ，11世紀前半には北欧のノルマン人の（**あ**：１．カナーン　２．クシャーン　３．デーン　４．フィン）人に，後半にはフランスから侵入したノルマン人に征服された。

(1)ノルマン朝の初代の王が亡くなると，２人の息子が相ついで王位を継承したが，弟のヘンリ１世に男子がなかった。そこで甥のスティーヴンが王位を継承した後，(2)ヘンリ１世の娘とフランスの大貴族のあいだに生まれた男子が王位についてプランタジネット朝を開き，フランス西半部も領地として維持して大勢力を築いた。(3)つぎの王は，（　**イ**　）朝に聖地イェルサレムを奪回されたのを契機におこされた十字軍に参加した。長期的には，繰り返される大規模な遠征とともに遠隔地貿易が発達し，とくにイタリアの海港都市が（**い**：１．勘合　２．紅海　３．隊商　４．東方）貿易を展開し，イングランドも北海交易圏での羊毛輸出で栄えた。

(4)その弟の王は，フランス国王とたたかってフランスにおける領地の大半を失った。カペー朝のフランスは，異端の（**う**：１．カタリ　２．カルヴァン　３．ネストリウス　4．フス）派を制圧し，王権の支配を南フランスに広げた。一方，財政困難におちいったイングランドでは，貴族が結束して重税に反抗し，王に大憲章を認めさせた。(5)つぎの王がこれを無視すると，（　ウ　）に率いられた貴族が反乱をおこし，国王に迫って政治改革をすすめた。しかし，(6)王太子が反撃して，1272年に王に即位した。

この王の孫の（　エ　）は，フランスのカペー朝が絶えて傍系のヴァロワ朝があとをつぐと，母がカペー家出身であることからフランス王位の継承権を主張してフランスに侵攻し，百年戦争が始まった。この戦争では，王太子が勇名をはせたが，最後はフランスの勝利に終わった。

一方，イングランドではこの王太子の子のリチャード２世の専制に対して，従兄にあたる（　オ　）家の当主が王位を奪ってヘンリ４世となり，王位をめぐる争いがその後バラ戦争に発展した。これをおさめた(7)ヘンリ４世の弟の孫娘の子がテューダー朝をひらいた。

15世紀末にフランス軍の侵入によって（　カ　）戦争がはじまった。16世紀に入ると，ヴァロワ家の（**え**：1．アンリ４世　2．シャルル７世　3．フランソワ１世　4．ルイ９世）とハプスブルク家のスペイン王が，神聖ローマ皇帝位をめぐって，はげしく争った。イングランドもハプスブルク家に味方して戦争に加わり，のちにフランス側についた。

この間，イングランドでは王権が強化されたが，統治にあたっては議会で地域社会を代表したジェントリと呼ばれる地主層の協力を必要とした。15世紀末以降，毛織物市場が急成長したため，地主は耕地や共有地を農民から取りあげて牧草地にする（　キ　）をすすめた。さらに，これを背景に，テューダー朝初代の王の(8)孫娘であった最後の王は，羊毛生産や毛織物業を保護しながら積極的に海外進出を果たした。なおその後イングランドは，（**お**：1．ゴア　2．シャンデルナゴル　3．ポンディシェリ　4．マドラス）を拠点にインドで勢力を拡大した。また，この王は（**か**：1．オランダ　2．ギリシア　3．スイス　4．スペイン）の独立も支援し，その宗主国と対立した。

この王は生涯独身をとおし，後継者を残さなかった。そこでスコットランドの（　ク　）家に嫁した伯母の(9)ひ孫のスコットランド王がイングランド王も兼ねたが，しばしば議会を無視した。(10)つぎの王は，議会との対立を深めて，議会派に処刑された。しかし，その後の共和政の支配者が亡くなると，(11)先王の子による王政が復活し，議会と対立した。(12)その弟にあたるつぎの王は議会と争って王位を追われた。議会は(13)王の娘とその夫のオランダ総督を王として招き，名誉革命と呼ばれた。

夫妻が亡くなると，(14)女王の妹が王位についた。この王は，スペイン継承戦争で，ハプスブルク家を支持してフランスと争ったが，（**き**：1．ティルジット　2．ピレネー　3．マーストリヒト　4．ユトレヒト）条約を結んで争いを終えた。この王は，デンマーク＝ノルウェー王国の王子を夫に迎えたが，後継者に恵まれなかった。そこで，祖父の王の妹が神聖ローマ帝国のプファルツ選帝侯に嫁して，(15)この夫妻の娘とハノーヴァー選帝侯とのあいだに生まれた貴族が王として迎えられた。その子のジョージ2世は，オーストリア継承戦争に参加し，七年戦争でも甥のプロイセン王と結んで世界各地でフランスやオーストリアと争った。また，（**く**：1．ウォード　2．クライヴ　3．ゴードン　4．ネルソン）がフランス・ベンガル太守軍をやぶり，インドにおけるイギリス優位を確定した。

設問1　（　**ア**　）～（　**ク**　）に入るもっとも適切な語を解答欄Ⅰ－Aに記入しなさい。

設問2　（　**あ**　）～（　**く**　）に入るもっとも適切な語句をそれぞれ1～4より一つ選び，番号を解答欄Ⅰ－Bに記入しなさい。

設問3　歴代の王にかかわる以下の出来事A～Eのそれぞれがおきたときに王位にあった人物として適切なものを波線部(1)～(15)より一つ選び，**1**から**15**の番号を解答欄Ⅰ－Cに記入しなさい。適切なものがないときは**16**を記入しなさい。

A　のちに模範的と評されることになる身分制議会を招集した。

B　国政をウォルポールとその閣僚にゆだね，責任内閣制が始まった。

C　第4回十字軍の遠征を唱えた教皇と聖職者の人事をめぐって争い，破門された。

D　専制的にカトリックを保護したが，議会が対抗して非国教徒を公職から排除した。

E　スペイン王家出身の王妃との離婚で教皇と対立し，自らを教会の最高権威とした。

〔Ⅱ〕　次の文章を読み，設問１～３に答えなさい。　　(50点)

19世紀後半の欧米における工業化進展の前提には，科学技術の著しい進歩があった。物理学では，（　**a**　）による電磁誘導の法則の発見による電磁気学の確立，（　**b**　）による放射性物質（ラジウム）の発見のように，今日の科学技術の土台をなす画期的な発見が続いた。生物学では，コッホや（　**c**　）によって細菌学の分野が開かれ，公衆衛生についての知識も広がり，幼児死亡率の低減や平均寿命の伸長につながった。また，ダーウィンが『種の起源』のなかで唱えた理論は，自然科学をこえた反響をもたらした。(ア)人文・社会科学も近代的な学問としての基礎を固めた。

このような近代科学の成果によって，重化学工業・電機工業・石油産業を中心とする新しい産業が誕生した（第２①次産業革命)。新産業は巨額の設備投資を必要としたので，産業資本と銀行資本が結びついた金融資本の役割が増大した。また，このような主要国の資本主義が発展し，相互の競合が激しくなると，将来の発展のための資源供給地や輸出市場として，まだ②植民地となっていない地域を占有しようとする動きが高まった。アフリカでは，③1884～85年のベルリン会議を契機として，ヨーロッパによる分割が激化していった。東南アジア・オセアニアの植民地化も19世紀後半に急展開し，欧米の勢力圏が確定した。このような④帝国主義政策が展開された背後には，欧米諸国に，ヨーロッパ近代文明の優越意識と非ヨーロッパ地域の文化への軽視が広まり，非ヨーロッパ地域の制圧や支配を容易にする交通・情報手段や，軍事力が圧倒的に優勢であるという状況があった。

第三共和政下のフランスでは，大不況期に経済成長の速度がにぶったが，1880

年代から(イ)本格的な植民地拡大政策が実行され，(ウ)インドシナ・アフリカに植民地がつくられた。フランスは工業力ではドイツや⑤アメリカにおよばなかったが，銀行の資本力を武器に，イギリスにつぐ植民地帝国を形成した。

(エ)第三共和政発足当初のフランス国内においては，軍部・カトリック・王党派などの保守派と共和派との対立が激しく，共和政の安定には時間がかかった。不況がつづいた1880年代から90年代にかけては，議会政治への不満が噴出し，労働運動や社会主義運動が高揚した。その一方で，⑥プロイセン＝フランス戦争でやぶれた屈辱をはらそうとするドイツへの報復気運が強まり，これが共和政に反対する運動とむすびついて，元陸軍大臣の（　**d**　）を中心とするクーデタ未遂事件も起きた。また，1890年代後半に，⑦反ユダヤ主義を背景にして，ユダヤ系の大尉がドイツのスパイとされる事件が起き，世論を二分する激しい対立が引き起こされた。

20世紀に入ると共和主義が国民に広く浸透するようになった。1901年に結成された急進党（共和主義急進派・急進社会党）が政権をにぎり，⑧カトリック教会による公教育介入を排するなどの政策を強化した。(オ)労働運動では，ゼネストなど，労働組合（サンディカ）の直接行動によって社会改革をめざすサンディカリスムがあらわれたが，それに反対する諸派は1905年に⑨フランス社会党を結成してこの動きをおさえた。

設問1　文中の（　**a**　）～（　**d**　）に入る最も適切な語句を次の語群から一つずつ選び，番号を解答欄Ⅱ－Aに記入しなさい。

【語群】

1．アムンゼン	2．エディソン	3．キュリー夫妻
4．クレマンソー	5．コルベール	6．サン＝シモン
7．ゾラ	8．ノーベル	9．パストゥール
10．ファラデー	11．ブーランジェ	12．プルードン
13．ヘーゲル	14．ベル	15．ベルンシュタイン
16．ベンサム	17．ホッブズ	18．マイヤー
19．ライト兄弟	20．ルイ＝ブラン	

設問2　下線部(ア)〜(オ)に関連する以下の問いに対する答えを，解答欄Ⅱ－Bに記入しなさい。

(ア)　フランスにおいて，実証主義による社会学を創始した人物の名前をカタカナで答えなさい。

(イ)　アフリカでの植民地化のプロセスにおいて，フランスとイギリスが1898年にスーダンで衝突した事件が起きた場所の当時の地名をカタカナで答えなさい。

(ウ)　1887年の時点でフランス領インドシナ連邦として形成された国は，現在のベトナムとどの国であったか。国の名前をカタカナで答えなさい。

(エ)　フランス革命の後継者を自任する第三共和政が1880年に設定した「国民の祝日」は，パリの民衆がバスティーユ牢獄を襲撃した日に由来していた。バスティーユ牢獄襲撃が起こった年月日を答えなさい。

(オ)　労働運動に関して，1889年にパリで結成された社会主義政党および労働組合の国際的連帯組織の名前を答えなさい。

設問3　波線部①〜⑨に関連する次の記述(a)(b)のうち，(a)(b)ともに正しい場合は数字**1**，(a)のみ正しい場合は数字**2**，(b)のみ正しい場合は数字**3**，(a)(b)ともに正しくない場合は数字**4**を，解答欄Ⅱ－Cに記入しなさい。

①　産業革命について

(a)　18世紀後半のイギリスで進展した第1次産業革命は，繊維産業などの軽工業を中心として，石炭を主な動力源としていた。

(b)　第2次産業革命において，大銀行を中心とする巨大な企業グループは，特にドイツなどで形成された。

②　植民地主義への対抗運動について

(a)　19世紀後半，アフガーニーは，列強支配の脅威を目の当たりにして反帝国主義の立場にたち，パン＝イスラーム主義を唱えた。

(b)　フランス植民地下のベトナムでは，ファン＝ボイ＝チャウを中心として，立憲君主政による独立を目指し，サレカット＝イスラームを成立させた。

③　1884～85年のベルリン会議について

(a)　この会議により，オランダ国王の所有地としてコンゴ自由国の建国を承認した。

(b)　この会議では，先に占領した国が領有できるというアフリカ分割の原則を定めた。

④　帝国主義政策について

(a)　帝国主義政策の結果，20世紀初頭のアフリカ大陸は，エチオピア帝国を除いて，すべて列強の支配下におかれた。

(b)　20世紀初頭のアフリカにおけるイタリア領はアンゴラとソマリランドである。

⑤　経済力を増して海外市場を求めるようになったアメリカについて

(a)　マッキンリー大統領はアメリカ＝スペイン戦争をおこし，戦勝によって，アジアではフィリピンを獲得した。

(b)　中国市場への進出を狙って，ウィルソン大統領は，中国の門戸開放宣言を出した。

⑥　プロイセン＝フランス戦争について

(a)　1870年に勃発したこの戦争では，プロイセンがフランスを圧倒してナポレオン３世は敗れ，第二帝政は崩壊した。

(b)　この戦争に敗北したフランスは，アルザス・ロレーヌをドイツに割譲したが，賠償金は課せられなかった。

⑦　反ユダヤ主義と1890年代のスパイ事件について

(a)　この事件は血の日曜日事件と呼ばれる。

(b)　反ユダヤ主義にもとづきユダヤ人排斥を唱える政党が，ドイツでは1930年代に政権についた。

⑧　フランスにおける国家と宗教の関係について

(a)　1905年に政教分離法が制定され，国家の宗教的中立が定められた。

(b)　第一帝政の時代，ナポレオンは革命以来フランスと対立関係にあったローマ教皇と和解していた。

⑨　フランス社会党について

(a) フランス社会党をはじめ，左派諸政党の提携により，人民戦線政府（内閣）が1936年に成立した。

(b) 1936年に成立した人民戦線政府（内閣）の首相は，フランス社会党のブルムであった。

〔Ⅲ〕 次の文章を読み，設問1～9に答えなさい。 (50点)

1945年9月2日に日本が連合国に降伏した後，毛沢東率いる中国共産党と（ a ）率いる中国国民党の間で衝突が再燃した（国共内戦）。この内戦を有利に進めた中国共産党は，民主諸党派を取り込んだうえで，北京で人民政治協商会議を開き，1949年10月に主席を毛沢東，首相を（ b ）とする中華人民共和国（以下，人民共和国）が成立した。

一方，中国国民党は日本敗戦直後から台湾統治に着手し，台北に中華民国政府を移転する。しかし，この過程で中国国民党に対する台湾住民の不満が高まり，1947年に（ c ）とよばれる大規模な暴動が発生する。中国国民党はこれを武力で鎮圧すると同時に，戒厳令をしいて統制を強化した。

人民共和国成立初期の政治に影響を与えたのは，朝鮮半島の政治情勢である。日本の植民地支配の後，朝鮮半島はソ連とアメリカに分割占領された。そして，1948年に北側に（ d ）を首相とする朝鮮民主主義人民共和国（北朝鮮）が，南側には（ e ）を大統領とする大韓民国（韓国）がそれぞれ成立した。そして，1950年6月に北朝鮮の軍事侵攻をきっかけに朝鮮戦争が勃発した。開戦直後にアメリカ主体の国連軍が参戦して中朝国境にせまると，毛沢東も義勇軍（志願軍）を朝鮮半島に派遣した。1953年に休戦協定が成立したものの，この戦争によって人民共和国とアメリカとの対立が決定的になると同時に，人民共和国が冷戦構造に組み込まれる結果となった。

こうした情勢下で，人民共和国はソ連や周辺諸国との関係を重視した。1950年2月には中ソ友好同盟相互援助条約を締結し，ソ連の援助のもとで1953年から（ f ）にもとづく経済建設が始まった。また，1954年に（ b ）がインドの首相ネルーと会談して（ g ）を取りまとめるなど，人民共和国の首脳部は冷戦対立とは異なる第三勢力との関係構築を模索した。しかし，ソ連共産党の指導者であった（ h ）が1953年に死去した後，同党第一書記の（ i ）が1956年に（ h ）批判を行うと，毛沢東は西側諸国との平和共存路線に転換したソ連に反発し，両国の関係は悪化していった。

こうしたなかで，毛沢東はソ連とは異なる社会主義を実現しようと1958年に（ j ）を実施し，農村における（ k ）の設置に踏み切った。しかし，専門技術の軽視や自然災害の発生により，大量の餓死者を出して失敗に終わった。1959年に毛沢東にかわって，新たに国家主席となった［ A ］は，毛沢東がとった急進的な社会主義推進政策を緩和し，数年にわたって社会の安定に努めた。

しかし，毛沢東はこうした穏健政策に疑念を深め，1966年に青年や学生を中心とする（ l ）を動員し，プロレタリア文化大革命（文革）を開始する。党内の多数の有力幹部や政治家は資本主義復活を試みる「走資派」もしくは「［ B ］」として弾圧され，多くの命が奪われた。この混乱により，①人民共和国の政治・社会・外交は以後約10年にわたって停滞を余儀なくされた。

こののち1976年に（ b ）と毛沢東が相次いで亡くなると，党の中枢で文革を支持していた毛沢東夫人の［ C ］ら四人組が逮捕され，文革は終息していく。そして毛沢東の後任として党主席となった（ m ）が②「四つの現代化」を再提起した後，文革から復権して実権を握った［ D ］が経済の開放や自由化，いわゆる改革開放政策に着手する。続く1980年代は各種の経済政策が打ち出されたものの，政治改革はほとんど進まず，経済格差の拡大，インフレ，そして官僚の腐敗などへの不満から民主化を求める世論が高まった。こうしたなかで，胡耀邦前総書記の追悼集会のために北京の天安門（前）広場に集まった学生や労働者などは政治の③民主化を求めた。しかし，この民主化運動は④1989年6月4日に戒厳部隊によって弾圧され，多数の死傷者を出した。これを（第二次）天安門事件という。

設問1 空欄（ a ）～（ m ）に最も適切な語句を以下の語群から選択し，その番号を解答欄Ⅲ－Aに記入しなさい。

【語群】

1．エリツィン　2．開発独裁　3．華国鋒
4．企業連合（カルテル）　5．九・三〇事件　6．郷勇
7．金玉均　8．金正日　9．金日成　10．金大中
11．金本位制　12．経済ブロック　13．紅衛兵　14．洪秀全
15．皇民化政策　16．康有為　17．五・三〇運動　18．周恩来
19．14か条の平和原則　20．蔣介石　21．徐光啓
22．親衛隊（ＳＳ）　23．新経済政策（ネップ）
24．人民公社　25．スターリン　26．全国産業復興法（ＮＩＲＡ）
27．孫権　28．第一次五か年計画
29．大躍進政策（運動）　30．段祺瑞
31．チャウシェスク　32．趙紫陽　33．徴税請負制
34．陳独秀　35．鉄騎隊　36．鉄血政策
37．ドイモイ（刷新）政策　38．ドプチェク　39．トロツキー
40．二・二八事件　41．二・二六事件　42．フルシチョフ　43．ブレジネフ
44．平和五原則　45．平和十原則　46．平和に関する布告
47．李淵　48．李鴻章　49．李自成　50．李承晩
51．李世民　52．梁啓超

設問２　空欄Ａに当てはまる人名を解答欄Ⅲ－Ｃに漢字３文字で記入しなさい。

設問３　空欄Ｂに当てはまる用語を解答欄Ⅲ－Ｃに漢字３文字で記入しなさい。

設問４　下線部①に関連して，1966年から1976年の間に起こった出来事に関する次の記述(a)(b)について，(a)(b)ともに正しい場合は数字**1**，(a)のみ正しい場合は数字**2**，(b)のみ正しい場合は数字**3**，(a)(b)ともに正しくない場合は数字**4**を，解答欄Ⅲ－Ｂに記入しなさい。

(a)　1969年に中ソ国境の各地で軍事衝突が発生した。

(b)　1972年にカーター大統領が中国を訪問し，毛沢東と会談した。

設問5　空欄Cに当てはまる人名を解答欄Ⅲ－Cに漢字2文字で記入しなさい。

設問6　下線部②について，「四つの現代化」の組み合わせとして，正しいものを以下の選択肢から1つ選び，その番号を解答欄Ⅲ－Bに記入しなさい。

1．農業，工業，教育，福祉
2．農業，衛生，教育，科学技術
3．農業，衛生，国防，福祉
4．農業，工業，国防，科学技術

設問7　空欄Dに当てはまる人名を解答欄Ⅲ－Cに漢字3文字で記入しなさい。

設問8　下線部③に関連して，1980年代の台湾や韓国の政治に関する次の記述(a)(b)について，(a)(b)ともに正しい場合は数字**1**，(a)のみ正しい場合は数字**2**，(b)のみ正しい場合は数字**3**，(a)(b)ともに正しくない場合は数字**4**を解答欄Ⅲ－Bに記入しなさい。

(a)　蔣経国が死去すると，1988年に陳水扁が総統に就任し，台湾の民主化を進めた。

(b)　1980年，軍人出身の金泳三政権下で民主化運動弾圧事件（光州事件）が発生した。

設問9　下線部④について，この事件以降に発生した歴史的事件はいくつあるか。その数を数字1～4で解答欄Ⅲ－Bに記入しなさい。

(a)　アメリカ主体の多国籍軍によるイラク攻撃（湾岸戦争）の開始
(b)　ゴルバチョフのソ連共産党書記長就任
(c)　チェルノブイリ原子力発電所の事故
(d)　東西両ドイツの統一（統一ドイツの成立）

政治・経済

（75分）

〔Ⅰ〕 次の文章を読み、下の設問（設問1～設問7）に答えよ。 (50点)

日本国憲法は「国権の最高機関であって、国の（　ア　）」(第41条) として国会に立法権を、内閣に行政権を、そして裁判所に司法権を与え、それらが抑制しあう（　イ　）の原則を定めている。

国会は、衆議院と参議院から構成される。国会全体の意思決定は、衆議院と参議院の二院制の下で両議院の決定の一致によっておこなわれるが、それが難しい場合には、一定の事項について、ⓐ衆議院の優越が認められている。二院制の下にある両議院がほとんど同等の権限を付与されていることは、世界的に見ても稀であり、現に、過去には衆参両議院内の多数派が異なり、両議院の議決が一致しない、いわゆる（　ウ　）国会の状況が生じて、政権運営に支障をきたしたこともあった。

法律は国会の議決により成立するが（第59条)、国会は、そのほかにも（　エ　）(第61条) やⓑ憲法改正の発議（第96条）などの権限をもつ。その審議は、各省庁の官僚が国務大臣に代わって答弁する政府委員の存在や、国対政治といわれる与野党間の駆け引きが目立つことから、形骸化しているとの批判があった。このため、1999年に（　オ　）法が制定され、ⓒ政治主導の政策決定システムの構築がはかられたが、そうした批判を完全に克服するには至っていない。

内閣は行政権を有し、内閣総理大臣とその他の国務大臣から構成される。実際の行政事務は、内閣の下に設けられた府・省・庁などの行政各部がそれぞれ担当する。特定の行政分野については、内閣から独立して職権を行使することを認められたⓓ行政委員会によっておこなわれるものもある。

福祉国家の進展とともに行政機能が拡大し、また社会が複雑化すると、専門的な知識・能力をもつ官僚の役割が大きくなった。行政国家化が進み、官僚制が強化されると、法律万能主義や前例踏襲主義、セクショナリズムなどの官僚制自体に内在する本質的な問題や、一部の官僚と関係業界との不明朗な関係や「天下り」といった現象などの弊害が顕在化し、ⓔ行政の民主化が求められるようになった。一部の地方公共団体では、住民の苦情を受けて行政機関の活動を調査・報告する（　カ　）制度が導入されている。国は、行政のスリム化と効率化を目指して、地方分権化を含めたⓕ行政改革を推進している。

【設問1】文中の（　ア　）～（　カ　）に入る最も適切な語句を、解答欄Ⅰ－甲のア～カに記入せよ。

【設問2】下線部ⓐに関連して、次のａ～ｅの記述について、**正しいものには数字の1**を、**正しくないものには数字の2**を、解答欄Ⅰ－乙のａ～ｅに記入せよ。

ａ．衆議院の優越は、法律案の議決や予算の議決などに関して憲法に規定されているほか、法律により国会の会期の決定や延長にも及ぶ。

ｂ．衆議院で可決した法律案を参議院が30日以内に議決しないときは、参議院が否決したものとして、衆議院の出席議員の３分の２以上の多数でその法律案を再可決することができる。

ｃ．法律案は、まず衆議院に提出され、続いて参議院が受け取ることとされており、両議院が異なった議決をした場合、衆議院は再議決をするほか、両院協議会の開催を求めることができる。

ｄ．衆議院は予算の先議権をもち、参議院が30日以内に議決をしないときは、衆議院の議決が国会の議決となる。

ｅ．予算の議決や内閣総理大臣の指名について両議院の議決が異なるときは、必ず両院協議会が開かれる。

【設問3】下線部ⓑに関連して、次の文章の（　Ａ　）～（　Ｄ　）に入る最も適切な語句や数字を、下の語群から１つ選び、その番号を、解答欄Ⅰ－乙の

A～Dに記入せよ。

憲法には、改正手続において、普通の法律と同じような改正手続をもつ（　A　）とよばれるものもある。2007年、憲法改正手続を定めた（　B　）法が成立し、憲法改正の発議や憲法改正原案などの審査などをおこなう機関として、衆参両議院に（　C　）が設置された。現在、憲法改正の投票年齢は（　D　）歳以上と定められている。

[語群]

1．25	2．国民投票	3．軟性憲法	4．憲法問題調査委員会
5．憲法審査会	6．国籍	7．法制審議会	8．憲法調査会
9．解釈改憲	10．18	11．国民審査	12．16
13．私擬憲法	14．公職選挙	15．20	16．硬性憲法

【設問4】下線部ⓒに関連して、民主主義を発展させるため、国会審議を活発にし、透明化することを目指したものとして、最も適切な記述を、次の1～4のうちから1つ選び、その番号を、解答欄Ⅰ－乙に記入せよ。

1．首相と野党の党首とが国政課題について直接討論をおこなう党首討論の制度が導入された。
2．政府参考人制度を設け、国会の委員会において、国務大臣や副大臣を補佐して技術的な事項等に関して説明をおこなう公務員は、質疑者の求めに応じて委員長の招致により出席できることとなった。
3．国民の意思を政治に反映させるため、政党に所属する議員には、法律により政党の決議に従う党議拘束が及ぶこととなった。
4．予算をともなう法律案を除き、衆議院では20人以上、参議院では10人以上の賛成により、国会議員は議員発議法案を提出できることとなった。

【設問5】下線部ⓓに関連して、次の文章の（　キ　）・（　ク　）に入る最も適切な語句を、解答欄Ｉ－甲のキ・クに記入せよ。

国の行政委員会には、「私的独占の禁止及び公正取引の確保に関する法律」(独占禁止法) を運用することを目的に設けられた（　キ　）や、警察行政を調整する（　ク　）などがある。

【設問６】下線部ⓔに関連して、次の文章の（　Ｅ　）・（　Ｆ　）に入る最も適切な語句を、下の語群から１つ選び、その番号を、解答欄Ｉ－乙のＥ・Ｆに記入せよ。

基準が不明瞭とされてきた行政指導や許認可事務について（　Ｅ　）法が制定され、行政運営の公正の確保と透明性の向上がはかられた。国家公務員の規律を正すため、（　Ｆ　）法が1999年に制定されている。

[語群]

１．情報公開　　２．中央省庁等改革基本　　３．国家公務員倫理
４．行政手続　　５．検察審査会　　６．政治資金規正
７．行政改革推進　　８．国家公務員制度改革基本

【設問７】下線部ⓕの一環として行政が担ってきた事業に市場原理を取り入れる制度として、最も適切な語句を、次の１～４から１つ選び、その番号を、解答欄Ｉ－乙に記入せよ。

１．官民競争入札制度　　２．独立行政法人　　３．内閣人事局
４．ＰＦＩ (Private Finance Initiative)

〔Ⅱ〕　次の文章を読み、下の設問（設問1～設問8）に答えよ。　(50点)

日本国憲法第（　A　）条では、「国民は、法律の定めるところにより、納税の義務を負ふ」とあり、国民に対する納税の義務を定めている。これは、第（　B　）条の教育の義務、第27条の（　ア　）の義務と合わせて、国民の三大義務とよばれている。

国民の納める税のうち、中央政府の歳入となる税をⓐ国税といい、ⓑ地方政府の歳入となる税をⓒ地方税という。コロナ禍以前の2019年度の一般会計予算でみると国税は約60兆円であり、同年度の地方財政計画の予算でみると地方税は約40兆円である。国税と地方税の合計を国民所得で割ったものを（　イ　）負担率という。2019年度の（　イ　）負担率は、約（　C　）である。

税は国民に負担を強いるものであるから、国民が納得できるようなⓓ公平な税制が望ましい。また、税を集めるコストがなるべく小さくなるようなⓔ効率的な税制が望ましい。2016年に運用が開始された国民に番号を割り当てる（　ウ　）制度は、異論はあるものの、納税の公平性・効率性に寄与するものと期待されている。他方、税は民間部門の貴重な資源を公共部門に移転するものである。国民の義務であるのと同様に、中央政府および地方政府にも、税の使途などが適切であるかどうかをⓕ定期的にチェックする義務がある。

【設問1】文中の（　ア　）～（　ウ　）に入る最も適切な語句を、解答欄Ⅱ－甲のア～ウに記入せよ。

【設問2】文中の（　A　）～（　C　）に入る最も適切な数字を、次の語群から1つ選び、その番号を、解答欄Ⅱ－乙のA～Cに記入せよ。

［語群］

1．12	2．15	3．25	4．26
5．30	6．35	7．84	8．85
9．10%	10．25%	11．40%	12．55%

【設問３】下線部ⓐに関連して、2021年度一般会計予算において、税収の多い順に左から並べたものを、次の１～６のうちから１つ選び、その番号を、解答欄Ⅱ－乙に記入せよ。

１．法人税－消費税－所得税　　　２．法人税－所得税－消費税
３．消費税－法人税－所得税　　　４．消費税－所得税－法人税
５．所得税－法人税－消費税　　　６．所得税－消費税－法人税

【設問４】下線部ⓑに関連して、地方自治法では地方公共団体を次のように定義している。次の条文の（　エ　）・（　オ　）に入る最も適切な語句を、解答欄Ⅱ－甲のエ・オに記入せよ。

第１条の３
① 地方公共団体は、（　エ　）地方公共団体及び（　オ　）地方公共団体とする。
② （　エ　）地方公共団体は、都道府県及び市町村とする。
③ （　オ　）地方公共団体は、（　オ　）区、地方公共団体の組合及び財産区とする。

【設問５】下線部ⓒに関連して、次のａ～ｄの税について、**（都）道府県税であるものには数字の１**を、**市（区）町村税であるものには数字の２**を、どちら**でもないものには数字の３**を、解答欄Ⅱ－乙のａ～ｄに記入せよ。

ａ．固定資産税　　　　　ｂ．都市計画税
ｃ．相続税　　　　　　　ｄ．自動車税

【設問６】下線部ⓓに関連して、太郎と花子は日本の所得税のしくみについて調べた。下の会話の（　カ　）に入る最も適切な語句を、解答欄Ⅱ－甲のカに記入せよ。また、（　Ｄ　）～（　Ｆ　）に入る最も適切な語句または数字

を、下の語群から１つ選び、その番号を、解答欄Ⅱ－乙のＤ～Ｆに記入せよ。

表　日本の所得税のしくみ

区分	課税所得	税率
1	200万円以下	5％
2	200万円超　330万円以下	10％
3	330万円超　700万円以下	20％
4	700万円超　900万円以下	23％
5	900万円超　1,800万円以下	33％
6	1,800万円超　4,000万円以下	40％
7	4,000万円超	45％

（注）　便宜上、表の金額の一部を変更してある。

太郎：課税所得って何だろうね。

花子：所得からいろいろな控除を差し引いて算出するらしいよ。

太郎：課税所得によって税率が違うんだね。

花子：所得とともに税率が高くなるしくみを（　カ　）課税っていうんだって。

太郎：課税所得がちょうど200万円のとき、税額は10万円だね。

花子：課税所得が増えると計算がちょっと面倒くさいね。400万円だとすると、区分１から区分３に分けて、それぞれの税額を計算してと。足し合わせると、（　Ｄ　）万円になるね。

太郎：ところで、僕もちょっと調べてみたんだけど、税額を課税所得で割ったものを平均税率っていうんだって。こっちの方が直感的に分かりやすいね。

花子：たしかに。たとえば、課税所得が800万円だとすると、えーと、平均税率は（　Ｅ　）か。課税所得が増えると、平均税率は（　Ｆ　）みたいだね。

［語群］

１．30　　　２．37　　　３．50　　　４．80

5．14.5%　　6．15%　　7．17%　　8．23%

9．徐々に増加する　　10. 徐々に減少する

11. 最初は増加し、その後減少する

12. 最初は減少し、その後増加する

【設問7】下線部ⓔに関連して、次の文章の（　G　）・（　H　）に入る最も適切な語句を、下の語群から1つ選び、その番号を、解答欄Ⅱ－乙のG・Hに記入せよ。

会社員の給与などでは、本人の代わりに事業主が事前に所得税を見積って納める（　G　）方式が認められている。（　G　）された税額と実際の税額が異なる場合には、年末調整などにより事後的に税額を調整する。他方、自営業者などは、自分で税額の計算をするか、あるいは税理士に税務処理を依頼して、（　H　）をおこなう。（　H　）では、本人が納税のために時間を使ったり、税理士への支払いなどが発生するため、納税者の負担するコストが大きい。しかし、その分、（　G　）方式よりも納税意識が強くなるというメリットもある。

[語群]

1．確定申告　　2．源泉徴収　　3．控除

4．自己申告　　5．上告　　6．分離課税

【設問8】下線部ⓕに関連して、次の文章の（　キ　）・（　ク　）に入る最も適切な行政機関の名称を、解答欄Ⅱ－甲のキ・クに記入せよ。

（　キ　）は、国家公務員の給与水準が適切かどうかを調べ、調査結果を毎年国会及び内閣に勧告している。

（　ク　）は、憲法第90条にもとづき、国の支出が適切におこなわれているかどうかを調べている。また、内閣に対しては、（　ク　）の検査結果を

次年度の国会に提出することを義務づけている。

〔Ⅲ〕 次の文章を読み、下の設問（設問1～設問9）に答えよ。（50点）

国際労働機関のソマビア事務局長が提唱し、国際労働機関総会で21世紀の目標とされた（　ア　）とは、「働きがいのある人間らしい仕事」のことである。その条件としては、ⓐ労働三権などの働く上での権利が確保されていることや家庭生活と職業生活が両立できること、などがある。日本でも2012年に閣議決定された「日本再生戦略」でその実現が盛り込まれたが、日本の労働環境は今もさまざまな課題を抱えている。

ⓑ派遣労働者やⓒアルバイトといった非正規雇用の労働力は、景気の変化に応じて伸縮的に調整することができる。しかも賃金は正規雇用者と比較すると格段に安い。そのため、国内外からの競争圧力にさらされている日本の企業は、とくに1990年代以降に、そうした雇用形態を拡大した。総務省「労働力調査」によると、2020年に雇用者に占める非正規雇用者の割合は（　A　）％にまで達している。しかし、非正規雇用者の中には、就労しているにもかかわらず通常の生活が困難なほど低い所得しか得られない、いわゆる「（　イ　）」が存在することも指摘されている。また、若年層については、ⓓ若年無業者とよばれる人たちの割合が、2000年代初頭からとくに増加している。こうした中、2018年には正規雇用者と非正規雇用者の不合理な待遇差の解消を目指して、雇用形態にかかわらず同じ仕事をする労働者は同じ賃金を得るという「（　ウ　）の原則」の導入などを含む働き方改革関連法が制定された。

女性の労働に関しては、1980年に日本が（　エ　）条約に署名（批准は1985年）したことを契機として、さまざまな法整備が進んだ。1985年には、勤労婦人福祉法を法律名を含めて全面改正して、男女雇用機会均等法が制定された。これは職場での男女平等を目指す法律であり、1997年の改正によって募集、採用、配置、昇進、教育訓練などにおける女性差別の解消は（　B　）義務から禁止規定へと強化された。一方で、1999年に（　オ　）法も一部改正され、時間外勤務や深夜労働、休日労働における女子保護規定は撤廃された。1995年に制定されたⓔ育児・介護休業法によって、事業主が労働者からの育児休業の申出を理由として（　C　）することが禁止されただけでなく、現在では原則として育児休暇の開始から6カ月までは休業前賃金の（　D　）％が育児休業給付金として雇用保険から支給されている。しかし、総務省「労働力調査」にもとづいてⓕ日本の女性労働者を年齢別にみると、結婚・出産・育児などと重なる時期に、M字を描くようにいったん落ち込むⓖM字カーブの状況にある。また、世界経済フォーラムは2006年から毎年、各国内の男女間の格差を測る（　カ　）指数を公表しているが、2021年の報告書では、日本の順位は156カ国中の120位にとどまっている。

障がい者雇用に関しては、日本の民間企業は1960年に制定された障害者雇用促進法にもとづき、一定の割合で障がい者を雇用する義務を負うことになっている。その一定割合は（　キ　）とよばれ、2021年3月にそれまでの2.2％から2.3％へ引き上げられた。しかし、これを達成している企業は少ない。

外国人労働者については、日本では2022年時点で永住者や日本人の配偶者といった身分系の在留資格をもつ者以外の外国人の（　E　）労働への就労を禁止している。一方で、日本は経済連携協定にもとづいて、介護福祉士や（　ク　）師の候補者として介護分野での外国人労働力の受け入れを、インドネシアについては2008年から、フィリピンについては2009年から、ベトナムについては2014年から進めている。

【設問1】文中の（　ア　）～（　ク　）に入る最も適切な語句を、解答欄Ⅲ－甲のア～クに記入せよ。

【設問2】文中の（　A　）～（　E　）に入る最も適切な語句や数字を、次の語群から1つ選び、その番号を、解答欄Ⅲ－乙のA～Eに記入せよ。

［語群］

1．27	2．37	3．47	4．高度
5．解雇	6．監督	7．熟練	8．57

9．67　　10．77　　11．支援　　12．単純
13．保護　　14．努力　　15．教育

【設問3】下線部ⓐに関連して、**適当でないもの**を次の1～4のうちから1つ選び、その番号を、解答欄Ⅲ－乙に記入せよ。

1．2011年に最高裁は、個人事業主として働く歌手や技術者にも団体交渉権があると判断した。
2．労働三権は、日本国憲法第28条で規定された労働者の権利である。
3．労働組合が使用者側と労働条件などの交渉をおこなうことができる権利のことを団結権という。
4．団体行動権は、争議権ともよばれる。

【設問4】下線部ⓑに関連して、派遣労働者、労働派遣事業者、派遣先企業の三者の関係について最も適切なものを次の1～4のうちから1つ選び、その番号を、解答欄Ⅲ－乙に記入せよ。

1．派遣労働者の雇用主は派遣先企業である。
2．派遣労働者の雇用主は労働派遣事業者である。
3．派遣労働者に賃金を支払うのは派遣先企業である。
4．派遣労働者に業務上の指揮命令をおこなうのは労働派遣事業者である。

【設問5】下線部ⓒに関連して、最も適切なものを次の1～4のうちから1つ選び、その番号を、解答欄Ⅲ－乙に記入せよ。

1．アルバイトは、年次有給休暇を取得する権利をもたない。
2．アルバイトを含め18歳未満の者は、原則的に深夜労働が禁止されている。
3．アルバイトの法定労働時間は、パートタイム労働法で規定されている。
4．アルバイトが深夜労働する場合は、深夜手当は支払われない。

【設問6】下線部ⓓに関連して、総務省「労働力調査」で用いられる若年無業者の説明として最も適切なものを、次の1～4のうちから1つ選び、その番号を、解答欄Ⅲ－乙に記入せよ。

1．満18歳～39歳の非労働力人口のうち、家事も通学もしていない者
2．満15歳～34歳の非労働力人口のうち、就業する意思をもたない者
3．満18歳～39歳の非労働力人口のうち、生活保護受給条件に該当しない者
4．満15歳～34歳の非労働力人口のうち、家事も通学もしていない者

【設問7】下線部ⓔに関連して、**適当でないもの**を次の1～4のうちから1つ選び、その番号を、解答欄Ⅲ－乙に記入せよ。

1．2009年の改正で、事業主は3歳までの子を養育する労働者に対して短時間勤務制度を導入することが義務化された。
2．育児・介護休業法は、1991年に制定された育児休業法を改正して制定された。
3．厚生労働省「雇用均等基本調査」によると、2019年における女性の育児休業取得率は、約80％である。
4．厚生労働省「雇用均等基本調査」によると、2019年における男性の育児休業取得率は、約20％である。

【設問8】下線部ⓕに関連して、次のa・bの記述について、**正しいものには数字の1を、正しくないものには数字の2を**、解答欄Ⅲ－乙のa・bに記入せよ。

a．総務省「労働力調査」によると、2018年の日本の全雇用者に占める女性の割合は50％を超えている。
b．総務省「労働力調査」によると、2018年の日本の女性雇用者に占める非正規雇用の割合は50％を超えている。

【設問 9】下線部ⓖに関連して、M字カーブに関する説明として**適当でないもの**を次の1～4のうちから1つ選び、その番号を、解答欄Ⅲ－乙に記入せよ。

1．M字カーブのグラフでは、縦軸に労働力率をとる。

2．日本のM字カーブの谷が最も落込むのは、1990年も2018年も同じく35～40歳の部分である。

3．日本のM字カーブの谷は、1990年よりも2018年のほうが落込みが浅い。

4．2018年の日本のM字カーブの谷は、アメリカと比べて落込みが深い。

数学

（75分）

〔Ⅰ〕次の $\boxed{}$ に適する数または式を，解答用紙の同じ記号の付いた $\boxed{}$ の中に記入せよ。

(1) 1個のさいころを3回投げて出た目を順に a, b, c とし，x の2次関数 $f(x)=x^2-2ax+b+c$ を考える。

$f(6)=0$ が成り立つとき，$b+c$ を a を用いて表すと $b+c=\boxed{\text{ア}}$ となるので，$f(6)=0$ が成り立つ確率は $\boxed{\text{イ}}$ である。$f(3)=0$ が成り立つ確率は $\boxed{\text{ウ}}$ である。方程式 $f(x)=0$ が重解をもつ確率は $\boxed{\text{エ}}$ である。方程式 $f(x)=0$ が異なる2つの整数解をもつ確率は $\boxed{\text{オ}}$ である。

(2) $\triangle$ABC において，$\angle\mathrm{CAB}=\alpha$, $\angle\mathrm{ABC}=\beta$, $\angle\mathrm{BCA}=\gamma$ とする。ただし $\alpha\leqq\beta\leqq\gamma$ を満たすとする。

$\alpha=45^\circ$ かつ $\gamma=75^\circ$ のとき，$\tan\beta=\boxed{\text{カ}}$ である。

条件 $\alpha\leqq\beta\leqq\gamma$ に注意すると $\alpha=\boxed{\text{キ}}$ のとき α が最大となる。したがって，$\tan\alpha$ が整数であるとき，$\alpha=\boxed{\text{ク}}$ である。

$\triangle$ABC が直角三角形であるとき，$\alpha\leqq\beta\leqq\gamma$ に注意すると，$\tan\alpha\tan\beta=\boxed{\text{ケ}}$ である。

$\dfrac{1}{\tan\alpha}$ および $\dfrac{1}{\tan\beta}$ がともに整数で $\dfrac{1}{\tan\gamma}=-2$ であるとき，$\tan\alpha=\boxed{\text{コ}}$ である。

〔Ⅱ〕a を正の定数として関数 $f(x)=x^2+(8a^2-2a-1)x+2a(1-8a^2)$ を定める。$I_1=\int_0^1 f(x)dx$，$I_2=\int_0^1 \left|f(x)\right|dx$ とするとき，次の問いに答えよ。

(1) $f(1-8a^2)$ の値を求めよ。

(2) I_1 を a を用いて表せ。

(3) $a=\dfrac{1}{2\sqrt{2}}$ のとき，I_2 の値を求めよ。

(4) I_2-I_1 を a を用いて表せ。

〔Ⅲ〕50 個の数値 x_1，x_2，$\cdots$，x_{50} からなるデータ X を度数分布表にまとめると表 1 のようになった。ただし，表中の A，B は定数である。

表 1: 度数分布表

階級	階級値	度数
0 以上 10 未満	5	5
10 以上 20 未満	15	5
20 以上 30 未満	25	12
30 以上 40 未満	35	A
40 以上 50 未満	45	8
合計		B

階級の幅はいずれも 10 であり，データ X の数値は 5 つの階級のいずれかに含まれる。5 つの階級を，階級値の小さい順に C_1，C_2，C_3，C_4，C_5 とよぶ。たとえば，階級 C_2 は 10 以上 20 未満の階級である。

X のうち階級 C_j（$j=1,2,\cdots,5$）に含まれるデータの平均値を m_j で表す。たとえば，m_1 は階級 C_1 に含まれる 5 個の数値の平均値である。

各 x_i（$i=1,2,\cdots,50$）に対して，y_i の値を x_i が含まれる階級の階級値と定め，これによって得られる y_1，y_2，$\cdots$，y_{50} をデータ Y とする。

たとえば，x_1 が階級 C_3 に含まれるとき，y_1 の値は 25 となる。

X，Y の平均値をそれぞれ $\overline{X}$，$\overline{Y}$ で表す。

このとき，次の問いに答えよ。

(1) A，B の値を求めよ。

(2) k を整数とする。X の第 1 四分位数が階級 C_k に含まれるとき，k の値を答えよ。

(3) $\overline{Y}$ の値を求めよ。

(4) $\overline{X}$ を m_j $(j = 1, 2, \cdots, 5)$ を用いて表せ。

(5) $\overline{Y} - 5 \leqq \overline{X} < \overline{Y} + 5$ が成り立つことを示せ。

5　頼長は、二十歳の時に、四歳年長の信西と議論を戦わせた。

6　隋の煬帝はたいへんな俊英であったが、かえって国を滅ぼしてしまった。

㈥　傍線――「その御心に違ふところのあればこそ、祖神の冥慮にも違うて身を滅し給ひけれ」とあるが、誰のどういう点が「祖神の冥慮」に反したのか、具体的に説明せよ（句読点とも三十字以内）。

（以上・六十点）

5　頼長様のお気持ちとしても、亀の占の価値が朝廷に認められたことを意義深く思われたのか

ウ　弟子を見ること師にしかずといふこと、まことに明らけし

1　弟子が師を軽んじて自由に振る舞うようになる責任は、結局師自身にある、ということは明白に認識されるものだ

2　弟子の能力や人物を知っているという点で、その師にまさる者はいない、ということにはまったく疑う余地はない

3　弟子の言動や態度を見れば、その師のほんとうの実力が窺われるものだ、ということにはまったく疑う余地はない

4　師という存在は、実は自らの弟子のことを十分に理解しているとは限らない、ということが明白に認識された

5　努力を重ねた弟子が身につけた能力は、必ずしもその師を超えないわけではない、ということが明白に認識された

(四)　傍線━━━「せ」と文法的意味・用法が同じものを、次のうちから一つ選び、その番号を記せ。

1　はじめはかかる折ふしに音なせそとて飲む程に、次第に飲み酔ひて、かやうに舞ひをどりけるなり。

2　御のぼりの時、御名残をしみまゐらせ候はんずらん。

3　鷹どもあまたすゑさせ、うづら雲雀をおつたておつたて、終日にかり暮らし、

4　南都の大衆、とやせまし、かうやせましと僉議《せんぎ》するところに、

5　「まことにも」とて龍顔より御涙をながさせたまふ。

(五)　本文の内容に合致するものを、次のうちから二つ選び、その番号を記せ。

1　頼長の器量は世の中に知れ渡っていたが、その死が知らされても誰一人嘆く者はいなかった。

2　頼長が信西と出会ったのは、極めて幼少の頃であった。

3　頼長の病気見舞いのために信西が頼長の屋敷を訪れたところ、たまたま占に関する議論となった。

4　亀の占と易の占のどちらが有効であるかの議論に疲れ果てた信西は、思わず頼長に恨み言をもらした。

a 蛍雪
1 習熟
2 尽力
3 苦学
4 徹宵
5 我慢

b たなごころを指す
1 明白かつ正確である
2 痛いところを突く
3 容易かつ安直に扱う
4 未来を予見する
5 勢いを押しとどめる

㈡ 傍線――ア「入道、摂家の御身は朝家の御鏡におはしませば、御学文あるべきよし、勧め申しけり」の説明として適当なものを、次のうちから一つ選び、その番号を記せ。

1 摂関家出身の頼長の立場を慮り、朝廷の模範としてふさわしい学問を身につけるようにと信西は頼長に進言した。
2 朝廷の信頼を得たいと考えるのであれば、摂関家出身の自らとともに学問に励むべきと頼長は信西に勧めた。
3 摂関家出身として朝廷を治める信西の立場を尊び、今後は帝王学を修めるべきと頼長は信西に勧めた。
4 摂関家出身の立場から信西は、天皇家の寵愛を受けるために学問に打ち込むようにと頼長に進言した。
5 摂関家出身の立場として朝廷の権威を支えるつもりがあるならば、学問を体得すべきと信西は頼長を励ました。

㈢ 傍線――イ・ウの解釈として適当なものを、次のうちからそれぞれ一つ選び、その番号を記せ。

イ　御心にもこのこといみじと思し召しけるにや
1 信西様のお気持ちとしても、頼長の学問が思いのほかに上達していたと感心なさったのか
2 頼長様のお気持ちとしても、大人げなく論破しようとした信西のことをひどいと思われたのか
3 信西様のお気持ちとしても、これ以上の学問は自らにとって無益であると納得されたのか
4 頼長様のお気持ちとしても、学問上の議論で信西にまさったことを感慨深く思われたのか

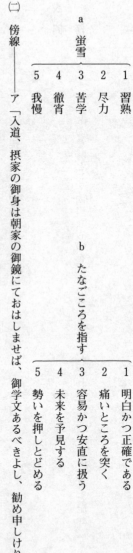

されば孔子の詞にも、「古への学は己が為にす、今の学は人の為にす」とのたまへり。夏の桀、殷の紂は、儒道に悪《にく》む輩、文書にも知るところなり。しかれども、能芸優長にして、才智人に優れたり。よつてこれを戒むる詞に、「智はよく諫めて防ぐに足れり。詞はすなはち非を飾るに足れり。人臣に誇るに能をもつてし、天下に貴《たつと》みらるるに名をもつてす」といへり。かやうの先言を思ふに、俊才におはしましかども、その御心に違ふところのあればこそ、祖神の冥慮にも違うて身を滅し給ひけれ。

（『保元物語』）

注　左大臣殿　藤原頼長。左府、宇治殿とも号す。動乱の中で死去した。

仙洞　院の御所。

春日大明神　藤原氏の氏神。

通憲入道・信西　藤原通憲。信西とも称した。

法性寺殿　藤原忠通。摂政関白を務め、頼長と対立した。

能書　書道に優れていること。

調達　提婆達多。釈迦の弟子。

設　問

㈠　傍線——a・bの意味として適当なものを、次のうちからそれぞれ一つ選び、その番号を記せ。

三　次の文章を読んで、後の設問に答えよ。

左大臣殿の失せ給ひて後は、職事・弁官も故実を失ひ、帝闕も仙洞も朝儀廃れなんとす。世もて惜しみ奉る。まことに累代摂籙の家に生まれて、万機内覧の宣旨を蒙り、器量人に超え、才芸世に聞こえ給ひしかば、いかがありけん、氏の長者たりながら、神事疎かにして威勢を募れば、我伴はざるよし、春日大明神の御託宣あり。神慮の末こそ恐ろしけれ。

この左府、未だ弱冠の御時、仙洞にて通憲入道と御物語のついでに、ア入道、摂家の御身は朝家の御鏡にておはしませば、御学文あるべきよし、勧め申しけり。これによつて信西を師として読書ありて、a蛍雪の功をぞ励ましける。

その後、左府御病気のよし聞こえしかば、入道とぶらひのために、宇治殿へぞ参りたりける。いささか御心地よろしくおはしまししかば、伏しながら文談し給ひけるに、亀の占と易の占との浅深を論じ給ひけり。左府、亀の占形深しとのたまへば、通憲、易の占深しと申すによつて、御問答こと広くなりてやや久しく、互ひに多くの文を引き、数多の文を開き給へり。入道、つひに負け奉りて、「今は御才学、イすでに朝に余らせおはします。この上は御学文あるべからず。もし猶《なほ》させ給はば、御身の祟りとなるべし」と申して出でにけり。御心にもこのこといみじと思し召しけるにや、自ら御日記にあそばしたる詞にいはく、「先年、院において学文すべきよしを諜《てう》す。予二十歳なり。今、病席の論、二十四歳なり。中ごろわづかに四年、才智にあたつてすでに彼の許可を蒙る。すべて四年の学文の間、書巻聞くごとに、彼を諾して忘るることなし。感涙を拭つてこのことを記す」と侍り。

まことに信西の申されける詞、bたなごころを指すがごとし。才に誇る御心ましませばこそ、御兄法性寺殿を、「詩歌は楽しみの中の手遊び、能書は賢才の好むところにあらず」などとて、直下と思し召されけめ。ウ弟子を見ること師にしかずといふこと、まことに明らけし。これ御学文を止め申すにあらず。才智に誇り給ふところをぞ戒め参らせけん。まづ御心まことに信ありて、麗しき御心ばせの上の御学文こそしかるべけれ。何かすべて内外の鑽仰、ただ一心のためなり。調達が八万蔵を諳《そら》んずる、つひに奈落の底に堕す。隋の煬帝の才能、人に優れたりしは、国を滅ぼす基《もとゐ》たり。学者の心を用ゐること、このところにあるべし。

の背景にある彼の科学的空想力の豊かさを高く評価したいと思う。

（池内了『江戸の宇宙論』）

設問

㈠ 空欄〔　　〕に入る語句として適当なものを、次のうちから一つ選び、その番号を記せ。

1 軌を一にする　2 心を一つにする　3 一線を画する　4 一世を風靡する　5 一石を投じる

㈡ 本文の内容に合致するものを、次のうちから三つ選び、その番号を記せ。

1 古代中国では星を詩文に詠み込むことで、優れた景物と見做す思想があった。
2 古代の人々は天地の異変を予言する占星術によって、天文事象を不吉なものや畏れ敬うものととらえていた。
3 曇天が多く湿度が高い日本の気候では、天は「愛でる」気持ちの対象であり、江戸時代には幅広い分野で星空の美しさが詠まれた。
4 江戸時代になって、太陽や月を観測・観察しようとする姿勢が表れてきた。
5 暦算家や儒家たちは、天球や惑星の配置と動きを論理的に考察した。
6 本木良永は、朱子学の天動説と蘭学の地動説を対照して最終的に地球中心説を説いた。
7 地動説が日本で受容されていった背景には、長崎通詞の訳本が写本として広く流通したという事実がある。
8 司馬江漢は、当時の絵画の全流派から画法を学び、絵師として高い評価を受けたため、自由に振る舞うようになった。

㈢ 傍線――――について、筆者はなぜ江漢を「科学コミュニケーター」と言っているのか、具体的に説明せよ（句読点とも四十字以内）。

（以上・五十点）

そのもう一つの重要な役割とは、江漢が一七八八〜一七八九年に長崎を訪れ、耕牛や良永と交流を持って地動説を知ったことから、科学のコミュニケーターとして地動説を日本で最初に唱道したことである。良永の翻訳で地動説は日本に紹介されていたが、その訳書は幕府内に留め置かれ、一般には写本によってでしか知られなかった。江漢も、最初は地動説を奇異な説と受け取っていたのだが、この写本を見て地動説こそ正しいと確信して人々に宣伝することを自分に課すことにしたらしい。まず著書の『和蘭天説』（一七九六年）で地動説への理解を徐々に深めていく過程を正直に述べた上で、ついに『和蘭通舶』と『刻白爾《コッペル》天文図解』（一八〇九年）によって、地動説から宇宙の構造にまで空想を広げ、星々の世界の全体像を考える宇宙論を提示するに至ったのである。つまり地動説、そして宇宙論を人々に唱道した最初の日本人になったのだ。また窮理学としての蘭学の面白さをわかりやすく語った著作『おらんだ俗話』（一七九八年）も出版し、人々を啓蒙することに貢献したのであった。江漢は日本最初の科学コミュニケーター、と言っても過言ではないだろう。

彼が自伝のつもりで書いた回顧録『春波楼筆記』（一八一一年）には、「天は広大なもので、遠くから地球を視れば、一粒の粟のようなものである。人はその一粒の粟の中に生じて、微塵よりも小さい。あなたも私もその微塵の一つなのではないか」という文章がある。広大な宇宙に生きる小さな存在としての人間を省察する、そんな哲学的な境地を正直に語っている。

曇天が多く、湿度が高い日本の気候では、星空は遠くまで見えにくいため、天はロマンの対象で「愛でる」対象でこそあれ、太陽系の運動や宇宙の全体構造までを論じる天文・宇宙にまで想像力を広げて「究める」ことがなかった。ところが、江漢が自ら開発したエッチングの腕を活かして『地球図』（一七九三年）、『天球図』（一七九六年）を披露するとともに、先に述べた著作による啓蒙活動を行ったことによって、地動説・宇宙論を受け入れる人たちが少しずつ増えていったのではないかと思われる。弟子にあたる片山円然が『天学略名目』（一八一〇年）において、江漢の説を繰り返し述べていることからわかるように、人々の宇宙を見る目を一気に広げたのである。江漢は単に西洋の説の受け売りをしたに過ぎないと言われ、事実そうなのだが、私はそ太陽が中心にあって、その周囲を回転する地球という描像の下で、私たちの世界を太陽系宇宙として客観視する視点（＝太陽窮理）に到達したのである。西洋から二五〇年遅れていたが、同書の翻訳は理を窮めることによって新しい知の地平に達する、その素晴らしさを体得していく契機となった。これが日本において「窮理学」と呼ぶ「科学（理学）」の発端となったと言えるのではないか。幕府ご用達の通詞が出した訳本は公に広く刊行することはできなかったが、写本としてかなり広く伝わり、地動説が日本に受容されていったのである。

まさに、この写本を読んで地動説に魅せられたのが司馬江漢であった。彼は、狩野派・浮世絵・唐画・洋風画という当時の絵画の全流派から画法を学んで自分のものとし、稀代の絵師として歴史に名を残す人物であるが、それ以外にも日本の歴史において重要な役割を演じている。

一つは、日本で最初にエッチング法によって銅版画を制作したことである。蘭学が隆盛になり始めた頃に彼は前野良沢に弟子入りして蘭語を学び、エッチングの手法が書かれている本を読み解こうとした。しかし、良沢はよい先生ではなく、江漢もよい弟子ではなかったので、江漢は蘭語をモノにできなかった。そこで江漢は、若き大槻玄沢の蘭語読解力の助けを得てエッチング技法を学んで完成させたのであった（一七八三年）。この頃、蘭学者はまだ少なく、草創期の学問の徒として互いに助け合っていた。しかし、それから一〇年経った頃には、玄沢は蘭語の先駆者として蘭学界を背負って立つ大物となり、幕府に蘭学を認知させて官学化することによって、蘭学を日陰の存在から陽《ひ》の当たる学問へと昇格させたいと考えるようになっていた。他方、江漢は絵師としての評価は上がったのだが、野人のまま自由に振る舞うことを望み、幕府の政策や封建体質を非難することも否《やぶさ》かではなかった。そうなれば、当然ながら幕府擁護派の玄沢と幕府批判派の江漢の間には軋轢《あつれき》が生じ、二人は衝突するようになり、江漢は蘭学仲間から追放に近い処分を受けた。その詳細は、私の前著『司馬江漢』に譲るとして、この仲たがいが江漢にもう一つの重要な役割を演じさせる遠因となったのである。

残している。これは「星空を愛でる」そして「究める」姿勢の表れと言えるかもしれない。

しかしそれでも限界があった。暦算家は、恒星が張り付いている天球が日周運動で回転し、その天球上を太陽・月・諸惑星が地球を中心として逆行運動するという説で満足した。これに対して儒家たちは、すべてが同一方向に動いており、恒星・外惑星・太陽・月という順で回転が遅くなっているとの恣意的な説で納得した。これらは天球や惑星の配置と動きが観測結果と矛盾しないよう工夫をした考察で、当時の「宇宙論」だとも言える。しかし、いずれも太陽系の構造から積み上げた論理的な考察ではなく、いかにも間に合わせの（アドホックな）議論でしかない。実生活においてはそれ以上を考える必要が認められなかったのである。

ところが、蘭学を通じて西洋の天文学の知識を学ぶうちに、自ら輝く太陽を中心として、地球を含めた太陽の光を反射する、当時確認されていた六つの惑星が太陽の周りを回っているとの説を知る者たちが現われるようになった。地動説である。日本で最初にコペルニクスの地動説の存在を知ったのは長崎通詞の本木良永で、彼は一七七四年に、オランダ人ブラウの第一部天動説と第二部地動説を対照して記述した本を『天地二球用法』として抄訳した（天地二球とは太陽と地球の二つの球体のこと）。ただ良永は、当時の学問の常識である朱子学が天動説の立場であり、世間の誰もが地球中心説を信じていたこともあって第二部を削除しており、地動説の立場を打ち出さなかったのである。

しかしながら、長崎の通詞仲間とは日常的に地動説のことを話していたようで、仲間内ではいわば常識となっていたらしい。というのは、三浦梅園が一七七八年に長崎を訪れて吉雄耕牛などと交流したとき、太陽中心説が当たり前のように説かれ、梅園は天球儀（太陽を中心とした太陽系模型）を手に取って見ているからだ。おそらく良永は、コペルニクス説をきちんと紹介しておきたいとの気持ちが強くあったのだろう、幕府からの密命を受けて、イギリス人ジョージ・アダムスが書いた本（ジャック・プロースが蘭訳）を『星術本原太陽窮理了解新制天地二球用法記（太陽窮理了解説）』（一七九二～一七九三年）として翻訳した。

を助けたいと思うようになる。

5　脳を活性化させる哺乳類に共通するメカニズムを通して、自己と他者を区別できるようになった上で、自己鏡映像認知が発達すると、人を助けるようになる。

（以上・四十点）

二　次の文章を読んで、後の設問に答えよ。

古代中国においては優れた景物として盛んに星を詩文に詠み込んでいるのだが、日本の最初の歌集である『万葉集』には星の歌がほとんどない（海部宣男『宇宙をうたう』）。その理由として、古代の人々には、星は人の魂が天に昇ったもの、不吉なものと見做す思想があったのではないかという説がある。あるいは、天が地の異変を予言して天文現象として表れるとする占星術が信じられており、人々は天の事象を畏れ敬う心が強かったのではないかとも言われている。この傾向は平安末期から鎌倉時代にまで続き、七夕の歌は詠われてもそれは地上の恋の物語に焼きなおされているのである。しかし江戸時代になると、文芸の幅が和歌のみに留まらず、五七五の俳諧や川柳、五七調を基調とするさまざまな俗謡へと広がって、ようやく星空の美しさに感嘆した歌が多数詠われるようになった。星空を純粋に「愛でる」気持ちを吐露するようになったのである。

それと〔　　〕ように、江戸時代に入ってから、夜空に見えるあの星々はどのような運動をしているのか、そこに規則性はないのかを調べる人間、つまり「星空を究める」人間が登場した。麻田剛立や天文方として雇用された高橋至時、それに加えて間重富など、暦作成のための基礎データの測定を目的に太陽や月、そして惑星を観測し、その運動を計算する暦算家が登場するようになったのである。併せて、岩橋善兵衛や国友一貫斎などが望遠鏡を製作し、太陽黒点や月の表面などの詳細な観察図を

4　相手の苦しみに共感することによって生じる自己の苦しみを解消するために、相手を助けようとする。
5　相手に感謝されたいという欲望を持って助けることは道徳的行為とは言えず、利己性を排するのは不可能である。

㈡　傍線――Bについて、「同情による適切な利他的行動ができる」の例として不適当なものを、次のうちから一つ選び、その番号を記せ。

1　アカゲザルは鎖を引くと隣のサルに電気ショックが与えられるのを知り、餌を取るのをやめた。
2　幼いチンパンジーはコーツが泣き真似をすると、コーツの顔をじっと見て、指でそっと触れた。
3　ボノボは気絶した鳥を拾って、木のてっぺんに登り空中へ放り出してやった。
4　飼い犬が飼い主の悲しむ様子を見て、飼い主のまわりをうろうろして頭を膝の上に載せる。
5　子供は、ぬいぐるみが破れて泣いている子に別のぬいぐるみを持って行く。

㈢　傍線――C「心的分離があるからこそ、他人の悲しみに対して同情し、何とかしてあげたいと思うのである」の説明として適当なものを、次のうちから一つ選び、その番号を記せ。

1　マークテストの実験からわかるように、自己意識が発達し他人の悲しみに共感するようになった結果、自己と他者を区別できるようになり、人を助けたいと思うようになる。
2　マークテストの実験からわかるように、自己認識にともなって生じてくる他者への気遣いが、他人の悲しみに共感する利他的行為を生み出し、人を助けるようになる。
3　マークテストの実験からわかるように、自己像が形成され自己意識が発達すると、自己と他者を区別できるようになり、他者の視点に立って人を助けたいと思うようになる。
4　鏡に映っている他者を通して自己を認識することで、自己鏡映像認知ができるようになるために、他者の視点に立って人他者への気遣いは、こうした自己認識にともなって生じてくる。事実、マークテストに合格した子供たちは、「僕が」「私に」という言葉をたくさん使うようになり、困ったり苦しんでいる人を見ると、手助けするようなふるまいが見られるようになる。たとえば、ぬいぐるみが破れて泣いている子には、別のぬいぐるみを持って行ったり、スプーンが折れて悲しそうにしている大人に、別のスプーンを渡したりするのである。

このことから、利他的行為には他者の視点、自己と他者の区別が必要であることがわかる。共感だけなら、ほとんどの哺乳類に生じるだろう。私たちは他者の悲しみや怒り、痛みを目にすると、同じような感情が湧き上がるものであり、神経画像で見ても脳が同じように活性化する様子を捉えることができる。ここまでは哺乳類に共通するメカニズムだが、人間はさらに、他人の状態と自分の状態を切り離す「心的分離」があるため、他人の悲しみと自分の悲しみを区別できる。この区別ができなければ、泣いている子を見て泣きだす赤ちゃんと同じだ。C心的分離があるからこそ、他人の悲しみに対して同情し、何とかしてあげたいと思うのである。

（山竹伸二『共感の正体』）

設問

㈠　傍線――A「私たちが他者を助けるのは「他者のため」だけでなく「自己のため」でもある」とはどういうことか。適当なものを次のうちから一つ選び、その番号を記せ。

1　他者援助は自分の不快な情動と距離を取るためのものであり、欲望に対して無自覚であることはない。

2　自分が嫌な思いをしないように相手を助けるのは、高度な想像力や推論の能力で相手の苦しみを捉えるからである。

3　相手の情動を無視する利己的態度が、他者への気遣いや共感を自己防衛的利他行動へと進化させていく。

ろたえ、飼い主のまわりをうろうろし、気遣わしそうに頭を飼い主の膝の上に載せてくる。こんな経験をした人は少なくないだろう。

ただ、慰めるという行為には、共感して不安になった自分の心を安心させたい、という自己防衛的な動機もある。幼い子供が苦しんでいる母親を見て思わず抱きついてしまうのは、母親を慰めているようにも見えるが、自分の苦しみを癒してもらいたい、という気持ちもあるだろう。それは慰めるという利他的行為ではあるが、なぜ相手が苦しんでいるのか、どうしてあげればよいのか、という理解には至っていないのだ。

この段階では、他者の身になってみる、他者の視点で考えられるわけではないので、厳密に言うと、共感はあるが同情が生じているとは言えないかもしれない。しかし、鳥を助けたボノボの行動は、他者の視点に立った援助行動であり、それは完全に発達した同情と見ることができる。これはチンパンジーにも同じことが言える。どうやら、B大きな脳を持つ哺乳類は、他者の視点に立って相手の心を理解し、同情による適切な利他的行動ができるらしい。

人間の赤ちゃんにも早くから共感は生じているのだが、他者の視点に立つことはできない。一歳になると鏡に映った自分の姿に微笑んだり、ペタペタ触れたりするようになるが、それが自分だとは理解していない。これは多くの動物も同じだが、要するに、鏡に映っているのは他者なのだ。

しかし二歳を過ぎると、鏡に映っているのは自分だと気づけるようになるし、それを証明する簡単な実験もある。

たとえば、子供の顔にわずかの口紅をつけておくと、鏡を見たとき、子供は自分についた口紅に手を触れる。つまり、鏡に映った口紅が自分についているものだと認識しているのだ。これはマークテストという実験だが、二歳児はこのテストに合格するようになる。自己鏡映像認知とも呼ばれるこの認識は、自己像を形成し、自己意識の発達を意味するものであり、他者の視点に立って自分を見ることができるようになったことを示している。

多くの場合、A私たちが他者を助けるのは「他者のため」だけでなく「自己のため」でもある。大人は幼い子供よりも共感による不快な情動と距離を取り、コントロールできるので、そういう意味での利己的動機は弱くなるが、一方では、他者援助による称賛や自尊心など、別の意味で利己的欲望が強くなるし、むしろ子供のほうが純粋に他者を助けているのかもしれない。

サルやネズミは目の前で他者が苦しんでいると、その原因となる行動をやめるのだが、それは自己防衛的利他行動であり、共感によって生じた自分の不快な情動に耐え切れず、その不快感を解消するために行動をやめているにすぎない。しかし、もっと積極的に他者に対して気遣い、慰めるような行動、助けるような行動を取る動物もいる。

ドゥ・ヴァールの著書から例を挙げてみよう。

動物研究の草分けであるコーツは、幼いチンパンジーのヨニを愛情深く育てていた。ある日、コーツは泣き真似をして、目を閉じて涙を流すふりをすると、ヨニは自分のしている遊びをただちにやめ、興奮して毛を逆立てながら、急いで駆け寄った。そして、コーツのまわりをせわしなく走り、コーツの顔をじっと見て、手のひらで優しくコーツの顎を包み、指でそっと顔に触れたのだ。

この事例は明らかに同情を示している。ドゥ・ヴァールによれば、「共感とは、他者についての情報を集めるプロセスだ。対照的に、同情とは、他者に対する気遣いと、他者の境遇を改善したいという願望を反映している」(『共感の時代へ』)。共感は無意識的で、他者を助けるとはかぎらないが、同情は意識的に他者を助けたいと思う段階、ということになる。

チンパンジー以上に共感レベルが高く、同情による利他的行動を示すのがボノボだ。たとえば、動物園の壁にぶつかって気絶した鳥を見つけたボノボが、鳥を拾い上げ、木のてっぺんに登り、空中へ放り出してやった、という例がある。鳥が飛び立てるように、助けようとしたのだろう。ボノボのような類人猿は、同情するだけでなく、洞察力のある高度な援助行動ができるのだ。

他にも同情を示す動物の例は多い。最も身近なのは、飼い犬の慰める行為だ。苦しんだり悲しんだりする家族に、飼い犬はうるほうが嫌なのだ。同じ実験をアカゲザルに行った場合、やはり鎖を引いて餌を取るのを拒んだという。それも、ラットの場合は一時的に行動を中断しただけなのに対して、サルは何日間も餌を取るのを拒むようになり、飢え死に寸前まで、仲間に痛みを与えるのを避けたのである。

　ドゥ・ヴァールはこれを「自己防衛的利他行動」と呼んでいる。相手のためというより、自分が嫌な思いをしたくないという自己中心的な理由から、相手を助けているからだ。つまり、苦しみを感じている相手の感情が伝染し、共感して自分も苦しみを感じてしまうため、この自分の苦しみを解消するという利己的な目的のために、相手を助けるのである。

　では、共感によって他者を助ける行為はすべて「利己的」な動機に基づいており、良心に基づく真の道徳的行為とは言えない、ということだろうか？

　そうではない、とドゥ・ヴァールは述べている。完璧な利己的態度とは、相手の情動を無視することであり、他者への気遣い、道徳的行為は、自己防衛的利他行動から進化してきたに違いない、というのだ。

　なるほど、それは十分に考えられることだと思う。人間だって幼い頃は、泣いている子を見れば自分も泣き出し、親に慰めてもらおうとする。それは共感によって生じた不快な情動を取り除こうとしているのだ。やがて幼児も自分が慰めてもらうだけでなく、泣いている子を慰めるようになるのだが、それも最初は共感による不快な情動を何とかしたい、という自己防衛的な行動なのだろう。そして成長するにつれ、相手の悲しみを想像し、相手の立場に立って考えられるようになると、自己防衛のためだけではなく、相手のためを思って行動できるようになるのかもしれない。

　いずれにせよ、道徳的行為が完全に利己性を排したものだと考える必要はない。私たちが他者の苦しみに共感し、心から助けたいと思う場合でも、共感によって生じた苦しみを解消したい、という部分が全くないとは言えない。無自覚であるにせよ、助けることで相手に感謝されたい、立派な人間でありたい、という欲望があるのは自然なことだろう。

国語

（七五分）

一　次の文章を読んで、後の設問に答えよ。

共感は人間に特有の現象なのだろうか？

そう問われたとき、私たちは他人の感情を想像し、推論する過程を思い浮かべる。暗い表情でうつむいている人を前にすると、何かあったのだろうかと考え、その表情の奥に言いようのない苦しさ、悲しい叫びを感じとることがある。そして、その悲しみがこちらの内面になだれ込んでくるかのように、自分自身の心も悲しみで満たされる。そんな光景が思い浮かぶ人は多いだろう。

そう考えると、共感には高度な想像力、推論の能力が必要であり、人間のみに可能なことのように思える。ところが、こうした考え方に疑問を投げかけるような科学的研究が、近年、注目を浴びている。想像力のまだ発達していないはずの乳幼児にも、共感と思われるような反応が見られるからだ。それだけではない。人間のような想像力、推論の能力がない動物にさえ、共感としか思えない反応が見られるのである。

動物行動学者のフランス・ドゥ・ヴァールによれば、共感は人間だけでなく、チンパンジーやボノボ、ゾウ、イルカ、犬など、多くの哺乳類にもみられる特質である。

たとえば、レバーを押して餌を手に入れるように訓練したラットは、自分がレバーを押すと隣のラットに電気ショックが与えられるのを知ると、レバーを押すのをやめてしまう。レバーを押さなければ餌を入手できないのに、隣のラットが苦しむのを見

解答編

英語

I **解答** A．(X)―3　(Y)―4　(Z)―4
B．(a)―2　(b)―1　(c)―1　(d)―2　(e)―1　(f)―3　(g)―1　(h)―3　(i)―1　(j)―2
C．(ア)―2　(イ)―1
D．あ―1　い―5　え―4
E．1・3・8

◆全　訳◆

≪Huh?という言葉の重要性と普遍性≫

人類は様々な言語を話すが，私たちは困ったときは一つになるかもしれない。新しい研究によって，世界中の言語が調査され，人間が口に出す普遍的な言葉が発見された。それは「Huh?（え？）」である。

研究者たちは，5つの大陸にある都市や僻地にある村を訪れ，10種類のまったく異なる言語の母語話者のもとを訪問した。何気ない会話を約200回にわたって録音した結果，どの言語にも「Huh?」にあたる言葉があることがわかり，しかもその音が驚くほど似ていることがわかった。

一見すると，「Huh?」はなにげなく発される言葉に思われるが，かみ合わない会話をつなぎとめる接着剤であることが，世界中をまわった研究チームによって，金曜日に『プロス・ワン』誌において発表された。この言葉が何度も出てくるということは，言語における「収斂進化」の驚くべき事例を明らかにするものであると研究チームは付け加えた。

英語では，「Huh?」は非常に評判の悪い発言である。この単語は，いわゆる「会話における相槌」と呼ばれるものと同じで，会話の隙間を埋める「あー」「ええと」などのつなぎ言葉と見なされている。しかし，この言葉は会話の中で重要な役割を果たしている，とスタンフォード大学の心理学者で言語を研究しているハーバート＝クラークは言う。

ある人がちょっとした情報を聞き逃し，意思疎通が途切れたとき，それを素早く，簡単に，かつ効果的に修正する方法が必要なのだ，と彼は言う。この研究に参加していないクラークは「修復する能力がなければ，会話は成立しない」と語った。「それはどんな会話であっても，皆が必要としているものだ」

「Huh?」のようなものがなければ，会話はわずかな誤解であっという間に元に戻せないほど狂ってしまうかもしれない。これは，生き残るために円滑な意思疎通することに依存している高度な社会性を有する種にとって，悪い知らせとなる。この研究のために，オランダのマックス・プランク心理言語学研究所の科学者たちは，「Huh?」が，確かに奇妙ではあるが，十分に発達した言葉としての機能を持つ地位を獲得していることを示そうとした。さらに，他の言語にも同じような機能を持つ類似の単語があるかどうかも調べようとした。

問題は，「Huh?」が言語の特徴のなかでも重要ではないもののように思われるので，記録されないことが多いと，この研究に携わった言語人類学者のニック＝エンフィールドは言っている。この言葉が言語学の文献にあまり出てこないのは，遠隔地の言語を話す人々を記録する研究者は，このような記憶に残らないつなぎ言葉を無視しがちだからなのだ。

研究者たちは，他の言語でも「Huh?」に相当するものがあるかどうかを調べるには，自分たちで行ってみなければならないと思っていた。そこで彼らはエクアドル，ラオス，ガーナ，オーストラリアにある僻地の村に向かい，何週間もかけて現地の人々と知り合いになった。彼らは，自然でくだけた会話を録音する前に，人々の信頼を得て，おそらく自然な環境下で普通に「Huh?」が使われる事例を聞き取らなければならないと感じていた。

「私たちが収集した会話の種類は，朝食のテーブルで，あるいは夕方に手芸をしているときに，あなたと私が交わすような会話です」とエンフィールドは言っている。この「Huh?」収集家たちは，スペイン，オランダの研究所だけでなく，イタリア，ロシア，台湾の家庭も訪れた。調査した言語はチャパラ語，オランダ語，アイスランド語，イタリア語，ラオス語，標準中国語，ムリンパタ語，ロシア語，シウ語，スペイン語である。（中略）

これらの言語間で，彼らは「Huh?」の顕著な類似性を発見した。すべての語が 1 音節で，それらは前舌低母音に限定されることが多く，「ah」や「eh」のようなものであった。英語の Huh? やオランダ語の Heh? のように，この単純な単語が子音で始まることもある。（中略）10 の言語すべてにわたって，少なくとも 64 もの単純子音があったが，その単語は常に H または声門閉鎖音（英語の uh-oh の真ん中の音）で始まっていたのである。

どの言語の「Huh?」も，2 つの重要なテストに合格しており，明らかに単語であると科学者たちは述べた。それぞれの言語の「Huh?」は話者が身につけなければならないもので，常にその言語のルールに則っている。例えば，英語圏の人たちは，声を高くして質問するので，「Huh?」と言うとき，声は高くなる。アイスランド語話者は，質問をするときに声を下げるので，案の定，「Ha?」と尋ねるとトーンが下がるのだ。（中略）

カリフォルニア大学ロサンゼルス校の社会学者であるターニャ＝スティーバーズは，この研究には参加していないが，「これは驚くべきことです」と述べている。「確かに微妙に違うことがわかりますし，特定の言語に合わせて適応しているようです。それはおもしろいと思います」何しろ，同じ意味の言葉でも，言語が違えば響きもまったく違うからだ，とスティーバーズは指摘している。例えば，英語の「Apple」はスペイン語では「manzana」，日本語では「ringo」，ウルドゥー語では「saib」である。では，なぜ「Huh?」は，たとえば「bi」とか「rororo」のように，無関係な言語間でまったく異なる音にならないのだろうか？

オランダの研究者たちは，この言葉は特定の環境下で明らかに必要とされること，すなわち聞き手との空白を話し手に埋めさせることで，かみ合わない会話をすぐに修復しようとするために生じたからだと考えている。「ee」のような高母音や，唇を丸くして発音する「oo」のような音と比べて，「ah」，「eh」のような前舌低母音を出すのは最小限の労力で済む。声門閉鎖音や「h」も同様で，音を出すのにほとんど口を動かす必要がない。これによって，話し手はちょっとした情報を聞き逃したことをすぐに伝え，その情報を再度要求することができる。（中略）

言語学者たちは，この現象を説明するために生物学から「収斂進化」という言葉を借用した。ちょうどサメとイルカが，まったく異なる系統の生き物であるにもかかわらず，水中で成長するために同じ体型に進化したように，すべての言語は，特定の問題を解決するために非常に便利であることから，「Huh?」を発達させた，と研究者は述べている。

イギリスのレディング大学で言語進化を研究しているマーク＝ペーゲルは，『プロス・ワン』の研究には参加していないが，「『Huh?』はほぼ間違いなく自由に何回も何回も作られた」と述べた。「そしてそれが普遍的に見える理由なのです」

◀解　説▶

A．(X)直前に relies があることから 3 が正解。rely on *A*「*A* に頼る」

(Y)直前に akin があることから 4 が正解。akin to *A*「*A* と類似して，*A* と同種の」

(Z)直前に compared があることから 4 が正解。compared *A* with *B* は「*A* と *B* を比較する」という意味で，ここでは受動態の分詞構文になっている。

B．(a)remote は「遠く離れた，へんぴな」という意味なので，2 が正解。1 は「農業の」，3 は「空っぽの，何もない」，4 は「小さい」という意味。

(b)remarkably は「著しく，目立って」という意味なので，1 が正解。2 は「時折」，3 は「不完全に，部分的に」，4 は「仮に，試験的に」という意味。

(c)空所Xを含む文より，「Huh?」のようなものがなければ，会話はどうなるのかと考え，下線部は否定的な意味になると推測できるので，1 が最も近い。derail は「狂わせる，脱線させる」という意味。2 は「深める」，3 は「勇気づける」，4 は「続ける」という意味。

(d)set out は「〜しようと決心する，出発する」という意味なので，2 が正解。1 は「減少した」，3 は「確立した」，4 は「立った」という意味。

(e)crop up は「(不意に) 生じる，起こる」という意味なので，1 が正解。2 は「登る」，3 は「消える」，4 は「持ち上げる」という意味。

(f)counterparts は「対応〔相当〕する物〔人〕」という意味なので，3 が正解。1 は「特徴的な発音，なまり」，2 は「訂正（箇所)」，4 は複数形になっているので「意見，希望」という意味。

(g)instances は「場合」という意味なので，1 が正解。2 は「指示，命令」，3 は「誤った発音」，4 は「代わり，代用品」という意味。

(h)key はここでは test という名詞の前に置かれているので，形容詞として働く。「重要な」という意味なので，３.「不可欠な」が正解。１は「簡単な」，２は「入口」，４は「正確な」という意味。

(i)slightly は「わずかに，かすかに」という意味なので，１が正解。２は「たくさん」，３は「完全に」，４は「定期的に」という意味。

(j)thrive は「よく育つ，繁栄する」という意味なので，２が正解。１は「飛び込む」，３は「縮む」，４は「泳ぐ」という意味。

C.(ア)波線部は「現地の人と知り合いになること」という意味。get acquainted with *A*「*A* と知り合いになる」locals は複数形になっていることから名詞として使われていることがわかり，「現地の人，地元の人」という意味。becoming familiar with と言い換えている２が正解。１は「現地で使われている言語を習得すること」，３は「現地を探検すること」，４は「現地の文化を研究すること」という意味。

(イ)波線部は直訳すると「聞き手の空白を埋める」という意味。具体的には，「(話し手が) 聞き手とわかり合えてない部分を埋める」ということなので，１.「聞き手に物事をわかりやすく説明する」が正解となる。２は「聞き手に新たな話題を紹介する」，３は「聞き手が注意を払っていないということを認識する」，４は「聞き手が会話に参加していることを示す」という意味。

D. 解答へのプロセスは以下の通り。

①空所（　あ　）の直前の This を主語と考えると，次に動詞がくるので三人称単数形になっている allows が入る。

②空所（　い　）は allow の目的語になり，目的語は名詞でなければならないので，speakers が入る。listener も名詞だが，冠詞がなく，さらに複数形になっていないことから，文法的に空所には入らない。allow *A* to *do* で「*A* に～させる」という意味で，ここでは signal が *do* に当たる。

③空所（　う　）の後ろに they missed という文が続いていることから，接続詞 that を入れる。signal that ～は「～ということを合図する」という意味。

④空所（　え　）の直前にある接続詞 and が動詞を結ぶ働きをしていると考える。ここでは signal が原形になっていることから，同じ原形の request を入れると文意が通る。

E．それぞれの選択肢の意味と正誤の根拠は以下の通り。

1．「人間は多くの言語を話すが，彼らは皆，同じような方法で，『Huh?』を使うことがある」

→第1段第2文（A new study…）で，世界中の言語を調査した結果，人間が口に出す普遍的な言葉「Huh?」が発見されたと書かれているので，合致する。「普遍的な言葉」とはここではいろいろな場所に広く浸透している言葉という意味である。

2．「スタンフォード大学の心理学者，ハーバート＝クラークによると，英語では，『Huh?』は『mm-hmm』よりも重要ではないということだ」

→第4段最終文（But it plays…）において，ハーバート＝クラークは「Huh?」は会話の中では重要な役割を果たしていると述べているが，「Huh?」は「mm-hmm」よりも重要ではないとは書かれていないので，誤りである。

3．「マックス・プランク心理言語学研究所の科学者たちは，他の言語にも意思疎通の失敗を解決するために，『Huh?』に似た言葉があるかどうかを知りたかった」

→第6段最終文（They also wanted…）において，他の言語にも「Huh?」に似た機能を持つ単語があるかどうかも調べようとしたとあるので，これに一致する。

4．「ニック＝エンフィールドは，研究者が収集した会話が，研究者自身の日常会話と大きく異なっていることに感銘を受けた」

→第9段第1文（“The kind of…）において，ニック＝エンフィールドは「収集した会話は，私たちが日常的に行っているようなものだった」と述べているので，誤りである。

5．「研究者たちは，調査した10言語に含まれる64個の簡単な子音から，『Huh?』と似た音の単語はすべて意味が著しく異なることを発見した」

→第10段第1文（Across these languages…）において，異なる言語間での「Huh?」の類似性を発見したと述べられている。これを受けて第10段最終文（Across all 10…）で，10言語に含まれる64個の簡単な子音を調べた結果，「Huh?」と似た音の単語は常にHまたは声門閉鎖音で始まっていることがわかったと報告しているが，意味が著しく異なるとは述べられていないので，誤りである。

6．「『Huh?』はどの文化圏でも学ぶ必要があるが，必ずしもその地域の言語のルールに則っていないことがわかった」
→第 11 段第 1 文（Every version of…）において，「Huh?」はその地域で話されている言語のルールに従うと書かれているので，誤りである。
7．「ターニャ＝スティーバーズは，同じ意味を持つ単語が異なる言語間では驚くほど音がよく似ていることに気づいた」
→第 12 段第 4 文（After all, Stivers…）において，同じ意味の言葉でも，言語が違えば響きもまったく違うと指摘しているので，誤りである。
8．「この記事において『収斂進化』という用語は，『Huh?』のような言葉が同じような問題を解決するために，様々な言語で自由に出現する過程を指す」
→第 14 段および第 15 段第 1 文（"'Huh?' has almost…）より，それぞれの言語が問題解決のために，自由に「Huh?」のような言葉を発達させ，その過程を「収斂進化」と呼んでいることがわかるので，合致する。

II 解答

A．(W)―2　(X)―2　(Y)―2　(Z)―4
B．(a)―3　(b)―4　(c)―3　(d)―2　(e)―3　(f)―2　(g)―1　(h)―2　(i)―2
C．(ア)―2　(イ)―4　(ウ)―2
D．あ―7　い―3　え―1
E．1・6
F．全訳下線部参照。

◆全　訳◆

≪画面上で文章を読むときの問題点≫

多くの研究により，画面上で読むと，印刷物で読むときほどには内容を理解できないことがわかっている。さらに悪いことに，多くの人は自分が理解できていないことに気づいていないのだ。例えば，スペインとイスラエルの研究者たちは，デジタルと印刷物での読書を比較した 54 の研究を詳しく調べた。2018 年の研究では，171,000 人以上の読者を対象とした。理解力はデジタル文章よりも印刷物を読んだ方が全体的に優れていることがわかったのだ。研究者たちはその結果を『教育研究レビュー』に発表した。

パトリシア＝アレクサンダーは，メリーランド大学カレッジパーク校の心理学者だ。彼女は私たちがどのように学ぶかを研究している。彼女の研究の多くにおいて，印刷物で文章を読む場合と，画面上で読む場合の違いについて精査されている。アレクサンダーによると，学生はしばしばネット上で読んだ方が勉強になると思っているそうだ。しかし，調べてみると，実は印刷物で読んだときよりも学習効果が低いことがわかっているのだ。

読書は読書ではないのか？（読むことに変わりはないでしょ？）いや，そういうわけではない。マリアンヌ＝ウルフはカリフォルニア大学ロサンゼルス校に勤めている。この脳神経科学者は，脳がどのように読むかを専門としている。読書は自然なことではない，と彼女は説明している。私たちは周りの人の話を聞いて，話すことを学ぶ。それはかなり無意識にしていることである。しかし，読めるようになるには，本当に努力が必要なのだ。ウルフは，脳には読むためだけの特別な細胞ネットワークがないからだと指摘している。

文章を理解するために，脳は他のことをするために進化したネットワークを借りている。例えば，顔を認識するために進化した部分が，文字を認識するために呼び出されるのだ。これはある道具を新しい用途に適応させるのと似ている。例えば，コートを掛けるハンガーは服をクローゼットに片づけるのに最適だ。しかし，もし冷蔵庫の下にブルーベリーが転がっていたら，コートハンガーをまっすぐに伸ばして，冷蔵庫の下に手を入れ，フルーツを取り出すのにそれを使うかもしれない。あるもののために作られた道具を，新しいもののために応用するのだ。それが読書をするとき，脳がしていることである。

脳がこれほど柔軟なのは素晴らしいことだ。その柔軟性が，私たちが多くの新しいことを学べる理由のひとつである。しかし，その柔軟性が，様々な種類の文章を読むときには問題になることがある。ネット上で読むとき，脳は印刷物を読むときに使うものとは異なる細胞間の結合を作る。脳は基本的には同じ道具を新しいタスクに再び応用させているのだ。これは例えばコートハンガーを，ブルーベリーを取るためにまっすぐに伸ばすのではなく，排水管の詰まりを取るために，それを曲げてフックにしてしまうようなものである。同じ道具でありながら，まったく異なる形をしているのだ。

その結果，画面で読んでいるときは，脳が拾い読みモードに陥るかもしれない。印刷物を読むとなると，それは深読みモードに切り替わるかもしれない。しかし，これは文章を読む媒体にだけ原因があるわけではない。これは文章をどう想定しているかにもよる。ナオミ＝バロンはこれをマインドセット（心構え）と呼んでいる。バロンは言語と読書を研究する科学者だ。彼女はワシントン D.C. にあるアメリカン大学で教鞭をとっている。バロンはデジタル読書と学習に関する新刊『今，いかに読むべきか』の著者である。彼女によると，マインドセットが働く方法のひとつは，読書がどれだけ簡単か，あるいは難しいかを予測することだそうだ。簡単だと思えば，私たちはあまり努力をしないかもしれない。

私たちが画面上で読むものの多くは，メールの文章やソーシャルメディアへの投稿だ。それらはたいてい理解しやすいものだ。なのでメリーランド大学のアレクサンダーは「画面上で読むと，人は速く読める」と言っている。「彼らの目は紙で読むよりも速くページや言葉をざっと読みます」

しかし，速く読むと，すべてのアイディアを印刷物で読むときほどうまく吸収できないことがある。その高速拾い読みは，画面上での読書に関連した習慣になる可能性があると彼女は言っている。学校の課題を読むために，携帯電話の電源を入れたと想像してみよう。脳は TikTok の投稿をすばやく拾い読みするために使用するネットワークを起動させるかもしれない。これはあの古典的名著『アラバマ物語』のテーマを理解しようとする場合，役に立たない。また化学元素の周期表のテスト勉強をする場合にも役に立たないだろう。

画面上での読書で問題になるのはスピードだけではない。スクロールもそうだ。印刷されたページ，あるいは本全部を読む場合，自分がどこを読んでいるのかを把握する傾向がある。ある特定のページのどこを読んでいるのかということだけでなく，どのページ（おそらくは多くのページのうちのどこかのページだろうが）を読んでいるのかも把握しようとする。例えば，犬が死んだところは左側のページの一番上にあったと記憶しているかもしれない。だが，膨大な長さのページをスクロールしていくだけでは，そのような感覚は得られない。（中略）

メアリー＝ヘレン＝イモルディノ-ヤンは，ロサンゼルスの南カリフォルニア大学の脳神経科学者である。彼女は私たちがどのように読書をしているかを研究している。ページをスクロールすることに頭がついていかなければならない場合，読んだものを理解するための容量はあまり残されていない，と彼女は言っている。これは読んでいる文章が長かったり複雑だったりすると，特にそうなる可能性がある。ページをスクロールしている間，脳は常に目に見える言葉の配置を考慮しなければならない。そしてこれが原因で，その言葉が伝えるはずの考えを，スクロールしながら同時に理解することが難しくなるのだ。

◀解　説▶

A．(W)直前に specializes があることから，2の in を入れる。specialize in *A* は「*A* を専門にする」という意味。

(X)直後に it comes to があることから，2の when を入れる。when it comes to *A* は「*A* ということとなると，*A* に関して」という意味。

(Y)直前に turn があることから，2の to を入れる。turn to *A* は「*A* に取り掛かる」という意味。print はここでは「紙に印刷された文字」という意味。

(Z)直前に keep up があることから，4の with を入れる。keep up with *A* は「*A* に遅れずについて行く」という意味。

B．(a)took a close look at～「～をよく見た」という意味。よって，3.「調べた」が一番近い。1は「行った，実施した」，2は「～を退けた，却下した」，4は「要約した」という意味。

(b)delved into～は「～を深く掘り下げた，～を徹底的に調べた，～を精査した」という意味なので，4.「調査した」が一番近い。1は「主張した」，2は「拡大させた」，3は「投資した」という意味。

(c)notes はここでは主語 Wolf に対応して「言及する」という意味の動詞になっている。よって，3.「指摘する」が最も近い。1は「不満を言う」，2は「否定する」，4は「～かどうか疑問に思う」という意味。

(d)called into action は「実行された」という意味なので，2.「利用された」が最も近い。1は「削除された」，3は「開催された」，4は「見られた」という意味。

(e)fetch は動詞で「行って取ってくる」という意味なので，最も近いのは3.「取り戻す，回収する」である。1は「買う」，2は「食べる」，4は「転がる」という意味。

(f)absorb は「吸収する」という意味なので，2．「取り込む，吸収する」が最も近い。1は「～に同意する」，3は「使い果たす」，4は「書き留める」という意味。

(g)fire up ～は「～を始動させる」という意味なので，1．「起動させる」が正解。2は「修理する」，3は「～を片付ける，～を連れ去る」，4は「(電源を) 切る」という意味。

(h)themes は「主題，テーマ」という意味なので，2が正解。1は「登場人物」，3は「計画，案」，4は「世界」という意味。

(i)enormously は「非常に，途方もなく」という意味なので，2が正解。1は「予測されたように」，3は「比較的」，4は「驚くべきことに」という意味。

C．(ア)波線部は「脳が拾い読みモードに陥る，脳がスキムモードになってしまう」という意味。よって，skim mode を simply glance through the text に言い換えた2の「力が抜け，文章に目を通すだけになる」が正解。1は「画面から出る光によって気が散る」，3は「一定の速度で読むことが不可能だとわかる」，4は「その場所を失い，再始動する必要がある」という意味。slip into ～は「(無意識のうちに) ～ (の状態) になってしまう」という意味。

(イ)波線部の also は前文の That's not helpful を受けた表現だと考え，「それは役に立たないだろう」という意味。よって，4の「それは限られた援助しか与えてくれないだろう」が正解。1は「それによって，重要なポイントを逃さなくなるだろう」，2は「それによって近道をしなくなるだろう」，3は「それは大いに役立つだろう」という意味。

(ウ)波線部を含む文全体の意味を考える。「ある特定のページのどこを読んでいるのかということだけでなく，どのページ (おそらくは多くのページのうちのどこかのページだろうが) を読んでいるのかも把握しようとする」という意味。many の後には pages が省略されていることから，many pages はページ数がたくさんある本，すなわち分厚い本だと考えることができる。単数形 (particular page) の前に置かれた some は「ある，何らかの」という意味。よって，2の「ひょっとしたら分厚い本のあるページ」が正解。1は「おそらくはそのページと本の両方」，3は「ひょっとすると他の読者の間で人気がある」，4は「多分，多くの言葉を含むページ」という意味。

D．ポイントは以下の通り。

①空所（　あ　）の前にある way と mindset の間に関係副詞が省略されていると考え，mindset から空所（　あ　）までの部分で関係副詞節を作る必要がある。よって，mindset を主語，これに対応する三人称単数形になっている動詞 works を入れる。

②空所（　い　）の直後に anticipating があり，これを動名詞と考えて前置詞 in を入れる。文語調においては，時に way is in ～ *ing* という形がとられる場合があるが，in の存在の有無にかかわらず，「～な方法は…であること」と考えればよい。

③空所（　う　）の直後に形容詞句 easy or hard がきていることから，how を入れる。how は「how＋形容詞または副詞＋SV」という形で用いると，「どれだけ～か」という意味になる。

④空所（　え　）の直前に we があることから，これに対応する動詞 expect を入れる。expect *A* to *do* は「*A* が～すると考える」という意味。

E．それぞれの選択肢の意味と正誤の根拠は以下の通り。

1．「171,000 人以上の読者を対象にした調査から，スペインとイスラエルの研究者は，画面上よりも印刷されたものを読む方が文章をよく理解することがわかった」

→第1段第4・5文（Their 2018 study … than digital texts.）に合致する。read print が reading in print に，（read）digital texts が（reading）on-screen に言い換えられている。

2．「心理学者のパトリシア＝アレクサンダーは，学生はしばしば画面上で文章を読むと学習効果が低いと思っているが，実は印刷された文章を読むときよりも学習効果が上がると述べた」

→第2段第4文・5文（Alexander says students … reading in print.）に書かれている内容と逆なので，誤りである。

3．「脳神経科学者のマリアンヌ＝ウルフは，私たちは周りの人が話しているのを聞くことで自然に読むことを学ぶと説明している」

→第3段第5・6文（Reading is not … those around us.）および同段第8文（But learning to …）より，読むことは自然に学べず，人の話を聞いて習得できるのは読むことではなく，話すことなので誤りである。

4.「ネット上で文章を読む場合と印刷された文章を読む場合には，脳細胞間で同じ接続が起こる」

→第 5 段第 4 文（When we read …）より，ネット上で読むとき，脳は印刷物を読むときに使うものとは異なる細胞間の結合を作ることがわかるので誤りである。

5.「パトリシア = アレクサンダーによると，画面上で読む人は長い文章を扱わなければならないため，通常速く読むことができるという」

→第 7 段第 3 文（So, "when people …）と同段最終文（"Their eyes scan …）において，画面上で読む人は読むのが速いと書かれているが，その理由は，紙で読むよりも画面上ではページや言葉をざっと読むからだと書かれているので，誤りである。

6.「メアリー = ヘレン = イモルディノ - ヤンによると，画面をスクロールして読んでいるとき，私たちは文章を理解するために利用できる容量がほとんどないという」

→最終段第 3 文（When your mind …）に合致するので，正解となる。doesn't have a lot of resources left が few resources available に，understanding what you're reading が comprehend a text に言い換えられている。

F．文全体の主語は this，動詞は make である。また make it harder という第 5 文型になっているので，make は「O を C にさせる」という意味だと判断できる。it は形式目的語で to 以下を指しており，さらに ideas と those の間には，目的格の関係代名詞 that（which）が省略されている。simultaneously は「同時に」という意味だが，ここでは「スクロールしながら同時に」ということを表している。the ideas those words should convey を「それらの言葉が伝えるべき考え」では文意が通らないので，この should は「～のはずだ」という意味だと考えて訳す。

III 解答

A．(a)－2　(b)－4　(c)－3　(d)－5　(e)－9　(f)－1　(g)－10　(h)－8

B．〈解答例 1〉As you get older, it can be increasingly challenging to find motivation, so it's important to work hard on training while you're young.

〈解答例 2〉 The older you get, the more difficult it can be to find motivation. That's why you have to train hard when you're still young.

◆全　訳◆

≪高校時代の体育の先生との会話≫

(公園を走っていたアランは，高校時代の体育の先生であるバクスター先生に出会う。)

バクスター先生：おはよう，アラン！　君が今も健康を維持しているのを見られてうれしいよ。今日は天気もいいね。

アラン　　　　：バクスター先生，こんにちは！　あっ，先生に会ったことで昔よく学校で走っていたことを思い出しました。

バクスター先生：そうだ，この公園に間違いなく何千人もの生徒を引率してきたよ。君はそれを楽しむ数少ない一人だったと思うよ。少なくとも，いつもそう見えていたよ。

アラン　　　　：ええ，天気がいいときはいつも楽しんでいましたね。雨の日はそうだったとは言えませんね。氷が張っていたときに起こったことを覚えていますか？　ジェンキンスが転んで鼻を骨折したことを。

バクスター先生：そうだ！　かわいそうなジェンキンスと彼に起こった不運な事故を誰が忘れられるって言うんだい？　ところで，君について教えてくれるかな。大学生活はどう？　まだ柔道をやっているの？

アラン　　　　：大学は楽しいです！　なんと，私は 2 年生を終えたところなんです。でも柔道はもうやっていません。大学には柔道部がないんです。

バクスター先生：そうかあ，それは残念だね。代わりに何か他のことをやっているの？　他のスポーツは？

アラン　　　　：はい。友人に説得されてボクシングを始めたので，今は大学のボクシング部に所属しています。日曜日も含めて週に 3，4 回練習しています。毎回 2 時間から 3 時間の練習です。勉強よりも時間を費やしているというのが正直なところです。

バクスター先生：ああ，なつかしのボクシングかぁ！　僕は 10 代の頃，ボクシングをやっていたんだよ。小さな町で誰でも教えることができた唯一の格闘技，それがボクシングだったんだ。ずっと好きだったなあ。

アラン　　　　：そうですね。トレーニングはとても厳しいですが，僕も大好きです。実は今日ここで走っているのもそのためなんです。コーチには夏休みの間，週に最低30kmは走れって言われてるんです。

バクスター先生：週に30kmかい？　君のような運動が得意な人にとってはたいしたことではないよね？

アラン　　　　：まあ大変ですけど，走っているだけですから。僕たちは週3回，ウェイトリフティングもすることになっています。それも2人1組でやっています。毎回あちこち痛いんです！

バクスター先生：私も若かったら，そういうのも楽しめるんだろうけどね。年をとればとるほど動機を見つけるのが難しくなるから，若いうちに頑張らないといけないよ。もちろん若いうちは怪我をしてもすぐ治るんだけどね。年をとると，それが恋しくなるよ！　とにかく，アラン，これ以上君をここに引き留めておくことはできないな。ランニングを続けないといけないね。

アラン　　　　：ええ，そうした方がよさそうです。あと3周は走ると決めています。もし元気が残っていたら，もう1周か2周走るかもしれません。先生に再会できて本当によかったです。

バクスター先生：こちらこそ，アラン，君に会えてうれしかったよ。大学生活がこれからも順調にいくことを願っているね。そしてもちろん，ボクシングも！

◀解　説▶

A．(a)空所の直前で，バクスター先生が「君は走るのを楽しむ数少ない一人だったと思うよ」と言っており，これに続く文として適切なのは，2．「少なくとも，いつもそう見えていたよ」である。that way は走るのを楽しむことを指している。

(b)空所の直前でアランが，走るのを楽しんでいた条件として天候を挙げている。よって，空所にはこの条件に関連した発言が入るので，4.「雨の日はそうだったとは言えませんね」が正解となる。

(c)空所の直前でジェンキンスに関する昔話をしており，直後では「大学生活はどう？」とたずねていることから，空所には話題を転換させる発言が入る。よって，正解は3.「ところで，君について教えてください」となる。

(d)空所の直前でアランは「大学は楽しいです」と言っていることから，その具体的な内容が入ると考えられるので，5.「なんと，私は2年生を終えたところなんです」が正解となる。

(e)空所の直後でアランは大学で入ったボクシング部の練習内容について話しているので，これの前に置く発言として適切なのは9.「日曜日も含めて週に3，4回練習しています」である。

(f)空所の直前でアランが行っているウェイトリフティングについて話しているので，その具体的内容が空所に入る。よって，正解は1.「それも2人1組でやっています」である。do that は，ウェイトリフティングをすることを指している。

(g)空所の直前でバクスター先生が「これ以上君をここに引き留めておくことはできないな」と言っていることから，アランにランニングに戻るよう促す発言が空所に入るので，10.「ランニングを続けないといけないね」が正解となる。get on with ～は「～（中断していたこと）を続ける」という意味。

(h)直前でアランが「あと3周は走ると決めています」と言っていることから，ランニングに関連する発言が続くと考える。正解は8.「もし元気が残っていたら，もう1周か2周走るかもしれません」である。

B.「年をとればとるほど動機を見つけるのが難しくなる」は，〈the＋比較級＋S'＋V'～, the＋比較級＋S＋V…〉，あるいは「～するにつれて」という意味を表す接続詞 as で表す。「動機を見つけるのが難しくなる」は形式主語を用いて，the more difficult [harder] it can be〔is〕to find motivation や it can be〔is〕increasingly challenging to find motivation などと表現する。「若いうちに頑張らないといけない」は「若い間にトレーニングをしておかなければならない」と考えて，形式主語を用いて it's important to work hard on training while you're young や，you を主語にして you have to train hard when you're still young などと書く。上記2つの文をつなぐ言葉として，so や that's why などを用いる。会話文なので短縮形を用いるのが通常である。

❖講 評

2023 年度も 2022 年度と同様に，長文読解総合問題が 2 題，会話文読解問題が 1 題の構成で，試験時間 100 分，下線部和訳と和文英訳以外はすべて記号選択式であった。**Ⅰ**と**Ⅱ**は英文が長く，問題量も多いので，解答するにはかなり時間がかかる。正確さに加え，日頃から色々な英文を読み，多くの問題を制限時間内で解き，即断即決する習慣を身につける必要がある。

Ⅰは，Huh? という言葉が果たす重要性と普遍性について書かれた英文である。Huh? に当たる言葉が様々な言語に存在することが証明され，その理由について音声面から考察を加え，それぞれの言語で Huh? が果たす役割についても言及している。難度の高い専門的な表現が散見され，内容を把握しづらい箇所もあったが，具体例を手掛かりに筆者の主張を見失わないように読み進めたい。ただし，設問に関しては標準的で，紛らわしいものはなかった。

Ⅱは，紙に印刷された文章を読むときと比べて，画面上で文章を読む際に起こる問題点について論じた英文であった。内容面では**Ⅰ**より易しかったのではないだろうか。デバイスで文章を読むことの功罪は大学入試では頻出トピックであり，読むスピード，理解度，読解後の記憶などに関連する内容が述べられることが多く，一度は読んでおきたい長文のひとつである。**Ⅰ**と**Ⅱ**に共通して出題されている内容真偽問題については，選択肢にある固有名詞（人名，地名，施設名など）などを手掛かりに，本文中の該当箇所をすばやく見つけて解答していきたい。

Ⅲは，公園を走っているアランが高校時代の体育の先生に出会い，学生時代の思い出話，近況報告，スポーツの大切さなどについて話し合っている。聞き慣れないイディオムや会話表現はほとんど使われておらず，また空所補充問題は標準的でぜひ満点を目指してほしいところである。和文英訳問題も難しい表現を問われているわけではない。例えば「～すればするほど」は〈the＋比較級＋S'＋V'～, the＋比較級＋S＋V…〉を用いてもよいが，難度が高いので接続詞 as を使う方がミスは少ないだろう。このように自信のある英語で英訳していけば確実に得点することができる。

読解問題の英文は例年，様々な学問分野の入門書やニュースサイトの記事からの出題で，具体的なテーマを扱ったものである。ただ，原文がほぼそのまま用いられているために［注］が多く，［注］を参照しながら読むのがやや大変かもしれない。

形式・分量・難易度を考慮すると，100分という試験時間ではやや足りないと思われる。過去問演習をする中で，例えばⅠは35分，Ⅱは35分，Ⅲは25分，見直し5分など時間配分を決めて解いていく必要があり，同時に正確かつ迅速に読み解けるように語彙力・文構造解析力・内容理解力をバランスよく磨いていこう。

日本史

I 解答

【設問ア】 2 【設問イ】 1 【設問ウ】 叉状研歯
【設問エ】 屈葬 【設問オ】 2 【設問カ】 1
【設問キ】 2 【設問ク】 1 【設問ケ】 高床倉庫 【設問コ】 4
【設問サ】 2 【設問シ】 百舌鳥古墳群 【設問ス】 造山古墳
【設問セ】 氏上 【設問ソ】 4 【設問タ】 国造 【設問チ】 4
【設問ツ】 4 【設問テ】 2

◀解　説▶

≪旧石器時代～古墳時代の文化・社会・政治≫

【設問ア】 やや難。2が正解。1～3はいずれも旧石器時代の人骨が出土した沖縄県の遺跡だが，石垣島にあるのは白保竿根田原洞穴遺跡である。なお，1の山下町洞穴遺跡は沖縄県那覇市に，3の港川フィッシャー遺跡は沖縄県具志頭村にある。4の早水台遺跡は大分県速見郡日出町にある旧石器～縄文時代前期の遺跡で握槌や石核が発見されたが人骨の出土はない。

【設問イ】 難問。1が正解。2の「石棒」・「石偶」は縄文時代の呪術・祭祀に関連した遺物，3の「垂れ飾り」・4の「ペンダント」は縄文時代の人々が身につけた装飾品で縄文時代の遺跡からは出土するが，旧石器時代の遺跡からは出土しないため，消去法で1に限定する。なお美利河遺跡は，北海道の渡島半島北部に位置し，大量の石器や旧石器時代の大規模石器製作跡が確認された。

【設問オ】 2が正解。広場を囲んで十数軒の住居が環状に並ぶ共同的生活を示す縄文時代の集落は，環状集落である。1の岩陰は旧石器時代の短期間の居住地。3の高地性集落は，戦闘が激化した弥生時代中期～後期に多く営まれた軍事・防衛的集落。4の集石は，石焼き料理に使用されたとみられる礫が集まった状態で出土する旧石器時代の遺構である。

【設問カ】 やや難。1が正解。ガラス璧は，弥生時代の奴国王の墓とみられる福岡県春日市の須玖岡本遺跡の甕棺墓から出土している。また，日本でのガラス生産は弥生時代中期に始まったものであり，縄文時代の副葬品には該当しない。

【設問キ】 2が正解。奈良県の唐古・鍵遺跡は，日本最大級の環濠集落であり，また，出土した土器に楼閣が線刻されていたことでも知られる。なお，1の纒向遺跡も奈良県にある弥生時代の巨大遺跡だが，環濠集落ではなく線刻土器も発見されていない。3の吉野ヶ里遺跡と4の池上曽根遺跡は弥生時代の環濠集落であるが，それぞれ佐賀県・大阪府にあり，消去できる。

【設問ク】 1が正解。登呂遺跡は静岡県の安倍川東岸にある弥生時代後期の水田跡が日本で初めて発見された遺跡で，住居跡・倉庫跡などの集落跡もあるが，それは環濠集落ではない。なお，2の愛知県の朝日遺跡，3の神奈川県横浜市の大塚遺跡，4の兵庫県川西市の加茂遺跡は，いずれも大規模な環濠集落である。

【設問コ】 4．正文。弥生時代の各集落が地域連合などを形成していた状況とは，ヤマト政権成立（＝統一的な国家の形成）以前の地域的な小集団や小国のことである。

1．誤文。弥生時代には共通する青銅製祭器や墓制の分布から，祭祀や墓制を共通にする地域連合の形成が推定されるのであり，銅剣・銅矛・銅戈・銅鐸，方形周溝墓・四隅突出型墳丘墓などの分布がその証拠となる。一方，三角縁神獣鏡といった特殊な銅鏡の同笵鏡（同一の鋳型から鋳造された鏡）の共有関係からは，成立期のヤマト政権と地方豪族との同盟・従属関係が推定されるのである。

2．誤文。中国の皇帝や帝国と冊封関係をもった弥生時代の王は，奴国王と卑弥呼だけであるが，冊封関係をもたなかった小国の王らの地域連合が九州北部から西日本の各地に存在したことが，『後漢書』などの史書や遺跡・遺物などからも確認される。

3．誤文。一大率とは「魏志」倭人伝にみえる，邪馬台国を盟主とする小国連合のなかの，伊都国に置かれた周辺諸国の検察を行う官の名である。それが常備軍か否かは不明であり，一大率の有無は地域連合形成に関係ない。

【設問サ】 2が正解。器財埴輪とは大刀や甲・盾などの武器・武具など様々な人工物をかたどった埴輪で，墳丘に並べられ古墳時代のマツリに関わると考えられる。なお，1の礎石は，日本では飛鳥時代に大陸から伝わった寺院建築に始まる礎石建ちという建築法で，柱の基礎に据えられる石のこと。3の青銅製祭器は，銅鐸や銅矛・銅剣など弥生時代の祭器。4の三角縁神獣鏡は，前期古墳の副葬品であり，古墳の石棺や木棺内部に副葬されるもので，墳丘には並べられない。

【設問シ】大仙陵古墳は大阪府堺市にある日本最大の前方後円墳で，百舌鳥古墳群の中心古墳である。2021年度〔Ⅰ〕空欄ウに類似の出題もあるなど，頻出だが「百舌鳥」の記述は注意を要する。

【設問ソ】4が正解。「筑紫・毛野など地方有力豪族に与えられた姓」は，君である。なお，1の連は，大伴・物部のように，職掌を氏の名とした中央の有力豪族に与えられた姓。2の首は，忌部首や王仁を祖とする文首のように，中小豪族や渡来系豪族に与えられた姓。3の直は，一般的な地方豪族に与えられた姓である。

【設問ツ】4が正解。「額田部臣」の銘文が記された大刀が出土したのは，島根県松江市の岡田山1号墳である。なお，1の野口王墓古墳は奈良県高市郡にある終末期古墳で天武・持統合葬陵古墳に該当するとみられる八角墳である。2の加茂岩倉遺跡は，島根県加茂町の銅鐸埋納遺跡で，史上最多の銅鐸39個が1カ所から出土した。3の黒塚古墳は奈良県天理市にあり，三角縁神獣鏡が最多の33面出土した古墳時代出現期の古墳である。

【設問テ】2が正文。仏教が伝来したのは，『上宮聖徳法王帝説』『元興寺縁起』では538年説，『日本書紀』では552年説をとるが，6世紀であることに相違ない。一方，記紀によれば，1の景行天皇は第12代，4の崇神天皇は第10代の天皇であるが，記紀の内容や時期は伝承上のもので正確にはわからないし，3は「憲法十七条が制定され」から，7世紀の内容であり，消去できる。

Ⅱ　解答

ア―19　イ―27　ウ―23　エ―11　オ―15　カ―29
キ―5　ク―7　ケ―3

【設問a】犬上御田鍬　【設問b】中大兄皇子　【設問c】白村江
【設問d】和同開珎　【設問e】吉備真備　【設問f】大蔵経〔一切経〕
【設問g】琉球王国　【設問h】応永の外寇　【設問i】三浦

◀解　説▶

≪古代～中世の日朝関係≫

ア．19が正解。イ．27が正解。ウ．23が正解。隋は4度にわたる高句麗侵略の失敗などが原因で滅んだ。続く唐は新羅と結んで，660年に百済を攻め滅ぼし，次いで高句麗も唐・新羅の連合軍により668年には滅ぼされた。

エ．11が正解。新羅を滅ぼして半島を統一し，10世紀初めにおこったのは高麗であり，日本とは正式な交流はなかった。

オ．15が正解。1019年に北部九州を襲った刀伊と呼ばれる沿海地方の人々は，女真族である。

カ．29が正解。1392年に朝鮮を建国したのは李成桂である。なお，9の李承晩は，1948年に建国された大韓民国の初代大統領。14の李鴻章は清朝末期の政治家で，日清修好条規・天津条約・下関条約の締結などに関わった。22の李退渓は16世紀に活躍した朝鮮人儒者で，江戸時代の日本の儒学にも影響を及ぼした。

ク．やや難。7が正解。文引は，対馬守護の宗氏が発行した渡航許可証で，15世紀前半以降は，日本人の朝鮮渡航者はすべてこれを携行することが義務づけられた。なお区別を要する日朝貿易に関連する用語として，17の通信符は朝鮮国王が日本国王足利義政と大内氏に贈った通交証。30の図書は朝鮮政府が正式な日本人通交者に与えた銅印。印には受給者（受図書人）の名前が刻まれており，受図書人は朝鮮への使者に持参させる外交文書に図書を捺して，自分の使者であることを証明した。

【設問ｅ】「藤原広嗣とも対立した」より，広嗣が排斥を叫んだ吉備真備か玄昉が想起されるが，「766年には右大臣に昇った」ことから，筑紫観世音寺に左遷された玄昉は排除でき，吉備真備に限定できる。また，真備を主人公にした『吉備大臣入唐絵巻』は，鎌倉時代前期に制作された。

【設問ｆ】仏教を国教とした高麗では，大蔵経（仏教聖典のすべてを集録したもので，一切経ともいう）の木版での出版が11世紀と13世紀に行われた。だが14世紀末に建国した朝鮮は，朱子学を国教としたため仏像・仏画や再刻した版木により印刷された大蔵経は不要になり，日本での需要に応じて多く輸入された。

【設問ｇ】中継貿易で日本に蘇木などをもたらした，1429年に成立した王国とは，琉球王国である。

【設問ｈ】1419年に，朝鮮が倭寇の根拠地とみなした対馬に対し，掃討を目的として大軍で襲った事件は，応永の外寇である。

III 解答

【設問 1】農業全書　【設問 2】2　【設問 3】龍骨車
【設問 4】檜　【設問 5】備長炭　【設問 6】楮
【設問 7】4　【設問 8】4　【設問 9】北村季吟　【設問 10】3
【設問 11】山脇東洋　【設問 12】エレキテル　【設問 13】田中正造
【設問 14】3　【設問 15】進歩党　【設問 16】古河市兵衛
【設問 17】住友財閥　【設問 18】越中　【設問 19】寺内正毅
【設問 20】ロマノフ　【設問 21】赤瀾会　【設問 22】4

◀解　説▶

≪江戸～大正時代の社会・経済・文化≫

【設問 2】2 が正解。『自然真営道』は安藤昌益が著した封建制社会を批判し「万人直耕」の「自然世」を理想とする社会思想書である。1 の『広益国産考』は大蔵永常が刊行した農書。3 の『耕稼春秋』は加賀藩の大庄屋である土屋又三郎が著した農書。4 の『老農夜話』は中台芳昌が著した農書である。

【設問 3】中世から近世前期にかけて用いられた中国伝来の揚水機は，龍骨車である。なお，踏車は 17 世紀後半に日本で発明された人力揚水機であり，江戸時代後期には破損が多かった龍骨車にとって代わった。

【設問 4】木曽地域特産の樹木といえば，檜である。高級建築材として城郭や都市建設のために需要が増え，尾張藩の重要な財源となった。

【設問 5】難問。紀伊を主産地とする高品質の炭は，備長炭である。元禄期に紀伊国田辺の備中屋長左衛門が販売したことから，その名がある。

【設問 6】17 世紀末頃に奨励された商品作物である四木のうち，和紙の原料となるのは楮である。残り 3 つは桑・漆・茶。

【設問 9】「幕府の歌学方にも登用され」から，北村季吟である。その著書には『源氏物語湖月抄』や『伊勢物語拾穂抄』がある。

【設問 11】古医方を学び，刑死人の解剖結果をもとに『蔵志』を著したのは山脇東洋である。

【設問 13】鉱毒問題に取り組み，1901 年に衆議院議員を辞し，天皇への直訴を行ったのは，田中正造である。

【設問 15】1896 年に成立した松隈内閣とは，第 2 次松方正義内閣である。このとき外務大臣として入閣した大隈重信は，進歩党の党首であった。

【設問 17】元禄期に伊予国別子銅山を発見して以来，その経営で発展したのは住友財閥である。

【設問19】シベリア出兵を決定した首相は，寺内正毅である。

【設問20】やや難。ロシア革命によって倒された王朝は，ロマノフ王朝である。1917年に退位したロマノフ王朝最後の皇帝ニコライ2世は，皇太子時代に来日した折，大津事件で負傷したことでも知られる。

【設問21】山川菊栄や伊藤野枝らによって設立された女性の社会主義者の団体は，赤瀾会である。「瀾」の記述に注意したい。

❖講　評

Ⅰ　旧石器時代～古墳時代における葬送・集落や氏姓制度など，文化・社会・政治に関して問われた。【設問ア】は白保竿根田原洞穴遺跡，【設問カ】はガラス璧が出土した須玖岡本遺跡，といった認知度の低い遺跡の情報に基づくもので，詳細な知識が必要であり，やや難。【設問イ】も美利河遺跡に関する正文選択問題で，一部の教科書脚注にのみ記載された情報であり，難問。一方で，【設問シ】・【設問ス】は，内容・選択肢ともに2021年度Ⅰとの類似点が散見され，過去問演習を繰り返した人には有利であっただろう。全体的に用語集や図説集を併用した学習の緻密さが測られたやや難レベルの問題であった。

Ⅱ　古代～中世の日朝関係を中心とした外交史の問題である。日朝貿易における渡航許可証「文引」を選択する空欄クのみやや難だが，それ以外は基本問題中心に構成されている。記述問題においてもとりたてて難問は見当たらない。全体的にやや易レベルであり，取りこぼしは避けたい。

Ⅲ　(1)は宮崎安貞の『農業全書』，(2)は西川如見の『町人嚢』，(3)は田中正造の『警世』への寄稿文，(4)は井上清・渡部徹編『米騒動の研究』からの引用文を用いて，江戸～大正時代の社会・経済・文化に関して出題された。教科書掲載頻度の低さから【設問5】の備長炭は難問，【設問20】のロマノフ（王朝）も世界史的知識であり，やや難。それ以外は基本～標準レベルである。【設問4】の檜，【設問6】の楮，【設問21】の赤瀾会などの難字や，蘭医に比べて関心が薄い古医方の山脇東洋を問う【設問11】といった記述問題では，点差がついたと思われる。よって，Ⅲの難易度は標準レベルである。

総括すれば，2023 年度は 2022 年度より，記述式 2 個増・選択式 3 個減で設問総数は 1 個減である。しかし，2022 年度が 2021 年度より易化したこともあって，2023 年度は難問数・やや難問数ともに増加した。全体として難易度は 2022 年度よりやや難化したといえる。ただし，大多数の設問が標準レベルであり，記述問題の訓練を積んでいればかなりの高得点が期待できる。

世界史

I　解答

設問1．ア．東ゴート　イ．アイユーブ
ウ．シモン＝ド＝モンフォール　エ．エドワード3世
オ．ランカスター　カ．イタリア　キ．第一次囲い込み
ク．ステュアート
設問2．あ－3　い－4　う－1　え－3　お－4　か－1　き－4
く－2
設問3．A－6　B－15　C－4　D－11　E－16

◀解　説▶

≪イギリス王家の歴史≫

設問1．ア．東ゴート人は，4世紀後半に東方から襲来したフン人に制圧されたが，その後，フンの支配を脱し，テオドリック王のもとで強勢となりイタリア半島に侵入した。当時，イタリア半島にあったオドアケルの国を倒して東ゴート王国を建国した。

イ．アイユーブ朝はサラディンがカイロを都に建てたスンナ派王朝で，しばしば十字軍と戦った。

ウ．シモン＝ド＝モンフォールは，ヘンリ3世が先代の王（ジョン王）が認めたマグナ＝カルタを無視した政治を行ったので反乱を起こし，ヘンリ3世を破り，イギリス議会の起源となる議会を招集した。

エ．エドワード3世は，毛織物産業の中心地フランドル地方を支配しようとして，フランスの王位継承権を主張した。

オ．ランカスター家は，1455年からヨーク家と王位継承戦争のバラ戦争を戦うことになる。この戦争は1485年にランカスター派のヘンリ7世が即位してテューダー朝を開き終結した。

カ．イタリア戦争は，イタリアの支配権をめぐるフランスと神聖ローマ帝国の争いであった。ハプスブルク家がスペイン王位と神聖ローマ帝国皇帝位を占める中で，ハプスブルク家の強大化を警戒するイギリスやイタリア諸都市等を巻き込んで戦われた。1559年のカトー＝カンブレジ条約で一応の終結を見たが，ハプスブルク家とフランス王家の対立は続いた。

キ．第一次囲い込みは牧羊を目的に行われたが，多くの農民が土地を奪われ，激しい批判を生み，王権により禁止された。農民が土地を奪われ生活の糧をなくしていく様子をトマス＝モアは「羊が人間を食い殺している」と表現した。

ク．ステュアート家はスコットランドの王家であったが，テューダー朝の断絶を契機に血縁関係からイングランド王位も兼ねる形の同君連合の王家となった。

設問２．あ．クヌートに率いられたデーン人は，1016 年にイングランドを征服しデーン朝（1016～42 年）を開いた。

い．東方貿易は，イタリア諸都市とアレクサンドリアをはじめとする地中海沿岸を結んだ貿易。イタリア商人が担い手で，イスラーム商人とアジアの物産を取引した。

う．カタリ派は南ヨーロッパに広がったキリスト教異端の一派。南フランスにおけるカタリ派をアルビジョア派という。13 世紀に，討伐のためにアルビジョア十字軍が派遣された。

え．フランソワ１世は，神聖ローマ帝国皇帝選挙でカール５世と争って敗北し，その後も対立が続いた。

お．マドラスは，ボンベイ，カルカッタとともにイングランドのインド支配の拠点。なお，ゴアはポルトガル，シャンデルナゴルとポンディシェリはフランスの拠点である。

か．イングランド王エリザベス１世は，当時スペインからの独立戦争（1568～1609 年）を戦っていたオランダを支援した。

き．ユトレヒト条約（1713 年）で，フランスとスペインは合同しないことを条件にスペインのブルボン王家が認められ，スペイン継承戦争は終結した。

く．クライヴはイギリス東インド会社書記。プラッシーの戦い（1757 年）でフランスを破った。

設問３．⑴～⒂の王は以下のとおり。

⑴ウィリアム１世　⑵ヘンリ２世　⑶リチャード１世　⑷ジョン　⑸ヘンリ３世　⑹エドワード１世　⑺ヘンリ７世　⑻エリザベス１世　⑼ジェームズ１世　⑽チャールズ１世　⑾チャールズ２世　⑿ジェームズ２世　⒀メアリ２世とウィリアム３世　⒁アン　⒂ジョージ１世

A．エドワード1世は，シモン＝ド＝モンフォールが召集した議会を発展させて，高位聖職者・大貴族の集会に，各都市2名，各州2名の代表で構成される模範議会（1295年）を招集した。
B．ジョージ1世は，首相のウォルポールを信任していたが，議会で不信任とされたウォルポールは，王ではなく議会に責任を負うとして辞任した。これが責任内閣制のはじまりである。
C．第4回十字軍の遠征を唱えた教皇はインノケンティウス3世。ジョン王はこの教皇とカンタベリ大司教の任命問題で争い，破門された。
D．王政復古で即位したチャールズ2世はカトリックを保護し，議会は対抗して公職者を国教徒に限る審査法（1673年）を制定した。
E．テューダー朝第2代のヘンリ8世は，王妃キャサリンとの離婚問題からカトリックを離脱し，首長法を発して（1534年）イギリス国教会を設立した。

Ⅱ　解答

設問1．a－10　b－3　c－9　d－11
設問2．(ア)コント　(イ)ファショダ　(ウ)カンボジア
(エ)1789年7月14日　(オ)第2インターナショナル
設問3．①－1　②－2　③－3　④－4　⑤－2　⑥－2　⑦－3
⑧－1　⑨－1

◀解　説▶

≪19世紀～20世紀初頭の欧米≫

設問2．(イ)アフリカで，イギリスは北のエジプトと南のケープ植民地を結ぶ縦断政策，フランスは西アフリカ・サハラ地域と東のジブチを結ぶ横断政策を展開した。その両者が必然的に衝突する場所となったのがスーダンのファショダであった。
(ウ)ベトナムとカンボジアを合わせて，1887年にフランス領インドシナ連邦は形成され，その後，1899年にラオスが編入された。
(オ)第1インターナショナルの挫折をふまえて，フランス革命100周年の1889年にパリで第2インターナショナルが結成された。組織の中心は，ドイツの社会民主党であった。
設問3．①(a)正文。
(b)正文。大銀行を中心とする巨大な企業グループ（コンツェルン）などの

独占資本は，後発工業国として台頭したドイツやアメリカで顕著であった。

②(a)正文。

(b)誤文。サレカット＝イスラーム（イスラーム同盟）は，オランダ統治下のインドネシアで生まれたインドネシア最初の大衆的民族組織で，当初は相互扶助的性格が強かったが，のちに民族独立や社会主義を掲げた。

③(a)誤文。ベルリン会議は，ベルギー国王レオポルド2世の所有地としてコンゴ自由国の建国を認めた。

(b)正文。

④(a)誤文。20世紀初頭のアフリカ大陸には，エチオピアとリベリアの2国が独立国として存在した。

(b)誤文。アンゴラはベルリン会議（1884～85年）でポルトガル領とされた。

⑤(a)正文。

(b)誤文。アメリカの国務長官ジョン＝ヘイが発した門戸開放宣言（1899～1900年）は，マッキンリー大統領時代である。

⑥(a)正文。

(b)誤文。プロイセン＝フランス戦争に敗北したフランスは，莫大な賠償金を課せられた。ドイツ帝国はその賠償金をもとに自国の工業化をはかった。

⑦(a)誤文。反ユダヤ主義と1890年代のスパイ事件はドレフュス事件である。1894年，ユダヤ系の軍人ドレフュスが，ドイツのスパイとの冤罪をかけられ，終身刑となった事件（1906年無罪）。

(b)正文。反ユダヤ主義にもとづきユダヤ人排斥を唱えたドイツのナチスは，1933年に政権についた。

⑧(a)正文。

(b)正文。ナポレオンは1801年に宗教協約（コンコルダート）を結び，革命以来対立していたカトリック教会と和解した。

⑨(a)正文。

(b)正文。

Ⅲ　解答

設問1．a－20　b－18　c－40　d－9　e－50
f－28　g－44　h－25　i－42　j－29　k－24
l－13　m－3

設問2．劉少奇　設問3．実権派　設問4．２　設問5．江青
設問6．４　設問7．鄧小平　設問8．４　設問9．２

◀解　説▶

≪中華人民共和国の歴史≫

設問1．ｃ．二・二八事件（1947年）は，台湾における中国国民党への抵抗運動であった。国共内戦で国民党支配下にあった台湾では，公的組織から本省人（台湾出身の漢族）が排除されるなど本省人の不満が増大し，ヤミ煙草取締事件から抗議デモが拡大し暴動となった。中国国民党は武力でこれを鎮圧し，２万人前後の犠牲者が出たと推定されている。

ｈ・ｉ．フルシチョフによるスターリン批判（1956年）は，スターリンの独裁体制を批判するとともに，自由化と西側諸国との平和共存路線を提示した。平和共存路線は，従来のアメリカとの対決から融和への方針転換であり，これを中国は修正主義として厳しく批判した。中ソ対立のはじまりであった。

ｊ．毛沢東の提唱した大躍進政策（運動）は大失敗に終わり，その責任をとって毛沢東は国家主席を辞任した。権力の喪失に危機感を抱いた毛沢東の不安と焦りが，その後のプロレタリア文化大革命の背景となっていった。

ｋ．人民公社の設置は，農業集団化とともに，教育・行政の一体化をめざすものだった。しかし，農業生産は停滞し，1982年に廃止が決定された。

ｌ．紅衛兵は毛沢東を崇拝する青少年・学生のグループ。プロレタリア文化大革命では，毛沢東の意向を受け，「造反有理（反乱には道理がある）」を掲げて，劉少奇や鄧小平を実権派・走資派（資本主義に走る者）として糾弾し，失脚させた。

設問4．(a)正文。1956年のスターリン批判にはじまる中ソ対立は，1969年には中ソ国境ウスリー川の中州である珍宝島（ダマンスキー島）での武力衝突となった。

(b)誤文。1972年に中国を訪問したのはニクソン大統領。これを契機として，1979年にカーター大統領の下で正式に国交が樹立された。

設問8．(a)誤文。蔣介石の息子蔣経国の死後総統に就任したのは李登輝。台湾初の本省人（台湾出身）総統であった。陳水扁は李登輝後の2000年に民進党から総統に当選している。

(b)誤文。光州事件で民主化運動を弾圧したのは，全斗煥大統領。金泳三は

1993 年に李承晩以来の文民として大統領に就任した。

設問 9．(a)湾岸戦争開始は 1991 年，(b)ゴルバチョフのソ連共産党書記長就任は 1985 年，(c)チェルノブイリ原発の事故は 1986 年，(d)東西ドイツの統一は 1990 年である。以上から，天安門事件（1989 年 6 月 4 日）以降に発生した事件は(a)と(d)の 2 つ。

❖講　評

Ⅰ　イギリスの王家について，11 世紀から 18 世紀にわたって，それぞれの時代を統治した王の事績とともに問われている。王の名前が問題として伏せられているので，きめ細かなイギリス史の知識が求められる。教科書の範囲を超える問題は見られないが，設問 3 に見られるような 15 人の王を特定できるだけの系統だった理解が必要である。

Ⅱ　19 世紀から 20 世紀初頭のヨーロッパとアメリカに焦点を当てて出題されている。文化史も小問として含まれ，当時の社会・政治・国際関係が総合的に問われている。難問は見られないが，設問 3 に見られるような 2 つの文章の正誤をそれぞれ判定するような出題形式にも慣れておく必要がある。

Ⅲ　中華人民共和国の歴史について，その成立から 20 世紀末までを範囲として出題されている。記述問題では，重要人物の名前を正確に漢字で書ける必要がある（劉少奇の「少」と鄧小平の「小」など）。また，教科書ではなかなか触れられていない台湾の情勢も問われているので，台湾の現代史も要注意である。

政治・経済

I 解答

【設問1】ア．唯一の立法機関 イ．三権分立
ウ．ねじれ エ．条約の承認 オ．国会審議活性化
カ．オンブズマン〔オンブズパーソン〕
【設問2】a－1 b－2 c－2 d－1 e－1
【設問3】A－3 B－2 C－5 D－10
【設問4】1 【設問5】キ．公正取引委員会 ク．国家公安委員会
【設問6】E－4 F－3 【設問7】1

◀解 説▶

≪日本の憲法と政治行政改革≫

【設問2】a．正しい。衆議院の優越は，予算の先議権，条約の承認，首相の指名，法律案の議決に関して憲法に規定されている。また，国会法第13条により，国会の会期の決定や延長に関しても衆議院の優越が規定されている。

b．誤り。法律案の議決に関しては，衆議院が可決した法律案を参議院が受け取ってから，国会休会中の期間を除いて60日以内に議決しない場合，衆議院は参議院がこの法律案を否決した，とみなす。そのうえで，衆議院で3分の2以上の多数で再可決すれば，その法律案は成立する（日本国憲法第59条）。

c．誤り。法律案については，衆議院の先議権は特に認められない。したがって，参議院に先に提出される場合もあり得る。

【設問3】A．日本国憲法のように，他の法律とは異なる特別な手続きを経なければ改正できない憲法は硬性憲法と呼ばれる。これに対し，他の法律と同様の手続で改正できる憲法のことを軟性憲法という。

【設問4】1．適切。

2．不適。国会審議活性化法により，あくまで国会における議論の主人公は政治家であるべきとの観点から，公務員が国務大臣や副大臣に代わって答弁を行う政府委員制度が廃止された。ただし，委員会が必要と認めた場合は，国務大臣・副大臣の答弁を補佐する目的で，政府参考人を招致する

ことができるようになった。したがって，政府参考人制度自体は「民主主義を発展させるため，国会審議を活発にし，透明化することを目指したもの」とはいえない。

3．不適。日本における政党の党議拘束は，法律に定められたものではない。

4．不適。本選択肢の法案提出条件は，国会審議活性化の議論が展開される以前から存在する仕組みである。

【設問6】 E．1993 年に行政手続法が制定され，外部からはうかがい知ることが困難であった行政手続きに関して，透明性を確保し，広く国民の理解を得ることが期待された。

【設問7】 1．適切。官民競争入札制度は，公的部門の入札に関して，公的機関と民間業者が競争しあい，より良い条件で落札されることにより当該事業の質的向上を期するものである。日本の行政に市場原理を導入した例として適切である。

2．不適。独立行政法人は，それまで公的機関が担ってきた部門に関して，効率化の観点から，ある程度独立させて事業を展開するものである。

3．不適。内閣人事局は，幹部公務員の人事に関して，内閣が管理を行うことにより，政治家主導による行政の民主的統制のために設けられた部署である。

4．不適。PFI は公の施設等に関して，民間事業者に管理運営などを行わせるものであり，行政自体に市場原理を導入するものとはいえない。

II　解答

【設問1】ア．勤労　イ．租税　ウ．マイナンバー

【設問2】A－5　B－4　C－10

【設問3】 4　【設問4】エ．普通　オ．特別

【設問5】 a－2　b－2　c－3　d－1

【設問6】カ．累進　D－2　E－6　F－9

【設問7】G－2　H－1

【設問8】キ．人事院　ク．会計検査院

◀解　説▶

≪日本の税制≫

【設問1】ウ．日本では 2016 年からマイナンバー制度の運営が開始された。

この制度では国民一人一人にマイナンバーと呼ばれる番号を割り当て，住民票や納税等の事務を簡素化することが期されている。

【設問2】C．2019年度の日本の国民所得は約400兆円なので，リード文に示されている租税負担率の計算方法に従えば，(60＋40)÷400≒0.25となり，10が正答となる。

【設問3】日本では，2019年に消費税が10％に引き上げられた。これに伴い，2020年度からは消費税が税収のトップに浮上し，2021年度も同様であった。

【設問4】日本の地方公共団体は普通地方公共団体と特別地方公共団体とに区分される。普通地方公共団体は都道府県や市町村などであり，特別地方公共団体は特別区（東京23区）や財産区（合併前の旧市町村など）などである。

【設問6】D．日本の所得税の課税方法の計算は次のようになる。まず，課税対象となる所得金額をその一段階下の課税所得金額の上限で引く。400万円の課税所得金額なら400万円－330万円＝70万円となる。これが20％の課税分となる。これを計算して70万円×0.2＝14万円となり，以下，この方式に従って計算すると，(330万円－200万円)×0.1＝13万円，200万円×0.05＝10万円となる。課税金額の合計は14万円＋13万円＋10万円＝37万円となり，2が正答となる。

E．Dと同様の計算を行うと，この場合の課税金額は120万円となる。リード文にある平均税率の計算に従うと120万円÷800万円＝0.15となり，15％であり，6が正答となる。

F．Eで示された平均税率の計算をDで行った課税所得金額400万円の場合に当てはめると9％と出る。Eの計算結果と照らし合わせると，9が最も適切である。

【設問8】キ．日本では，公務員の労働三権が制約されている。そのため，それの代替措置として人事院による勧告制度が設けられており，人事院は公正・中立の観点から公務員の給与水準等に関して，民間企業と比べて適切かどうかを勧告する。

Ⅲ　解答

【設問1】ア．ディーセント＝ワーク
イ．ワーキング＝プア　ウ．同一労働＝同一賃金
エ．女子差別撤廃　オ．労働基準　カ．ジェンダー＝ギャップ
キ．法定雇用率　ク．看護
【設問2】A－2　B－14　C－5　D－9　E－12
【設問3】3　【設問4】2　【設問5】2　【設問6】4
【設問7】4　【設問8】a－2　b－1　【設問9】2

◀解　説▶

≪日本の労働問題≫

【設問3】3．不適。この選択肢にある権利は，団体交渉権のことである。

【設問4】1．不適。2．適切。派遣労働者の雇用主は労働派遣事業者である。

3．不適。派遣労働者に賃金を支払うのは，労働派遣事業者である。

4．不適。派遣労働者に業務上の指揮命令を与えるのは派遣先企業である。

【設問5】2．適切。

1．不適。アルバイトにも年次有給休暇を取得する権利がある。アルバイトであれ，正規雇用者であれ，入社後半年以上が経過し，その所定の労働日の8割以上を勤務した労働者には，年次有給休暇の取得の権利が発生する。

3．不適。アルバイトであれ，正規雇用者であれ，法定労働時間は労働基準法第32条で規定されている。

4．不適。アルバイトにも深夜手当が支給される。

【設問7】4．不適。2019年における男性の育児休業取得率は約13％であった。

【設問8】a．誤り。2018年における日本の全雇用者に占める女性の割合は約44％であった。

【設問9】2．不適。日本のM字カーブの谷が最も落ち込むのは，1990年も2018年も同じく30～35歳の部分であった。

❖講　評

Ⅰ　日本の憲法と政治行政改革に関して，基礎から発展的なレベルまで幅広く出題された。【設問2】に見られるような正誤問題は同志社大学の入試問題でよく見られ，教科書の基本事項をいかに細かい部分まで正確に学習したかが問われる。【設問3】や【設問6】は，1990年代から近年にかけての政治行政改革の流れを的確につかんでいるかが試された。【設問7】では官民競争入札制度やPFIなど，大学の行政学で扱う語句が出題されたが，設問の趣旨をよく考えて解答に臨めば，対応できる問題であった。

Ⅱ　日本の税制について，発展的な内容が問われた。【設問2】や【設問3】などは教科書の単なる暗記ではなく，基礎的事項をしっかりと背景知識を踏まえて整理し，活用できるレベルまで学習したかが問われたものであった。【設問6】は，与えられた条件から思考して計算したり，論理的に推論して解答を導き出したりと，思考力を重視した設問であった。また，【設問7】に見られるように，政治・経済の学習をより実社会の事柄について活きた知識として定着させているかも問われた。

Ⅲ　日本の労働問題に関して，基礎から発展まで幅広い知識が問われた。【設問5】や【設問6】の選択問題では，教科書の基礎的な事項をいかに発展させて，資料集やインターネットなどを活用して深められているかが問われた。【設問8】の正誤問題などでは，細かく正確な知識が試された。

以上のことから，2023年度は過去の出題と比較して，やや難しいレベルであったと考えられる。

数学

I

解答　(1)ア．$12a-36$　イ．$\frac{1}{216}$　ウ．$\frac{1}{36}$　エ．$\frac{7}{216}$

オ．$\frac{1}{9}$

(2)カ．$\sqrt{3}$　キ．$60°$　ク．$45°$　ケ．1　コ．$\frac{1}{7}$

◀解　説▶

≪小問２問≫

(1)　$f(x)=x^2-2ax+b+c$

$f(6)=0$ より

$$f(6)=6^2-12a+b+c=0$$

$$b+c=12a-36 \quad \to ア$$

$$=12(a-3)$$

$b>0$，$c>0$ より左辺は正であるから $a>3$ である。

$a=4$ のとき

$$b+c=12$$

これを満たす b，c は

$$(b,\ c)=(6,\ 6)$$

$a=5$ のとき

$$b+c=24$$

$a=6$ のとき

$$b+c=36$$

これらを満たす b，c は存在しない。

したがって，条件を満たす確率は

$$\frac{1}{6\times6\times6}=\frac{1}{216} \quad \to イ$$

同様に $f(3)=0$ より

$$f(3)=3^2-6a+b+c=0$$

$$b+c=6a-9=3(2a-3)$$

$a \geqq 2$ である。

$a=2$ のとき

$$b+c=3$$

これを満たす b, c は $(b, c)=(1, 2)$, $(2, 1)$ の 2 通り。

$a=3$ のとき

$$b+c=9$$

これを満たす b, c は $(b, c)=(3, 6)$, $(4, 5)$, $(5, 4)$, $(6, 3)$ の 4 通り。

$a=4$ のとき

$$b+c=15$$

$a=5$ のとき

$$b+c=21$$

$a=6$ のとき

$$b+c=27$$

これらを満たす b, c は存在しない。

したがって，条件を満たす確率は

$$\frac{2+4}{6\times6\times6}=\frac{1}{36} \quad \toウ$$

方程式 $x^2-2ax+b+c=0$　……① の判別式を D とすると①が重解をもつ条件は

$$\frac{D}{4}=a^2-(b+c)=0$$

すなわち $a^2=b+c$ が成り立つときである。

$a=2$ のとき

$$b+c=4$$

これを満たす b, c は $(b, c)=(1, 3)$, $(2, 2)$, $(3, 1)$ の 3 通り。

$a=3$ のとき

$$b+c=9$$

これを満たす b, c は $(b, c)=(3, 6)$, $(4, 5)$, $(5, 4)$, $(6, 3)$ の 4 通り。

$a=1$ のとき

$b+c=1$

$a=4$ のとき

$b+c=16$

$a=5$ のとき

$b+c=25$

$a=6$ のとき

$b+c=36$

これらを満たす b, c は存在しない。

したがって，条件を満たす確率は

$$\frac{3+4}{6\times6\times6}=\frac{7}{216}\quad\to \text{エ}$$

方程式 $x^2-2ax+b+c=0$ ……② が異なる 2 つの整数解をもつ条件を考える。

$a=1$ のとき，②は $x^2-2x+b+c=0$ であり，条件を満たす b, c は存在しない。

$a=2$ のとき，②は $x^2-4x+b+c=0$ であり，条件を満たすには

$b+c=3$

これを満たす b, c は $(b,\ c)=(1,\ 2)$, $(2,\ 1)$ の 2 通り。

$a=3$ のとき，②は $x^2-6x+b+c=0$ であり，条件を満たすには

$b+c=5$

または

$b+c=8$

これらを満たす b, c は $(b,\ c)=(1,\ 4)$, $(2,\ 3)$, $(3,\ 2)$, $(4,\ 1)$, $(2,\ 6)$, $(3,\ 5)$, $(4,\ 4)$, $(5,\ 3)$, $(6,\ 2)$ の 9 通り。

$a=4$ のとき，②は $x^2-8x+b+c=0$ であり，条件を満たすには

$b+c=7$, $b+c=12$　($b+c=15$ を満たす b, c は存在しない)

これらを満たす b, c は $(b,\ c)=(1,\ 6)$, $(2,\ 5)$, $(3,\ 4)$, $(4,\ 3)$, $(5,\ 2)$, $(6,\ 1)$, $(6,\ 6)$ の 7 通り。

$a=5$ のとき，②は $x^2-10x+b+c=0$ であり，条件を満たすには

$b+c=9$　($b+c=16$, 21, 24 を満たす b, c は存在しない)

これを満たす b, c は $(b,\ c)=(3,\ 6)$, $(4,\ 5)$, $(5,\ 4)$, $(6,\ 3)$ の 4 通り。

$a=6$ のとき，②は $x^2-12x+b+c=0$ であり，条件を満たすには

$b+c=11$ （$b+c=20$，27，32，35 を満たす b，c は存在しない）

これを満たす b，c は $(b,\ c)=(5,\ 6)$，$(6,\ 5)$ の 2 通り。

以上より，条件を満たす確率は

$$\frac{2+9+7+4+2}{6\times6\times6}=\frac{24}{216}=\frac{1}{9}\quad\to オ$$

(2)　$\alpha=45^\circ$，$\gamma=75^\circ$ より $\beta=60^\circ$ であるから

$\tan\beta=\sqrt{3}$　→カ

$\alpha\leqq\beta\leqq\gamma$ を満たす α が最大になるのは，$\alpha=\beta=\gamma$ のときなので

$\alpha=60^\circ$　→キ

$\tan60^\circ=\sqrt{3}$ であるから $\alpha\leqq60^\circ$ より

$\tan\alpha\leqq\sqrt{3}$

$\tan\alpha$ が整数となるのは $\tan\alpha=1$ のときであり，そのとき

$\alpha=45^\circ$　→ク

$\triangle$ABC が直角三角形ならば

$\gamma=90^\circ$

そのとき

$\alpha+\beta=90^\circ$

すなわち

$\beta=90^\circ-\alpha$

$\tan(90^\circ-\alpha)=\dfrac{1}{\tan\alpha}$ であるから

$$\tan\alpha\tan\beta=\tan\alpha\times\frac{1}{\tan\alpha}=1\quad\to ケ$$

条件より

$$\frac{1}{\tan\alpha}=m,\ \frac{1}{\tan\beta}=n\quad(m,\ n \text{ はともに自然数，} n\leqq m)$$

とおけて

$$\tan\alpha=\frac{1}{m},\ \tan\beta=\frac{1}{n}$$

と表すことができる。

$\dfrac{1}{\tan\gamma}=-2$ より $\tan\gamma=-\dfrac{1}{2}$ であるから

$$\tan(\alpha+\beta)=\tan(180^\circ-\gamma)=-\tan\gamma=\frac{1}{2}$$

また，$\tan(\alpha+\beta)=\dfrac{\tan\alpha+\tan\beta}{1-\tan\alpha\tan\beta}=\dfrac{1}{2}$ であり，これより

$$\frac{\frac{1}{m}+\frac{1}{n}}{1-\frac{1}{m}\cdot\frac{1}{n}}=\frac{1}{2}$$

$$\frac{m+n}{mn-1}=\frac{1}{2}$$

$$2(m+n)=mn-1$$

$$mn-2m-2n=1$$

$$(m-2)(n-2)=5$$

$m-2$，$n-2$ はともに -1 以上の整数，$m-2\geqq n-2$ より

$$(m-2,\ n-2)=(5,\ 1)$$

これより

$$(m,\ n)=(7,\ 3)$$

$$\tan\alpha=\frac{1}{m}=\frac{1}{7}\quad\to コ$$

II 解答

(1)　$f(x)=x^2+(8a^2-2a-1)x+2a(1-8a^2)$ より

$$\begin{aligned}f(1-8a^2)&=(1-8a^2)^2+(8a^2-2a-1)(1-8a^2)+2a(1-8a^2)\\&=(1-8a^2)(1-8a^2+8a^2-2a-1+2a)\\&=(1-8a^2)\times 0=0\quad\cdots\cdots(答)\end{aligned}$$

(2)
$$\begin{aligned}I_1&=\int_0^1\{x^2+(8a^2-2a-1)x+2a(1-8a^2)\}dx\\&=\left[\frac{1}{3}x^3+\frac{1}{2}(8a^2-2a-1)x^2+2a(1-8a^2)x\right]_0^1\\&=\frac{1}{3}+4a^2-a-\frac{1}{2}+2a-16a^3\\&=-16a^3+4a^2+a-\frac{1}{6}\quad\cdots\cdots(答)\end{aligned}$$

(3)　$a=\dfrac{1}{2\sqrt{2}}$ のとき

$$1-8a^2=1-8\times\left(\frac{1}{2\sqrt{2}}\right)^2=1-8\times\frac{1}{8}=0$$

$$8a^2-2a-1=8\left(\frac{1}{2\sqrt{2}}\right)^2-2\times\frac{1}{2\sqrt{2}}-1=1-\frac{1}{\sqrt{2}}-1=-\frac{1}{\sqrt{2}}$$

であるから

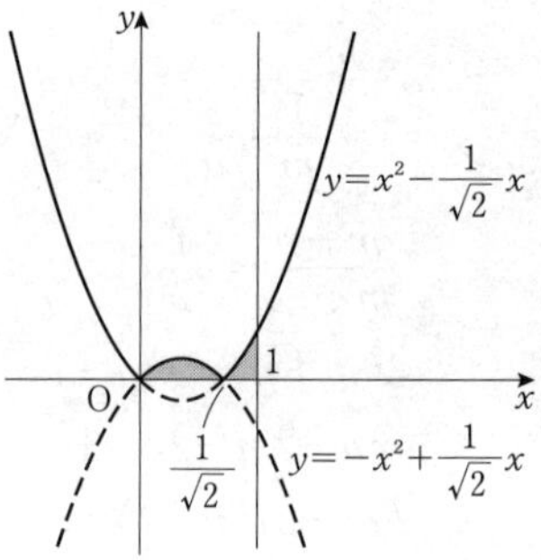

$$\begin{aligned}I_2&=\int_0^1\left|x^2-\frac{1}{\sqrt{2}}x\right|dx\\&=\int_0^{\frac{1}{\sqrt{2}}}\left(-x^2+\frac{1}{\sqrt{2}}x\right)dx\\&\qquad+\int_{\frac{1}{\sqrt{2}}}^1\left(x^2-\frac{1}{\sqrt{2}}x\right)dx\\&=\left[-\frac{1}{3}x^3+\frac{1}{2\sqrt{2}}x^2\right]_0^{\frac{1}{\sqrt{2}}}\\&\qquad+\left[\frac{1}{3}x^3-\frac{1}{2\sqrt{2}}x^2\right]_{\frac{1}{\sqrt{2}}}^1\\&=-\frac{1}{3}\cdot\frac{1}{2\sqrt{2}}+\frac{1}{2\sqrt{2}}\cdot\frac{1}{2}+\frac{1}{3}-\frac{1}{2\sqrt{2}}-\left(\frac{1}{3}\cdot\frac{1}{2\sqrt{2}}-\frac{1}{2\sqrt{2}}\cdot\frac{1}{2}\right)\\&=-\frac{1}{6\sqrt{2}}+\frac{1}{4\sqrt{2}}+\frac{1}{3}-\frac{1}{2\sqrt{2}}-\left(\frac{1}{6\sqrt{2}}-\frac{1}{4\sqrt{2}}\right)\\&=-\frac{2}{6\sqrt{2}}+\frac{2}{4\sqrt{2}}+\frac{1}{3}-\frac{1}{2\sqrt{2}}=-\frac{1}{3\sqrt{2}}+\frac{1}{3}\\&=\frac{1}{3}-\frac{\sqrt{2}}{6}\quad\cdots\cdots(\text{答})\end{aligned}$$

(4)　(1)より $f(x)$ は $\{x-(1-8a^2)\}$ を因数にもつから

$$f(x)=\{x-(1-8a^2)\}(x-2a)$$

となり，放物線 $y=f(x)$ と x 軸との共有点の x 座標は $x=1-8a^2$ および $x=2a$ である。

また $f(x)=x^2+(8a^2-2a-1)x+2a(1-8a^2)$ より

$$f(0)=2a(1-8a^2)$$

$0<a\leqq\frac{1}{2\sqrt{2}}$ で $f(0)\geqq0$，$\frac{1}{2\sqrt{2}}\leqq a$ で $f(0)\leqq0$

$f(x)=\{x-(1-8a^2)\}(x-2a)$ より

$$f(1)=\{1-(1-8a^2)\}(1-2a)=8a^2(1-2a)$$

$$0<a\leqq\frac{1}{2}\ \text{で}\ f(1)\geqq 0,\ \ \frac{1}{2}\leqq a\ \text{で}\ f(1)\leqq 0$$

また，$2a-(1-8a^2)=8a^2+2a-1=(2a+1)(4a-1)$ より

$$0<a\leqq\frac{1}{4}\ \text{で}\ 2a\leqq 1-8a^2,\ \ \frac{1}{4}\leqq a\ \text{で}\ 1-8a^2\leqq 2a$$

(i) $0<a\leqq\dfrac{1}{4}$ のとき

$$\begin{aligned}I_2-I_1&=2\int_{2a}^{1-8a^2}\{-f(x)\}dx\\&=2\times\frac{1}{6}(1-8a^2-2a)^3\\&=\frac{1}{3}(-8a^2-2a+1)^3\end{aligned}$$

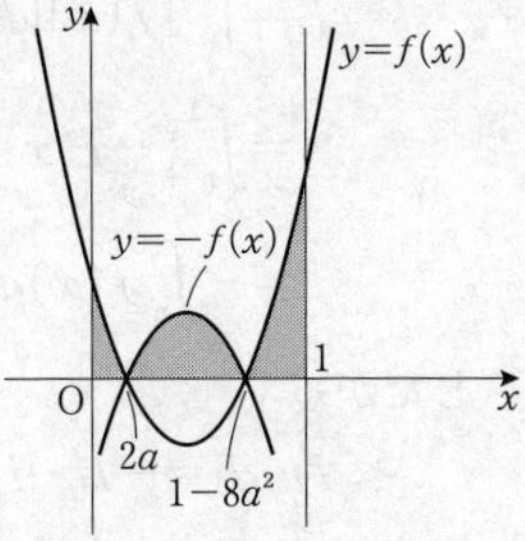

(ii) $\dfrac{1}{4}\leqq a\leqq\dfrac{1}{2\sqrt{2}}$ のとき

$$\begin{aligned}I_2-I_1&=2\int_{1-8a^2}^{2a}\{-f(x)\}dx\\&=2\times\frac{1}{6}(2a-1+8a^2)^3\\&=\frac{1}{3}(8a^2+2a-1)^3\end{aligned}$$

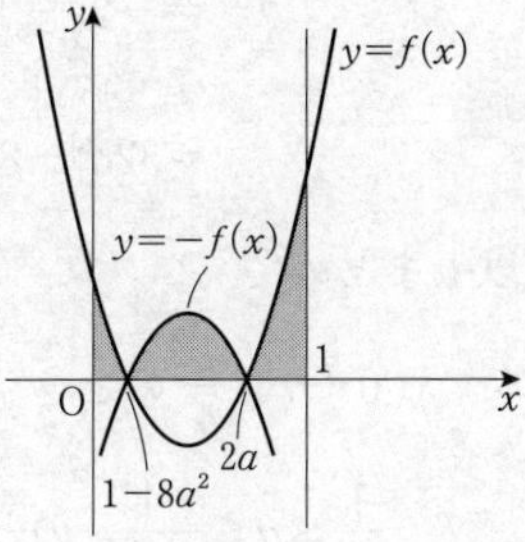

(iii) $\dfrac{1}{2\sqrt{2}}\leqq a\leqq\dfrac{1}{2}$ のとき

$$\begin{aligned}I_2-I_1&=2\int_0^{2a}\{-f(x)\}dx\\&=-2\int_0^{2a}f(x)dx\\&=-2\Big[\frac{1}{3}x^3+\frac{1}{2}(8a^2-2a-1)x^2\\&\qquad\qquad+2a(1-8a^2)x\Big]_0^{2a}\\&=-2\Big\{\frac{1}{3}\cdot 8a^3+\frac{1}{2}\cdot 4a^2(8a^2-2a-1)+4a^2(1-8a^2)\Big\}\\&=-8a^2\Big(\frac{2}{3}a+4a^2-a-\frac{1}{2}+1-8a^2\Big)\end{aligned}$$

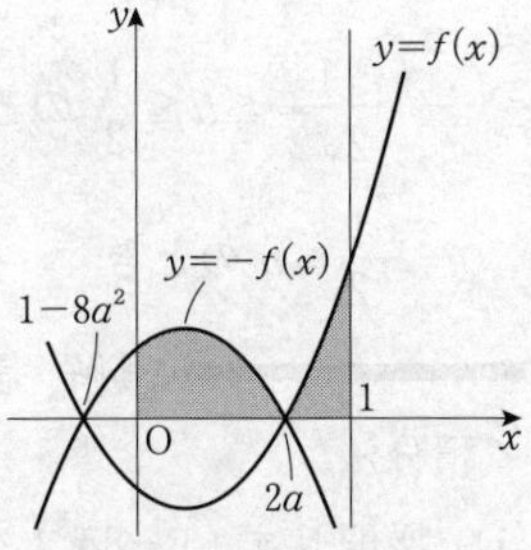

$$=-8a^2\left(-4a^2-\frac{1}{3}a+\frac{1}{2}\right)$$

$$=32a^4+\frac{8}{3}a^3-4a^2$$

(iv) $\frac{1}{2}\leqq a$ のとき

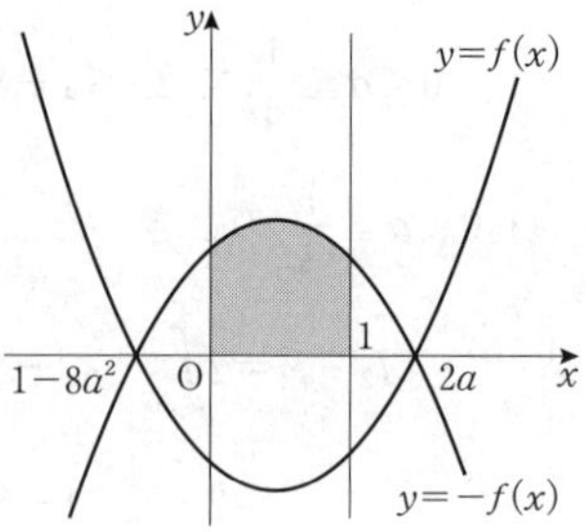

$$I_2=\int_0^1|f(x)|dx$$

$$=\int_0^1\{-f(x)\}dx$$

$$=-\int_0^1 f(x)dx=-I_1$$

したがって

$$I_2-I_1=-I_1-I_1=-2I_1$$

$$=-2\left(-16a^3+4a^2+a-\frac{1}{6}\right)$$

$$=32a^3-8a^2-2a+\frac{1}{3}$$

以上まとめて

$$\left.\begin{array}{ll} 0<a\leqq\frac{1}{4}\text{ のとき} & I_2-I_1=\frac{1}{3}(-8a^2-2a+1)^3 \\ \frac{1}{4}\leqq a\leqq\frac{1}{2\sqrt{2}}\text{ のとき} & I_2-I_1=\frac{1}{3}(8a^2+2a-1)^3 \\ \frac{1}{2\sqrt{2}}\leqq a\leqq\frac{1}{2}\text{ のとき} & I_2-I_1=32a^4+\frac{8}{3}a^3-4a^2 \\ \frac{1}{2}\leqq a\text{ のとき} & I_2-I_1=32a^3-8a^2-2a+\frac{1}{3} \end{array}\right\}\cdots\cdots\text{(答)}$$

◀解　説▶

≪積分法≫

(1)　展開せず $(1-8a^2)$ を共通因数として因数分解すると計算の見通しがよい。

(2)　被積分関数を因数分解せずに積分した方が計算がスムーズである。

(3)　絶対値記号がついた関数は x 軸より下側の部分を x 軸に関して対称移動したもので面積を求める。

(4)　放物線と x 軸とで囲まれた部分の面積を求める際に

$$\int_{\alpha}^{\beta}(x-\alpha)(x-\beta)dx=-\frac{1}{6}(\beta-\alpha)^3$$

の公式を用いて計算量を軽減している。

III 解答

(1)　B は度数の合計であるから

$$B=50,\ A=50-(5+5+12+8)=20$$

よって　　$A=20,\ B=50$　……(答)

(2)　中央値によって分けられる上組，下組のデータ数はそれぞれ 25 であり，第 1 四分位数は下組の小さい方から数えて 13 番目の数値であるから C_3 に属する。よって

$k=3$　……(答)

(3)　$\overline{Y}=\dfrac{1}{50}(5\times5+15\times5+25\times12+35\times20+45\times8)$　……①

$$\overline{Y}=\frac{1}{50}(25+75+300+700+360)=\frac{1}{50}\times1460$$

$$=\frac{146}{5}=29.2$$　……(答)

(4)　m_1 は C_1 に含まれるデータの平均値であり，C_1 に含まれるデータの度数は 5 であるから

$m_1=\dfrac{1}{5}$(データ X のうち C_1 に含まれるデータの合計)

これより

(データ X のうち C_1 に含まれるデータの合計)$=5m_1$

以下同様に考えて

$\overline{X}=\dfrac{1}{50}(5m_1+5m_2+12m_3+20m_4+8m_5)$　……②　……(答)

(5)　②−① より

$\overline{X}-\overline{Y}$

$$=\frac{1}{50}\{5(m_1-5)+5(m_2-15)+12(m_3-25)+20(m_4-35)+8(m_5-45)\}$$

……③

$-5\leqq m_1-5<5$，$-5\leqq m_2-15<5$，$-5\leqq m_3-25<5$，$-5\leqq m_4-35<5$，$-5\leqq m_2-45<5$ であるから，③より

$$\frac{1}{50}\{5(-5)+5(-5)+12(-5)+20(-5)+8(-5)\}$$

$$\leqq \overline{X}-\overline{Y}<\frac{1}{50}(5\cdot5+5\cdot5+12\cdot5+20\cdot5+8\cdot5)$$

$$-5\leqq \overline{X}-\overline{Y}<5$$

これより $\overline{Y}-5\leqq \overline{X}<\overline{Y}+5$ が成り立つ。　（証明終）

◀解　説▶

≪データの分析≫

(2)　50 個のデータを中央値（第 2 四分位数）で 2 つの部分に分け，さらにそれらを 2 つの部分に分けることを図示などして確実に求めることが大切である。

(3)　問題が定める C_j や y_i の意味を正しく把握し，それらの平均を求めていきたい。

(4)　m_j は各階級に含まれるデータの平均値であることを理解し，$\overline{X}$ を m_j で表し，(5)の証明へつなげるなど，全体を通して問題の誘導にうまく乗っていくことが何よりも大切である。

❖講　評

I　(1)　2 次方程式の解の種類とさいころの目を絡めた問題である。2 次方程式の判別式や整数の性質等を主題として解法を進めていけばよい。前半は $b+c=12(a-3)$ が得られたあと $b>0$，$c>0$ より左辺は正であるから $a>3$ となり，a はさいころの目であるから $a=4$，5，6 と絞られる。それぞれ具体的に条件を満たす b，c の値を検討していけばよい。後半の 2 次方程式が異なる 2 つの整数解をもつ確率を求める際にも前半と同様，a のそれぞれの値に応じた 2 次方程式の左辺が因数分解できる条件を考えていけばよい。

(2)　1 つの三角形を通して，三角形の性質や三角比の適用が求められる問題である。三角形の内角の和など基本事項から三角関数の加法定理まで様々な公式等を使いこなす力が必要とされる。最後では $\dfrac{1}{\tan\alpha}$，$\dfrac{1}{\tan\beta}$ が整数ということから，それぞれを m，n などの整数とおいて，

整数 m, n の関係式を導き整数問題として扱うところがポイントであろう。

Ⅱ　誘導にしたがって求めた結果を次に活かすことを考えながら解き進めていくことが大切である。

(1)　$f(1-8a^2)=0$ より $\{x-(1-8a^2)\}$ が $f(x)$ の因数であることがわかれば $f(x)$ が因数分解でき，後半への見通しがよくなる。

(2)　定積分の計算を機械的に行うとよい。

(3)　与えられた $a=\dfrac{1}{2\sqrt{2}}$ を $8a^2-2a-1$ や $1-8a^2$ に代入することで $f(x)$ の式を簡単にしてから処理すべきである。

(4)　区間 $0 \leqq x \leqq 1$ での $y=f(x)$ のグラフと x 軸との位置関係が決め手になるので，そのための場合分けが何よりも重要となる。

Ⅲ　データの分析を階級値や階級内での平均，四分位数なども絡めて多方面での考え方を必要とする問題である。前半は教科書にある基本的な知識を問う問題，中盤から後半は基本的知識をうまく使って最後は証明までもっていく考察力が要求される。四分位数の問題では図などを書き，第1四分位数がどこの階級に属するかを丁寧に求めていくことが大切である。データの計算に限らないが，やみくもに計算を行うのではなく，まとまりや共通項を意識して行う姿勢が大切である。

㈥　「その御心」は頼長の心をいう。「違ふところのあれば」とは頼長が考え違いをしていたということ。「祖神」は〝氏族の祖先とされる神〟の意で、藤原氏の氏神である春日大明神を指す。「冥慮」は〝神仏の心〟の意。「違うて」とは頼長が祖先の神に背いたということ。第一段落の「氏の長者たりながら……神慮の末こそ恐ろしけれ」と同内容である。この部分に「神事疎かにして威勢を募れば」とあり、これが神に見放された根本的な理由となる。すなわち氏の長者でありながら神事を疎んじて権勢を拡張したということである。また、頼長が才知を誇ったことが身を滅ぼす原因となったと本文で強調されているので、この点も含めて説明するとよい。

❖講　評

一の現代文は共感について論じた文章である。論旨が明快で読みやすい。長さも標準的なものである。設問は選択式三問と少ない。本文がきちんと読めていれば間違うことはないだろう。いずれも標準レベルである。

二の現代文は江戸時代の宇宙論について論じたやや異色の文章であるが、過去問を数多く解いていれば戸惑わないだろう。設問は選択式と記述式あわせて三問とやはり少ない。ただ㈡の内容真偽は巧妙に作られているので、本文と照らし合わせてその適否を慎重に判断しなければならない。また、㈢の記述問題はキーワードを漏らさないようにまとめる必要がある。㈠が標準、㈡・㈢がやや難レベルといえよう。

三の古文は『保元物語』からの出題で、藤原頼長に焦点を当てた内容となっている。保元の乱や頼長についてある程度の知識があると理解も早いと思われる。設問は従来と変わらない。選択式を並べた最後に記述式が一問ある。語意、内容説明、口語訳、文法、内容真偽で構成されている。総じて標準レベルといえる。

の省略形で〝〜だったのだろうか〟の意。よって4が適当となる。2は「大人げなく論破しようとした」「ひどいと思われた」、5は「亀の占の価値が朝廷に認められた」がそれぞれ不適となる。

ウ、「しかず」は漢文の比較の句形である「不如・不若（〜にしかず）」を訓読したもので、〝〜に及ばない〟の意。弟子を見ることでは師に及ぶ者はいないということ。本文では「弟子」が頼長にあたり、「師」が信西にあたる。前文に「才に誇る御心ましませ」とあるように、信西は頼長の才能を誇る高慢な性格をよく理解していたというのである。「明らけし」は〝明らかだ〟の意。直訳からでも2を選択できる。

（四）　二重傍線は、占いの議論に敗れた信西が頼長に言った言葉の一節である。頼長の「御才学」について「朝（＝朝廷）に余らせおはします」と述べている。ここでの「せ」は尊敬の助動詞「す」の連用形。尊敬の補助動詞「おはします」とともに頼長を敬う。5が正解で、「せ（す）」「たまふ」と同じく尊敬語を重ねている。

1・4、サ変動詞「す」の未然形。1の「な〜そ」は禁止の形。

2、謙譲の補助動詞「まゐらす」の連用形「まゐらせ」の活用語尾。

3、使役の助動詞「さす」の連用形「させ」の一部。

（五）　1、「誰一人嘆く者はいなかった」が不適。「世もて惜しみ奉る」（第一段落）に矛盾する。

2、「極めて幼少の頃であった」が不適。「未だ弱冠（＝二十歳）の御時、仙洞にて通憲入道と御物語」（第二段落）に矛盾する。

3、第三段落の「入道とぶらひ（＝〝見舞い〟）のために、宇治殿へぞ参りたりける」以下に合致する。

4、「疲れ果てた」が不適。「負け奉りて」（第三段落）に矛盾する。また「恨み言をもらした」のではなく、頼長に忠告したのである。

5、「二十歳の時」が不適。「病席の論、二十四歳なり」（第三段落）に矛盾する。「四歳年長の信西」にも根拠がない。

6、第四段落の「隋の煬帝の才能、人に優れたりしは、国を滅ぼす基たり」に合致する。

も（彼らの非道ぶりが）知られるところである。しかしながら、（彼らは）能力や技芸に優れ、才知も人より優れていた。よって、これを戒める言葉に、「知識に優れ（過ちを）諫め防ぐことができる。言葉が巧みで悪事を善事のように言いくるめることができる。能力をひけらかして臣下に誇ったり、名声によって世の人々に崇められようとする」と言っている。このような先人の言葉を思うと、（頼長は）俊才でいらっしゃったけれども、その心得違いのところがおありであったから、祖先の神のお心にも背いて身を滅ぼしなさったのだった。

▲解　説▼

㈠　a、「蛍雪」は〝蛍の光と雪の明かり〟の意で、苦労して勉学に励むことをいう。「蛍雪の功」は苦学の成果ということ。本文では頼長が高貴な出身でありながら勉学に励んだことを述べている。
b、「たなごころ（掌）」は〝手のひら〟の意。「たなごころを指す」は手のひらの上にあるものを指すということで、〝物事がきわめて明白、または簡単なこと〟の意。本文では信西の言った言葉「今は御才学……祟りとなるべし」の正しさを評している。なお「たなごころを返す」（＝〝態度が急に変わる〟）もよく使われる。

㈡　「入道」が主語で「勧め申しけり」が述語である。すなわち入道が「摂家の御身……御学文あるべきよし」を頼長に勧めたというのである。ここで頼長を主語として説明した2と3がはずれる。「摂家」は〝摂関家〟のこと。「御身」は頼長を指す。「朝家」は〝朝廷〟、「鏡」は〝模範〟等の意。「おはしませ（おはします）」は尊敬の補助動詞。「学文」は〝学問〟の意。頼長は摂関家出身で、朝廷の模範であるから、学問せよという趣旨である。これに合致するのは1である。4は「摂関家出身の立場から」「天皇家の寵愛を受けるために」、5は「権威を支える」がそれぞれ不適。

㈢　イ、「御心」「思し召し（思し召す）」はいずれも尊敬語で頼長を敬っている（信西に対しては敬語を用いていない）。ここで「信西様のお気持ち」と解釈した1と3がはずれる。「このこと」は直前の部分で、亀の占いと易の占いに関する優劣の議論で頼長が勝利し、信西に学問はもう十分だと言わしめたことを指す。頼長は直後の日記にも「才智にあたつてすでに彼の許可を蒙る」と記して、信西に認められた喜びをかみしめている。「にや」は「にやありけむ」

った。左府が、亀の占いをして出た形の方が深いとおっしゃると、通憲は、易の占いの方が深いと申し上げたために、ご議論が広範囲になってやや時間も延びて、互いに多くの文章を引用し、数多くの文献を開きなさった。入道が、最後は敗れ申し上げて、「もはや（あなた様の）御学識は、すでに朝廷にとって過分になっておいでです。これ以上は学問をなさってはいけません。もしさらに（学問を）なさったら、ご自身にとって祟りとなるでしょう」と申し上げて出ていった。（頼長の）お気持ちとしてもこのこと（＝学問上の議論で信西にまさったこと）を感慨深く思われたのか、自身が御日記（＝『台記』）に記された言葉には、「先年、院の御所で（信西から）学問をすべき由を勧められた。（当時）自分は二十歳であった。今回、病床の議論（を交わした自分）は、二十四歳である。その間わずかに四年、才能や知識においてもはや彼（＝信西）の認めるところとなった。すべて四年間学問をした間、書物を聞くたびに、彼（＝信西）に受け答えしたことを忘れはしない。感涙をぬぐってこのことを記す」とあります。

まったく信西の申された言葉は、掌を指すように明白かつ正確である。（頼長は）才能を誇るお心がおありだったから、兄上の法性寺殿（＝藤原忠通、和歌・漢詩・書道にすぐれていた）を、「詩歌は楽しみの中の手すさび、書道に優れていることは賢い人間の好むところではない」などと言って、自分より下に思っていらっしゃったのだろう。弟子の能力や人物を知っているという点で、その師にまさる者はいない、ということにはまったく疑う余地はない。これ（＝信西の言葉）は御学問をやめさせ申し上げようとしたものではない。才知を誇りなさるところを戒め申し上げたものであろう。まずはお心が本当に誠実であって、優れたご気性があった上での御学問こそふさわしいのだろう。何であれすべての内外の鑽仰（＝〝聖人や偉人の徳を仰ぎ尊ぶこと〟）は、ただ一心（＝〝真実の信心〟）のためなのである。調達（＝釈迦の弟子）は八万蔵（＝釈迦の説法を記した数多くの経典）を暗記したが、結局地獄に落ちた。隋の煬帝（＝隋の第二代皇帝）の才能が、人より優れていたことは、国を滅ぼす元となった。学者が用心するのは、このところにあるだろう。だから孔子の言葉にも、「昔の学者は自分の修養のために学問をしたものだが、今の学者は他人に認められたくて学問をしている」とおっしゃった。夏《か》の桀（＝夏王朝最後の王）、殷《いん》の紂（＝殷王朝最後の王）は、儒教や道教に憎まれる者たちで、文書で

解答

㈠　a―3　b―1

㈡　1

㈢　イ―4　ウ―2

㈣　5

㈤　3・6

㈥　頼長の、氏の長者であるのに神事を疎んじ権勢や才知を誇った点。（三十字以内）

◆全　訳◆

左大臣殿（＝藤原頼長）が亡くなられて後は、職事（＝宮中行事の事務を担当する役人）・弁官（＝行政・事務を担当する役人）も故実（＝〝古来の慣例・作法〟）を失い、宮中も院の御所も朝廷の儀式が廃れようとしていた。世をあげて（頼長の死を）惜しみ申し上げる。まことに（頼長は）代々の摂関家に生まれて、万機内覧（＝〝天皇に奏上する公文書をあらかじめ内見し政務を代行すること〟）の宣旨をいただき、才能は人に抜きんでて、技芸も世に知られていらっしゃったので、どうしたわけであったのだろうか、藤原氏の長者でありながら、神事を疎んじて権勢を拡張したので、我は（頼長に）連れ添わないという旨の、春日大明神（＝奈良にある春日大社の祭神）の御託宣があった。神の思し召しの結果こそは恐ろしいことだ。

この左府（＝頼長）は、まだ二十歳であられたとき、院の御所で通憲入道（＝信西）とお話の折に、入道が、摂関家出身のあなた様は朝廷の御模範でいらっしゃるので、御学問をなさるようにという旨、お勧め申し上げた。これがもとで（頼長は）信西を師と仰いで読書をし、苦学の成果があるようにと励んだ。

その後、左府がご病気だという旨をお聞きしたので、入道はお見舞いのため、宇治殿（＝宇治平等院。頼長の住居）へ参上した。（頼長は）少しばかりご気分もよくていらっしゃったので、横になったまま文学や文章の話をなさったときに、亀の占い（＝亀の甲羅を焼いて、生じたひび割れで吉凶を占う方法）と易の占い（＝易で占う方法）との深浅を議論なさ

3、前半は最終段落の「曇天が多く……『愛でる』対象でこそあれ」に、後半は第一段落の「江戸時代になると……詠われるようになった」に合致する。

4、第二段落で、江戸時代に入って「『星空を究める』人間が登場した」と述べられ、その具体例が以下で示されている。

5、第三段落で、暦算家や儒家たちの説は「論理的な考察ではなく」と述べられており、これと矛盾する。

6、第五段落に「良永は、コペルニクス説をきちんと紹介しておきたいとの気持ちが強くあった」とあることと矛盾する。

7、第五段落に、長崎通詞が出した訳本が「写本としてかなり広く伝わり、地動説が日本に受容されていった」とあり、これと合致する。

8、第七段落に「絵師としての評価は上がったのだが、野人のまま自由に振る舞うことを望み」とあり、「絵師として高い評価を受けたため、自由に振る舞うようになった」という理由づけが不適。

㈢ やや難。「コミュニケーター」は〝伝道者〟の意。傍線の直前に「地動説、そして宇宙論を人々に唱道した」「人々を啓蒙することに貢献した」とあるように、地動説を紹介して人々を啓蒙したことから、江漢を「コミュニケーター」と呼んでいることがわかる。また「科学」という言葉を冠している点を考えると、傍線前文の「窮理学」という言葉に目がいく。この言葉は第五段落で、「科学（理学）」を意味するものとして述べられている。そして地動説は「窮理学」として唱えられているのであり、だからこそ江漢が「科学コミュニケーター」と呼ばれるのである。よって、「窮理学」「地動説」「唱道」「啓蒙」の四つのキーワードを用いて説明すればよいことになる。

三

出典 『保元物語』〈巻之二 左府御最後 附 大相国御歎きの事〉

二

出典　池内了『江戸の宇宙論』＜第一章　蘭学の時代　「江戸の宇宙論」の展開＞（集英社新書）

解答

(一)　1

(二)　3・4・7

(三)　江漢は、窮理学に基づいた地動説そして宇宙論を人々に唱道して彼らを啓蒙したから。（四十字以内）

◆要　旨◆

日本で星空を「愛でる」ようになったのは江戸時代以降である。さらに江戸時代には「星空を究める」人間が登場した。それも最初のうちは天動説によった恣意的な説でしかなかったが、蘭学を通じて地動説が知られるようになっていった。特に地動説に魅せられたのが司馬江漢で、彼は吉雄耕牛や本木良永と交流を持って地動説を知り、科学のコミュニケーターとして地動説を日本で最初に唱道した。江漢が自ら開発したエッチングの腕を活かして『地球図』『天球図』を披露し、『和蘭通舶』などの著作を通じて啓蒙活動を行った結果、地動説・宇宙論を受け入れる人たちが少しずつ増えていった。

▲解　説▼

(一)　空欄直前の「それ」は、前段落の「江戸時代になると……『愛でる』気持ちを吐露するようになった」ことを指す。また空欄直後に「江戸時代に入ってから……『星空を究める』人間が登場した」とある。すなわち江戸時代になって星を「愛でる」ことと「究める」ことが並行して行われるようになったというのである。よって、1の「軌を一にする（＝〝立場や方向を同じくする〟）」が入る。

(二)　やや難。1、「詠み込むことで」という理由づけが不適。第一段落に「古代中国においては……詠み込んでいる」とはあるが、理由づけにはなっていない。

2、第一段落に「天が地の異変を予言して天文現象として表れる」とあるが、これは「（占星術が）天地の異変を予言する」とは異なる。

1、「欲望に対して無自覚であることはない」という箇所の意味が通じず不適。

2、「共感」を説明していない。

3、「相手の情動を無視する利己的態度」とは第八段落の「完璧な利己的態度」をいうから不適。

5、第十段落の「道徳的行為が完全に利己性を排したものだと考える必要はない」に矛盾する。

㈡　「共感」と「同情」の違いを把握する。「共感」は前問で確認したように、他人の苦しみや悲しみといった感情が自分に伝染することであり、その不快感を解消するために「自己防衛的利他行動」をとるのである。これに対して「同情」は「他者の視点に立った援助行動」（傍線Bの二文前）であり、利己を動機としない純粋な利他行為である。選択肢はいずれも「共感」か「同情」のいずれかの例となっている。1は「共感」の例であるから（第五段落）、これが正解となる。2以下はいずれも「同情」の例で、順に第十四段落、第十六段落、第十七段落、終わりから二段落目にあげられている。

㈢　傍線は「他人の悲しみに対して同情し」とあるように、「同情」についてまとめた文である。また「心的分離」とは、「他人の状態と自分の状態を切り離す」こと、すなわち「自己と他者の区別」（傍線と同段落）を指している。この自他意識の発達については第二十段落以下で説明され、「マークテスト」による「自己鏡映像認知」の実験が紹介されている。そして自己認識の発達に伴って他者への気遣いが生じると説明されており（終わりから二段落目）、この事情を説明しているのは3である。

1・2、「共感」が不適となる。

4、「鏡に映っている他者を通して」が不適。

5、「脳を活性化させる哺乳類に共通するメカニズム」は「共感」の「メカニズム」であるから不適となる（最終段落参照）。

国語

一

出典 山竹伸二『共感の正体――つながりを生むのか、苦しみをもたらすのか』〈Ⅰ部 共感の科学 1章 動物も共感するのか？〉（河出書房新社）

解答

(一) 4
(二) 1
(三) 3

◆要 旨◆

利他的行為は自己防衛的利他行動から進化してきた。これは苦しみを感じている相手の感情が伝染し、共感して自分も苦しみを感じてしまうために、この苦しみを解消しようとして相手を助けようとする行為である。ここまでは哺乳類に共通するメカニズムであるが、大きな脳を持つ哺乳類は、他者の視点に立って相手の心を理解し、同情する適切な利他的行動ができるらしい。すなわち利他的行為には他者の視点、自己と他者の区別が必要なのである。心的分離があるからこそ、他人の悲しみと自分の悲しみを区別でき、他者の悲しみに対して同情し、何とかしてあげたいと思えるのだ。

▲解 説▼

(一) 傍線は「自己防衛的利他行動」の説明である。「自己防衛的利他行動」については第六段落で「自分が嫌な思いをしたくないという自己中心的な理由から……利己的な目的のために、相手を助けるのである」と説明される。特にこの箇所にある「共感」という言葉がキーワードになる。また傍線の前後で、感謝や称賛や自尊心を動機とする利他行為もそれに含まれると補足される。正解はこの第六段落の引用箇所に基づいて説明した4となる。

2022年度

問題と解答

■学部個別日程（政策学部・文化情報学部〈文系型〉・
スポーツ健康科学部〈文系型〉）

問題編

▶試験科目・配点

教　科	科　　　目	配　点
外国語	コミュニケーション英語Ⅰ・Ⅱ・Ⅲ，英語表現Ⅰ・Ⅱ	200 点
選　択	日本史Ｂ，世界史Ｂ，政治・経済，「数学Ⅰ・Ⅱ・Ａ・Ｂ」から１科目選択	150 点
国　語	国語総合，現代文Ｂ，古典Ｂ	150 点

▶備　考

「数学Ｂ」は「数列」および「ベクトル」から出題する。

英語

（100分）

〔Ⅰ〕 次の文章を読んで設問に答えなさい。［＊印のついた語句は注を参照しなさい。］(73点)

Has our species been hiding its real age? Fossils found in Morocco suggest the Homo sapiens lineage* became distinct as early as 350,000 years ago — adding as much as 150,000 years (W) our species' history. "It was indeed a big wow [moment]," says Jean-Jacques Hublin at the Max Planck Institute for Evolutionary Anthropology in Leipzig, Germany, who led the analysis with Abdelouahed Ben-Ncer at the National Institute of Archaeology and Heritage in Rabat, Morocco.

On a literal reading of the fossil record, H. sapiens* was thought to have emerged in East Africa roughly 200,000 years ago. But some researchers have long suspected that the roots of our species are deeper, given that H. sapiens-like fossils in South Africa have been <u>tentatively</u>(a) dated at 260,000 years old. The new evidence provides <u>solid</u>(b) support to those suspicions. It comes from a Moroccan site called Jebel Irhoud, which has been puzzling human evolution researchers for more than 50 years.

Hominin* remains were found at the site in the 1960s. <u>They have (あ) an odd mix of ancient (い) modern features (う) they were initially (え)(お) an African version of Neanderthals*</u>. Later reassessments put them closer to our species, and about a decade ago a dating technique suggested they were about 160,000 years old. But by that point in prehistory, <u>it is conventionally assumed that our fully modern species were already living in Africa</u>(ア), which made the Jebel Irhoud hominins' mix of ancient and modern features confusing. So Hublin and Ben-Ncer's team returned to Jebel Irhoud to try to solve the puzzle. In fresh excavations, they found stone tools and more (c)fragmentary hominin remains, including pieces from an adult skull.

An analysis of the new fossils, and of those found at the site in the 1960s, confirms that the hominins had a primitive, elongated braincase*. But the new adult skull shows that the hominins combined this ancient feature (X) a small, lightly built "modern" face — one that the researchers say is (イ)virtually indistinguishable from H. sapiens.

But what about the confusing date? In a (d)complementary study, Shannon McPherron, also at the Max Planck Institute for Evolutionary Anthropology, and his team took a closer look at the stone tools. Many of them had been baked, he says — probably because they were discarded after use and then heated when the hominins set fires on the ground nearby. This heating "resets" the tools' response to natural radiation in the environment. By assessing the levels of radiation at the site and measuring the radiation response in the tools, McPherron and his (e)colleagues established that the tools were heated between 280,000 and 350,000 years ago. McPherron's team also re-dated one of the hominin fossils found in the 1960s using their insight into the radiation levels at Jebel Irhoud and concluded it is 250,000 to 320,000 years old. Armed with these dates, the Moroccan hominins become easier to understand, says Hublin. The researchers suggest that H. sapiens had begun to emerge — literally face-first — between about 250,000 and 350,000 years ago. Although other features of their anatomy still looked primitive, the Jebel Irhoud hominins should be considered the earliest known members of our species, say Hublin and his colleagues.

(ウ)Not everyone is convinced, however. "There is a bit of a redefinition of what a modern human is here," says Lee Berger at the University of the Witwatersrand in Johannesburg, South Africa. "The face is modern looking," says Juan Luis Arsuaga at the Complutense University of Madrid, Spain. "But the mandible [jawbone] is not clearly modern. I would say that Jebel Irhoud is not yet H. sapiens, but I would bet that H. sapiens evolved from something very similar to Jebel Irhoud."

However, Chris Stringer at the Natural History Museum in London is willing to loosen the definition of H. sapiens. He says he would once have restricted(f) the name to "anatomically modern humans"—those with the full set of features we see in living people. "Now, I think that anatomically modern humans are only a sub-group within the species H. sapiens," he says. We should consider including the Moroccan hominins in our species even though some of their features look ancient, he says. Stringer thinks we shouldn't be surprised to discover that our species is (Y) more ancient than once thought. We know that our lineage split from the Neanderthal lineage at some point in prehistory, with Neanderthals then evolving in Europe while H. sapiens evolved in Africa. Recently, fossil and genetic evidence has suggested that this split occurred at least 500,000 years ago. "In my view, the date of this divergence should mark(g) the origin of these two groups," says Stringer. This would imply that, roughly 500,000 years ago, Neanderthal-like hominins began appearing in Europe and H. sapiens-like hominins began appearing in Africa. In keeping with this idea, 430,000-year-old hominins found at a site called Sima de los Huesos in Spain do seem to be Neanderthal-like. Jebel Irhoud could be seen as the African, H. sapiens equivalent of Sima de los Huesos, says Stringer. Aida Gómez-Robles at University College London agrees with this way of thinking. "I would predict that we will find in the future even older transitional forms for both Neanderthals and modern humans," she says. But although the Jebel Irhoud fossils suggest H. sapiens had evolved a modern face 350,000 years ago, working out(h) how, where and when our species evolved its other modern features will be challenging. "We have so few well-dated fossils," says McPherron.

Adding to the challenge, says Berger, is that we know H. sapiens wasn't the only hominin in Africa at the time. Earlier this year, he and his colleagues confirmed that an unusually small-brained human — Homo naledi — found in the Dinaledi chamber of South Africa's Rising Star cave was alive between 236,000 and 335,000 years ago. "It's amazing that Jebel Irhoud and Dinaledi exactly overlap. That's fantastic," he says, adding that the two are essentially the only securely dated African hominins known from this time period. As such, Berger thinks any conversation about the spread and rise to dominance in Africa of H. sapiens has to (i) make reference to H. naledi*. "I'm disappointed that they didn't include H. naledi in their discussions," he says. "We just don't know the relationship between these two hominins — they might even have interbred. H. naledi has to be relevant (Z) the debate."

(By Colin Barras, writing for *New Scientist*, June 10, 2017)

［注］ lineage　系統

H. sapiens　(Homo sapiens　ホモ・サピエンス)

Hominin　ヒト族（類人猿を除く現生種と絶滅種の人類）

Neanderthals　ネアンデルタール人

elongated braincase　細長い頭蓋骨

H. naledi　(Homo naledi　ホモ・ナレディ　ヒト族の絶滅種の一つ)

I－A　空所(W)～(Z)に入るもっとも適切なものを次の１～４の中からそれぞれ一つ選び、その番号を解答欄に記入しなさい。

(W)	1 at	2 in	3 to	4 upon
(X)	1 by	2 on	3 to	4 with
(Y)	1 far	2 high	3 low	4 near
(Z)	1 about	2 to	3 under	4 with

I－B　下線部 (a)〜(i) の意味・内容にもっとも近いものを次の１〜４の中からそれぞれ一つ選び、その番号を解答欄に記入しなさい。

(a) tentatively

1 adequately　2 effectively　3 hesitantly　4 provisionally

(b) solid

1 comprehensive　2 firm

3 heavy　4 inconsistent

(c) fragmentary

1 complete　2 neutral

3 partial　4 sophisticated

(d) complementary

1 pilot　2 recent

3 representative　4 supplementary

(e) colleagues

1 collaborators　2 instruments

3 subordinates　4 universities

(f) restricted

1 accommodated　2 confined

3 prompted　4 released

(g) mark

1 cover　2 disguise　3 indicate　4 prove

(h) working out

1 carrying out　2 figuring out

3 singling out　4 turning out

(i) make reference to

1 exclude　2 interpret　3 mention　4 observe

I－C　波線部 (ア)〜(ウ) の意味・内容をもっとも的確に示すものを１〜４の中からそれぞれ一つ選び、その番号を解答欄に記入しなさい。

(ア) it is conventionally assumed that our fully modern species were already living in Africa

1 it is commonly understood that early human species were already extinct in Africa

2 it is generally presumed that Homo sapiens had by then emerged in Africa

3 it is now understood that all hominins living in Africa were modern

4 it is officially accepted that early humans evolved partly in Africa

(イ) virtually indistinguishable from

1 actually indifferent to

2 almost identical with

3 essentially different from

4 nearly unequal to

(ウ) Not everyone is convinced

1 Everyone is satisfied

2 Everyone is skeptical

3 No one is suspicious

4 Some people are unpersuaded

I－D 二重下線部の空所(あ)～(お)に次の1～7から選んだ語を入れて文を完成させたとき、(う)と(お)に入る語の番号を解答欄に記入しなさい。同じ語を二度使ってはいけません。選択肢の中には使われないものが二つ含まれています。

They have (あ) an odd mix of ancient (い) modern features (う) they were initially (え)(お) an African version of Neanderthals.

1 and	2 for	3 from	4 mistaken
5 so	6 such	7 that	

I－E 本文の意味・内容に合致するものを次の1～8から三つ選び、その記号を解答欄に記入しなさい。

1 Based on new evidence concerning the Moroccan fossils, most researchers now agree that Homo sapiens originated about 260,000 years ago.

2 Analysis of fossils from Jebel Irhoud showed that the adult skulls found there have no ancient features.

3 In their study, McPherron and his colleagues found evidence that the stone tools had been incidentally heated at least 280,000 years ago.

4 Researchers disagree as to whether the Moroccan hominins emerged within the Homo sapiens lineage.

5 Berger favors the idea that the Moroccan hominins should be brought within the lineage of Homo sapiens since they are, on the whole, anatomically modern.

6 Stringer believes that Homo sapiens and Neanderthals split about 500,000 years ago and then developed in different places.

7 We will soon know how Homo sapiens developed modern features unassociated with the face.

8 Researchers frequently discuss Homo naledi in relation to the emergence of Homo sapiens.

〔Ⅱ〕 次の文章を読んで設問に答えなさい。[＊印のついた語句は注を参照しなさい。](77点)

People waste almost a billion tons of food a year, a UN report has revealed. (ア)It is the most comprehensive assessment to date and found waste was about double the previous best estimate. The food discarded in homes alone was 74 kg per person each year (X) average around the world, the UN found. In the UK, which has some of the best data, the edible waste (a)represents about eight meals per household each week.

The UN report also includes data on food waste in restaurants and shops, with 17% of all food dumped. Some food is lost on farms and in supply chains as well, meaning that overall a third of food is never eaten. The waste damages efforts to help the billions of people who are either hungry or (イ)cannot afford a healthy diet, but also harms the environment. Food waste and loss causes about 10% of the emissions (b)driving the climate emergency, and intensive farming is a key cause of the biodiversity crisis* and global pollution. If food waste was a country, it would have the third highest emissions after only the US and China. But the researchers said cutting food waste was one of the easiest ways for people to reduce their environmental impact. "Yet this potential (ウ)has been woefully underexploited," said the report.

Food waste had been thought of as a problem mostly affecting rich countries. But the UN report found levels of waste were surprisingly similar in all nations, though data is (c)scarce in the poorest countries. The researchers said nobody bought food with the intention of throwing it away and that small amounts discarded each day might seem (d)insignificant. Therefore increasing people's awareness of waste was key, they said, such as via separate food waste collections by local authorities.

Government and corporate action was needed, but individual action was important, the experts said, such as (e)measuring portions of rice and pasta, checking the fridge before shopping and increasing cooking skills to use what was available. The greater time available for planning and cooking in homes during coronavirus lockdowns* in the UK appears to have reduced waste by 20%. "Reducing food waste would cut greenhouse gas emissions, slow the destruction of nature through land conversion and pollution, enhance(f) the availability of food and thus reduce hunger and save money at a time of global recession," said Inger Andersen, the head of the UN Environment Programme* (UNEP), which published the report. "Businesses, governments and citizens around the world have to do their part."

Marcus Gover, the head of WRAP*, an NGO* that helped write the report, said: "We are so used to wasting food that we've forgotten its value, and the cost that feeding our growing global population has on the natural world. Like it or not, we in our homes are the most significant part of the problem." The report was (あ) to support global efforts to (い) the UN's sustainable development goal (う)(え) food waste (お) 2030. It found 11% of all the food sold to consumers was wasted in homes in 2019, with restaurants discarding 5% and food shops dumping 2%.

Good data on household waste was available for countries representing 75% of the world's population. Food waste includes edible and inedible parts, such as rinds* and bones. The mix is about 50:50 in some high-income countries but unknown elsewhere. "However, even if some of that waste can't be consumed by humans, there are environmentally preferable ways in which it can be managed, [for example] by diverting it to animal feed or composting," said Clementine O'Connor at UNEP. "What we want to drive home* is we need to get food waste out of landfills." "The UK has really taken a leading role (Y) food waste reduction and is one of very few countries that has achieved a great reduction," she added. Between 2007 and 2018, edible household food waste was cut by almost a third, according to WRAP, though overall food waste was still 19% in November 2020.

Carina Millstone, of the food campaign group Feedback, said the UN report was seminal* and showed food waste action must be a (g)high priority for governments ahead of the COP26 climate summit* in November: "As hosts, the UK must lead the way — it can do so by measuring and tackling food waste on farms, and by introducing (h)mandatory food waste measurements and reduction targets for businesses."

WRAP started a food waste action week in the UK on Monday to raise awareness of the issue and drive change. Nadiya Hussain, the chef and TV presenter, is a supporter. She said: "From avoiding buying or preparing too much to storing food correctly, the week is about helping people make the most of their food and helping protect our planet." Martina Otto, of UNEP, said: "If you don't take action on food waste, it's a triple lose. It's not only the food that we're chucking out, (　Z　) also all the natural and financial resources that went into producing that food. So let's make it a triple win."

(By Damian Carrington, writing for *The Guardian*, March 4, 2021)

［注］ biodiversity crisis　生物多様性の危機

coronavirus lockdowns　コロナウィルスによる都市封鎖

UN Environment Programme　国連環境計画

WRAP (Waste and Resources Action Programme　廃棄物・資源アクションプログラム)

NGO (nongovernmental organization　非政府組織)

rinds　外皮

drive home　十分に理解させる

seminal　影響力のある

COP26 climate summit　国連気候変動枠組条約第26回締約国会議

Ⅱ－A　空所(X)〜(Z)に入るもっとも適切なものを次の1〜4の中からそれぞれ一つ選び、その番号を解答欄に記入しなさい。

(X)　1　at　　2　for　　3　in　　4　on

(Y)　1　for　　2　from　　3　in　　4　on

(Z)　1　and　　2　as　　3　but　　4　or

Ⅱ－B　下線部(a)〜(h)の意味・内容にもっとも近いものを次の1〜4の中からそれぞれ一つ選び、その番号を解答欄に記入しなさい。

(a)　represents

1　constitutes　　2　specifies

3　subordinates　　4　symbolizes

(b)　driving

1　assisting　　2　operating　　3　piloting　　4　propelling

(c)　scarce

1　incorrect　　2　insufficient

3　superficial　　4　troubling

(d)　insignificant

1　inadequate　　2　inconsistent

3　unimportant　　4　uninteresting

(e)　measuring

1　adjusting　　2　extracting　　3　providing　　4　spending

(f)　enhance

1　engage　　2　increase　　3　observe　　4　sharpen

(g)　high priority

1　big decision　　2　great proportion

3　major focus　　4　strong motivation

(h)　mandatory

1　compulsory　　2　confidential

3　conventional　　4　critical

Ⅱ－C 波線部 (ア)〜(ウ) の意味・内容をもっとも的確に示すものを１〜４の中からそれぞれ一つ選び、その番号を解答欄に記入しなさい。

(ア) It is the most comprehensive assessment to date

1 It is now likely the most reasonable explanation

2 It is the friendliest study yet undertaken

3 It is the most complete evaluation so far

4 It is the most efficient method this year

(イ) cannot afford a healthy diet

1 are forbidden from exercising

2 fail to lose weight no matter how hard they try

3 lack the capacity to store their food

4 lack the money to buy nutritious food

(ウ) has been woefully underexploited

1 has been painstakingly considered

2 has been widely advertised

3 has not been fully examined

4 has not been properly utilized

Ⅱ－D 二重下線部の空所(あ)〜(お)に次の１〜７から選んだ語を入れて文を完成させたとき、(う)と(お)に入る語の番号を解答欄に記入しなさい。同じ語を二度使ってはいけません。選択肢の中には使われないものが二つ含まれています。

The report was (あ) to support global efforts to (い) the UN's sustainable development goal (う)(え) food waste (お) 2030.

1 by　　2 halving　　3 meet　　4 of

5 produced　　6 publishing　　7 until

Ⅱ－E 本文の意味・内容に合致するものを次の１〜８から三つ選び、その記号を解答欄に記入しなさい。

1 The UN report determined that the amount of food that people waste had previously been underestimated.

2　The report shows that the levels of food waste differ little from country to country.

3　People are aware of food waste and yet they continue to buy more food than they need.

4　The coronavirus lockdowns worsened the problem of food waste in the UK.

5　A report indicates that 18% of household food and 5% of food served at restaurants was wasted in 2019.

6　Data on food waste in homes was not available for all countries.

7　An expert at UNEP said that most food waste was recycled for animal feed and compost in 2020.

8　The UK has already successfully reduced both household waste and waste on farms.

Ⅱ－Ｆ　本文中の太い下線部を日本語に訳しなさい。(supply chains は「サプライチェーン」と表記しなさい。)

Some food is lost on farms and in supply chains as well, meaning that overall a third of food is never eaten.

〔Ⅲ〕 次の会話を読んで設問に答えなさい。(50点)

(*Felix and Yuko chat over lunch.*)

Yuko: Are you a cat or a dog, Felix?

Felix: I'm of the species Homo sapiens. And I'm a great ape.

Yuko: ＿＿＿(a)＿＿＿ You know how much I like you.

Felix: I also know what you mean. Am I a cat person or a dog person, right?

Yuko: Of course.

Felix: Yuko, if you liked me as much as you say, wouldn't you know the answer?

Yuko: ＿＿＿(b)＿＿＿ A dog person would obviously be, well, dog-like. Outgoing, always ready to play around with friends, to join parties, excited, easy to understand.

Felix: I'm a little shy and hard to figure out. Is that what you're saying?

Yuko: Yes. We've been friends for two years and there's a lot I don't know about you.

Felix: I seriously doubt that. You figured out I'm a cat person, though I don't live with one now.

Yuko: I know. How often have I visited your apartment?

Felix: Plenty of times. I'd love to have a cat. ＿＿＿(c)＿＿＿ I always lived with cats growing up. I hope to live with one or two again. Two, actually. That's the best arrangement.

Yuko: Why? Aren't cats solitary creatures?

Felix: They're certainly independent. Have you ever tried to train a cat to stand up and beg for food?

Yuko: Ridiculous. Of course I haven't.

Felix: I'd say cats train the people they live with. The people they live with don't train them.

Yuko: Give me an example.

Felix: When I was in high school, my family and I lived with two cats.

Yuko: You mean you *had* two cats.

Felix: No, you *have* a dog, or maybe *own* one. But you live with a cat.

Yuko: ______(d)______ Let's be fair.

Felix: Fair to dogs? You're asking a lot of a cat person. Anyhow, we lived with two cats, as I said. And one always came into my room precisely at 11:00 and made an announcement. *Me-e-e-o-w.*

Yuko: And what did he mean?

Felix: He meant it was time for me to follow as he hopped over to a very particular rug in the kitchen, and then pet him. Give him a thorough rubdown and a scratch behind the ears.

Yuko: And next?

Felix: I served him lunch, of course.

Yuko: ______(e)______

Felix: Correct. He also decided when I got up. He'd hop on my bed at 6:00, sort of plant himself on my chest, and stare at me till I awoke. And it didn't take long.

Yuko: You let him get away with that? ______(f)______

Felix: Then maybe you shouldn't live with cats.

Yuko: That reminds me. ______(g)______

Felix: Ah, that's easy. First, always adopt two at the same time, preferably when they're kittens. [既に猫が住んでいる家庭に新しい猫を入れると、絶対にもめごとが起こるでしょう。] For a while anyway.

Yuko: You mean they're territorial?

Felix: Yes. ______(h)______ But adopt two cats, and you watch them develop a sort of secret society, talking to one another, pretending to fight, then licking each other clean. I think they actually conspire.

Yuko: Look at the clock! I'd better go to class. My teacher hates it when I'm late.

Felix: She's a cat. She's got you trained.

Yuko: You know that's not how it works, Felix. And tomorrow I'll tell you a thing or two about dogs. There's a reason we call them "man's best friend."

Ⅲ－A 空所 (a)～(h) に入るもっとも適切なものを次の１～10の中からそれぞれ一つ選び、その番号を解答欄に記入しなさい。同じ選択肢を二度使ってはいけません。選択肢の中には使われないものが二つ含まれています。

1 Are you studying the great apes this semester?
2 But my landlord says: No pets in the building.
3 He decided when to eat, not you.
4 I'd make sure I slept late if I wanted to.
5 The fact that I don't know tells me you're a cat person.
6 They're as attached to places as they are to people.
7 Why haven't you invited me to your apartment?
8 You do dogs an injustice.
9 You never explained why it's best to live with *two* cats, not one.
10 You're a *very* great ape, my friend.

Ⅲ－B 本文中の［　　］内の日本語を英語で表現しなさい。

既に猫が住んでいる家庭に新しい猫を入れると、絶対にもめごとが起こるでしょう。

日本史

(75分)

〔Ⅰ〕　次の説明文ア～カは、古代政治史上の人物について述べている。これらを読んで、ア～カで説明された人物を〔語群〕から選び、その番号を解答欄Ⅰ－Bに記入せよ。また、その後に続く【設問キ】～【設問ツ】に答えよ。　(45点)

ア．奈良時代末の貴族。式家の祖である（　キ　）の孫。（　ク　）天皇の命により造長岡宮使として遷都を主導した。（　ク　）天皇が平城宮に行幸中、留守司として建設途上の長岡京にとどまっていたところを射殺された。大伴・佐伯両氏とともにこの事件にかかわったことを疑われた（　ケ　）は皇太子を廃されて乙訓寺に幽閉され、淡路への移送中に絶命した。

イ．奈良時代の貴族。敏達天皇の系譜をひき、母は藤原不比等の娘。736（天平8）年には、父と同じ橘宿禰(コ)の氏姓を称し、その後、兵部卿・右大弁など要職に任じられた。かねてから藤原仲麻呂(サ)の勢力台頭に反発していたが、大伴・佐伯・多治比などの古来の名族や現状に不満な諸王とともに立ち上がる政変を企画した。しかし未然に発覚して捕えられ、獄中で死去したとされる。

ウ．飛鳥時代の知識人で僧侶。『日本書紀』によれば小野妹子を大使とする2度目の遣隋使に随行し、640（舒明天皇12）年に帰国した。中大兄皇子(シ)が中臣鎌子（のちの鎌足）とともに、この人物のもとに通って学ぶ途上で大化改新の計画を練ったと記されている。ただ、この人物自身が中大兄皇子らの政権での要職についたことは確認できない。

エ．奈良時代の皇族。父は天武天皇の長男の高市皇子。政権の中核で支持者でもあった藤原不比等が死んだ後、この人物は政権の中心となって三世一身の法などの政策を打ち出した。不比等の娘の子の首皇子(ス)が天皇に即位すると、左大臣となる。しかし、国家を傾けようとしているとの密告をうけて、天皇は兵によりこの人物の家（佐保宅）を囲ませた。そのため、この人物や妻の（　セ　）

らも自らの命を絶った。

オ．6世紀中葉の天皇。『古事記』『日本書紀』によれば、蘇我稲目の娘の堅塩媛を妃として用明天皇・推古天皇を生む。この天皇の時代に仏教が公式に伝えられるソと、崇仏の可否をめぐって、政権内の有力者であった蘇我稲目と物部尾輿が対立したとされる。

カ．奈良時代の僧侶。河内国若江郡の豪族弓削氏出身。近江国石山保良宮に滞在中の孝謙上皇の病気を宿曜秘法で治療して上皇の寵を得たともいわれる。孝謙上皇が（　タ　）として再位すると、この人物は太政大臣禅師に任ぜられて臣下の最高位を得て政権を獲得した。さらに、（　タ　）はこの人物を（　チ　）に任じて、その月料は天皇の供御に準じるまでになったツ。（　タ　）が没すると、この人物は下野薬師寺別当に左遷されてこの地で没して庶人として葬られた。

【設問キ】空欄（　キ　）に入る人物名を、解答欄Ⅰ－Aに漢字で記せ。

【設問ク】空欄（　ク　）に入る天皇の名を、解答欄Ⅰ－Aに漢字で記せ。

【設問ケ】空欄（　ケ　）には、その死後の怨霊を恐れられた皇太子の名が入る。この皇太子の名を解答欄Ⅰ－Aに漢字で記せ。

【設問コ】下線部コの部分は姓（カバネ）に相当し、古代に王権から職掌・尊称として与えられたものとされる。それが整備された八色の姓の制が定められたのはいつか。その年を〔語群〕から選び、その番号を解答欄Ⅰ－Bに記入せよ。

【設問サ】下線部サの人物は、説明文イの人物の反乱を鎮定した後に政治力を強め、新たな4文字の名を与えられた。この名を解答欄Ⅰ－Aに漢字で記せ。

【設問シ】下線部シの人物が正式に天皇へ即位する前年に飛鳥から遷した宮の名称は何か。その名称を解答欄Ⅰ－Aに漢字で記せ。

【設問ス】14歳となった下線部スの人物に譲位した天皇の名を〔語群〕から選び、その番号を解答欄Ⅰ－Bに記入せよ。

【設問セ】空欄（　セ　）に入る人物名を、解答欄Ⅰ－Aに漢字で記せ。

【設問ソ】下線部ソについては、朝鮮半島の聖明王が経典などを携えた使者を派遣して仏教を伝えたとされる。それは何という国の王か。その国名を、解答欄Ⅰ－Aに漢字で記せ。

【設問タ】空欄（　タ　）には天皇名が入る。その天皇名を〔語群〕から選び、その番号を解答欄Ⅰ－Bに記入せよ。

【設問チ】空欄（　チ　）に入る地位の名称を、解答欄Ⅰ－Aに漢字で記せ。

【設問ツ】下線部ツの状況から発展して説明文カの人物が天皇に即位することの可否について、宇佐八幡宮の神託を確認するために派遣されたのは誰か。その人物名を解答欄Ⅰ－Aに漢字で記せ。

〔語群〕

1．長屋王	2．藤原種継	3．645年	4．刑部親王
5．橘諸兄	6．道　鏡	7．雄略天皇	8．663年
9．継体天皇	10. 藤原百川	11. 鑑　真	12. 大友皇子
13. 710年	14. 玄　昉	15. 欽明天皇	16. 高向玄理
17. 元正天皇	18. 吉備真備	19. 橘奈良麻呂	20. 淳仁天皇
21. 橘逸勢	22. 推古天皇	23. 南淵請安	24. 聖武天皇
25. 草壁皇子	26. 行　基	27. 天武天皇	28. 光仁天皇
29. 684年	30. 称徳天皇	31. 藤原房前	32. 723年
33. 旻	34. 藤原広嗣		

〔Ⅱ〕　次の文章（1）(2）は、太田博太郎著『床の間』(1978年）の一部である（なお一部表記を改めた箇所がある)。この文章を読んで、下記の設問に答えよ。

(45点)

（1）　鎌倉時代から室町時代に、何か新しい文化史上の変化が見られるとしたら、その原因として、何はおいてもまず中国の影響を考えなければならない。

建築では（　ア　）・禅宗様a という中国様式の伝来があり、彫刻でも宋風の影響がある。また絵画史の上では平安時代以来の大和絵に対して、中国伝来の水墨画が流行したことが想起される。水墨画だけでなく、宋の院体画(中国の宮廷画院の画）の伝来も無視することができない。

このような新しい絵画様式は、どのようにして伝来したのであろうか。画家自身の往来もあったろうが、もっとも大きいのは禅僧の往来、貿易による中国画の伝来である。

(中略)『円覚寺仏日庵公物目録』には多くの中国絵画が記載されている。仏日庵は円覚寺を創立した（　b　）をまつる塔頭《たっちゅう》で、円覚寺では開山塔頭とともに、もっとも重要な塔頭である。(中略)

この目録は諸祖（　イ　)、応化賢聖《おうげけんじょう》、絵、墨蹟、諸方への進物、法衣、道具類に分けて所蔵品を列挙している。このうち、絵としては、禅僧の（　イ　）39幅を挙げ、応化賢聖像9幅を記し、そのあとに「絵の分」と書いて42幅を掲げ、他に進物として贈ったなかにも28幅の絵が含まれている。(中略)

仏日庵の例は鎌倉時代末から南北朝にかけてのことであるが、もう少し時代が下った東山時代の例を挙げよう。東山時代に能阿弥が撰したという『御物御画目録』があり、これは（　c　）以来の「御物御絵注文」で、279幅の中国画があげられている。

そこに30人の画家の名が記されているが、(中略)『君台観左右帳記』に出てくる上、中、下をつけた人名と照合してみると、30人のうち『君台観左右帳記』で上としたものが20人、中としたものが10人ということになり、下に当るものは存在しない。ということは、(中略）これが将軍家所蔵品の全部ではなかったためと思わざるをえない。とすれば、将軍家の持っていた宋元画の数は大変な数にのぼることになる。

(中略)

ここで大切なことは、これらがすべて軸物であったと思われることである。軸装だったという証拠はないけれども、現在残る（　イ　）などから見ても、また中国からもってきたという運搬の面から考えても、すべて軸装だったとしていいであろう。中国から舶載された絵が軸装だったとすれば、当然日本においても軸装の絵画が多く描かれたであろう。そこに、絵画の様式ではなく、表装の形態について考える必要が感じられる。

(中略)

平安時代の鑑賞用絵画はごくわずかしか伝わっていない。しかし、文献で見ると、実に多くの画題が数えられ、絵画そのものの数はおびただしいものであったと考えられる（家永三郎『上代倭絵全史』）。その画題は大別して三つに分れる。一つは四季の景物を描いたもので「月次《つきなみ》絵《え》」あるいは「四季絵ウ」と呼ばれる。もう一つは自然の景色を描いた「名所絵d」あるいは「山水画」と呼ばれるもので、あとの一つは人事を描いた（　e　）あるいは人物画であった。もっとも三つに分れるとはいうものの、季節との関連において描かれることが多かったから、自然の風景と、それを見る人間という関係において、相通ずるものを持っている。

その絵画の様式は、いわゆる大和絵に属するものであったが、ここで問題としているのは、絵画の様式ではなくて、どのような形に作製されていたかということである。

これらは「障子絵」と呼ばれる障子や屏風に描かれたものが圧倒的に多かった。障子というのは、今日のような障子ではない。今日の障子は当時は明り障子といい、障子はふすま・張付壁《はりつけかべ》（寝殿造には土壁はほとんどない）、衝立《ついたて》の総称であった。（　f　）の賢聖《けんじょうの》障子は壁であり、清涼殿の荒海《あらうみの》障子は衝立であることからも、このことは理解されるであろう。

建物の内部の壁・ふすま・衝立にはつねに絵が描かれていた。その状況は『源氏物語絵巻』エ以後の絵巻に描かれた住宅内部の有様からも知ることができよう。このほかの絵画の形態として、絵巻があり、また小画面の紙絵もあった。しかし障子絵はこのように、すべての貴族住宅の内部に描かれていたのであるから、その量は圧倒的に多い。しかも、その画面は大きく、一年中見られるものであったから、当時の鑑賞用絵画の主流は障子絵にあったといっても差支えなかろう。

【設問ア】空欄（　ア　）にあてはまる、天竺様ともよばれる寺院建築様式の名を、解答欄Ⅱ－Aに漢字3字で記せ。

【設問a】下線部aについて、禅宗様などの「中国様式」を、何と言うか。下記語群より選び、番号を解答欄Ⅱ－Bに記入せよ。

【設問b】空欄（　b　）にあてはまる、鎌倉幕府第8代執権の名を、下記語群より選び、番号を解答欄Ⅱ－Bに記入せよ。

【設問イ】空欄（　イ　）にあてはまる、禅僧の肖像画の名称を、解答欄Ⅱ－Aに漢字2字で記せ。

【設問c】空欄（　c　）にあてはまる、室町幕府第3代将軍の名を、下記語群より選び、番号を解答欄Ⅱ－Bに記入せよ。

【設問ウ】下線部ウについて、雪舟が1486年に描いた「四季山水図巻」の別名を、解答欄Ⅱ－Aに漢字4字で記せ。

【設問d】下線部dについて、雪舟が最晩年に描いた名所絵の名を、下記語群より選び、番号を解答欄Ⅱ－Bに記入せよ。

【設問e】空欄（　e　）にあてはまる、日常生活の様相を描いた絵画の名を、下記語群より選び、番号を解答欄Ⅱ－Bに記入せよ。

【設問f】空欄（　f　）にあてはまる、宮中で重要な儀式を行う正殿の名を、下記語群より選び、番号を解答欄Ⅱ－Bに記入せよ。

【設問エ】下線部エについて、『源氏物語絵巻』と同じく院政期の制作で、料紙に大和絵の下絵を描く、四天王寺に伝来した装飾経の名を、解答欄Ⅱ－Aに記せ。

（2）　室町時代の文化は禅宗の影響により枯淡なものであったとよくいわれる。このことから一般には住宅の室内も装飾の少ない、障壁画などのない状況を想像するらしい。しかし、禅寺の方丈なども、けっして飾りの少ないものではなく、大変装飾的なものであったし、住宅内部もまた障壁画で飾られていた。当時はこれを「座敷絵」といっており、(　g　) の東山殿（中略）では会所の一番重要な座敷である嵯峨の間は小壁に嵯峨の景色を描いた８幅の横絵が懸かり、狩の間も小壁にかかる絵の画題を座敷の名としている。(中略)

相阿弥オは『君台観左右帳記』のなかで、

座敷殿中にては白張のままをば忌われ候。絵候わでは叶うまじきように候。

と、絵がなくてはならないと書いている。当時の貴族住宅には土壁はなく、ふすまをはめこんだような張付壁ばかりであったから、壁といっても絵を描かなければ白紙のままであり、これが忌われたというのである。

(中略)

鑑賞用絵画として、障壁画のほかに絵巻物がある。これは平安時代から鎌倉・室町時代に至るまで盛んに行われた。『源氏物語絵巻』『(　カ　)』『(　h　)』『(　i　)』など平安時代のものも数種あり、『年中行事絵巻』など模本で存在するものもある。室町時代までの絵巻で、今日名前のわかっているものは200以上あり、名前の伝わらないものも多いと思われるから、その流行のさまが偲ばれる。しかし、その量からいえばとうてい障子絵に匹敵するものではなかった。

障壁画は常時住宅内で見ることができる。絵巻は机の上に拡げて見ればよい。建築との関連において、この両者はまったく異なっているが、見るための特別の施設を必要としない点では同じである。ここが障壁画および絵巻と、軸装の絵画とが根本的に異なる点である。軸物はどこかに懸けなくてはいけない。ある特定の日だけ懸ければいいのなら、どこに懸けても差支えない。(中略) しかし、常時懸けておくとなれば、懸ける場所は一定し、懸ける施設を必要とする。『(　キ　) 上人絵伝』などではふすまの前に懸けているが、うしろは壁でなければ具合が悪い。

(中略)

日本において、平安時代までは軸装の絵画は遺品から見てすべて仏画だったと思われる。これは仏画が残りやすいという事情があるにしても、もし軸装の鑑賞用絵画が多数あったのなら、少しは残っていてもいいはずである。文献的に見ても、懸軸を懸けて鑑賞した形跡はまったく見当らない。仏画以外に、「(　ク　)」(肖像画) は軸装であったろうが、これも常時どこかに懸けてあったというものではない。前に述べたように、鑑賞用絵画は障子絵と絵巻であった。

(中略)

水墨画や花鳥画は宋時代になってから盛んになったといわれるが、それはどのような形態をとったのであろうか。おそらく懸軸の形態をとったものも多かったであろう。

宋時代の名画家牧谿《もっけい》筆といわれる大徳寺の有名な観音猿鶴図は、観音が描いてあるという点では仏画に入るかもしれない。しかし、猿と鶴とを配しているから、必ずしも仏画とはいえない。このような例は他にも見ることができ、こうした題材の配合は仏画から鑑賞用絵画へ移行する一過程を示すものといえよう。(中略)

三具足、つまり香炉・花瓶・燭台は明らかに仏前に供えるものである。それは昔から今日まで変らない。そうすると、これが押板ケにおかれたということは、押板と仏壇との密接な関係を示すものだといえるかもしれない。

たしかにその関係は否定できない。しかし、絵巻などで見ると、まだ造りつけの押板になっていない時代に、そこに懸けられている絵が仏画でないのに、前に卓をおいて三具足を並べている。おそらく絵を懸けるとき、古くはすべて仏画であったので、三具足を並べることが習慣になってしまっていたのであろう。絵が仏画から鑑賞用絵画に変っても、このような風習が残ることは十分ありうることである。中国において行われていた風習が、鎌倉・室町時代ころにそのまま伝わったと見ることもできよう。

＊文中の「軸物」「軸装」は、「掛け軸（懸軸）」の意味である。

【設問g】空欄（　g　）にあてはまる、室町幕府第8代将軍の名を、下記語群より選び、番号を解答欄Ⅱ－Bに記入せよ。

【設問オ】下線部オのように、時宗僧として阿弥号を名乗り、技芸などをもって将軍に仕えた人々の総称を、解答欄Ⅱ－Aに漢字3字で記せ。

【設問カ】空欄（　カ　）にあてはまる、応天門の変を題材とする絵画作品の名を、解答欄Ⅱ－Aに漢字6字で記せ。

【設問h】空欄（　h　）にあてはまる、京都高山寺に伝わり鳥羽僧正筆の伝承を持つ絵画作品の名を、下記語群より選び、番号を解答欄Ⅱ－Bに記入せよ。

【設問i】空欄（　i　）にあてはまる、朝護孫子寺が所蔵する絵画作品の名を、下記語群より選び、番号を解答欄Ⅱ－Bに記入せよ。

【設問キ】空欄（　キ　）にあてはまる、浄土宗の開祖の名を、解答欄Ⅱ－Aに漢字2字で記せ。

【設問ク】空欄（　ク　）にあてはまる、鎌倉時代に発達した大和絵肖像画の名を、解答欄Ⅱ－Aに漢字2字で記せ。

【設問ケ】下線部ケ「押板」は床の間の前身とされるが、書院造の代表として著名な銀閣寺東求堂の書院の名を、解答欄Ⅱ－Aに漢字3字で記せ。

〔語群〕

1．平治物語絵巻	2．信貴山縁起絵巻	3．風俗画
4．足利義昭	5．石山寺縁起絵巻	6．唐破風
7．北条時宗	8．富嶽三十六景	9．足利義教
10．鳥獣戯画	11．濃　絵	12．足利尊氏
13．天橋立図	14．足利直義	15．障屏画
16．春日権現験記	17．透渡殿	18．足利義政
19．寝　殿	20．唐　様	21．不忍池図
22．後三年合戦絵巻	23．北条泰時	24．唐　物
25．足利義満	26．北条時政	27．紫宸殿

〔Ⅲ〕　次の（1）（2）（3）の文章を読み、文中の空欄または下線部に対応する下記の【設問ａ】～【設問ｌ】および【設問ア】～【設問シ】に答えよ。　(60点)

（1）　1782年の東北地方の冷害から始まった凶作は、翌年の（　ａ　）山の大噴火も加わり、東北地方を中心に多数の餓死者を出す江戸時代有数の大飢饉となった。これは当時の和年号をとって、「（　ア　）の飢饉」と呼ばれている。各地で百姓一揆が多発し、さらに1787年には江戸・大坂など全国の多くの都市で打ちこわしが相次いで起こった。このような中、11代将軍徳川（　イ　）のもとで松平定信が老中に就任し、寛政の改革を断行することとなった。

定信は厳しい倹約令による緊縮財政で財政危機に対処するとともに、多方面にわたる改革〔ウ〕に取り組んだ。具体的には、農村の再建や飢饉への対策〔ｂ〕、さらに都市政策や、学問や出版の統制にまで乗り出すこととなった。

寛政の改革は、一時的に幕政を引き締め、幕府の権威を高めるかにみえた。しかし厳しい統制や倹約令は民衆の反発を招き、さらに朝廷問題〔エ〕への対処をめぐる幕府内部での対立もあって、定信は老中在職６年余りで退陣に追い込まれた。

将軍（　イ　）は定信の辞任後も引き続き政務を執り、1837年に将軍職を家慶にゆずった後もなお（　ｃ　）として実権を握り続けた。これを「（　ｃ　）政治」と呼ぶ。約50年間に及ぶその治世のうち、文化期までは寛政の改革の緊縮政策が受け継がれたが、しかし文政期に入ると、質の悪い文政金銀〔ｄ〕を毎年大量に鋳造し、財政不足を補うようになった。物価は上昇したが幕府財政は潤い、この緊縮から拡大への政策転換により、都市商人の経済活動も活発になって江戸は繁栄した。

一方、関東の農村では、江戸との結びつきを強めて新興商人となり、新たな流通を担った豪農が成長する一方で、没落して土地を失う農民も多くみられた。荒廃する地域〔オ〕も出てきて治安の乱れが問題となったため、幕府は1805年、（　ｅ　）を設けて犯罪者の取締りに当たらせた。

【設問ａ】空欄（　ａ　）に入る山の名称を、解答欄Ⅲ－Ａに漢字で記せ。

【設問ア】空欄（　ア　）にあてはまる和年号を次のうちから１つ選び、その番号を解答欄Ⅲ－Ｂに記入せよ。

1．天　保　　2．享　保　　3．弘　化　　4．天　明

【設問イ】空欄（　イ　）に入る将軍の名前を次のうちから1つ選び、その番号を解答欄Ⅲ―Bに記入せよ。

1．家　綱　　2．家　斉　　3．家　茂　　4．家　重

【設問ウ】松平定信の行った改革の説明として、ふさわしくないものを次のうちから1つ選び、その番号を解答欄Ⅲ―Bに記入せよ。

1．旧里帰農令により、都市に流入した農村出身者の帰村を奨励した。

2．江戸の豪商を勘定所御用達に登用し、その資金を金融政策に活用した。

3．七分積金の制度を設け、江戸町会所によってこれを運用させた。

4．村々に寄場組合をつくらせ、治安の維持や風俗の取締りに当たらせた。

【設問b】松平定信は飢饉に備えて各地に社倉・義倉を作らせ、大名にも米穀の貯蔵を命じたが、このように米穀を備蓄することは当時何と呼ばれたか。その名称を解答欄Ⅲ―Aに漢字2字で記せ。

【設問エ】寛政期に起こった朝廷問題を次のうちから1つ選び、その番号を解答欄Ⅲ―Bに記入せよ。

1．紫衣事件　　　　　　2．尊号一件

3．閑院宮家創設　　　　4．明正天皇即位

【設問c】空欄（　c　）には、前将軍を示す呼称が入る。あてはまる語句を、解答欄Ⅲ―Aに漢字で記せ。

【設問d】文政金銀の改鋳までは元文金銀が約80年にわたって使用され、物価の安定に役立っていたが、この元文金銀が最初に発行されたのは将軍徳川［　　　］の治世下であった。［　　　］にあてはまる将軍の名前を、解答欄Ⅲ―Aに漢字で記せ。

【設問オ】19世紀に入ると、各藩では荒廃した農村を復興させるために民間の農政家を登用することも行われた。次の農村指導者・農学者のうち、その活動時期が19世紀ではない人物名を1つ選び、その番号を解答欄Ⅲ―Bに記入せよ。

1．大蔵永常　　2．宮崎安貞　　3．二宮尊徳　　4．大原幽学

【設問e】空欄（　e　）には、関八州を巡回して治安維持と犯罪者の取締りに

あたった役職の名称が入る。あてはまる語句を、解答欄Ⅲ—Aに漢字で記せ。

(2)　財政危機を克服するために、諸藩でも18世紀後半から藩政の改革が進められた。そこでは藩主みずからが先頭に立ち、藩士の綱紀を引き締めるとともに、特産物の生産を奨励するなど農村の振興が進められた。このような藩政改革を成功させた名君として、米沢藩主の（　カ　）が知られている。

各藩の改革は19世紀に入ると本格化し、財政再建と藩権力の強化をめざす試みが多くの藩で行われるようになった。そこでは、特産品の生産や販売を藩が独占する（　f　）制が強化され、藩による商業的利潤の追求がみられた。

たとえば薩摩藩では、調所広郷によって財政改革が行われ、奄美大島特産の黒砂糖gの（　f　）制強化や、幕府が独占していた輸出用の俵物キをひそかに買い上げて（　h　）王国を通じて中国に売る密貿易が行われた。

長州藩では、（　i　）を登用して抜本的な財政改革にあたらせた。彼は越荷方をおいて下関に入港する他国廻船を相手に越荷を買い取り委託販売するなどして、大きな利益を上げた。このほか土佐藩・肥前藩などでも積極的な商業活動による財政再建が行われ、藩権力が強化されることとなった。なかには改革によって生じた財力で反射炉クを築き、大砲製造所を設けて軍事力の増強をはかる藩もみられた。

【設問カ】空欄（　カ　）に入る人物名を次のうちから１つ選び、その番号を解答欄Ⅲ—Bに記入せよ。

1．細川重賢　　2．松平治郷　　3．上杉治憲　　4．佐竹義和

【設問f】空欄（　f　）に入る語句を、解答欄Ⅲ—Aに漢字で記せ。

【設問g】黒砂糖の原料として栽培された植物の名称を、解答欄Ⅲ—Aに漢字２字で記せ。

【設問キ】俵物の３品には含まれていなかったが、同じく中国向けの輸出品として重要であった海産物を次のうちから１つ選び、その番号を解答欄Ⅲ—Bに記入せよ。

1．いりこ　　2．干し鮑　　3．昆　布　　4．ふかひれ

【設問h】空欄（　h　）に入る語句を、解答欄Ⅲ—Aに漢字で記せ。

【設問ｉ】空欄（　ｉ　）に入る人物名を、解答欄Ⅲ－Ａに漢字で記せ。

【設問ク】幕末には幕府も江川太郎左衛門に命じて反射炉を築かせ、大砲の製造を試みている。この幕府の反射炉が設けられた地を次のうちから１つ選び、その番号を解答欄Ⅲ－Ｂに記入せよ。

１．品　川　　２．長　崎　　３．韮　山　　４．鹿児島

（３）　第一次世界大戦が終結してヨーロッパ諸国の復興が進むと、開戦以来の好景気から一変して、日本経済は苦境に立たされることになった。1920年には株式市場の暴落を口火とする恐慌が発生し、ついで1923年に起こった（　ケ　）の影響によって日本経済は大きな打撃を受けた。

その後1927年には、一部の銀行の危機的な経営状況が表面化したために取り付け騒ぎが起こり、銀行の休業が続出した。時の若槻礼次郎内閣は、経営破綻した鈴木商店に対する巨額の不良債権を抱えた（　ｊ　）銀行を緊急勅令によって救済しようとしたが、（　コ　）の了承が得られず、総辞職した。次に成立した立憲政友会の（　ｋ　）内閣は、三週間のモラトリアム（支払猶予令）を発し、日本銀行から多額の救済融資を行って恐慌をしずめた。

第一次世界大戦中の1917年以来、日本では金輸出（　サ－①　）が続いていたが、1929年に成立した立憲民政党の浜口雄幸内閣は、蔵相に前日銀総裁の（　シ　）を起用し、翌年に金輸出（　サ－②　）を実施した。しかしその直前の1929年10月にアメリカ合衆国で起こった株価暴落が世界恐慌に発展していたため、日本経済はこの政策による不況とあわせて二重の打撃を受け、深刻な恐慌状態に陥った。これを（　ｌ　）恐慌と呼ぶ。（　サ－③　）が大きく減少し、正貨は大量に海外に流出した。企業の倒産が相次いで失業者が増大したが、それでも浜口内閣は緊縮財政を堅持した。

【設問ケ】空欄（　ケ　）に入る出来事を次のうちから１つ選び、その番号を解答欄Ⅲ－Ｂに記入せよ。

１．シベリア出兵　　２．辛亥革命

３．関東大震災　　４．ロシア革命

【設問ｊ】空欄（　ｊ　）に入る語句を、解答欄Ⅲ－Ａに漢字で記せ。

【設問コ】空欄（　コ　）に入る語句を次のうちから１つ選び、その番号を解答

欄Ⅲ—Bに記入せよ。

1．貴族院　2．枢密院　3．衆議院　4．正　院

【設問k】空欄（　k　）に入る人物名を、解答欄Ⅲ—Aに漢字で記せ。

【設問サ】空欄（　サ—①　）〜（　サ—③　）に入る語句の組み合わせとして、正しいものを次のうちから1つ選び、その番号を解答欄Ⅲ—Bに記入せよ。

1．①解禁—②禁止—③輸入　2．①解禁—②禁止—③輸出

3．①禁止—②解禁—③輸入　4．①禁止—②解禁—③輸出

【設問シ】空欄（　シ　）に入る人物名を次のうちから1つ選び、その番号を解答欄Ⅲ—Bに記入せよ。

1．片岡直温　2．井上準之助　3．団琢磨　4．斎藤実

【設問l】空欄（　l　）に入る語句を、解答欄Ⅲ—Aに漢字2字で記せ。

世界史

（75分）

〔Ⅰ〕 次の文章を読んで，設問１～７に答えなさい。（50点）

14世紀から15世紀にかけての西ヨーロッパでは，(a)伝染病の流行や戦争によって多くの命が奪われ，同時に(b)教会の権威が相対的に低下した。そのような危機の中で，旧来の価値観にとらわれずに現世の生き方を模索し，人間の理性や感情をより重視する文化運動であるルネサンスが展開した。ルネサンスは，イタリアの諸都市において(c)古代ギリシア・ローマの文化への知的欲求が高まり，学問や芸術の活性化がもたらされることによって始まった。とくにいちはやくルネサンスが開花したのは，中世から毛織物工業や金融業によって繁栄し，メディチ家に代表される富裕な市民が芸術家や学者を保護したフィレンツェであった。文学においては，詩人［ ア ］が，学術言語としてのラテン語ではなく，トスカーナ地方の俗語によって『神曲』を書き，［ イ ］は『デカメロン』によって伝染病流行下の社会における人間の欲望や偽善を風刺した。美術では，「ヴィーナスの誕生」を描いた［ ウ ］，「ダヴィデ像」を制作した［ エ ］，多くの聖母子像を描いた［ オ ］，サンタ＝マリア大聖堂のドームを設計した［ カ ］もフィレンツェで活躍した。

ルネサンスはイタリア以外のヨーロッパの地域にも広く伝播した。ネーデルラントでは，エラスムスがギリシア語原典による聖書研究を行うとともに，(d)教会の腐敗を痛烈に批判した。美術の分野では，［ キ ］兄弟が油絵の技法を完成し，［ ク ］が農民の生活をいきいきと描いた。ドイツでは，［ ケ ］が緻密な版画を制作し，［ コ ］がエラスムスの肖像画を描いた。イギリスでは，［ サ ］が『ハムレット』で複雑な人間性を生き生きと描写し，［ シ ］が『ユートピア』で鋭い社会風刺を行った。フランスでは，［ ス ］が『ガルガンチュアとパンタグリュエルの物語』で社会を風刺し，その後［ セ ］が『エセー（随想録)』で人間の内面を探究して宗教戦争の時代における寛容を説いた。

ルネサンス期には，事物の観察や実験が重視され，技術や科学が発展した。[ソ]が実用化した金属活字と印刷機による活版印刷術は，印刷物による情報伝達を容易にし，新しい思想や知識の普及に大きく貢献した。また，中国で発明された火薬や羅針盤は改良が加えられ，社会に大きな影響を及ぼした。火薬を使用する大砲や鉄砲などの火器は，戦闘方法を一変させて騎士の没落をはやめ，羅針盤は遠洋航海を可能にし，(e)ヨーロッパの海外進出を可能にした。天文学の分野では，ポーランド人の[タ]が16世紀に地動説を唱えたが，(f)天動説をとる教会の弾圧を恐れ，死の直前まで公表を控えた。その後，イタリア人の[チ]は天文観察にもとづいてこれを支持したために，教会に弾圧された。

設問1　文中の空欄[ア]～[チ]に入る最も適切な人名を，次の1～50の語群から一つずつ選び，その番号を解答欄Ｉ－Ａに記入しなさい。

1．アルクイン　　2．エル＝グレコ
3．ガリレオ＝ガリレイ　　4．グーテンベルク　　5．グロティウス
6．ケプラー　　7．コペルニクス　　8．コルネイユ
9．シェークスピア　　10．ジョット
11．ジョルダーノ＝ブルーノ　　12．スウィフト
13．スタンダール　　14．セルバンテス　　15．ダンテ
16．チョーサー　　17．デフォー　　18．デューラー
19．ドナテルロ　　20．トマス＝アクィナス　　21．トマス＝モア
22．ニュートン　　23．バイロン　　24．ハーヴェー
25．バンヤン　　26．ファン＝アイク　　27．ファン＝ダイク
28．フェルメール　　29．ブラマンテ　　30．ブリューゲル
31．ブルネレスキ　　32．ペトラルカ　　33．ベラスケス
34．ボッカチオ　　35．ボッティチェリ　　36．ホッブズ
37．ホルバイン　　38．マキァヴェリ　　39．ミケランジェロ
40．ミルトン　　41．ミレー　　42．モーパッサン
43．モンテーニュ　　44．ライト　　45．ラシーヌ

46．ラファエロ　47．ラブレー　48．ルーベンス
49．レオナルド＝ダ＝ヴィンチ　50．レンブラント

設問2　下線部(a)について，14世紀半ばにヨーロッパ全域で流行した伝染病の名前を解答欄Ｉ－Ｂに記入しなさい。

設問3　下線部(b)に関連して，この時期の教皇の権威の衰退を示す事象として**誤っている**ものを以下の１～４の選択肢のなかから一つ選び，その数字を解答欄Ｉ－Ｃに記入しなさい。

1．14世紀初頭に，フランス王フィリップ４世は聖職者への課税をめぐって対立していた教皇ボニファティウス８世をとらえ，その後教皇庁は70年近くにわたって，南フランスのアヴィニョンに置かれた。

2．教皇庁がローマに戻った後にも，アヴィニョンには別の教皇が立てられ，教会大分裂（大シスマ）が勃発した。

3．イギリスではウィクリフが，ベーメンではフスが聖書を中心とする信仰を説き，教会財産と教皇の権力を否定した。

4．15世紀初めにトリエント（トレント）で開催された公会議において，フスが異端とされ火刑に処されると，ベーメンではフスを支持する勢力が教会に対して蜂起し，フス戦争が勃発した。

設問4　下線部(c)について，その要因の一つとして，ある国の学者たちが外国勢力の脅威を逃れてイタリアに渡り，ギリシア語の知識を伝えたことが挙げられる。その学者たちの出身国の名前を解答欄Ｉ－Ｂに記入しなさい。

設問5　下線部(d)について，エラスムスがこの目的のために著した著作名を解答欄Ｉ－Ｂに漢字で記入しなさい。

設問6　下線部(e)について，以下の(ア)～(ウ)の記述のうち，一つが正しい場合は**1**を，二つが正しい場合は**2**を，三つが正しい場合は**3**を，正しい記述がな

い場合は4を，解答欄Ⅰ－Cに記入しなさい。

(ア)　ポルトガルは15世紀に「航海王子」エンリケがアフリカ西岸航路の開拓を進め，その後，バルトロメウ＝ディアスが喜望峰をまわってインド西岸に到達した。

(イ)　ポルトガル人のカブラルはブラジルに漂着し，トルデシリャス条約に基づいて，この地はアメリカ大陸で唯一のポルトガル領とされた。

(ウ)　スペイン人のバルボアは，パナマ地峡を横断してヨーロッパ人としてはじめて太平洋に到達し，穏やかだったこの海を「太平洋（平和の海)」と名づけた。

設問7　下線部(f)について，紀元後2世紀に『天文学大全』で天動説の体系を説いたギリシア人の名前を解答欄Ⅰ－Bに記入しなさい。

〔Ⅱ〕　次の文章を読んで，設問1～4に答えなさい。　(50点)

古くから東南アジアは，地理的にインドと中国という2つの文明に挟まれ，現在までつづく文化の基盤や政治体制にさまざまな影響をうけてきた。さらに，海の交易を通じて外の世界とつながり，域内外をむすぶ人の移動や交易活動を通して，多様性をはぐくんできた。

中国やインドとの交流が深まった結果，東南アジアの沿岸部では，中継貿易や内陸からの物産の輸出によって繁栄する［　**ア**　］国家が誕生した。2世紀に（　**a**　）の支配から脱して自立し，中国や南アジアからの影響をうけたチャンパーは，モンスーンを利用した海上交易で栄えた。他方，（　**b**　）川下流域には扶南が形成された。10世紀後半になると，三仏斉などが中国の（　**c**　）に対して朝貢(1)し，中国商人が東南アジア各地にも居留地をつくった。一方，唐代には市舶司がおかれた中国南部の（　**d**　）にアラブ系やイラン系の人々が来航していたことが知られているが，その頃から東南アジア島嶼部にもムスリム商人(A)が寄港していた。こうして東南アジアは西アジアの文化的影響を受けるようになり，13世紀には(2)イスラームの政権が誕生した。これ以後，主としてマレー半島や島嶼部にムスリムの王国が作られるようになった。

大陸部においては，タイ人が13世紀末にスコータイ王朝をたてた。そして14世紀に成立した（　e　）朝は，対外的な交易によって繁栄した。一方（　e　）朝の勢力に押されてカンボジアは後退し，15世紀にはついに（　f　）の都を捨てて，（　b　）川流域に中心を移した。タイやカンボジアでは，スリランカから伝わった（　g　）がひろまり，現在に至るまで王権により保護されている。これらの東南アジアの王権は，インド北東部に（　h　）が建国したマウリヤ朝第３代アショーカ王の伝承をモデルにしているといわれている。

中国では元の滅亡後におこった明は，積極的な対外政策をとるようになった。15世紀初頭から派遣された［　イ　］の遠征艦隊はアラビア半島や東アフリカの（　i　）まで達し，朝貢をうながした。ジェノヴァ出身のコロンブスや（　j　）人のヴァスコ＝ダ＝ガマよりも早くに大航海を行なっていたことから，当時の中国の造船技術の高さを知ることができる。

15世紀から17世紀後半にかけて東アジア・東南アジアでは経済活動が活発化し，大交易時代が到来した。東南アジアを含めたインド洋を取り囲む世界には，それぞれ特産品があった。東南アジアの産品としては（　k　）諸島のクローヴやナツメグ，あるいは(B)スマトラやボルネオの胡椒，沈香などが知られていた。また中国の特産品である陶磁器や絹は，東南アジアや日本，さらにはヨーロッパなどに運ばれた。インドの布は東南アジアで好まれ，貨幣として交換された。これらの地域にヨーロッパ人が参入した結果，（　j　）人が拠点を築いたマカオやオランダ人が拠点を築いた（　l　）などあらたな貿易中心地が形成された。(3)インドにおいては，デカン高原に14世紀に成立した王国が，インド洋貿易を通じて勢力を強め17世紀まで繁栄した。

また国際商業の発展にともない，アメリカ大陸の植民地や日本で採掘された(4)銀が中国や東南アジア各地に流通し，貿易を促進した。そして，火縄銃や大砲などヨーロッパの新式の火器がアジア各地に広まり，新興政権の成立を支えた。（　m　）などアメリカ大陸原産の作物も世界に広まり，人びとの生活に影響を与えた。

設問1　文中の（　**a**　）～（　**m**　）に入る最も適切な語句を次の選択肢1～4のうちから一つ選び，その番号を解答欄Ⅱ－Aに記入しなさい。

(a)　1．魏　2．秦　3．晋　4．後漢

(b)　1．インダス　2．チャオプラヤー　3．メコン　4．サルウィン

(c)　1．宋　2．隋　3．唐　4．元

(d)　1．上海　2．香港　3．天津　4．広州

(e)　1．アチェ　2．アユタヤ　3．ペグー　4．バタヴィア

(f)　1．アンコール　2．プノンペン　3．ゴア　4．パガン

(g)　1．ヒンドゥー教　2．上座部仏教　3．大乗仏教　4．ジャイナ教

(h)　1．チャンドラグプタ　2．アイバク　3．ハルシャ＝ヴァルダナ　4．ラージプート

(i)　1．チュニス　2．マラケシュ　3．アレクサンドリア　4．マリンディ

(j)　1．オランダ　2．イギリス　3．ポルトガル　4．スペイン

(k)　1．マラッカ　2．ミンダナオ　3．マルク（モルッカ）　4．マタラム

(l)　1．南京　2．台湾　3．マニラ　4．フエ

(m)　1．小麦　2．コーヒー　3．茶　4．サツマイモ

設問2　文中の［　**ア**　］［　**イ**　］に入る適切な語句をそれぞれ漢字二字で解答欄Ⅱ－Bに書きなさい。

設問3　波線部(A)(B)に関する次の問いに答えなさい。

(A)　11世紀以降，カイロを拠点に紅海・インド洋の香辛料交易を独占したムスリム商人の呼称を解答欄Ⅱ－Bに記入しなさい。

(B)　7世紀にスマトラのパレンバンを中心に台頭した国の名称を，カタカナで，解答欄Ⅱ－Bに記入しなさい。

設問4　下線部(1)〜(4)について，(i)(ii)とも正しければ数字**1**を，(i)のみ正しければ数字**2**を，(ii)のみ正しければ数字**3**を，(i)(ii)とも正しくなければ数字**4**を，解答欄Ⅱ－Cに記入しなさい。

(1)　朝貢について

(i)　洪武帝は民間人の海上交易を禁止して，朝貢貿易を推進した。

(ii)　永楽帝は日本との勘合貿易を奨励したが，民間の貿易も同時に奨励した。

(2)　イスラームについて

(i)　イスラームの受容によって，生活のなかに太陽暦であるヒジュラ暦などのイスラーム的要素が入り込んでいった。

(ii)　国際的な交易拠点となったマラッカ王国では，イスラームは受容されなかった。

(3)　インドについて

(i)　北インドに13世紀に成立したデリー＝スルタン朝によって，インドのイスラーム化が進められていた。

(ii)　東南アジアがインド化するなかで受け入れた要素のうち，二大叙事詩『ラーマーヤナ』，『マハーバーラタ』は現代においても影絵や舞踊などの重要なテーマになっている。

(4)　銀について

(i)　世界中に銀を供給したポトシ銀山を開拓したのはポルトガル人である。

(ii)　大量の銀が中国に流れこみ，明朝では地丁銀制が導入された。

〔Ⅲ〕 次の〔ア〕～〔オ〕の文を読んで，設問1～10に答えなさい。 (50点)

〔ア〕一七九三年，コーンウォリスはベンガルに（ **あ** ）制度を導入して，政府と農民の間を仲介する徴税請負人（略）に土地に関わるいっさいの権限を与え，彼らを土地所有者にした。…略…，現地の伝統的な土地所有関係を無視したこの制度は，すぐさま現地の猛反対を食った。…略…アメリカ独立革命の危機感のなかで高まった道徳改善運動は，インドに対するイギリス政府の干渉を正当化する方向に作用した。一八一三年には(a)東インド会社の貿易独占が撤廃され，やがて①インドは大反乱を経て，正式に帝国に組み込まれていく。

〔イ〕チェンバレンは，②南アフリカ戦争（第二次ボーア戦争）で抱えた膨大な財政赤字の補填を視野に入れながら，国際経済におけるアメリカ，ドイツの追い上げをも意識して，（ **い** ）の見直しを強く求めた。

世論の多くは，従来通りの（ **い** ）を支持してチェンバレンの構想に反対した。（ **う** ）はイギリス経済再建の特効薬でもなければ，市民生活にとってもマイナスでしかない――それを鮮明に物語るのが，一八四六年に撤廃されるまで(b)穀物法の下で安い穀物の流入が阻止された「飢餓の四〇年代」の記憶なのである。経済成長が鈍ったこの時代，イギリス各地で(c)さまざまな社会矛盾が噴出しつつあった。その解決を求め，一八三八年から一〇年間にわたって労働者たちが繰り広げたチャーチスト運動の記憶こそ，二〇世紀初頭の(d)労働運動がよみがえらせたかったものだ。

〔ウ〕ゴードン将軍の死の直前，(e)第三次選挙法改正（一八八四）によって，有権者の過半数を(f)労働者が占めるようになった。(g)女王を主役とする壮麗な王室儀礼を立ち上げ，そこに誰もが参加できる仕掛けを施すことは，労働者を「モラルと愛国心にあふれる国民」へと変えていく作業でもあったのである。

〔エ〕(h)ロンドンでチャールズ・ブースが，ヨークではシーボウム・ラウントリが，それぞれ中心となっておこなった貧困調査には多くの女性が動員され，それが彼女たちの目を，豊かだと信じていたこの国に根強く残る貧困へと向けさせた。たとえば，ロンドンのドックランドにおける貧困調査にあたったビアトリス・ポター，後のウェッブ夫人は，社会主義団体③フェビアン協会の有力メンバーとなり，夫シドニーと二人三脚で都市の貧困問題の解決に乗り出すことになる。

〔オ〕エジプト，（　え　）大統領のスエズ運河国有化宣言に対して，豊かな石油資源を有する中東への発言権を失いたくないイギリスが，フランスと手を組んでしかけたこの軍事行動は，…略…，世界じゅうで世論の反発を呼んだ。中東におけるイギリスの権威を失墜させた④この戦いの余波のなかで，⑤かつての植民地の独立が相次ぎ，ヨーロッパ経済共同体（ＥＥＣ，後のＥＣ）加盟交渉の開始とも相まって，イギリスは帝国の見直しを迫られていく。

出典：井野瀬久美惠『大英帝国という経験』(講談社，2007年）より

設問1　文中の（　**あ**　）～（　**え**　）に入る最も適切な語句を，それぞれ下の語群1～4から一つ選び，番号を解答欄Ⅲ－Aに書きなさい。

【語群】

(あ)　1　エンコミエンダ　　2　ザミンダーリー
　　3　マンサブダール　　4　ライヤットワーリー

(い)　1　三角貿易　2　自由貿易　3　東方貿易　4　保護貿易

(う)　1　三角貿易　2　自由貿易　3　東方貿易　4　保護貿易

(え)　1　サダト　　2　ティトー
　　3　ナジ＝イムレ　　4　ナセル

設問2　下線部(a)に関する次の1～4の記述のうち**誤っているもの**を一つ選んで，番号を解答欄Ⅲ－Bに記入しなさい。

1　イギリス東インド会社はエリザベス1世時代に設立された。

2　イギリス東インド会社に茶の独占販売権が与えられたことに憤慨した人々は，ロンドン港で東インド会社の船を襲撃した。

3　イギリス東インド会社はベンガル等で徴税権を獲得した。

4 イギリスは東インド会社を解散させて，インドを本国の直接統治下においた。

設問3 下線部(b)に関する次の(i)(ii)の記述について，(i)(ii)ともに正しい場合は数字**1**，(i)のみ正しい場合は数字**2**，(ii)のみ正しい場合は数字**3**，(i)(ii)ともに正しくない場合は数字**4**を，解答欄Ⅲ－Bに記入しなさい。

(i) コブデンやブライトが反穀物法同盟を結成して運動をつづけた。

(ii) 穀物法は，粗悪な穀物の流通を抑制することによる穀物の品質向上を目的として制定された。

設問4 下線部(c)の状況の下で，自由競争そのものの制限や私的所有の廃止によって，貧困や劣悪な労働条件などの社会問題を解決しようとする社会主義思想が生まれた。社会主義思想に関する次の記述1～4の中で**正しいもの**を一つ選んで，番号を解答欄Ⅲ－Bに記入しなさい。

1 エンゲルスが著した『国富論』は，20世紀の共産主義運動や社会主義国家の建設に大きな影響を与えた。

2 サン＝シモンは，国家権力を否定する無政府主義の先駆となった。

3 ルイ＝ブランは生産の国家統制を主張した。

4 オーウェンは労働組合や協同組合の設立に努力し，最終的に共産社会を実現させた。

設問5 下線部(d)に関する次の(i)(ii)の記述について，(i)(ii)ともに正しい場合は数字**1**，(i)のみ正しい場合は数字**2**，(ii)のみ正しい場合は数字**3**，(i)(ii)ともに正しくない場合は数字**4**を，解答欄Ⅲ－Bに記入しなさい。

(i) フランスでは，労働組合，経営者，政府の三者間協議によって社会改革をめざすサンディカリズムがあらわれた。

(ii) イギリスでは団結禁止法が廃止されて，労働組合の結成が認められた。

設問6 下線部(e)の内容に関する次の1～4の記述のうち**正しいもの**を一つ選ん

で，番号を解答欄Ⅲ－Ｂに記入しなさい。

1　都市労働者が選挙権を得た。

2　農業労働者が選挙権を得た。

3　21歳以上の男性と30歳以上の女性が選挙権を得た。

4　21歳以上の男性と女性が選挙権を得た。

設問7　下線部(f)に関する次の(i)(ii)の記述について，(i)(ii)ともに正しい場合は数字**1**，(i)のみ正しい場合は数字**2**，(ii)のみ正しい場合は数字**3**，(i)(ii)ともに正しくない場合は数字**4**を，解答欄Ⅲ－Ｂに記入しなさい。

(i)　解放耕地や共有地を牧羊地にするために囲い込みが行われ，土地を失った多くの農民が都市労働者となった。

(ii)　都市労働者は同職ギルドを形成して工場経営者に対抗した。

設問8　下線部(g)の**統治期の出来事ではないもの**を語群から**二つ選んで**，番号を解答欄Ⅲ－Ｂに記入しなさい。

【語群】

1　インド統治法制定	2　エジプトの保護国化
3　クリミア戦争	4　ジャガイモ飢饉
5　スエズ運河会社の買収	6　第1インターナショナル結成
7　第2インターナショナル結成	8　日英同盟締結
9　労働組合法の成立	10　ロンドン万国博覧会

設問9　下線部(h)に関して，ロンドンで**開催されなかった**会議についての記述を，1～4から一つ選んで，番号を解答欄Ⅲ－Ｂに記入しなさい。

1　1830年の会議でギリシア独立が承認された。

2　1840年の会議でムハンマド＝アリーのエジプト・スーダン総督位の世襲が認められた。

3　1919年の講和会議で第一次世界大戦後のヨーロッパの新国際秩序が決定された。

4　1930年の軍縮会議で補助艦の保有率と上限が決定された。

設問10　波線部①～⑤に関する各問の答えを解答欄Ⅲ－Cに記入しなさい。

①　この大反乱のきっかけとなったのは，イギリスがインド支配のために雇用したインド人傭兵が北インドで起こした反乱であった。このインド人傭兵は何と呼ばれるか。カタカナで記入しなさい。

②　この戦争に勝利したイギリスは，ボーア人が建てた2つの国を併合した。一か国はオレンジ自由国であるが，もう一か国の国名は何か。

③　この団体が中心となり，さらに労働組合が合流して結成された組織は，1906年に労働党と改称された。その組織の改称前の名称は何か。

④　この戦いは何と呼ばれるか。

⑤　イギリス本国と旧植民地との緩やかな連合体を何というか。

政治・経済

（75分）

〔Ⅰ〕　次の文章を読み、下の設問（設問１～設問５）に答えよ。　（50点）

ⓐ大日本帝国憲法は、天皇の名で定めた憲法、すなわち、（　ア　）憲法として制定された。そこでは、第11条で「天皇ハ陸海軍ヲ（　イ　）ス」と規定し、天皇は議会や内閣から独立してこの権限を直接行使することができた。しかし、次第に、軍部がこの権限を利用し、影響を強めることとなった。

第二次世界大戦後に制定された日本国憲法は、軍国主義への反省に立ち、第９条において、戦争の放棄、戦力の不保持、交戦権の否認を定めた。日本政府は、この条文が、主権国家としての日本の自衛権を否定するものではないという立場から、戦力に至らない程度のⓑ自衛のための必要最小限度の実力の行使は認められるとしてきた。

広島・長崎の被爆体験を持つ日本は、核兵器を「もたず、つくらず、もちこませず」という基本政策を維持してきた。この日本政府の核兵器に関する基本政策を宣言したものが（　ウ　）である。また、日本は、武器や軍事技術の輸出も厳しく制限していたが、2014年に、政府は、（　エ　）を閣議決定し、武器輸出を実質的に解禁する方針転換を行った。

日本国憲法第98条２項が「日本国が締結した条約及び確立された（　オ　）は、これを誠実に遵守することを必要とする」と定めるように、国際社会の秩序を維持するためには、国家主権は一定の制約を受けざるを得ない。しかし、これまで、ⓒ国家間や地域の紛争が絶えることはなかった。他方で、国家は、政治、経済、文化などで互いに結びつき、国際社会を構成している。ⓓ日本を含む東アジアの国々では、各国の経済発展を背景に、地域協力の動きも活発となっている。

【設問１】文中の（　ア　）～（　オ　）に入る最も適切な語句を、解答欄Ⅰ－

甲のア～オに記入せよ。ただし、イは大日本帝国憲法上の語句、オは日本国憲法上の語句である。

【設問2】下線部ⓐに関連して、次のａ～ｄについて、**正しいものには数字の1**を、**正しくないものには数字の2**を、解答欄Ⅰ－乙のａ～ｄに記入せよ。

ａ．国民は、臣民として、法律の認める範囲内で、言論の自由が保障されていた。

ｂ．帝国議会は、皇族・華族・勅任議員からなる貴族院と、公選議員からなる衆議院の両院で構成されていた。

ｃ．司法権は、枢密院の名のもと、裁判所が行使するものとされていた。

ｄ．憲法改正は、帝国議会が発議し、国民投票により実施されるものとされていた。

【設問3】下線部ⓑに関連して、次の文章の（　Ａ　）～（　Ｈ　）に入る最も適切な語句を、下の語群から1つ選び、その番号を、解答欄Ⅰ－乙のＡ～Ｈに記入せよ。

1950年に、マッカーサーの指令に基づき、日本国内の治安維持を目的とする（　Ａ　）が創設され、1954年に制定された自衛隊法により自衛隊が発足した。自衛隊法によれば、「我が国の平和と独立を守り、国の安全を保つため、我が国を（　Ｂ　）すること」を自衛隊の主たる任務としている。これに関して、日本政府は、2014年、「我が国と密接な関係にある他国に対する武力攻撃が発生し、これにより我が国の存立が脅かされ、国民の生命、自由及び幸福追求の権利が根底から覆される（　Ｃ　）がある場合において」、武力行使ができるとする閣議決定を行った。このような権利は、集団的自衛権と呼ばれ、その是非について、賛否両論の意見が展開された。

自衛隊の任務の範囲は、日本の領土・領海・領空に限られない。1992年に制定された（　Ｄ　）に基づき、カンボジアやモザンビークなどに自衛隊が派遣された。また、2001年に、（ E ）が制定され、この法律により、自衛隊が戦場に派遣され、その艦船がインド洋上でアメリカ軍などへの給油活動を行った。さらに、2003年に制定された（ F ）に基づき、自衛隊は、非戦闘地域での人道復興支援活動や、治安維持活動として、武装兵士の輸送を含む後方支援を実施した。

その後、ソマリアなどを拠点として船舶の航行を妨害する事件が相次いだことを受けて、2009年に（ G ）が制定され、これにより、海上自衛隊は公海上での取り締まりを行った。なお、2015年には、平和への脅威に対して、国連の総会や安全保障理事会の決議に基づいて軍事行動を行う外国軍隊への自衛隊の後方支援を随時可能にする恒久法として（ H ）が制定された。

［語群］

1．訴えの利益	2．保安隊
3．周辺事態法	4．イラク復興支援特別措置法
5．国際平和支援法	6．再軍備
7．ガイドライン関連法	8．海賊対処法
9．法律の留保	10．外国軍用品等海上運送規制法
11．警備隊	12．テロ対策特別措置法
13．国民保護法	14．武力攻撃事態法
15．米軍行動円滑法	16．防衛
17．国連平和維持活動協力法	18．国際人道法違反処罰法
19．警察予備隊	20．国際緊急援助隊法
21．捕虜等取り扱い法	22．専守
23．明白な危険	24．重要影響事態法

【設問４】下線部ⓒに関連して、次の文章の（ カ ）と（ キ ）に入る最も適切な語句を、解答欄Ⅰ－甲のカとキに記入せよ。ただし、キは人名を漢字・フルネームで記載せよ。また、（ I ）に入る最も適切な語句を、下の語群から１つ選び、その番号を、解答欄Ⅰ－乙のⅠに記入せよ。

戦争や地域紛争によって多くの難民が発生している。国連は、1951年に、難民の保護や定住を確保するため、(　カ　)を採択した。難民の保護政策として、難民を迫害するおそれのある国へ強制的に送還することが禁止される。これを(　I　)の原則という。国連には、国連難民高等弁務官事務所が設置され、日本人として、(　キ　)が、2000年までの10年間、高等弁務官を務めた。

[語群]

1．ダンバートン・オークス　2．ガリオア・エロア
3．ノン・ルフールマン　4．クラウディング・アウト
5．ナショナル・インタレスト

【設問5】下線部ⓓに関連して、アジア・太平洋地域の安全保障に関する情報や意見を交換する場として、1994年に発足した、北朝鮮が恒常的に加わる組織を何というか、解答欄I－甲に記入せよ。

〔II〕 次の文章を読み、下の設問(設問1～設問15)に答えよ。　(50点)

私たちの社会は、分業と交換による経済取引の複雑な絡み合いをつうじて再生産されている。18世紀のフランスにおいて、ケネーは、ⓐ国家による保護貿易政策を批判する一方、社会的再生産の経済的秩序に深い関心を示し、『(　A　)』を著した。現在、経済の全体像は、ⓑＧＤＰの考え方に基づいて、付加価値の生産とⓒ分配および消費の関係によって理解されている。生産された付加価値は、主に賃金と利潤などに分かれ、経済主体に分配され消費される。

18世紀後半から19世紀前半のイギリスでは、工業化の進展によって富の生産量は大幅に増加した。しかし、貧困者は後を絶たなかった。『人口論』の著者である(　ア　)を中心にⓓ救貧法をめぐる論争が繰り広げられるなど、ⓔ資本主義経済における大衆の貧困は大きな課題であった。

資本主義経済において、貧困はⓕ失業の問題と深く結びついている。ⓖケインズは、総需要と総供給が恒常的に等しいと考える「(　B　) の法則」を批判するとともに、国全体の生産量や雇用量を決める (　イ　) の不足に失業の原因を見いだした。そして、投資や消費を刺激することを説いた。

1929年に起こったⓗ世界恐慌によって、大量の失業者が発生し社会不安が増大した。各国は、他国に失業などの負担を転嫁し、その犠牲のうえに自国の景気の回復・維持を図る「(　ウ　) 政策」をとった。世界恐慌と第二次世界大戦を経て、国家が取り組むべき最も大きな社会的課題のひとつは、雇用の維持・拡大であった。そこで、ⓘ経済成長を推進することが国家にとって最も大きな役割のひとつとなった。

1970年代に経済成長の減速とⓙインフレーションの高進が問題になると、ケインズ政策にかわって小さな政府への回帰を目指す思想が台頭した。ひきつづき、経済成長は達成すべき目的であった。しかし、現代の資本主義では、ⓚ金融危機にともなう経済危機が生起している。金融危機によって信用収縮が発生するのに加え、家計は保有資産の目減りによって消費支出を抑制する「(　エ　) 効果」がはたらき、消費が縮小する。また、資産価格の下落によって含み損を抱えた企業は設備投資を抑制する。実体経済の悪化によって、多数の失業者が生みだされる。一方、就労していても、生活を維持することが困難な収入しか得られない、(　オ　) とよばれる人々やⓛ不安定就労の問題が生じている。こうして、現代の資本主義でも形を変えながら貧困があらためて問題になっているのである。

【設問1】文中の (　ア　) 〜 (　オ　) に入る最も適切な語句を、解答欄Ⅱ－甲のア〜オに記入せよ。

【設問2】文中の (　A　) に入る最も適切な著作を、次の1〜4のうちから1つ選び、その番号を、解答欄Ⅱ－乙のAに記入せよ。

1．道徳感情論　　2．資本論
3．経済学原理　　4．経済表

【設問3】文中の（　B　）に入る最も適切な経済学者を、次の1〜4のうちから1つ選び、その番号を、解答欄Ⅱ－乙のBに記入せよ。

1．セー　　　2．グレシャム
3．ピグー　　4．マーシャル

【設問4】下線部ⓐに関連して、国富を貨幣的富と考える、マリーンズに代表される経済思想とそれに基づく政策として最も適切なものを、次の1〜4のうちから1つ選び、その番号を、解答欄Ⅱ－乙に記入せよ。

1．重農主義　　　2．重金主義
3．独占資本主義　4．帝国主義

【設問5】下線部ⓑに関連して、17世紀イギリスの経済学者ペティは、経済活動を集計的にとらえた人物である。また、彼は、「ペティ・クラークの法則」とよばれる経験則でも知られる。この法則に関連して、次の1〜4の記述のうちから最も適切なものを、1つ選び、その番号を、解答欄Ⅱ－乙に記入せよ。

1．2019年、日本のGDPに占める第一次産業の比率は、10パーセント程度である。
2．2019年、日本のGDPに占める第三次産業の比率は、60パーセント程度である。
3．日本の就業者に占める第三次産業の比率が50パーセントを超えたのは、1970年代である。
4．「経済のソフト化」とは、産業構造の中心が生産財産業から消費財産業に移動することをいう。

【設問6】下線部ⓒに関連して、次のa〜cの記述について、**正しいものには数**

字の1を、**正しくないものには数字の2**を、解答欄Ⅱ－乙のａ～ｃに記入せよ。

ａ．労働分配率とは、生産物の産出量を投入された労働量で割った値である。

ｂ．日本の大企業と中小企業の間の賃金格差が大きい原因として、中小企業に比べて大企業の労働生産性が高いことが挙げられる。

ｃ．2019年における日本の非正規雇用労働者の割合をみると、約40パーセントであるが、その賃金や待遇は、一般に、正規雇用労働者に劣る。

【設問7】下線部ⓓに関連して、次の１～４の記述のうちから最も適切なものを、１つ選び、その番号を、解答欄Ⅱ－乙に記入せよ。

１．イギリスで「エリザベス救貧法」が制定されたのは、産業革命が始まった時期にあたる。

２．日本で公的な救貧の制度として制定された「恤救規則」は、公的扶助が国民の権利であるという考えに基づいていた。

３．日本の生活保護制度では、国によって定められた給付額が、保護対象の世帯に対して、その収入の大小にかかわらず、一律に給付される。

４．日本の公的扶助は、日本国憲法第25条に基づく。

【設問8】下線部ⓔに関連する記述として**適切でないもの**を、次の１～４のうちから１つ選び、その番号を、解答欄Ⅱ－乙に記入せよ。

１．マルクスは、労働価値説に基づいて資本主義を分析した。

２．マルクスは、万国の労働者の団結を求めて、第一インターナショナルを指導した。

３．マルクスは、資本主義経済に社会主義・計画経済的な要素を加えた修正資本主義を提唱した。

４．マルクスは、資本家の受け取る利潤の源泉を、剰余価値によって説明した。

【設問9】下線部ⓕに関連して、企業が再雇用を約束して一時的に労働者を解雇する制度を何というか。解答欄Ⅱ－甲に記入せよ。

【設問10】下線部ⓖに関連して、ケインズ経済学から大きな影響を受けて作成されたのが「ベヴァリッジ報告」である。「ベヴァリッジ報告」において具体的な政策目標として設定された、国家がすべての国民に対して保障する最低限の生活水準を何というか。解答欄Ⅱ－甲に記入せよ。

【設問11】下線部ⓗに関連して、アメリカにおける恐慌への一連の対応策の実施のなかで、1935年に制定された労働者の団結権・団体交渉権の保障などを定めた法律として最も適切なものを、次の1～4のうちから1つ選び、その番号を、解答欄Ⅱ－乙に記入せよ。

1．ワグナー法　　2．サンシャイン法
3．タフト・ハートレー法　　4．労働関係調整法

【設問12】下線部ⓘに関連して、『ゆたかな社会』を著して、広告による欲望の操作や公共サービスの貧困など、経済成長とゆたかさの内実を問うた経済学者を、次の1～4のうちから1つ選び、その番号を、解答欄Ⅱ－乙に記入せよ。

1．ピケティ　　2．スティグリッツ
3．ガルブレイス　　4．サミュエルソン

【設問13】下線部ⓙに関連して、ケインズ政策を厳しく批判したフリードマンが中心となって唱えた学説を何というか。解答欄Ⅱ－甲にカタカナで記入せよ。

【設問14】下線部ⓚに関連して、政治・経済状況の悪化などが原因で自国通貨の価値が大幅に下落する場合、投資資金が海外に流出することを何というか。

最も適切なものを、次の1～4のうちから1つ選び、その番号を、解答欄Ⅱ－乙に記入せよ。

1．資本輸出　　　　　　　　2．資本と経営の分離
3．デフォルト　　　　　　　4．資本逃避

【設問15】下線部①に関連して、都道府県が主体的に設置する、若者の就職支援をワンストップで行う施設として最も適切なものを、次の1～4のうちから1つ選び、その番号を、解答欄Ⅱ－乙に記入せよ。

1．ユニオン・ショップ　　　2．ジョブカフェ
3．ナショナル・センター　　4．ハローワーク

〔Ⅲ〕　次の文章を読み、下の設問（設問1～設問4）に答えよ。　　　　(50点)

1972年にストックホルムで（　A　）が開かれ、環境問題に取り組む国連環境計画の設立が決まった。このような地球環境を守るための国際的な枠組みによる取り組みは、1970年代から続けられている。同じ1972年には、廃棄物などの投棄による海洋汚染を防止することを目的とした（　B　）が採択された。1971年には渡り鳥などの生息地として重要度の高い湿地を登録するⓐラムサール条約が、1973年には絶滅の恐れのある野生動植物の国際取引を禁止する（　C　）が採択された。また、1987年にはオゾン層の破壊物質に関する取り決めである（　D　）が採択され、1989年には水銀やカドミウムなどの有害廃棄物の輸出入を規制する（　E　）が採択された。さらに、1992年には（　F　）が開催され、「リオ宣言」や地球温暖化を防ぐための気候変動枠組条約、多種多様な動植物を保護するためのⓑ生物多様性条約などが採択された。

気候変動枠組条約に関しては、1995年から毎年、気候変動枠組条約締結国会議が開催されることになった。1997年に開催された第3回締結国会議では、温室効

果ガス削減の数値目標を定めた京都議定書が採択された。その目標を達成するための措置としては3つの方法があり、それらは、①先進国が他の先進国に対して技術と資金を投資し温室効果ガス削減プロジェクトを実施して先進国同士で削減し合う（　ア　）、②先進国が発展途上国に対して温室効果ガス削減プロジェクトを実施する（　イ　）、③国や企業間で排出枠を売買する（　ウ　）である。しかし、京都議定書は2005年に当時世界1位の排出国アメリカと2位の中国抜きで発効することとなり、課題を残した。2011年に開催された第17回締結国会議では、2012年末に京都議定書の約束期間が終了した後に第二約束期間を設定することや、すべての国が参加する新体制の枠組みを2015年までにつくるとした（　エ　）が採択された。そして、2015年に開催された第21回締結国会議では、先進国だけではなく発展途上国も温室効果ガスの削減に取り組むことなどを定めた（　G　）が採択された。

このような国際的な枠組み以外にも、各国は地球環境への負荷の抑制をはかるために様々な取り組みを行っている。日本では、いわゆる環境税として、石油・石炭税の一部として化石燃料の輸入または採掘時点で課税される（　オ　）が2012年から段階的に施行され、導入当初に予定されていた最終税率への引き上げは2016年に完了している。また、排出ガス性能や燃費性能の優れた環境負荷の小さい自動車の購入時や保有時の自動車関連税を減免する（　H　）も2009年から導入されている。その他に、自然現象の中でくり返し使えるエネルギーである再生可能エネルギーを事業化する試みも各地で行われており、たとえば沖縄県宮古島市では、サトウキビから（　I　）を生産し、自動車用燃料としてガソリンにまぜて利用する実証事業が2018年度まで行われていた。飲料などの製品の価格に一定の金額を上乗せして販売し、再利用可能な容器を返却するとその金額を払い戻す（　カ　）制を採用している国もある。

さらに、個人の立場から、企業が環境マネジメントの推進に向かうようにさせるために、環境対策に積極的な企業や環境にやさしい商品を選択したり、環境への負荷が少ないライフスタイルを希求する（　キ　）と呼ばれる人々も増えている。環境問題にとどまらず、福祉や人権などの社会問題への対応を重視し、高い倫理性をもって活動している企業を投資家が選んで出資する（　ク　）も広がりをみせている。

【設問１】文中の（　ア　）～（　ク　）に入る最も適切な語句を、解答欄Ⅲ－甲のア～クに記入せよ。

【設問２】文中の（　Ａ　）～（　Ｉ　）に入る最も適切な語句を、次の語群から１つ選び、その番号を、解答欄Ⅲ－乙のＡ～Ｉに記入せよ。

［語群］

1．気候変動に関する政府間パネル
2．ジュネーブ議定書　　3．ナイロビ宣言
4．国連環境開発特別総会　　5．ワシントン条約
6．オスロ合意　　7．地球環境保全に関する東京会議
8．ラロトンガ条約　　9．リスボン条約
10．モントリオール議定書　　11．国連人間環境会議
12．水俣条約　　13．自動車リサイクル法
14．国連資源特別総会　　15．ウィーン条約
16．国連環境開発会議　　17．バイオエタノール
18．バーゼル条約　　19．エコポイント制度
20．ウィーン宣言　　21．ロンドン条約
22．メタンハイドレート　　23．エコカー減税
24．パリ協定　　25．南極条約
26．シェールガス　　27．バルセロナ条約

【設問３】下線部ⓐに関連して、次のａとｂの記述について、**正しいものには数字の１を**、**正しくないものには数字の２を**、解答欄Ⅲ－乙のａとｂに記入せよ。

ａ．正式名称は「特に水鳥の生息として国際的に重要な湿地に関する条約」

であるが、イラクのラムサールで採択されたため、一般にこのように呼称されている。

b．現在ではウミガメ産卵地やマングローブ林、サンゴ礁なども対象となっている。

【設問4】下線部ⓑに関連して、次の文章の（　J　）と（　K　）に入る最も適切な語句を、下の語群から1つ選び、その番号を、解答欄Ⅲ－乙のJとKに記入せよ。

生物の多様性は、安定した生態系と生物の多様な遺伝資源を保全していくうえで重要であるが、森林の消失や環境破壊により絶滅が危惧される種もある。1992年に生物多様性条約が採択されてからは、各国による国際的取り組みが行われてきている。2010年に開催された第10回締結国会議では、企業が生物の遺伝子を利用して医薬品などを開発する場合に原産国に利益の一部を支払うことなどについて、（　J　）と呼ばれる国際ルールが採択された。また、保護地域の面積など20項目に関する目標を定めた（　K　）も採択された。

［語群］

1．カルタヘナ議定書　　2．名古屋議定書

3．アルジェ憲章　　4．愛知ターゲット

5．ジュネーブ議定書　　6．アダムズ方式

数学

（75分）

〔Ⅰ〕次の[　　]に適する数または式を，解答用紙の同じ記号の付いた[　　]の中に記入せよ。

(1) サイコロを2回投げる。1回目に出た目をa，2回目に出た目をbとする。aが条件$2\sin\dfrac{a\pi}{6} \geqq \sqrt{2}$を満たす確率は[　ア　]である。また，$a$，$b$が条件$2\sin\dfrac{a\pi}{6} \geqq \sqrt{b-1}$を満たす確率は[　イ　]である。

(2) 座標平面上において，2つの曲線$C_1 : y = x^3 + 2x^2 + 9x - 2$と$C_2 : y = 5(x^2 + 2x - 1)$は3つの交点をもち，$x$座標が小さい順に，それぞれP，Q，Rとおく。Pの$x$座標は[　ウ　]であり，Rの$x$座標は[　エ　]である。$C_1$と$C_2$で囲まれた2つの部分の面積の和は[　オ　]である。

(3) nは自然数とする。2つの変量x，yのn個のデータ

$$(x_1, y_1),\ (x_2, y_2),\ (x_3, y_3),\ \cdots,\ (x_n, y_n)$$

が与えられている。xの平均値は$\bar{x} = 16$，分散は$s_x^2 = 3$であり，yの平均値は$\bar{y} = 3$，分散は$s_y^2 = \dfrac{2}{3}$である。xとyの共分散をs_{xy}とおく。さらに，$z = 2x - 3y$で新たな変量zを作る。zのデータは$z_i = 2x_i - 3y_i\ (i = 1, 2, \cdots, n)$である。このとき，$z$の平均値$\bar{z}$は$\bar{z} =$[　カ　]となり，$z$の分散$s_z^2$を$s_{xy}$を用いて書き表すと$s_z^2 =$[　キ　]となる。また，$x$と$z$の共分散$s_{xz}$を$s_{xy}$を用いて書き表すと$s_{xz} =$[　ク　]となる。$x$と$y$の相関係数を$r_{xy}$，$x$と$z$の相関係数を$r_{xz}$，$y$と$z$の相関係数を$r_{yz}$とおき，$R = (r_{xz})^2 + (r_{yz})^2$とおく。もし，$r_{xy} = 0$ならば$R$の値は$R =$[　ケ　]となる。もし，$r_{xy} = 1$ならば$R$の値は$R =$[　コ　]となる。

〔 II 〕 $\triangle$OABは$\angle$AOB $= 45°$, $\angle$OBA $= 60°$ である。辺OA上に点P, 辺OB上に点Q, 辺AB上に点Rをとり, 線分の長さはPQ $= 8$, QR $= 5$, PR $= 7$, OQ $= 4\sqrt{6}$ であり, $\angle$OPQは鋭角とする。$\triangle$OPQの外接円の中心をC, 半径を r とおく。$\triangle$BQRの外接円の中心をD, 半径を s とおく。このとき, 次の問いに答えよ。

(1) $\angle$PQRの大きさと$\angle$CQDの大きさを求めよ。

(2) $\triangle$PQRの面積を求めよ。

(3) r の値と s の値を求めよ。

(4) 直線OCと直線PQの交点をSとおく。線分SQの長さと線分PSの長さの比の値 $\dfrac{\mathrm{SQ}}{\mathrm{PS}}$ を求めよ。

〔 III 〕 座標平面上に4点 $\mathrm{P}_1(-3, 1)$, $\mathrm{P}_2(-1, 0)$, $\mathrm{P}_3(0, 4)$, $\mathrm{P}_4(2, 1)$ をとる。このとき, 次の問いに答えよ。

(1) 3次関数 $f(x)$ のグラフ $y = f(x)$ は4点 P_1, P_2, P_3, P_4 を通るとする。このとき, $f(x)$ を求めよ。

(2) a, b, c を $a^2 + b^2 \fallingdotseq 0$ を満たす実数とし, 直線 $l : ax + by + c = 0$ と4点 P_1, P_2, P_3, P_4 との距離をそれぞれ d_1, d_2, d_3, d_4 とおき, それらの2乗の和を $D = (d_1)^2 + (d_2)^2 + (d_3)^2 + (d_4)^2$ とおく。a, b を固定し, c が実数全体を動くときの D の最小値を M とおく。このとき, M を a, b を用いて表せ。

(3) (2)で求めた M において, $a = \sin\theta$, $b = \cos\theta$ とおき, $-\dfrac{\pi}{2} < \theta < \dfrac{\pi}{2}$ の範囲で θ が動くとする。このとき, M の最小値を m とおく。m の値とそのときの θ の値を求めよ。

4　女の童は、もうすぐ仕立て上がる衣装がなかったら、自分は主人の女房にお仕えできなくなっても仕方がないと覚悟している。

5　女の童は、このたび仕立て上がった衣装があっても、主人の女房は高倉天皇の御所にお仕えできるとは限らないと焦っている。

(五)　傍線――イ「まさるめにもやあふ」の解釈として適当なものを、次のうちから一つ選び、その番号を記せ。

1　女の童は、再び衣装を奪われるような場に出くわすかもしれない

2　上日の者は、二度と女の童が衣装を奪われないように警護するのがよい

3　女の童は、再び主人の女房のところに帰る途中で道に迷ってしまうかもしれない

4　女の童は、二度と主人の女房に会う機会がないかもしれないと思っているはずだ

5　上日の者は、再び奪われた衣装を取り返すような役目にふさわしいはずだ

(六)　本文の内容に合致するものを、次のうちから二つ選び、その番号を記せ。

1　高倉天皇は、寒い夜に衣を脱いで過ごすことがたびたびあった。

2　供奉の人々は、女の童の叫び声に気づかなかった。

3　二、三人の男は、女の童を誘拐しようとした。

4　高倉天皇は、衣装の色について女の童の主人の女房に尋ねた。

5　建礼門院は、女の童が持っていた衣装よりも立派な衣装を高倉天皇に届けた。

6　女の童の主人の女房は、衣装を建礼門院に献上する期日を遅らせることにした。

(七)　高倉天皇はどのような人物として語られているか、説明せよ（句読点とも三十字以内）。

（以上・六十点）

3　春眠不レ覚エレ暁ヲ、処処聞ク二啼鳥ヲ一

4　洛陽城東桃李ノ花、飛ビ来リ飛ビ去リテ落ツル二誰ガ家ニカ一

5　琴詩酒ノ友皆抛ツレ我ヲ、雪月花ノ時ニ最モ憶フレ君ヲ

㈢　傍線―――「にてかあるらん」の文法的説明として適当なものを、次のうちから一つ選び、その番号を記せ。

1　完了の助動詞「ぬ」の連用形＋接続助詞「て」＋係助詞「か」＋動詞「あり」の連体形＋推量の助動詞「らん」の連体形

2　格助詞「に」＋接続助詞「て」＋係助詞「か」＋動詞「あり」の連体形＋推量の助動詞「らん」の終止形

3　断定の助動詞「なり」の連用形＋接続助詞「て」＋係助詞「か」＋動詞「ある」の終止形＋推量の助動詞「らん」の終止形

4　格助詞「に」＋接続助詞「て」＋係助詞「か」＋動詞「ある」の終止形＋推量の助動詞「らん」の連体形

5　断定の助動詞「なり」の連用形＋接続助詞「て」＋係助詞「か」＋動詞「あり」の連体形＋推量の助動詞「らん」の連体形

㈣　傍線―――ア「今は御装束があらばこそ、御所にも候はせたまはめ」の説明として適当なものを、次のうちから一つ選び、その番号を記せ。

1　女の童は、このたび仕立て上がった衣装があったら、自分は高倉天皇の御所にお仕えさせてもらえたのにと落胆している。

2　女の童は、もうすぐ仕立て上がる衣装がなくても、自分は後白河院の御所にお仕えさせてもらえるだろうかと心配している。

3　女の童は、このたび仕立て上がった衣装がないから、主人の女房は後白河院の御所にお仕えできないに違いないと嘆いている。

注　上日の者　当番で出仕している者。
　長持　衣類や夜具などを入れておく大きな細長い箱。
　院　後白河院。高倉天皇の父。
　堯　中国古代の伝説上の帝王。
　建礼門院　高倉天皇の中宮、徳子。
　宝算　天皇の年齢。

設　問

㈠　傍線――a・bの意味として適当なものを、次のうちからそれぞれ一つ選び、その番号を記せ。

a　はかばかしう
1　頼もしく
2　堂々として
3　ただちに
4　あてにならず
5　わずかに

b　ぐして
1　つかまえて
2　押し止めて
3　いましめて
4　引き連れて
5　ねぎらって

㈡　空欄□には、漢文を元にした表現が入る。元となった漢文として適当なものを、次のうちから一つ選び、その番号を記せ。

1　国破レテ山河在リ、城春ニシテ草木深シ
2　鶏人暁ニ唱フ、声驚カス二明王之眠リヲ一

二　次の文章は、高倉天皇について語られた挿話の一つである。これを読んで、後の設問に答えよ。

また安元のころほひ、御方違への行幸ありしに、さらでだに【　　】程にもなりしかば、いつも御ねざめがちにて、つやつや御寝もならざりけり。いはんや、さゆる霜夜のはげしきに、延喜の聖代、国土の民ども、いかに寒かるらんとて、夜のおとどにして、御衣を脱がせたまひけることなんどまでも思しめし出して、わが帝徳のいたらぬことをぞ御なげきありける。

やや深更に及んで、程遠く人の叫ぶ声しけり。供奉の人々は聞きつけられざりけれども、主上きこしめして、「今叫ぶ者は何者ぞ。きつと見て参れ」と仰せければ、上臥したる殿上人、上日の者に仰す。走り散つてたづぬれば、ある辻にあやしの女の童の、長持のふた下げて泣くにてぞありける。「いかに」と問へば、「主の女房の院の御所に候はせたまふが、この程やうやうにしてしたてられたる御装束もつて参るほどに、ただいま男の二三人まうできて、うばひ取つてまかりぬるぞや。ア今は御装束があらばこそ、御所にも候はせたまはめ。またaはかばかしう、たち宿らせたまふべきしたしい御方もましまさず。このこと思ひつづくるに泣くなり」とぞ申しける。

さてかの女の童をbぐして参り、このよし奏聞しければ、主上きこしめして、「あなむざん、いかなる者のしわざにてかあらん。堯の代の民は、堯の心のすなほなるをもつて心とするがゆゑに、みなすなほなり。今の代の民は、朕が心をもつて心とするがゆゑに、かだましき者、朝にあつて罪ををかす。これわが恥にあらずや」とぞ仰せける。「さて、とられつらんきぬは、何色ぞ」と御たづねあれば、しかしかの色と奏す。建礼門院のいまだ中宮にてましましける時なり。その御方へ、「さやうの色したる御衣や候ふ」と仰せければ、さきのよりはるかにうつくしきが参りたりけるを、くだんの女の童にぞたまはせける。「いまだ夜ふかし。イまたさるめにもやあふ」とて、上日の者をつけて、主の女房の局までおくらせましましけるぞかたじけなき。されば、あやしのしづのをしづのめにいたるまで、ただこの君、千秋万歳の宝算をとぞ祈り奉る。

（『平家物語』）

㈤　本文の内容に合致するものを、次のうちから三つ選び、その番号を記せ。

1　筆者は、ネットショッピングに関わるものすごい量の荷物を倉庫で整理した経験をもとに、文章を書くことにした。

2　現代の倉庫の建設ラッシュは、渋谷の再開発がメディアを騒がせたために、人々に注目されなかった。

3　紀元前９５００年代のヨルダン川西岸地区に存在した穀倉は、メソポタミア文明や古代エジプト文明の発展に影響を与えた。

4　フェルナン・ブローデルは著書のなかで、「ヨーロッパの物価のオーケストラ指揮者」という比喩を用いて、アムステルダムにおける物流について批判した。

5　久保秀朗は論文のなかで、倉庫にまつわるいくつかの具体例に言及しながら、近代以降の経済学では倉庫は負の象徴であると述べた。

6　近代以降の倉庫の管理では、断熱や採光、通風などには無頓着であった。

7　国内の工場内に建設された倉庫は、見直しが盛んに行なわれた結果、国外に輸出する製品を保管するための場所となった。

8　アメリカのアマゾンが世界各地の拠点において稼働させているアマゾン・ロボティクスというシステムにより、従業員は倉庫内を歩き回らずに荷物の積み下ろしができる。

㈥　傍線――について、「ブラックボックス」としての「倉庫」とはどのようなものか、説明せよ（句読点とも四十字以内）。

（以上・九十点）

㈢　傍線――B「倉庫の設計にも変化が現れてくる」の説明として適当なものを、次のうちから一つ選び、その番号を記せ。

1　合理性を優先した倉庫では、装置や道具の寸法から構造が最適化され、画一的なビルディングタイプが形成された。
2　普遍的な形式で多様なニーズに応えることを目指した倉庫は、作業を行なう人にとって最適な内部空間を実現した。
3　設計に建築としての一般解が求められた倉庫は、物流システムに組み込まれ、物流の権威を象徴する装置となった。
4　システマチックに設計された倉庫では、荷物ごとに搬出の優先順位をつけることで、効率的な物流業務が可能になった。
5　ル・コルビュジェの寸法体系を用い荷物のために最適化された倉庫では、作業する人間側で環境を整える必要が生じた。

㈣　傍線――Cについて、「２０００年代」に入ってからの倉庫の説明として適当なものを、次のうちから一つ選び、その番号を記せ。

1　様々な機能を複合することにより、事業規模の変化に対応できるようになった一方で、建築規模が大型化し、太陽光発電システムを設置して電力消費を抑える必要がでてきている。
2　自治体と協定を結んでカフェテリアや託児所を運営するために、人材を確保する動きを活発化させる一方で、倉庫内部をコンピューターで管理してコストを抑えつつ生産性を向上させている。
3　ネガティブなイメージを払拭するために屋上の緑化によるヒートアイランド現象対策を行なうなど、環境問題に配慮する一方で、所有・運営・開発のリソースを周辺地域に委託して社会的地位の向上に努めている。
4　集約統合して大規模化し、人材難に対応するためにＡＩなどのテクノロジーが用いられる一方で、施設内を見学できるルートの公開や防災拠点としての整備などにより、地域に開かれた親しみやすい場所になってきている。
5　単純労働ではない物流業務を行なうために、最先端のテクノロジーを導入し生産性を向上させた一方で、人材不足の悪循環に人の目が向かないよう、緊急車両の待機場所を提供するなどの取り組みを行ない、地域貢献をアピールしている。

a
1　花形
2　神秘
3　破格
4　亡国
5　月並

b
1　生産的
2　本質的
3　画期的
4　合法的
5　付随的

㈡　傍線――Aについて、古代・中世における「倉庫建築」の説明として適当なものを、次のうちから一つ選び、その番号を記せ。

1　文明を代表する建造物であるピラミッドが穀物の倉庫だったかもしれないという説は、倉庫を信仰の対象とする人々がかつて存在したという事実によって、現代では否定されている。

2　ラムセス2世が当時における最先端の建築技術を用いて建設させた現存最古の倉庫は、自らの力の象徴としてつくられており、食糧の備蓄には用いられていなかった。

3　神社建築様式である神明造りへと変化していったと考えられている弥生時代の高床式倉庫は、穀霊が祀られて信仰の対象となり、人々の日常のなかに象徴として存在していた。

4　古代ローマの外港都市オスティアにつくられたホッレウムと呼ばれる倉庫群は、物流に必要な様々な機能を備えた施設となり、人と倉庫との関係が希薄になった。

5　中世ヨーロッパにおけるアムステルダムの倉庫は、都市が発展するにつれて周辺の施設と切り離され、戦略的に集積された商品の出し入れができる施設となった。

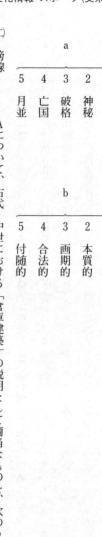

までの支援物資の輸送体制の強化に協力したり、施設駐車場を緊急車両の待機場所として提供したりする民間の物流施設も増えている。

環境問題への取り組みも近年注目されている。大規模で広大な屋上を活用し、たとえば緑化することで周辺地域のヒートアイランド現象対策を行なったり、太陽光発電システムを設置することで施設全体の電力消費を抑えたりする試みが見られるようになってきた。

これまでの排他的で専門的だった物流施設を、地域に開かれた親しみやすい場所にすることで、社会的地位を向上させようとする意識はますます高まっている。ブラックボックスが開示され、かつてのように倉庫（物流施設）に再び人の目が向けられようとしている。

注　eコマース　インターネット上で行なわれる商品やサービスの取引。
バッファ装置　荷物を一時的に保存するための装置。
マテリアルハンドリング　物流拠点内の物の移動に関わる作業。
ランプウェー　高さの異なる道をつなぐための斜道。
ピッキング　商品の仕分け。

設問

㈠　空欄［　　］a・bに入る語句として適当なものを、次のうちからそれぞれ一つ選び、その番号を記せ。

人材難に対応するため、テクノロジーを用いて作業効率を上げようとする動きも見られる。荷物の積み込み、搬送、保管、仕分けなどを行なうマテリアルハンドリング機器の自動化は様々な場面で推進されている。パレットの上に荷物を自動積載できるパレタイザや、荷物の収納を自動化する無人倉庫、在庫管理をコンピューターで行なうデジタルピッキングシステムなど、生産性を向上させミスを減らすために導入されるケースが増えている。

アメリカのアマゾンは自走式ロボット「ドライブ」が商品棚を移動させることで、従業員が倉庫内を歩き回らずに荷物の積み下ろしなどの物流業務を行なうことができるアマゾン・ロボティクスというシステムを世界各地の拠点において稼働させている。また、中国のアリババにおいても、同様に物流センターのなかをＡＩが搭載された無人搬送車が走り回っている。最終的にはラストワンマイルと呼ばれる最終拠点からエンドユーザーへの宅配までも配送ロボットが行なう実験が進められているという。最先端のテクノロジーを導入した物流施設ではほとんどの機器にＡＩが搭載され、もはや施設自体が膨大な注文情報を処理しながら自律的に動く巨大な生き物のような印象さえ受ける。

こうしてテクノロジーを用いて人材問題を解決しようとするなか、自動化を進め人間を排除していく過程で労働環境を問題視する声も挙がっている。そうしてますます人材が不足していくという悪循環から抜けるために、物流施設のアメニティを向上したり地域貢献をアピールしたりすることで、これまでのネガティブなイメージを払拭し、業界全体で人材を確保していこうとする動きが活発化している。

現在の物流施設には、カフェテリアやラウンジスペース、託児所といった機能が必ずといっていいほど併設されていて、労働環境への配慮が進んでいる。ヤマトグループが運営する日本最大級の物流施設である羽田クロノゲートでは、一般来場者向けに展示ホールや荷捌きエリア、集中管理室などを90分程度で見学できるルートを公開し、会社としての取り組みを紹介している。

また、自治体と協定を結び、災害時に消防・警察・自衛隊などに物流施設を開放して防災拠点として整備することで、避難者ラックがアクセスできるようにし、搬入口の床面の高さはトラックの荷台と揃えることで積み下ろし作業の効率を上げている。

さらにはベルトコンベアや垂直搬送機などの運搬設備の導入は、人が介入しない荷物だけでの移動を可能にした。断熱や採光、通風などは、倉庫内の温度や湿度を調節し、貯蔵されているものを一定の状態に保つことを目的としてコントロールされる。冷蔵機能を持つ倉庫では保管温度は10℃以下に保たれ、保管温度帯によって細かく等級が分かれている。あくまで荷物のための環境計画なので、冷蔵や冷凍倉庫のなかで働く場合は、人間側で防寒装備を整えなければならない。

こうして、当然なかで作業をする人がいるにもかかわらず、「荷物のための空間」としての性格が次第に強くなっていくことで、倉庫設計における人の優先順位は低くなっていった。

C ２０００年代に入ると、日本では流通革命によってものづくりが海外へ出ていくようになる。製造業において、国外でつくった製品を輸入する倉庫の需要が高まり、反対に国内の工場内に建設された倉庫が機能しなくなっていった。また不景気で企業活動自体も縮小しているなか、国内では倉庫の見直しが盛んに行なわれるようになり、結果として、倉庫は集約統合して大規模化していく。延床面積で最低でも1万㎡、ときには10万㎡を超える規模になると、やがて倉庫はものを貯蔵するだけではなく、物流業務に必要な様々な機能を複合した「物流施設」へと変わっていった。

倉庫が現在の物流施設へと変化していったもうひとつの大きな要因として、深刻な「人材不足」があるという。入荷からピッキング、荷役、出荷作業まで、物流業務は決して単純労働ではない。かつて倉庫はメーカーや商社が自社で保有しているものが中心だったが、サード・パーティー・ロジスティクスと呼ばれる物流専門業者が開発した大型の物流施設を賃借し、所有・運営・開発のリソースを外部に委託するケースが近年主流になってきている。人材確保に悩む必要がなくなるだけでなく、事業規模の変化に柔軟に対応できる、初期投資を抑えられるなどのメリットがあるこうした賃貸型の物流施設の台頭も、建築規模の大型化につながっている。

負の象徴となった倉庫はやがて、インフラとしての機能は維持しながらも徐々に生活者の目の届かないところへと追いやられ、その存在を隠蔽されていった。倉庫像は、限りなく現在普及しているブラックボックス的な倉庫のイメージに近いものへと変わっていった。

都市のなかで倉庫が隠蔽されていくようになると、B倉庫の設計にも変化が現れてくる。権威的、象徴的であることよりも、合理的、汎用的であることが優先され、計画から建設までのコストを最小限に抑えるために、システマチックな設計が追求されるようになる。倉庫はもはや、極端にいうとコンテナ空間やトラックの荷台と同列のものとして、あくまで物流システムに組み込まれたひとつの装置としての性格を強めていく。普遍的な形式で多様なニーズに応えることができるよう、建築としては特別解ではなく、一般解を出すことが求められ、やがて画一的な独自のビルディングタイプを形成していく。

寸法に関していえば、一般的な倉庫の間口、奥行、柱間隔、有効天井高、通路幅などは、スチールラックやパレットといったマテリアルハンドリング機器の規格寸法や、フォークリフトやトラックの車幅や回転半径などをもとに体系化が進んでいる。たとえば荷物を載せるパレットの規格は、トラックやコンテナへの積載効率と密接に関係している。日本では「イチイチ」と呼ばれるＴ11型がＪＩＳにより規格化されていて、１１００㎜×１１００㎜×１４４㎜というサイズが広範囲の業界で共有されている。するとそれを運ぶフォークリフトの大きさも自然と似通ってくるし、今度はそのフォークリフトが効率よく走り回れるように内部空間の通路幅が最適化されていく。

ル・コルビュジェが人体の寸法と黄金比を組み合わせた建築の寸法体系モデュロールを開発したように、倉庫建築は効率的に物流業務を遂行するために、荷物やそれを扱う装置や道具の寸法から最適化された独自のモデュロールによって構成されている。動線計画も荷物の運搬がもっともスムーズにいくように立てられている。ランプウェーを導入することで施設の各階に直接ト

> アムステルダムでは、万事が集中であり集積であった。（中略）倉庫はすべてを呑みこみ、ついですべてを吐き出すことができた。（中略）アムステルダムがヨーロッパの物価のオーケストラ指揮者だったのは、そこには商品が豊富に保有してあって、その出し入れを意のままに調節できたからである。

オスティアもアムステルダムも、港湾倉庫を中心として物流をコントロールし、さらには一帯の経済圏を巻き込んで発展していったといえる。倉庫はもはやそれ自体で完結する建築ではなく、都市が生まれ、発展するための核となるビルディングタイプとして戦略的に整備されていった。

ところが近代以降になると、この倉庫のあり方がガラリと変わってくる。これまで [a] のビルディングタイプだった倉庫が、都市のなかで隠蔽されはじめるのである。

> 久保秀朗は論文「近代都市における倉庫の空間的変遷」において倉庫の隠蔽について次のように考察している。
>
> （倉庫を）隠蔽するということは、内部を独立させて外部との不正な接触を絶つという役目もあった。19世紀に世界で最も交易の盛んな港湾のひとつであったロンドン港のセント・カサリン・ドックは周囲を高さ6メートルの壁で囲われ厳重に閉ざされていた。そして就労時間中の外出は禁止され、出入りの際には身体検査も施されていたという。これは、当時のイギリスでは密貿易、関税吏の腐敗、港湾労働者の不正が横行していたからであった。閉ざすことで、内部での不正行為を防止する必要があったのである。（中略）資本主義社会では、在庫は不必要なものでできる限りない方がよいとされる。マルクス経済学では、倉庫は経済過程においての [b] な機能であり、流通においてやむを得ず生じた停滞だとされる。また、ボードリヤールの『消費社会の神話と構造』で提唱された消費社会論では、在庫として貯蔵された商品は、消費者の購買意欲を刺激する記号と成り得なかった欠陥商品だとされる。このような近代以降の経済学では、倉庫は富の象徴というよりもむしろ負の象徴なのである。

現存する最古の倉庫は、紀元前1270年頃ルクソールに建設されたラムセス2世の広大な葬祭殿内にある。日干し煉瓦でヴォールト天井を組むという当時における最先端の建築技術を用いていることからも、当時倉庫がどれだけ重要な施設だったかをうかがい知ることができる。倉庫の規模はそのまま食糧の備蓄量を表し、権力者にとって自らの力の象徴でもあった。

日本でも、地面より高いレベルに床を組むことで、湿気や害獣、そして洪水などの水害から食糧を守る高床式倉庫が弥生時代に登場している。弥生時代は本格的な農耕が始まった時代でもあり、同時に穀霊信仰が広がった時代でもあった。穀霊が祀られている高床式倉庫は自然と信仰の対象となり、ある種の神殿としての機能も果たしていたといえる。伊勢神宮などで見られる「神明造り」と呼ばれる神社建築様式は、この高床式倉庫の造りが変化していったものだと考えられている。神明造りでは食糧ではなくて神の依代としての神宝が納められているけれど、人以外のためにつくられた空間という点で倉庫と共通している。自分から遠いものとして、人々は倉庫を信仰の対象として神格化し奉っていた。

古代の倉庫は、現代の倉庫とは異なり日常のなかに堂々と象徴として存在していたのだ。

中世ヨーロッパで、船による海洋交易が盛んに行なわれるようになると、倉庫は食糧を保存する単体の機能だけではなく、港に運ばれてくる物資を受け止め、陸運で国内に流通させるまでのバッファ装置として、都市のインフラに組み込まれていく。古代ローマの外港都市であったオスティアには、ホッレウムと呼ばれる大規模な倉庫群が建設され、ローマへ向けて出荷する食糧や資材を大量に貯蔵していた。同時に船の維持管理に必要なドックを配置したり、商品の積み下ろしや荷捌《にさば》きのために岸壁を整備するなど、倉庫単体だけでなく、物流に必要な様々な機能を一体的に開発することで、オスティアは商業都市としての地位を確固たるものにしていった。

フェルナン・ブローデルはその著書『物質文明・経済・資本主義』のなかで、アムステルダムの都市としての発展について次のように語っている。

国語

（七五分）

一　次の文章は大野友資「物流空間試考」の一部である。これを読んで、後の設問に答えよ。

物流空間のなかでもとくに「倉庫」は、近年のeコマース市場の拡大もあって大規模なものが急激に増えているという。人知れず、都市のなかにブラックボックスが広がっている。

確かに日頃のネットショッピングの利用頻度を考えると、全体で見るとものすごい量の荷物が日々倉庫を出入りしているのだろう。歴史的に見ても、もっとも倉庫が必要とされている時代なのかもしれない。それでも、倉庫の建設ラッシュが渋谷の再開発みたいにメディアを騒がせることはない。はたして人と倉庫との関係は、昔からこんなにも希薄だったのだろうか。

２０１５年、年末。エジプトのピラミッドが王家の墓ではなく、実は穀物の倉庫だったのではないかという説が一部の業界をにぎわせた。

それを否定する論拠のほうが多かったため、いまではあまり有力な説とはいえないらしい。それでも、ピラミッドほどの文明を代表する建造物の機能が、現代ではほとんど注目されることのない倉庫だったかもしれないという、そのギャップは興味深い。

A倉庫建築の歴史は古く、文明がおこった当初からすでにあったとされている。主に稲やトウモロコシ、小麦などといった食糧を備蓄するためのいわゆる穀倉は、もっとも古いもので紀元前９５００年代のヨルダン川西岸地区に存在したことがわかっていて、メソポタミア文明や古代エジプト文明の発展に強い影響を与えたと考えられている。

解答編

英語

I　**解答**　A．(W)―3　(X)―4　(Y)―1　(Z)―2

B．(a)―4　(b)―2　(c)―3　(d)―4　(e)―1　(f)―2　(g)―3　(h)―2　(i)―3

C．(ア)―2　(イ)―2　(ウ)―4

D．(う)―7　(お)―2

E．3・4・6

◆全　訳◆

≪人類の実年齢を示す新発見について≫

人類は実年齢を隠してきたのか？　モロッコで発見された化石は，ホモ・サピエンスの系統が早くも35万年前に分化したことを示唆しており，これにより人類の歴史に15万年もの歳月が加わることになる。モロッコのラバトにある国立考古学・文化財研究所のアブドゥルワーヒド＝ベンヌサ氏と共同でこの分析を行ったドイツのライプチヒにあるマックス・プランク進化人類学研究所のジャン＝ジャック＝ユブランは，「まさに驚きの瞬間でした」と語っている。

化石の記録を文字通りに読むと，ホモ・サピエンスはおよそ20万年前に東アフリカで誕生したと考えられていた。しかし，研究者の中には，南アフリカで発見されたホモ・サピエンスに似た化石が26万年前のものと暫定的に推定されていることから，人類の起源はもっと深いところにあるのではないかと以前から考えていた者もいた。今回の新証拠は，そうした疑念に確固たる裏づけを与えるものである。この証拠は，モロッコのジェベル・イルードという遺跡から得られたもので，この遺跡は50年以上にわたって人類の進化を研究している人たちを困惑させてきた。

この遺跡で，1960年代にヒト族の遺骨が発見された。その遺骨には古代人と現代人の特徴が奇妙に混在しているため，当初はアフリカ版ネアンデルタール人と間違われた。その後行われた再調査の結果，それらは我々の種に近いとされ，10年ほど前には，年代測定技術を使って，約16万年前のものであることがわかったのだ。しかし，先史時代のその時点では，アフリカにはすでに完全な現代人が住んでいたと以前から考えられていたため，ジェベル・イルードで見つかった古代人と現代人の特徴が混在するヒト族の遺骨は，紛らわしいものとなった。そこで，ユブランとベンヌサの研究チームは，このパズルを解くために再びジェベル・イルードに戻ったのである。新たな発掘調査では，石器や，成人の頭蓋骨の一部などのより断片的なヒト科の動物の遺骨が発見された。

この新しい化石と，1960年代にこの遺跡で発見された化石の分析から，ヒト族は原始的で細長い頭蓋骨を持っていたことが確認された。しかし，この新しい成人の頭蓋骨は，この原始的な特徴と，小さくて華奢な「現代的な」顔とを組み合わせたものであり，研究者によれば，この顔はホモ・サピエンスとほとんど区別がつかないとのことである。

しかし，紛らわしい年代はどうだろうか？　同じくマックス・プランク進化人類学研究所のシャノン＝マクフェロンとそのチームは，補完的研究において，石器を詳細に調べた。石器の多くが焼かれていたのは，おそらく，使用後に捨てられ，ヒト族が近くの地面に火を放ったときに加熱されたからだろうと彼は語っている。この加熱が，環境中の自然放射線に対する石器の反応を「リセット」するのだ。マクフェロンと同僚らは，遺跡の放射線レベルを測り，道具の放射線反応を測定することによって，道具が28万年前から35万年前の間に加熱されたことを突き止めたのである。また，マクフェロンのチームは，ジェベル・イルードの放射線レベルに関する知見をもとに1960年代に発見されたヒト族の化石の年代を推定し直し，25万年前から32万年前のものであると結論づけた。このような年代情報を手にすることで，モロッコのヒト族を理解することが容易になる，とユブランは言う。研究者たちは，ホモ・サピエンスは約25万年前から35万年前の間に――文字通り顔から――出現し始めたと示唆する。身体構造の特徴が他にも原始的に見える部分はあるものの，ジェベル・イルードで発見されたヒト族は，人類の中で最も早い時期に出現したものだと考えるべきであると，ユブランらは語っている。

しかし，誰もが納得しているわけではない。南アフリカ共和国のヨハネスブルグにあるウィットウォータースランド大学のリー＝バーガーは，「ここでは，現代人とは何かということについて，少し再定義が必要です」と言っている。スペインのマドリッドにあるコンプルテンセ大学のファン＝ルイス＝アルスアガは，「顔は現代的です」と述べている。「しかし，下顎骨（あごぼね）は明らかに現代的ではありません。ジェベル・イルードで発見されたヒト族はまだホモ・サピエンスであるとは言えないだろうけれど，ホモ・サピエンスがジェベル・イルードのヒト族と非常に似たものから進化したと断言できます」

しかし，ロンドン自然史博物館のクリス＝ストリンガーは，ホモ・サピエンスの定義を緩めても構わないと思っている。ストリンガーによれば，かつては「解剖学的現代人」，つまり現在いる人間に見て取れるような特徴をすべて兼ね備えたヒトにしかその名前を与えなかったとのことである。「現在では，解剖学的現代人はホモ・サピエンスという種の中の下位群に過ぎないと考えています」と彼は言っている。モロッコのヒト族の特徴の中には古く見えるものもあるが，それでも現代人の仲間に入れることを検討すべきだ，と彼は述べているのだ。ストリンガーは，人類がかつて考えられていたよりはるかに古い種であることを発見しても，驚くべきことではないと考えている。我々は，先史時代のある時点で，我々の系統がネアンデルタール人の系統から分かれ，ネアンデルタール人はヨーロッパで進化し，ホモ・サピエンスはアフリカで進化したことを知っている。最近になって，化石や遺伝子の証拠から，この分裂は少なくとも50万年前に起こったことが示唆されている。「私の考えでは，この分岐点がこの2つのグループの起源を示すはずです」とストリンガーは言っている。つまり，およそ50万年前に，ネアンデルタール人のようなヒト族がヨーロッパに出現し，ホモ・サピエンスのようなヒト族がアフリカに出現し始めたということになる。この考え方に沿うように，スペインのシマ・デ・ロス・ウエソスという遺跡で見つかった43万年前のヒト族は，ネアンデルタール人に似ているようである。ジェベル・イルードで見つかったヒト族は，シマ・デ・ロス・ウエソスに対応するアフリカのホモ・サピエンスと見なすことができる，とストリンガーは語っている。ロンドン大学のアイダ＝ゴメス・ロブレスもこの考え方に賛成である。「ネアンデルタール人も現代人にも，もっと古い遷移形態が将来見つかると思います」と彼女は言っている。しかし，ジェベル・イルードの化石は，ホモ・サピエンスが35万年前に現代的な顔立ちに進化していたことを示唆しているが，この種が他の現代的特徴をいつ，どこで，どのように進化させたかを解明することは困難であろう。「年代がはっきりわかる化石が少なすぎます」とマクフェロンは言う。

さらに，当時アフリカにいたヒト科の動物がホモ・サピエンスだけではなかったことがわかっていることもこの難問に拍車をかけている，とバーガーは言う。今年初め，彼と彼の同僚は，南アフリカのライジングスター洞窟のディナレディ空洞から発見された異常に脳の小さいヒト，ホモ・ナレディが23万6000年前から33万5000年前の間に生きていたことを裏づけた。「ジェベル・イルードとディナレディがぴったり重なったのは驚きです。それはすばらしいことです」と彼は述べ，その2つだけが本質的にこの時代で知られている年代がはっきりわかるアフリカのヒト族であると付け加えている。そのため，ホモ・サピエンスがアフリカに拡散し，支配力を持つようになったことを語るには，ホモ・ナレディについても言及する必要があるとバーガーは考えている。「私は，議論にホモ・ナレディが含まれていないことに失望しています」と彼は述べている。「これら2つのヒト族の関係は不明であり，交雑していた可能性すらあります。ホモ・ナレディはこの議論に関係あるはずです」

◀解　説▶

A．(W)直前にaddingがあることから3が正解。add *A* to *B*「*A*に*B*を加える」

(X)直前にcombinedがあることから4が正解。combine *A* with *B*「*A*と*B*を組み合わせる」

(Y)直後にある比較級more ancientを強調する語として正しいのは1である。

(Z)直前にrelevantがあることから2が正解。be relevant to～「～と関連がある」

B．(a)tentativelyは「仮に，とりあえず」という意味なので，4が正解。1は「十分に」，2は「効果的に」，3は「ためらって」の意味。

(b)solidは「揺るぎない，確固たる」という意味なので，2が正解。1は「包括的な」，3は「重い」，4は「一貫性のない」という意味。

(c)fragmentaryは「断片的な」という意味なので，3が正解。1は「完全な」，2は「中立の」，4は「精密な」という意味。

(d)complementaryは「補完的な」という意味なので，4が正解。1は「試験的な」，2は「最近の」，3は「代表的な」という意味。

(e)colleagueは「同僚，仲間」という意味なので，1が正解。2は「器具」，3は「地位（役職）が下の人」，4は「大学」という意味。

(f)restrictは「限定する，制限する」という意味なので，2が正解。1は「収容できる，宿泊させる」，3は「促す」，4は「放出する，発表する」という意味。

(g)markは「示す」という意味なので，3が正解。1は「覆う」，2は「隠す」，4は「証明する」という意味。

(h)work outは「理解する」という意味なので，2が正解。1は「実行する」，3は「（1つ，1人だけ）選ぶ」，4は「～だとわかる」という意味。

(i)make reference to～は「～に言及する」という意味なので，3が正解。1は「排除する」，2は「解釈する」，4は「観察する」という意味。

C．(ア)波線部は「アフリカにはすでに完全な現代人が住んでいたと以前から考えられている」という意味。「完全な現代人」とはホモ・サピエンスのこと。さらに「すでに住んでいた」を，過去完了を用いてhad by then emergedと言い換えている，2の「ホモ・サピエンスがその時までにすでにアフリカに出現していたと一般的には考えられている」が正解。1は「初期の人類がアフリカですでに絶滅していたということは一般に理解されている」，3は「アフリカに住んでいたすべてのヒト科の動物は現代人だったと今では理解されている」，4は「初期の人類は部分的にアフリカで進化したと正式に認められている」という意味。

(イ)波線部は「ほとんど区別がつかない」という意味。言い換えれば「ほぼ同じ」ということなので，2の「ほぼ同一」が正解。1は「実際，無関心で」，3は「本質的には異なる」，4は「ほぼ等しくない」という意味。

(ウ)波線部は「誰もが納得しているわけではない」という意味。not everyoneは部分否定を表しており，納得している人もいれば，納得していない人もいることがわかる。よって，4の「納得していない人もいる」が正解。1は「皆が満足している」，2は「皆が懐疑的である」，3は「誰も疑っていない」という意味。

D．解答へのプロセスは以下の通り。

①空所(あ)の直後にanがあることから，such a / an＋形容詞＋名詞の形を考える。mistakenを入れて現在完了にしてしまうと，空所(え)に入る動詞がなくなる。

②空所(い)の前後にancientとmodernの2つの形容詞があるので，andを入れて接続する。

③空所(う)の後ろからthey were…という文が始まるので，空所(あ)に入れたsuchと結びつけて，thatを入れる。such～that…「とても～なので…」

④空所(え)と(お)の直前にwereがあることから，受動態と考え，mistaken forを入れる。mistake *A* for *B*「*A*を*B*と間違える」

E．それぞれの選択肢の意味と正誤の根拠は以下の通り。

1．「モロッコで見つかった化石についての新証拠に基づいて，ほとんどの研究者は今では，ホモ・サピエンスの起源がおよそ26万年前であることに同意している」

→第1段第2文（Fossils found in…）で，モロッコで発見された化石によって，ホモ・サピエンスの系統が35万年前に分化したことが示唆されると書かれており，さらに第2段第3文（The new evidence…）で，新証拠がそうした疑念（ホモ・サピエンスの起源に関する疑念）に確固たる裏づけを与えていると書かれているので，誤りである。

2．「ジェベル・イルードで見つかった化石を分析すると，大人の頭蓋骨には古代を示唆する特徴がまったくないことがわかった」

→第4段（An analysis of…）に，ジェベル・イルードで新たに見つかった化石と，1960年代にこの遺跡で発見された化石の分析から，ヒト族は原始的で細長い頭蓋骨を持っていたことが確認されており，古代を示す特徴があったと考えることができるので，誤りである。

3．「マクフェロンと同僚らの研究において，石器が28万年前には偶然にも焼かれていたことがわかった」

→第5段第2・3文（In a complementary…the ground nearby.）にマクフェロンらの研究結果が書かれており，その第3文で「石器の多くは焼かれていた」とあるので，正解となる。

4．「研究者は，モロッコのヒト科の動物がホモ・サピエンスの系統の中で現れたということに関して，同意しない」
→第5段第6～最終文（McPherron's team also … and his colleagues.）より，モロッコで発見されたヒト科の化石と，ホモ・サピエンスの分析結果を踏まえ，最終文で「ジェベル・イルードで発見されたヒト族は，人類の中で最も早い時期に出現したと考えるべき」と述べていることから，ホモ・サピエンスとは別系統で進化したと考えていることがわかるので，正解である。
5.「バーガーは，モロッコで見つかったヒト族は，概して解剖学的には現代人であるので，ホモ・サピエンスの系統に入れられるべきだという考えに賛成している」
→第6段第1・2文（Not everyone is … Johannesburg, South Africa.）より，ジェベル・イルードで発見されたヒト族がホモ・サピエンスであるということにバーガーが懐疑的であることがわかるので，誤りである。
6.「ストリンガーはホモ・サピエンスとネアンデルタール人が50万年前に分裂し，異なる場所で進化したと思っている」
→第7段第7～9文（Recently, fossil and … appearing in Africa.）において，ヨーロッパで進化したネアンデルタール人と，アフリカで進化したホモ・サピエンスの化石を分析した結果，これら2つのグループが50万年前に分裂し，ヨーロッパ，アフリカという異なる場所で進化したことが示唆されると書かれているので，正解となる。
7.「ホモ・サピエンスが顔と関係のない現代人の特徴をどのように得たのかがすぐにわかるだろう」
→第7段最後から2文目（But although the …）において，ホモ・サピエンスの顔について言及されているが，「顔と関係のない現代人の特徴をどのように得たのか」については述べられていないので，誤りである。
8.「研究者たちは頻繁に，ホモ・サピエンス出現との関係において，ホモ・ナレディのことを論じている」
→最終段第3・4文（"It's amazing that … this time period.）より，ホモ・ナレディについては，モロッコのジェベル・イルードで見つかった化石との関係性において論じられていることがわかるので，誤りである。

II 解答 A．(X)―4 (Y)―3 (Z)―3

B．(a)―1 (b)―4 (c)―2 (d)―3 (e)―1 (f)―2 (g)―3 (h)―1

C．(ア)―3 (イ)―4 (ウ)―4

D．(う)―4 (お)―1

E．1・2・6

F．全訳下線部参照。

◆全　訳◆

≪食品ロスを減らす取り組み≫

国連の報告書が明らかにしたところによると，我々は1年に10億トン近くの食品を無駄にしているとのことである。この報告書はこれまでで最も包括的な評価であり，廃棄物はこれまでで一番正確な推定値の約2倍であることが判明した。国連によると家庭で廃棄される食品だけでも，世界平均で1人あたり年間74kgに上ることが明らかになった。最も正確なデータを持つ英国では，食用廃棄物の量は1世帯あたり毎週約8食分に相当する。

国連の報告書には，レストランや店舗での食品廃棄物に関するデータも含まれており，全食品の17%が捨てられている。農場やサプライチェーンで廃棄される食品もあり，全体の3分の1の食品が決して食べられることがないのだ。このような廃棄物は，飢餓で苦しんでいる人や，体によい食べ物を買う余裕がない何十億もの人々を支援するための活動を阻害し，環境にも悪影響を及ぼす。食料廃棄と食品ロスは，気候変動問題を悪化させる（温室効果ガスの）排出量の約10%の原因となり，集約農業は生物多様性の危機と地球汚染の主要な原因となっている。もし食品廃棄物が国だとして仮定してみると，その国はアメリカと中国に次いで3番目に温室効果ガスの排出量が多い国となるであろう。しかし，研究者は，食品廃棄物の削減は人々が環境への影響を減らす最も簡単な方法の一つであると述べている。「しかし，その可能性は十分に生かされていない」と，報告書には書かれている。

これまで食品廃棄物は，主に豊かな国々が抱える問題だと考えられてきた。しかし，国連の報告書によると，最貧国でのデータは少ないものの，廃棄物のレベルはどの国でも驚くほど同じであることがわかった。研究者によると，捨てるつもりで食品を購入する人はおらず，毎日廃棄される量はわずかであるため，取るに足らないことに思えるかもしれないとのことだ。そのため，自治体による食品廃棄物の分別回収などを通じて，人々のゴミに対する意識を高めることが重要であるという。

政府や企業の取り組みも必要だが，個人の行動も重要であり，たとえば，ご飯やパスタの量を量る，買い物の前に冷蔵庫の中を確認する，ありあわせのものを使うために料理の腕を上げるなどがあると専門家は述べている。英国では，コロナウイルスによる都市封鎖の期間中，家庭で計画的に調理する時間がかなり増えたことで，廃棄物が20％減少したようである。「食品廃棄物を減らすことは，温室効果ガスの排出を削減し，土地の転用や汚染による自然破壊を遅らせ，食料の入手可能性を高めることで飢餓を減らし，世界的な不況の中でお金を節約することができます」と，報告を公開した国連環境計画（UNEP）の代表であるインガー＝アンダーセンは述べている。「世界中の企業，政府，市民がそれぞれの役割を果たさなければならないのです」

報告書の作成に協力したNGOである廃棄物・資源アクションプログラム（WRAP）の代表，マーカス＝ゴーヴァーは「私たちは食べ物を無駄にすることに慣れてしまい，その価値や，増え続ける世界人口を養うために自然界にかかっている負担を忘れてしまっているのです。好む，好まざるにかかわらず，この問題の最も重要な部分を担っているのは，家庭にいる私たちなのです」と述べている。この報告書は，2030年までに食品廃棄物を半減させるという国連の持続可能な開発目標を達成するための世界的な取り組みを支援する目的で作成されたものだ。それによると，2019年に消費者に販売された全食品の11％が家庭で廃棄され，レストランでは5％，食品店では2％が廃棄されていることがわかった。

家庭の廃棄物に関する正確なデータは，世界人口の75％を占める国々で得られた。食品廃棄物には，可食部分と外皮や骨などの非可食部分が含まれる。高所得の国の中には，その混合比が50：50の割合の国もあるが，それ以外の国では不明である。「しかし，たとえその中に人間が食べることができない廃棄物があっても，たとえば動物の飼料や堆肥に転用するなど，環境的に望ましい管理方法があります」と国連環境計画のクレメンティーヌ＝オコナーは述べている。「私たちが十分に理解させたいと思っていることは，生ゴミを埋立地から排除する必要があるということなのです」「英国は，食品廃棄物の削減において本当に主導的な役割を果たし，大きな削減を達成した数少ない国の1つです」と彼女は付け加えた。WRAPによると，2007年から2018年の間に，可食の家庭用食品廃棄物は3分の1程度削減されたが，2020年11月の時点で全体としての食品廃棄物は依然として19%だった。

食品廃棄物キャンペーングループであるFeedbackのカリーナ＝マイルストーンによると，国連の報告書は影響力があり，11月の国連気候変動枠組条約第26回締約国会議（COP26）が行われるより前に，食品廃棄物対策が各国政府にとって高い優先事項でなければならないことを示しており，「議長国として，英国は先頭に立たなければなりません――そうするためには，農場での食品廃棄物量の測定と取り組み，企業に対する食品廃棄物の測定と削減目標の義務づけの導入が必要です」と述べた。

WRAPは，この問題に対する認識を高め，変化を促すために，月曜日から英国で食品廃棄物削減行動週間を開始した。料理人でテレビ司会者のナディヤ＝フセインは，その支援者である。彼女はこう述べている。「食品の買いすぎや作りすぎを避けることから，正しく保存することに至るまで，この週は人々が食品を最大限に活用し，地球を守ることに貢献することを目的としています」 UNEPのマルティナ＝オットーは，次のように話している。「食品廃棄物について行動を起こさなければ，トリプルルーズになります。私たちが捨てているのは食品だけでなく，その食品を生産するために使われたすべての天然資源と経済的資源もです。だから，トリプルウィンに変えましょう」

◀解　説▶

A．(X)直後にaverageがあることから，4のonを入れる。on averageは「平均して」という意味。

(Y)直前にroleがあることから，3のinを入れる。role in～で「～における役割」という意味。

(Z)直前にnot only，直後にalsoがあることから，3のbutを入れる。not only *A* but also *B*で「*A*だけでなく*B*」という意味。

B．(a)representは目的語に数値などをとって，「相当する，当たる」という意味。よって1が正解。2は「具体的に述べる」，3は「～を下位に置く」，4は「象徴する」という意味。

(b)driveはここでは「(悪い方向に) 追い立てる，駆り立てる」という意味なので，4が正解。1は「援助する」，2は「動く，作動する」，3は「操縦する」という意味。「気候変動問題を悪い方向に駆り立てる」ということは「気候変動問題を悪化させる」ということ。

(c)scarceは「不足して，十分にない」という意味なので，2が正解。1は「間違った」，3は「表面上の」，4は「心配な」という意味。

(d)insignificantは「取るに足らない」という意味なので，3が正解。1は「十分でない」，2は「一貫性のない」，4は「おもしろくない」という意味。

(e)measureは動詞で「測る」という意味なので，最も近いのは1。2は「抽出する」，3は「供給する」，4は「費やす」という意味。

(f)enhanceは「高める」という意味なので，2が正解。1は「引きつける，従事させる」，3は「観察する」，4は「鋭くする」という意味。

(g)high priorityは「高い優先度」という意味なので，3が正解。1は「重大な決断」，2は「大きな比率」，4は「強い動機」という意味。

(h)mandatoryは「義務的な，強制的な」という意味なので，1が正解。2は「機密上の」，3は「従来の」，4は「批判的な」という意味。

C．(ア)波線部は「それはこれまでで最も包括的な評価である」という意味。よってcomprehensiveをcomplete，to dateをso farに言い換えた3の「それは今までのところ，最も完璧な評価」が正解。comprehensiveは「包括的な」，to dateは「今まで，これまで」という意味。1は「それは今では最も理にかなった説明である」，2は「それは最も有用な研究だが，まだ実施されていない」，4は「それも今年の中で最も効率的な方法である」という意味。

(イ)波線部は「体によい食べ物を買う余裕がない」という意味。よって4の「栄養のある食べ物を買うお金が不足している」が正解。affordは「(金銭的に) ～する余裕がある，～する状態にある」という意味を表す。1は「運動することを禁止されている」，2は「どれだけ頑張っても痩せることができない」，3は「食べ物を保存しておく場所がない」という意味。

(ウ)波線部は「十分に生かされていない」という意味。よって4の「適切に活用されていない」が正解。underexploitedは「十分に活用されていない」という意味の形容詞である。1は「苦心して考えられている」，2は「広く宣伝されている」，3は「十分に検証されていない」という意味。

D．ポイントは以下の通り。

①空所の直前に was があるので，受動態と考え，(あ)に過去分詞形の produced を入れる。

②空所(い)の直前にある to が不定詞と考え，原形の動詞 meet を入れる。

③the UN's sustainable development goal を具体的に述べた内容が空所(う)・(え)に入ると考え，(う)に同格を表す of，さらに前置詞の後なので(え)に halving を入れる。halve は「半減させる」という意味の動詞。

④空所(お)の直後に 2030 があることから，期限を表す前置詞 by を入れると文意が通る。

E．それぞれの選択肢の意味と正誤の根拠は以下の通り。

1．「国連の報告書によると，人々が無駄にする食品の量が以前は少なく見積もられていたということが明らかになった」

→第1段第2文（It is the …）に「この報告書はこれまでで最も包括的な評価であり，廃棄物はこれまでで一番正確な推定値の約2倍であることが判明した」とあるので，正解となる。

2．「その報告書によると，食品廃棄のレベルは国によってほとんど異なることはない」

→第3段第2文（But the UN …）に「廃棄物のレベルはどの国でも驚くほど同じである」と書かれているので，正解となる。

3．「人々は食品廃棄を自覚しているが，必要以上に食べ物を買い続けている」

→第3段第3文（The researchers said …）で「捨てるつもりで食品を購入する人はおらず，毎日廃棄される量はわずかであるため，取るに足らないことに思えるかもしれない」と書かれており，続く文で「人々のゴミに対する意識を高めることが重要である」とあることから，人々が食品廃棄に関して自覚がないことがわかるので，誤りである。

4．「コロナウイルスによる都市封鎖によって，英国の食品廃棄問題が悪化した」

→第4段第2文（The greater time …）の「英国では，コロナウイルスによる都市封鎖の期間中，家庭で計画的に調理する時間がかなり増えたことで，廃棄物が 20％減少したようである」に対する逆の内容なので，誤りである。

5．「ある報告によると，家庭用の食品の 18％と，レストランで提供される食事の 5％が 2019 年に廃棄されたということが示唆されている」

→第 5 段最終文（It found 11％…）に，「2019 年に消費者に販売された全食品の 11％が家庭で廃棄され，レストランでは 5％，食品店では 2％が廃棄されている」とあり，数値が異なるので誤りである。

6．「家庭での食品廃棄に関するデータは，すべての国で得られたわけではない」

→第 6 段第 1 文（Good date on…）で「家庭の廃棄物に関する正確なデータは，世界人口の 75％を占める国々で得られた」とあることから正解となる。

7．「国連環境計画の専門家によると，2020 年では，ほとんどの食品廃棄物が動物の飼料や堆肥に転用された」

→第 6 段第 4 文（"However, even if…）で，国連環境計画の専門家が環境を守る方法の一つとして，食品廃棄物の転用について言及しているが，「ほとんどの食品廃棄物が動物の飼料や堆肥に転用された」とは述べていないので，誤りである。

8．「英国はすでに家庭用の廃棄物と，農場で出る廃棄物の両方を見事に減らした」

→第 7 段（Carina Millstone, of…）の後半で，農場から出る食品廃棄物の測定について言及されているが，それは COP26 の議長国である英国が廃棄物量を減らすために取り組むべき目標であり，「見事に減らした」とは書かれていないので，誤りである。

III　解答

A．(a)―10　(b)―5　(c)―2　(d)―8　(e)―3　(f)―4　(g)―9　(h)―6

B．〈解答例 1〉If you adopt a new cat in a home that already has one, there will definitely be trouble.

〈解答例 2〉Adopting a new cat in a home that already has one will definitely cause problems.

◆全　訳◆

≪猫派の人の思い入れ≫

(フェリックスとユウコが昼食を食べながら話している)

ユウコ：フェリックス，あなたは猫なの，犬なの？

フェリックス：僕はホモ・サピエンスという種族で，偉大な類人猿なんだ。

ユウコ：あなたはとっても偉大な類人猿ね。私がどれだけあなたのことを好きかわかってくれているわよね。

フェリックス：それもだけれど，言いたいことはわかるよ。僕が猫派か犬派か，ということだね？

ユウコ：そうよ。

フェリックス：ユウコ，もし君が言うほど僕のことが好きなら，その答えはわかるよね？

ユウコ：私がわからないということは，あなたが猫派だということね。犬派だったらそうね，犬みたいな行動をするわよね。社交的で，いつも友達と遊んだり，パーティーに参加して，テンションが高くなったり，わかりやすい性格だものね。

フェリックス：僕は少し照れ屋で，周りに理解されにくい性格。そのことを言っているの？

ユウコ：そうよ。私たちは友達になって２年経つけど，あなたのことで知らないことがたくさんあるわ。

フェリックス：本当かな。猫と暮らしているわけではないのに，僕が猫派だってことがわかったんだよね。

ユウコ：わかっているわ。何回，あなたの家に行ったと思っているの？

フェリックス：何度も来たよね。猫を飼いたいと思ってるんだけど，家主さんがペットの飼育は禁止だと言っているんだ。僕は猫と一緒に育ってきたんだ。また１匹か２匹と暮らしたいと思っているよ。いや，２匹かな。２匹いるのが一番いいよ。

ユウコ：どうしてなの？　猫は単独で行動する動物じゃないの？

フェリックス：確かに自立している動物だよ。立ち上がってエサをおねだりするように猫をしつけたことはあるかい？

ユウコ：ばかばかしいわ。あるわけないわよ。

フェリックス：猫は一緒に暮らす人をしつけると思うよ。一緒に暮らす人が猫をしつけるんじゃなくてね。

ユウコ：例を挙げてみて。

フェリックス：僕が高校生の頃，家族で2匹の猫と暮らしていたんだ。

ユウコ：猫を2匹「飼っていた」ということよね。

フェリックス：いや，そうではなくて君は犬を「飼っている」，ひょっとすると「自分の物にしている」のかもしれないね。でも，猫は人と暮らしているんだよ。

ユウコ：犬を不当に評価しているわ。公平に考えて。

フェリックス：犬に対して公平？　猫派には酷な要求だな。とにかく，さっき言った通り，2匹の猫と暮らしていたんだよ。1匹がいつも僕の部屋に11時きっかりに入って来て，「ミャー」って鳴くんだ。

ユウコ：それはどういう意味なの？

フェリックス：そろそろ台所にあるこだわりの絨毯に飛び移るから，彼について行って，撫でる時間だよということを知らせに来たんだ。全身を撫でたり，耳の後ろを掻いて欲しいってことだよ。

ユウコ：で，次は？

フェリックス：もちろん，昼ごはんを食べさせたよ。

ユウコ：いつ食べるのかを決めるのはあなたじゃなくて彼なのね。

フェリックス：そうだよ。僕が起きる時間も彼が決めたんだ。朝の6時にベッドに飛び乗って，胸の上に乗っかって，僕が起きるまでじっと見てくるんだよ。で，ほどなく起きると。

ユウコ：そんなことさせてたの？　私なら遅くまで寝ようと思えば寝られるようにするわ。

フェリックス：じゃあ，多分，猫と一緒に住んじゃダメだね。

ユウコ：そうだ，思い出したわ。なぜ1匹でなく2匹で暮らした方がいいのか，説明してくれてなかったわね。

フェリックス：ああ，理由は簡単だよ。まず，必ず2匹同時に飼い入れること。できれば子猫の時に。既に猫が住んでいる家庭に新しい猫を入れると，絶対にもめごとが起こるんだ。とにかくしばらくの間はね。

ユウコ：猫は縄張り意識が強いということ？

フェリックス：そうだよ。人と同じくらい場所にも愛着を持つんだ。でも，

　２匹猫がいると，お互いに話し合ったり，けんかするふりをしたり，舐め合ってきれいにしながら，ある種の秘密結社を作っている様子が見られるよ。実際は共謀していると思うんだ。

ユウコ：時計を見て！　授業に出なきゃ。遅刻すると，先生が怒るの。

フェリックス：彼女は猫だね。彼女は君をしつけてきたんだね。

ユウコ：フェリックス，そんなことはないわ。明日，犬について少し教えてあげるわ。犬を「人間の最良の友」というには理由があるのよ。

◀解　説▶

A．(a)空所の直前で，フェリックスがユウコの質問に対して「僕は偉大な類人猿なんだ」と冗談めかして答えていることに続く発言は，10 の「あなたはとっても偉大な類人猿ね」が適切。

(b)空所の直前のフェリックスの発言の中の the answer は，フェリックスの２番目の発言より，自分が猫派か犬派のどちらかに対する答えである。よって５の「私がわからないということは，あなたが猫派だということね」を入れると文意が通る。

(c)空所の直前の「猫を飼いたい」，直後の「僕は猫と一緒に育ってきた」というフェリックスの発言の間に入るものを考える。２の「しかし，家主さんがペットの飼育は禁止だと言っているんだ」が適切。

(d)空所後のフェリックスの発言で「犬に対して公平？」と言っているので，空所には犬に関する発言が入るとわかる。したがって８の「犬を不当に評価しているわ」が正解となる。do *A* an injustice「*A* を不当に評価する，*A* を誤解する」

(e)空所の直後でフェリックスが「そうだよ。僕が起きる時間も彼が決めたんだ」と述べている。also は空所に入る発言を受けている。したがって正解は３の「いつ食べるのかを決めるのはあなたじゃなくて彼なのね」となる。

(f)空所の直前でユウコが「そんなことさせてたの？」と言っており，that はフェリックスの猫の家での振る舞いを指している。さらに直後の発言でフェリックスが「猫と一緒に住んじゃダメだね」と述べていることから，猫に左右されない生活を送りたいという趣旨の発言が入ると考えると，４の「私なら遅くまで寝ようと思えば寝られるようにするわ」が正解となる。get away with ～「(罰などを受けずに) うまくやる」

(g)空所の直前のThat reminds me.は口語表現で「そうだ，思い出した」という意味。したがって前に話題にあがっていたことが空所に入るとわかるので，9の「なぜ1匹でなく2匹で暮らした方がいいのか，説明してくれてなかったわね」が正解となる。

(h)空所の直前で，ユウコが「猫は縄張り意識が強いということ？」とたずねているので，これに対する返答を入れる。「縄張り」=「場所に執着する」と考え，6の「人と同じくらい場所にも愛着を持つんだ」を入れると文意が通る。

B．「既に猫がいる家庭に新しい猫を入れれば，絶対にトラブルが起こるでしょう」と読みかえ，ifを用いて前半を表す。「既に猫がいる家庭」は主格の関係代名詞を用いて表す。なお「いる」はhaveで表すことができるが，直前のadoptを用いることもできる。「もめごと」はtroubleやproblemなどで表し，「起こる」はthere is / areや，「それが引き起こす」と考え，causeなどを用いて書く。

❖講　評

2022年度も2021年度と同様に，長文読解総合問題が2題，会話文読解問題が1題の構成で，試験時間100分，下線部和訳と和文英訳以外はすべて記号選択式であった。**Ⅰ**と**Ⅱ**は英文が長く，問題量が多いのも例年と同様である。普段の学習から様々な英文を読み，正確な読解力と，速読即解の力をつけておきたい。

Ⅰ　人類の実年齢（誕生した年代）を示す新発見について書かれた英文である。モロッコで見つかった化石を皮切りに，様々な証拠を提示しながら，これまで言われてきた人類の歴史について疑問を投げかけた文章である。人名や地名などの固有名詞が多く，新発見についてどこで何が見つかり，どの学者が何を主張しているのかを整理して読み進めていく必要があった。難度の高い専門的な表現が散見され，内容を把握しづらい箇所もあったのではないだろうか。ただし，設問に関しては標準的で，紛らわしいものはなかった。

Ⅱ　食品ロスについて論じた英文で，国連，国連環境計画の報告を中心に，食品ロスの実態を明らかにし，さらに食品ロスを減らすことで環境問題の解決にもつながるという内容が論じられた英文であった。内容面ではⅠより易しかったのではないだろうか。食品ロスは大学入試長文で頻出トピックであり，一度は読んでおきたい長文の1つである。

Ⅲ　昼食を食べながら，猫派であるフェリックスがユウコと意見交換している会話である。会話の冒頭で，冗談めかした発言が続くが，気をとられずに読み進めれば，単純な内容のものだとわかる。聞き慣れないイディオムや会話表現はほとんど使われておらず，また空所補充問題は標準的なので，ぜひ完答を目指して欲しい。和文英訳問題も難しい表現を問われているわけではなく，「新しい猫を入れると」や「もめごと」をわかりやすい日本語に言い換えて，英語に直せば確実に得点することができる。

読解問題の英文は例年，さまざまな学問分野の入門書やニュースサイトの記事からの出題で，具体的なテーマを扱ったものである。ただ，原文がほぼそのまま用いられているために注が多く，注を参照しながら読むのがやや大変かもしれない。

英文・設問の分量や難易度を考慮すると，100分という試験時間では時間不足になる恐れがある。過去問演習の際に，Ⅰは35分，Ⅱは35分，Ⅲは25分，見直し5分というような時間配分を決めて実戦的な演習を積み，感覚をつかんでおこう。

日本史

I

解答　ア－2　イ－19　ウ－23　エ－1　オ－15　カ－6

【設問キ】藤原宇合　【設問ク】桓武

【設問ケ】早良親王　【設問コ】29　【設問サ】恵美押勝

【設問シ】近江大津宮　【設問ス】17※　【設問セ】吉備内親王

【設問ソ】百済　【設問タ】30　【設問チ】法王　【設問ツ】和気清麻呂

※【設問ス】設問文中の記述によって迷いが生じる可能性があったが，問題文および設問文によって語群から解答を選択することが充分に可能であったと判断し，採点にあたって特別な措置はとらないこととした，と大学から発表があった。

◀解　説▶

≪古墳・飛鳥時代～奈良時代の人物６人≫

ア．２が正解。藤原式家の祖である宇合（空欄キ）の孫で，桓武（空欄ク）天皇の命で「造長岡宮使として遷都を主導した」が，「射殺された」のは，藤原種継である。

イ．19が正解。「藤原仲麻呂の勢力台頭に反発して」，政変を画策したが「未然に発覚して捕えられ，獄中で死去したとされる」のは，橘奈良麻呂である。

ウ．23が正解。「小野妹子を大使とする２度目の遣隋使に随行し」た「飛鳥時代の知識人で僧侶」は，23の南淵請安と33の旻である。そして「中大兄皇子らの政権での要職についたことは確認できない」から，大化の改新政府で国博士になった旻を除外し，南淵請安に絞ることができる。なお16の高向玄理は僧侶でなく留学生として隋に渡った。改新政府で国博士になったことからも除外できる。

オ．15が正解。「仏教が公式に伝えられ」たのは，『上宮聖徳法王帝説』『元興寺縁起』では538年（欽明天皇戊午年），『日本書紀』では552年（欽明天皇13・壬申年）とするが，いずれにしても欽明天皇の時代である。

カ．６が正解。孝謙上皇の寵を得て，上皇が称徳天皇（空欄タ）として再位すると太政大臣禅師，さらに法王（空欄チ）に任じられたが，称徳天皇の死後，下野薬師寺別当に左遷されたのは，道鏡である。

【設問ケ】やや難。藤原種継の暗殺事件にかかわった嫌疑で皇太子を廃され，「淡路への移送中に絶命」し，「死後の怨霊を恐れられた」のは，早良親王である。

【設問コ】29が正解。八色の姓は天武天皇が684年に定めた姓の制度である。これ以上に語群にある他の年号が重要であり消去法で正答を導きだせればよい。つまり，3の645年は中大兄皇子らが蘇我蝦夷・入鹿父子を討滅した乙巳の変，8の663年は唐・新羅軍に倭・百済軍が惨敗した白村江の戦い，13の710年は元明天皇の平城京遷都，32の723年は長屋王政権による三世一身法発布の年である。

【設問ス】下線部ス「首皇子」の前の文章より三世一身法を発布したときの天皇が問われていると考え，17の元正天皇を導き出したい。「首皇子」は701年，文武天皇と藤原不比等の娘の宮子との間に生まれ，元正天皇の譲位を受けた724年に24歳で即位した聖武天皇のことである。なお，設問文の「14歳」は立太子したときの年齢。元正天皇が「譲位」したとあることからここは正しくは24歳である。

【設問セ】難問。藤原不比等の死後，「政権の中心となって三世一身の法などの政策を打ち出した」のは長屋王。その妻で長屋王とともに自害したのは吉備内親王である。吉備内親王の父は草壁皇子，母は元明天皇であるから，天武・持統天皇の孫にあたる。

【設問ツ】「宇佐八幡宮の神託を確認するために派遣され」，皇位を望む道鏡の即位を阻止したのは，和気清麻呂である。

II　解答

【設問ア】大仏様　【設問a】20　【設問b】7
【設問イ】頂相　【設問c】25　【設問ウ】山水長巻
【設問d】13　【設問e】3　【設問f】27　【設問エ】扇面古写経
【設問g】18　【設問オ】同朋衆　【設問カ】伴大納言絵巻
【設問h】10　【設問i】2　【設問キ】法然　【設問ク】似絵
【設問ケ】同仁斎

◀解　説▶

≪院政期～室町時代の絵画・建築≫

【設問イ・ク】「禅僧の肖像画」は頂相（空欄イ）といい，「大和絵肖像画」は似絵（空欄ク）という。混同しないように注意したい。

【設問ウ】雪舟が描いた『四季山水図巻』の別名は，『山水長巻』である。

【設問d】13が正解。雪舟が描いた名所絵は，『天橋立図』である。

【設問e】 3が正解。「人事を描いた」もの，「日常生活の様相を描いた絵画」は，風俗画である。

【設問f】27が正解。「宮中で重要な儀式を行う正殿」を紫宸殿という。なお，平安時代の貴族住宅における主要な建物で，中央にあって主人が居住するのが寝殿（19），寝殿と対屋とを結ぶ，左右に壁のない廊下を透渡殿（17）といい，いずれも除外できる。

【設問エ】院政期制作の装飾経で「四天王寺に伝来した」のは，扇面古写経である。なお，同時代の装飾経には厳島神社に伝来する平家納経がある。

【設問オ】「時宗僧として阿弥号を名乗り，技芸などをもって将軍に仕えた人々」を，同朋衆という。

【設問カ】平安時代の絵巻物で，「応天門の変を題材とする絵画作品」は，伴大納言絵巻である。応天門を放火したとされる大納言伴善男を想起できれば導きやすい画題である。

【設問h・i】選択肢中の絵巻物で平安時代制作のものは，2の『信貴山縁起絵巻』，10の『鳥獣戯画』の2つだけである。そのうち【設問h】の「京都高山寺に伝わり鳥羽僧正筆の伝承を持つ」のは『鳥獣戯画』であるから，【設問i】の「朝護孫子寺が所蔵する」のは『信貴山縁起絵巻』と決まる。なお，1の『平治物語絵巻』，5の『石山寺縁起絵巻』，16の『春日権現験記』，22の『後三年合戦絵巻』はいずれも鎌倉時代の作品である。

【設問ケ】「銀閣寺東求堂の書院」は，同仁斎である。室町幕府8代将軍足利義政（18）の書斎であり，書院造の代表例である。

III 解答

【設問a】浅間　【設問ア】4　【設問イ】2
【設問ウ】4　【設問b】囲米〔囲籾〕【設問エ】2
【設問c】大御所　【設問d】吉宗　【設問オ】2　【設問e】関東取締出役
【設問カ】3　【設問f】専売〔藩専売〕【設問g】甘蔗　【設問キ】3
【設問h】琉球　【設問i】村田清風　【設問ク】3　【設問ケ】3
【設問j】台湾　【設問コ】2　【設問k】田中義一　【設問サ】4
【設問シ】2　【設問l】昭和

◀解　説▶

≪江戸中期～後期の政治，大正～昭和初期の恐慌≫

【設問 a・ア】1782 年の東北地方の凶作に始まり，翌年の浅間山大噴火も加わり，1787 年までの多数の餓死者を出した江戸時代有数の大飢饉は，4の天明の飢饉である。

【設問ウ】4が誤文。「村々に寄場組合をつくらせ」たのは，松平定信の行った寛政の改革後，11 代将軍徳川家斉（空欄イ）が政治を主導した大御所時代の政策である。

【設問エ】2が正解。尊号一件は，光格天皇が皇位につかなかった実父閑院宮典仁親王に太上天皇の尊号を贈ろうとしたが，老中松平定信に反対され実現しなかった事件である。なお，1の紫衣事件（1627～29 年）は，3代将軍徳川家光時代の寛永期に起こった。3の閑院宮家創設（1710 年）は，6代将軍徳川家宣の侍講新井白石の進言で行われた正徳の治の施策。4の明正天皇は，幕府に紫衣の勅許を無効とされたこと（1の紫衣事件）に後水尾天皇が抗議のため譲位したのをうけ，即位した（1629 年）。

【設問 d】元文金銀は将軍徳川吉宗の治世下で最初に発行された。物価高でありながら米価だけが安い，いわゆる米価安の諸色高といった経済状況の中，将軍徳川吉宗が米価上昇を図り，享保金銀の質を下げて改鋳させたのが元文金銀である。

【設問オ】2が正解。宮崎安貞の『農業全書』が，17 世紀末（1697 年），つまり元禄期に刊行された日本初の体系的な農学書であることを想起したい。なお，1の大蔵永常は『農具便利論』『広益国産考』を 19 世紀前半に刊行しており，3の二宮尊徳と4の大原幽学は，ともに天保の飢饉で荒廃した関東農村の復興に取り組んだ。

【設問カ】3が正解。18 世紀後半から藩政改革を成功させた米沢藩主は上杉治憲である。藩校興譲館の再興や積極的な殖産興業策を指導した。なお1の細川重賢は熊本藩主，2の松平治郷は松江藩主，4の佐竹義和は秋田藩主である。

【設問 g】やや難。黒砂糖の原料は甘蔗《かんしゃ》である。「さとうきび」のことだが，漢字2字の指定があるから砂糖黍は不可。なお，甘藷・甘薯は「さつまいも」のことで混同しないようにしたい。

【設問キ】3が正解。いわゆる俵物は，1のいりこ・2の干し鮑・4のふかひれ。よって中国向けの輸出品だが昆布は俵物には含まれない。

【設問ク】 3が正解。韮山反射炉は，1853 年のペリー来航をうけて，幕府が江戸防衛のために品川に設置する大砲を鋳造するべく，江川太郎左衛門に命じて築かせたものである。2015 年ユネスコの世界遺産に登録された。

【設問ケ】 3が正解。「1923 年に起こった」のは，関東大震災である。これによって日本経済は震災恐慌に陥った。なお，1のシベリア出兵は1918 年，2の辛亥革命は 1911 年，4のロシア革命は 1917 年に起こった。

【設問コ】 2が正解。緊急勅令の発令権は，大日本帝国憲法に規定された天皇の大権の一つで，緊急時に帝国議会閉会中，天皇が法律にかわるべき勅令を発することができるというものである。しかし発令には，枢密院に諮詢され，審議を経てその了承を得ることが必要であった。

【設問サ】 4が正解。日本では 1897 年に貨幣法が制定され，金本位制を採用した。それから 20 年後の 1917 年，第一次世界大戦中に欧米諸国が金本位制を停止する動きと同様に，①日本も金輸出を禁止し，金本位制から離脱した。大戦後，日本では②浜口雄幸内閣で 1930 年に金輸出解禁つまり金解禁を実施し，金本位制への復帰を果たした。しかしその直前の 1929 年 10 月のアメリカにおける株価暴落に端を発した世界恐慌の波及と，金輸出解禁に伴う円高によって，日本経済は深刻な恐慌に陥った。アメリカの奢侈品需要縮小をうけてアメリカへの生糸・絹などの③輸出が「大きく減少し，正貨は大量に海外に流出した」のである。

【設問シ】 2が正解。浜口雄幸内閣で蔵相に起用されたのは井上準之助である。なお，1の片岡直温は第1次若槻礼次郎内閣の蔵相で，その失言により金融恐慌を惹起させた。3の団琢磨は三井財閥の最高指導者・三井合名会社の理事長で，1932 年血盟団員により暗殺された。4の斎藤実は1932〜34 年に挙国一致内閣を組織，その後の岡田啓介内閣のときは内大臣であったが，1936 年に二・二六事件で暗殺された。

【設問1】 世界恐慌の波及と浜口雄幸内閣での金輸出解禁実施による二重の打撃で起こったのは昭和恐慌である。なお，第一次世界大戦後の 1920 年の「株式市場の暴落を口火とする恐慌」は戦後恐慌，1923 年の関東大震災の影響で起こったのが震災恐慌，1927 年に片岡直温蔵相の失言で「一部の銀行の危機的な経営状況が表面化した」ことから起こったのが金融恐慌である。

❖講　評

Ⅰ　古墳・飛鳥時代の人物２人と奈良時代の人物４人に関する政治史中心の出題である。長屋王の妻「吉備内親王」を記述させる【設問セ】は難問，「早良親王」を記述させる【設問ケ】はやや難。それら以外は基本レベル中心の問題構成で大問３題中最も易しい。ここは確実に得点しておきたい。

Ⅱ　院政期～室町時代の絵画・建築に関する文化史の問題である。一般教養書を引用して問題文とする発問形式や，中世の絵画中心にその周辺知識も問う設問内容など，2020 年度のⅡと同じスタイルである。ほぼ基本～標準レベルで難問は見当たらない。文化史まで丁寧に学習したか否かが大きく影響する出題といえる。

Ⅲ　(1)は寛政期～大御所時代の幕府政治，(2)は同時期の藩政改革，(3)は大正～昭和初期の恐慌に関して，各テーマと周辺の政治・社会・経済・外交史について出題された。【設問ｇ】の「甘蔗」の記述問題がやや難問であった。【設問ウ】の４文からの誤文選択問題が 2020・2021 年度にはなかった出題形式，【設問サ】の３つの語句の組み合わせ問題も珍しい形式で，両形式は目立ったものの難易度は標準レベルである。よって基本～標準レベル中心の問題構成だけに，慎重な対応で失点は回避できるだろう。

総括すれば，設問数は 2021 年度より１個増加で，内訳は記述式２個減・選択式３個増のわずかな変化であった。むしろ注目されるのは難問数・やや難問数の減少で難易度が 2021 年度より易化したことであり，かなりの高得点が期待できる内容であった。

世界史

I 解答

設問1．ア―15　イ―34　ウ―35　エ―39　オ―46
カ―31　キ―26　ク―30　ケ―18　コ―37　サ―9
シ―21　ス―47　セ―43　ソ―4　タ―7　チ―3
設問2．黒死病〔ペスト〕　設問3．4
設問4．ビザンツ帝国〔東ローマ帝国〕　設問5．愚神礼賛
設問6．1　設問7．プトレマイオス

◀解　説▶

≪ルネサンスの時代≫

設問1．ア．『神曲』は，古代ローマの詩人ヴェルギリウスに導かれて，地獄・煉獄・天国をめぐる物語。トスカナ語は，後にイタリアの標準語に発展した。

イ．『デカメロン』は，ペストの流行により田舎に疎開した男女10人が，十日間にわたりひとり1話ずつ語るオムニバス形式の物語。そのなかで，ペスト流行下の人間の現実を描いた。ダンテの『神曲』に対し『人曲』ともいわれる。

キ．ファン＝アイク兄弟の弟ヤンは，「アルノルフィーニ夫妻の肖像」などで写真のような精緻な描写を可能とする油絵技法を完成させた。

ク．ブリューゲルは「農民の踊り」など，農民生活を生き生きと描き「農民画家」と称される。

ケ．デューラーは「四人の使徒」などの画家として知られるが，版画家としても多くの作品を残している。

タ．コペルニクスはポーランドの聖職者で，1543年に『天球回転論』を発表して地動説を主張した。地動説は，当時のカトリック教会では聖書の記述を否定するため，その発表は彼の意志により死の直前であった。

設問2．ペストは当時，治療法がなく，14世紀の大流行ではヨーロッパ人口の3分の1が失われたといわれる。

設問3．4．誤文。フスを異端とし火刑に処したのはコンスタンツ公会議（1414～18年）。トリエント（トレント）公会議（1545～63年）は，対抗

宗教改革の際に開催されたもの。

設問4．ビザンツ帝国（東ローマ帝国）は，古代ローマの文化を受け継いでいる。そのようなビザンツ帝国の学者たちがイスラーム勢力の進出を背景としてイタリアに移り住んだことは，古典古代の復興をめざすルネサンスに多大な影響を与えた。

設問6．(ア)誤文。喜望峰を回ってインド西岸に到達したのはヴァスコ＝ダ＝ガマ。

(イ)正文。

(ウ)誤文。「太平洋（平和の海）」と名づけたのは，部下による世界周航を成功させたマゼラン。大西洋を南下していったマゼラン一行は，南アメリカ南端の荒れ狂うマゼラン海峡を乗り越えるとそこに穏やかな海が出現したので，これを「太平洋」と名づけた。

設問7．プトレマイオスの天動説は，聖書の記述と一致するため，教会公認の学説として広く認められた。この天動説に対して地動説が登場するのは，16世紀のコペルニクスまで待たなければならない。

II　解答

設問1．(a)―4　(b)―3　(c)―1　(d)―4　(e)―2　(f)―1　(g)―2　(h)―1　(i)―4　(j)―3　(k)―3　(l)―2　(m)―4

設問2．ア．港市　イ．鄭和

設問3．(A)カーリミー商人　(B)シュリーヴィジャヤ

設問4．(1)―2　(2)―4　(3)―1　(4)―4

◀解　説▶

≪東南アジアと交易の歴史≫

設問1．(a)チャンパーは2世紀に後漢から独立して以後，17世紀末まで存続した。その間，中国では林邑・環王・占城とよばれた。

(d)唐代の広州にはアラブ人などのイスラーム商人が来訪し，外国人居住区である「蕃坊」も設けられていた。

(i)マリンディは鄭和の遠征隊が到達した最遠の地。この地には，鄭和に遅れて15世紀末にヴァスコ＝ダ＝ガマも立ち寄り，インド航路を開拓した。

(k)マルク（モルッカ）諸島は香料諸島ともよばれ，香辛料を求めるヨーロッパ勢力進出の主要な目的地であった。

⑴台湾には，オランダ人が貿易拠点としてゼーランディア城を建設し，日本との貿易を行った。その後，鄭成功一族がオランダを追放し，この地を「反清復明」運動の拠点とした。

設問２．ア．港市国家は，港を中心に交易による富を基礎として形成される前近代国家である。外港オケオをもつ扶南，シュリーヴィジャヤ王国やマラッカ王国などがそれである。

イ．鄭和は，明の永楽帝の命を受けて，南海諸国に明の威勢を示し朝貢を促す目的で派遣された。ヨーロッパの大航海時代に 80 年以上先駆けていた。

設問３．(A)カーリミー商人は，エジプトを支配したアイユーブ朝とマムルーク朝の時代に，王朝に保護されながらアジア産の香辛料を独占的に扱った香料商人のグループである。

(B)シュリーヴィジャヤは海上交易上の要地にあり，唐代には義浄が立ち寄り，この地で『南海寄帰内法伝』を著している。

設問４．(1)(i)正文。

(ii)誤文。当時，明は民間人による貿易を禁止する海禁政策を取っていた。また，永楽帝の時代には，南シナ海方面の朝貢貿易の拡大が促された。

(2)(i)誤文。ヒジュラ暦は太陽暦ではなく太陰暦である。

(ii)誤文。マラッカ王国は，15 世紀に多くのイスラーム商人が来訪するようになり，国王がイスラームに改宗しイスラーム王国となった。

(4)(i)誤文。新大陸のポトシ銀山を開拓したのはスペイン人である。

(ii)誤文。銀の流通を背景とした税制は，明代の一条鞭法，清代の地丁銀制である。

Ⅲ　解答

設問１．(あ)－２　(い)－２　(う)－４　(え)－４

設問２．２　設問３．２　設問４．３　設問５．３

設問６．２　設問７．４　設問８．１・８　設問９．３

設問 10．①シパーヒー　②トランスヴァール共和国　③労働代表委員会

④スエズ戦争（第２次中東戦争）　⑤イギリス連邦

◀解　説▶

≪18 世紀末～20 世紀の大英帝国≫

設問１．(あ)ザミンダーリー制は，ザミンダール（領主）に土地所有権を与

え，彼らを通じて農民から徴税する土地制度である。主にベンガルなどのインド北部で実施された。南部では農民（ライヤット）から直接徴税するライヤットワーリー制が行われた。

設問2．2．誤文。東インド会社の船を襲撃したのは，アメリカのボストン茶会事件（1773年）。

設問3．(i)正文。

(ii)誤文。穀物法は，ナポレオン戦争後に大陸から安価な穀物が再び輸入されることを恐れたイギリス地主層を保護するために，輸入穀物に高率の関税をかけた法律。

設問4．1．誤文。『国富論』はアダム＝スミスの著作。社会主義者であるエンゲルスの著作ではない。

2．誤文。サン＝シモンは社会主義者であり，無政府主義（アナーキズム）ではない。無政府主義に影響を与えたのはプルードン（仏）。

4．誤文。オーウェンはアメリカに渡り，ニューハーモニーと称する共産主義社会の実現をめざしたが，失敗している。

設問5．(i)誤文。サンディカリズムは労働組合の直接行動で社会の変革をめざす思想。(ii)正文。

設問6．イギリスにおける選挙法改正の概要は以下である。第一次選挙法改正（1832年）は，腐敗選挙区の廃止と産業資本家に選挙権を与えた。第二次選挙法改正（1867年）は都市労働者，第三次選挙法改正（1884年）は農業労働者と鉱山労働者にそれぞれ選挙権が拡大された。これにより，男子普通選挙はほぼ完成した。第四次選挙法改正（1918年）は，男性（21歳以上）・女性（30歳以上）に選挙権，第五次選挙法改正（1928年）は男女とも21歳以上に選挙権（男女平等選挙権），第六次選挙法改正（1969年）で満18歳以上に選挙権を与えることとなった。

設問7．(i)誤文。「牧羊地にするために囲い込み」は第一次囲い込み（16世紀）で，「土地を失った多くの農民が都市労働者になった」のは第二次囲い込み（18世紀）。

(ii)誤文。同職ギルドは，中世ドイツで手工業者が商人ギルドに対抗して作ったもの。都市労働者は労働組合を作って工場経営者に対抗した。

設問8．この「女王」はヴィクトリア女王（位1837～1901年）を指す。

1．インド統治法制定（1919年），8．日英同盟締結（1902年）は女王の死後の事項である。２．エジプトの保護国化については1882年に事実上なされている。ただし，正式な保護国化は1914年。３．クリミア戦争（1853～56年），４．ジャガイモ飢饉（1845～49年），５．スエズ運河会社の買収（1875年），６．第１インターナショナル結成（1864年），７．第２インターナショナル結成（1889年），９．労働組合法の成立（1871年），10．ロンドン万国博覧会（1851年）。

設問９．３．誤文。第一次世界大戦後のヨーロッパの新国際秩序が決定されたのはパリ講和会議。

設問10．③労働代表委員会は，フェビアン協会・独立労働党・社会民主同盟，その他多くの労働組合によって1900年に結成された。この組織が1906年に名称を労働党とした。

④アスワン＝ハイダムの建設資金を欧米に期待できなくなったエジプトのナセル大統領は，スエズ運河の国有化を宣言し，ダム建設資金を確保しようとした。これに反発したイギリス，フランス，さらにアラブ勢力のリーダーであるエジプトに打撃を与えたいイスラエルの３国がしかけた戦争がスエズ戦争（第２次中東戦争，1956～57年）である。３国は軍事的には勝利したが，国際世論の批判をあびて撤退した。

⑤イギリス連邦は，本国と自治領（旧植民地）の平等を定めたウエストミンスター憲章（1931年）によって成立した。時は世界恐慌の混乱の中にあり，翌1932年にオタワ連邦会議でイギリス連邦はブロック経済（スターリング＝ブロック）を決定した。

❖講　評

Ⅰ　ルネサンスを軸として，当時のカトリック教会，大航海時代などが出題されている。リード文内のルネサンスにかかわる人物（選択問題）は基本的な事項であり，確実に押さえたい。記述問題も標準的であるが，歴史用語の正確な記述力が求められている。複数の例文を示し正文の数を答えさせる形式にも慣れておく必要があるだろう。内容は基本的なので，取りこぼしのないようにしたい。

Ⅱ　東南アジアの古代から前近代までを範囲として，交易を中心に出題されている。用語選択は４つの選択肢から選ぶもので，比較的取り組みやすい。記述問題も標準的で，難問は見られない。２つの短文の正誤を判定して解答する形式が見られるが，内容的には基本レベルである。東南アジアは交易の要衝として出題されることが多く，古代から通史的に整理しておくことが重要である。

Ⅲ　18世紀末から20世紀半ばにかけてのイギリス本国と植民地の動向がテーマである。インド統治に関して，ザミンダーリー制やライヤットワーリー制などは正確に理解しておきたい。設問6の選挙法改正，設問8のヴィクトリア女王の時代などは年代把握を問う問題で，大雑把な学習では対応できない。記述問題は標準的だが，正確に書けるように準備しておきたい。

政治・経済

I　解答

【設問１】ア．欽定　イ．統帥　ウ．非核三原則
エ．防衛装備移転三原則　オ．国際法規

【設問２】ａ－１　ｂ－１　ｃ－２　ｄ－２

【設問３】Ａ－19　Ｂ－16　Ｃ－23　Ｄ－17　Ｅ－12　Ｆ－４　Ｇ－８　Ｈ－５

【設問４】カ．難民の地位に関する条約　キ．緒方貞子　Ｉ－３

【設問５】東南アジア諸国連合地域フォーラム〔ASEAN地域フォーラム〕

◀解　説▶

≪日本の憲法と国際問題≫

【設問１】ウ．非核三原則は，1967年に当時の日本の首相であった佐藤栄作が打ち出した原則である。核兵器を日本は「持たず，作らず，持ち込ませず」とし，それ以降，日本の安全保障上の重要な原則とされた。

【設問２】ｃ．誤り。大日本帝国憲法における裁判は，枢密院ではなく天皇の名においてなされるものであった。

ｄ．誤り。大日本帝国憲法の改正は，勅命（天皇の命令）をもって帝国議会に付し，総議員の３分の２以上の出席の下，出席議員の３分の２以上の賛成をもってなされる（大日本帝国憲法第73条）。

【設問４】キ．緒方貞子は，1991年から2000年までの10年間，日本人としては初めて国連難民高等弁務官事務所の高等弁務官を務めた。

【設問５】東南アジア諸国連合地域フォーラム（ASEAN地域フォーラム）は，1994年に第１回会議が開かれた，アジア太平洋地域の安全保障問題等を話し合う会議であり，ASEAN10カ国と米国・中国・日本・韓国・北朝鮮・EUなどが参加している。

II　解答

【設問１】ア．マルサス　イ．有効需要
ウ．近隣窮乏化　エ．逆資産　オ．ワーキングプア

【設問２】４　【設問３】１　【設問４】２　【設問５】３

【設問６】ａ－２　ｂ－１　ｃ－１　【設問７】４　【設問８】３

【設問 9】レイオフ　【設問 10】ナショナルミニマム
【設問 11】1　【設問 12】3　【設問 13】マネタリズム
【設問 14】4　【設問 15】2

◀解　説▶

≪資本主義経済と貧困≫

【設問 1】ウ．第二次世界大戦直前の世界の主要国は，自国の通貨を中心に排他的な経済圏を形成し，他国にダンピング（不当廉売）などを行って自国の経済を回復させようとする政策をとった。この政策を「近隣窮乏化政策」といい，このとき形成された排他的経済圏をブロック経済という。

【設問 3】1が正解。供給が応分の需要をもたらすという経済法則は「セーの法則」と呼ばれる。アダム＝スミスに代表される古典派経済学では，セーの法則は肯定されるが，ケインズはこれを批判した。

【設問 4】2が正解。マリーンズらに代表されるのは「重金主義」で，国家の富は金銀などに代表され，その確保のために，植民地などからの金銀の流入を促し，国外への金銀の流出を抑えようとする学説である。

【設問 5】3．適切。ペティ－クラークの法則は，国の産業の中心が，経済の発展に伴い，第一次産業から第二次産業へ，さらに第三次産業へと移行していく，という法則である。

1．不適。2019 年の日本の GDP に占める第一次産業の割合は 1％程度である。

2．不適。2019 年の日本の GDP に占める第三次産業の割合は 70％程度である。

4．不適。「経済のソフト化」とは，経済活動の中心が物の生産から情報・サービスの生産へと移行していくことをいう。

【設問 6】a．誤り。労働分配率とは，生産活動によって生み出された付加価値が労働者に賃金としてどれくらい分配されたかの指標である。

【設問 7】4．適切。

1．不適。イギリスでエリザベス救貧法が制定されたのは 1601 年である。産業革命が始まったのは 18 世紀である。

2．不適。戦前日本における恤救規則は，天皇による恩恵として貧者・弱者を救うという趣旨で制定された。

3．不適。日本の生活保護は，収入が最低生活費に満たない世帯に対して，不足する分が支給される。したがって，収入によって支給額が異なる。

【設問8】 3．不適。修正資本主義を唱えたのはマルクスではなく，ケインズらである。

【設問12】 3．適切。ジョン＝ケネス＝ガルブレイスは，主著『ゆたかな社会』の中で，アメリカ経済が成功に向かうには，公共的な投資によって経済成長と生活の質を向上させるよう努めるべきだと説いた。

【設問13】 フリードマンは，市場原理に基づいた貨幣の働きに注目するマネタリズムを提唱した。

【設問14】 4．適切。投資家が自国通貨の下落によるリスクを回避するために他国に資本を異動させることを資本逃避という。

【設問15】 2．適切。原則として15～34歳の若者を対象に，仕事の紹介やあっせんなどを行う施設を「ジョブカフェ」（正式名称は「若年者のためのワンストップサービスセンター」）という。

III　解答

【設問1】 ア．共同実施　イ．クリーン開発メカニズム　ウ．排出量取引　エ．ダーバン合意

オ．地球温暖化対策税〔温対税〕　カ．デポジット

キ．グリーン＝コンシューマー　ク．社会的責任投資〔ESG投資〕

【設問2】 A―11　B―21　C―5　D―10　E―18　F―16　G―24　H―23　I―17

【設問3】 a―2　b―1　【設問4】 J―2　K―4

◀解　説▶

≪地球環境問題≫

【設問1】 エ．2011年の気候変動枠組条約第17回締約国会議では，2015年までの取り組みを策定したダーバン合意が締結され，この流れを受けて2015年，途上国も含めた地球温暖化への対策を取りまとめたパリ協定（空欄G）が締結された。

ク．企業の社会に対する配慮や責任を企業の社会的責任（CSR: Corporate Social Responsibility）といい，企業の社会的責任を考慮して行う投資を社会的責任投資（SRI: Socially Responsible Investment）という。また，環境（Environment）・社会（Social）・ガバナンス（Governance）要素を考慮した投資のことをESG投資という。

【設問 2】D．1985 年に採択されたオゾン層保護のためのウィーン条約を具体化するものとして，1987 年にモントリオール議定書が採択された。

【設問 3】 a．誤り。ラムサール条約の正式名称は「特に水鳥の生息地として国際的に重要な湿地に関する条約」である。

【設問 4】2010 年に名古屋で生物多様性条約第 10 回締約国会議（COP10）が開催され，遺伝資源の取得の機会（Access）とその利用から生ずる利益の公正かつ衡平な配分（Benefit-Sharing）の手続を定めた名古屋議定書（ABS 議定書）と生物多様性の損失を食い止めるための世界目標である愛知ターゲットが採択された。

❖講　評

Ⅰ　大日本帝国憲法と日本国憲法，それを取り巻く国際問題について，比較的基礎的な知識から，一部発展的な知識まで幅広く問われた。【設問 2】に見られるような正誤問題や，【設問 3】の多肢選択式の問題は，同志社大学の入試問題によく見られるものである。

Ⅱ　資本主義経済と貧困に関して，基礎から発展的な内容まで幅広く知識が問われた。【設問 1】は比較的教科書レベルの問題であったが，【設問 6】の正誤問題は正確かつ細かい知識が必要であり，やや難しいレベルであった。【設問 12】，【設問 14】などは単なる教科書の知識事項の暗記などでは通用せず，資料集やインターネットなどを活用した背景知識や時事的な知識まで深めて学習したかどうかが問われた。

Ⅲ　地球環境問題について，発展的な内容の知識が問われた。随所に教科書レベルの知識が問われているが，全体的に背景知識や時事的な知識も踏まえて，体系的な学習をしてきたかどうかが試された。

以上のことから，2022 年度は過去の出題と比較して，標準的なレベルであったと考えられる。

■数学■

I

解答　(1)ア．$\frac{1}{2}$　イ．$\frac{1}{2}$　(2)ウ．-1　エ．3　オ．8

(3)カ．23　キ．$18-12s_{xy}$　ク．$6-3s_{xy}$　ケ．1　コ．2

◀解　説▶

≪小問3問≫

(1)　$2\sin\frac{a\pi}{6} \geqq \sqrt{2} \iff \sin\frac{a\pi}{6} \geqq \frac{\sqrt{2}}{2}$

であるから，これを満たす a の値は　$a=2,\ 3,\ 4$

よって，条件を満たす確率は　$\frac{3}{6}=\frac{1}{2}$ →ア

$$2\sin\frac{a\pi}{6} \geqq \sqrt{b-1} \iff \sin\frac{a\pi}{6} \geqq \frac{\sqrt{b-1}}{2}$$

であるから，条件およびそれを満たす a の値は次の通りである。

$b=1$ のとき　$\sin\frac{a\pi}{6} \geqq 0$ より　$a=1,\ 2,\ 3,\ 4,\ 5,\ 6$

$b=2$ のとき　$\sin\frac{a\pi}{6} \geqq \frac{1}{2}$ より　$a=1,\ 2,\ 3,\ 4,\ 5$

$b=3$ のとき　$\sin\frac{a\pi}{6} \geqq \frac{\sqrt{2}}{2}$ より　$a=2,\ 3,\ 4$

$b=4$ のとき　$\sin\frac{a\pi}{6} \geqq \frac{\sqrt{3}}{2}$ より　$a=2,\ 3,\ 4$

$b=5$ のとき　$\sin\frac{a\pi}{6} \geqq 1$ より　$a=3$

$b=6$ のとき　$\sin\frac{a\pi}{6} \geqq \frac{\sqrt{5}}{2}$ より，該当する a は存在しない。

以上より，条件を満たす確率は

$$\frac{6+5+3+3+1}{6\times 6}=\frac{18}{36}=\frac{1}{2} \quad \rightarrow イ$$

(2)　$f(x)=x^3+2x^2+9x-2,\ g(x)=5x^2+10x-5$

とすると

$$f(x)-g(x)=x^3+2x^2+9x-2$$
$$-(5x^2+10x-5)$$
$$=x^3-3x^2-x+3$$
$$=x^2(x-3)-(x-3)$$
$$=(x^2-1)(x-3)$$
$$=(x+1)(x-1)(x-3)\quad\cdots\cdots①$$

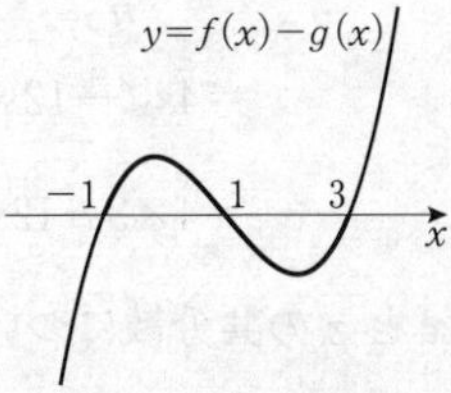

$f(x)-g(x)=0$ となるのは $x=-1,\ 1,\ 3$ のときであり

Pの x 座標は -1，Rの x 座標は 3 である。　→ウ・エ

① より $-1\leqq x\leqq 1$ の範囲では $f(x)\geqq g(x)$，$1\leqq x\leqq 3$ の範囲では $g(x)\geqq f(x)$ となるから，C_1 と C_2 で囲まれた 2 つの部分の面積の和は次のようになる。

$$\int_{-1}^{1}\{f(x)-g(x)\}dx+\int_{1}^{3}\{g(x)-f(x)\}dx$$
$$=\int_{-1}^{1}(x^3-3x^2-x+3)dx-\int_{1}^{3}(x^3-3x^2-x+3)dx$$
$$=\left[\frac{1}{4}x^4-x^3-\frac{1}{2}x^2+3x\right]_{-1}^{1}-\left[\frac{1}{4}x^4-x^3-\frac{1}{2}x^2+3x\right]_{1}^{3}$$
$$=\frac{1}{4}(1-1)-(1+1)-\frac{1}{2}(1-1)+3(1+1)$$
$$-\left\{\frac{1}{4}(81-1)-(27-1)-\frac{1}{2}(9-1)+3(3-1)\right\}$$
$$=-2+6-\frac{80}{4}+26+4-6=8\quad\text{→オ}$$

(3)　$$\overline{z}=\frac{1}{n}\sum_{i=1}^{n}(2x_i-3y_i)=2\cdot\frac{1}{n}\sum_{i=1}^{n}x_i-3\cdot\frac{1}{n}\sum_{i=1}^{n}y_i$$
$$=2\overline{x}-3\overline{y}=2\times16-3\times3=23\quad\text{→カ}$$

$$s_z{}^2=\frac{1}{n}\sum_{i=1}^{n}\{2x_i-3y_i-(2\overline{x}-3\overline{y})\}^2$$
$$=\frac{1}{n}\sum_{i=1}^{n}\{2(x_i-\overline{x})-3(y_i-\overline{y})\}^2$$
$$=\frac{1}{n}\sum_{i=1}^{n}\{4(x_i-\overline{x})^2-12(x_i-\overline{x})(y_i-\overline{y})+9(y_i-\overline{y})^2\}$$

$$=4\cdot\frac{1}{n}\sum_{i=1}^{n}(x_i-\overline{x})^2-12\cdot\frac{1}{n}\sum_{i=1}^{n}(x_i-\overline{x})(y_i-\overline{y})+9\cdot\frac{1}{n}\sum_{i=1}^{n}(y_i-\overline{y})^2$$

$$=4{s_x}^2-12s_{xy}+9{s_y}^2$$

$$=4\times3-12s_{xy}+9\times\frac{2}{3}=18-12s_{xy}\quad\cdots\cdots①\quad\rightarrow キ$$

x と z の共分散については次のようになる。

$$s_{xz}=\frac{1}{n}\sum_{i=1}^{n}(x_i-\overline{x})(z_i-\overline{z})$$

$$=\frac{1}{n}\sum_{i=1}^{n}(x_i-\overline{x})\{(2x_i-3y_i)-(2\overline{x}-3\overline{y})\}$$

$$=\frac{1}{n}\sum_{i=1}^{n}(x_i-\overline{x})\{2(x_i-\overline{x})-3(y_i-\overline{y})\}$$

$$=2\cdot\frac{1}{n}\sum_{i=1}^{n}(x_i-\overline{x})^2-3\cdot\frac{1}{n}\sum_{i=1}^{n}(x_i-\overline{x})(y_i-\overline{y})$$

$$=2\cdot{s_x}^2-3\cdot s_{xy}=2\times3-3s_{xy}=6-3s_{xy}\quad\cdots\cdots②\quad\rightarrow ク$$

同様にして

$$s_{yz}=\frac{1}{n}\sum_{i=1}^{n}(y_i-\overline{y})(z_i-\overline{z})$$

$$=\frac{1}{n}\sum_{i=1}^{n}(y_i-\overline{y})\{(2x_i-3y_i)-(2\overline{x}-3\overline{y})\}$$

$$=\frac{1}{n}\sum_{i=1}^{n}(y_i-\overline{y})\{2(x_i-\overline{x})-3(y_i-\overline{y})\}$$

$$=2\cdot\frac{1}{n}\sum_{i=1}^{n}(x_i-\overline{x})(y_i-\overline{y})-3\frac{1}{n}\sum_{i=1}^{n}(y_i-\overline{y})^2$$

$$=2s_{xy}-3{s_y}^2=2s_{xy}-3\cdot\frac{2}{3}=2s_{xy}-2\quad\cdots\cdots③$$

$r_{xy}=\dfrac{s_{xy}}{s_xs_y}$ であるから $r_{xy}=0$ のとき $s_{xy}=0$ であり，①より　　${s_z}^2=18$

すなわち　　$s_z=\sqrt{18}=3\sqrt{2}$

また②，③より $s_{xz}=6$，$s_{yz}=-2$ であるから

$$r_{xz}=\frac{s_{xz}}{s_xs_z}=\frac{6}{\sqrt{3}\cdot3\sqrt{2}}=\frac{\sqrt{6}}{3},\quad r_{yz}=\frac{s_{yz}}{s_ys_z}=\frac{-2}{\frac{\sqrt{2}}{\sqrt{3}}\cdot3\sqrt{2}}=-\frac{1}{\sqrt{3}}$$

よって　　$R=(r_{xz})^2+(r_{yz})^2=\left(\dfrac{\sqrt{6}}{3}\right)^2+\left(-\dfrac{1}{\sqrt{3}}\right)^2=\dfrac{6}{9}+\dfrac{1}{3}=1$　→ケ

$r_{xy}=1$ のとき，$r_{xy}=\dfrac{s_{xy}}{s_x s_y}$ より，$s_{xy}=s_x s_y=\sqrt{3}\cdot\dfrac{\sqrt{2}}{\sqrt{3}}=\sqrt{2}$ となり

①より　$s_z=\sqrt{18-12\sqrt{2}}=\sqrt{18-2\sqrt{72}}=\sqrt{12}-\sqrt{6}=2\sqrt{3}-\sqrt{6}$

また②，③より，$s_{xz}=6-3\sqrt{2}$，$s_{yz}=2\sqrt{2}-2$ であるから

$$r_{xz}=\frac{s_{xz}}{s_x s_z}=\frac{6-3\sqrt{2}}{\sqrt{3}\,(2\sqrt{3}-\sqrt{6}\,)}=\frac{3(2-\sqrt{2})}{\sqrt{3}\cdot\sqrt{3}\,(2-\sqrt{2}\,)}=1$$

$$r_{yz}=\frac{s_{yz}}{s_y s_z}=\frac{2\sqrt{2}-2}{\dfrac{\sqrt{2}}{\sqrt{3}}\cdot(2\sqrt{3}-\sqrt{6}\,)}=\frac{2(\sqrt{2}-1)}{\sqrt{2}\,(2-\sqrt{2}\,)}=\frac{2(\sqrt{2}-1)}{2(\sqrt{2}-1)}=1$$

したがって　$R=(r_{xz})^2+(r_{yz})^2=1^2+1^2=2$　→コ

Ⅱ　解答

(1)　△PQR に余弦定理を用いて

$$\cos\angle\mathrm{PQR}=\frac{5^2+8^2-7^2}{2\cdot5\cdot8}=\frac{25+64-49}{2\cdot5\cdot8}=\frac{40}{2\cdot5\cdot8}=\frac{1}{2}$$

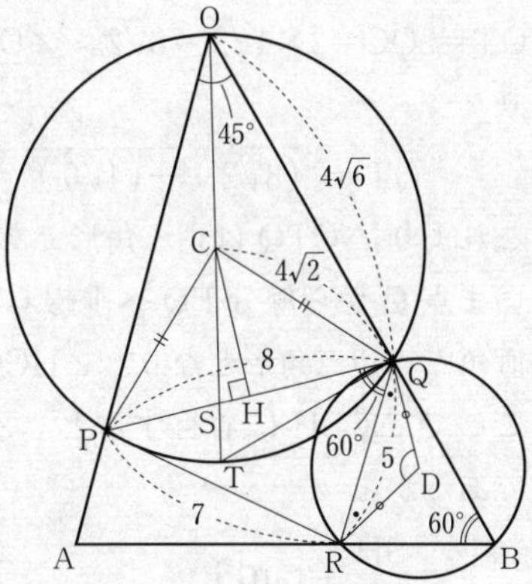

よって　$\angle\mathrm{PQR}=60°$　……(答)

円周角と中心角の関係より

$\angle\mathrm{PCQ}=45°\times2=90°$

$\angle\mathrm{QDR}=60°\times2=120°$

△PCQ は CP＝CQ の直角二等辺三角形であるから

$\angle\mathrm{CQP}=45°$

△DQR は DQ＝DR の二等辺三角形であるから

$$\angle\mathrm{DQR}=\frac{180°-120°}{2}=30°$$

よって　$\angle\mathrm{CQD}=\angle\mathrm{CQP}+\angle\mathrm{PQR}+\angle\mathrm{DQR}=45°+60°+30°=135°$

……(答)

(2)　$\triangle\mathrm{PQR}=\dfrac{1}{2}\cdot\mathrm{QP}\cdot\mathrm{QR}\cdot\sin\angle\mathrm{PQR}$

$$=\frac{1}{2}\cdot 8\cdot 5\cdot \sin 60^\circ$$

$$=\frac{1}{2}\cdot 8\cdot 5\cdot \frac{\sqrt{3}}{2}=10\sqrt{3} \quad \cdots\cdots(答)$$

(3) $r=\mathrm{CQ}=\dfrac{8}{\sqrt{2}}=4\sqrt{2}$ ……(答)

△DQR に余弦定理を用いて

$$5^2=s^2+s^2-2\cdot s^2\cos 120^\circ$$

$$25=3s^2$$

$$s^2=\frac{25}{3}$$

$$s=\frac{5}{\sqrt{3}} \quad \cdots\cdots(答)$$

(4) 直線 OS と △OPQ の外接円の交点（O でない方）を T とする。

$\mathrm{OT}=2\mathrm{OC}=2\times 4\sqrt{2}=8\sqrt{2}$，$\angle\mathrm{OQT}=90^\circ$ であるから，三平方の定理により

$$\mathrm{QT}=\sqrt{(8\sqrt{2})^2-(4\sqrt{6})^2}=\sqrt{32}=4\sqrt{2}$$

これより △CTQ は正三角形であり，$\angle\mathrm{TCQ}=60^\circ$ である。

いま点 C から線分 PQ へ垂線 CH を下ろすと △CHQ は $\mathrm{CH}=\mathrm{QH}=4$ の直角二等辺三角形となり，$\angle\mathrm{HCQ}=45^\circ$ である。

ここで △CSH に着目すると，$\angle\mathrm{SCH}=\angle\mathrm{SCQ}-\angle\mathrm{HCQ}=60^\circ-45^\circ=15^\circ$ であるから

$$\frac{\mathrm{SH}}{\mathrm{CH}}=\tan 15^\circ$$

すなわち

$$\mathrm{SH}=4\tan 15^\circ=4\tan(45^\circ-30^\circ)=4\cdot\frac{\tan 45^\circ-\tan 30^\circ}{1+\tan 45^\circ\cdot\tan 30^\circ}$$

$$=4\cdot\frac{1-\frac{1}{\sqrt{3}}}{1+1\cdot\frac{1}{\sqrt{3}}}=4\cdot\frac{\sqrt{3}-1}{\sqrt{3}+1}$$

$$=4\cdot\frac{(\sqrt{3}-1)^2}{(\sqrt{3}+1)(\sqrt{3}-1)}=4\cdot\frac{4-2\sqrt{3}}{2}=2(4-2\sqrt{3})=8-4\sqrt{3}$$

これより

$$SQ=QH+SH=4+8-4\sqrt{3}=12-4\sqrt{3}$$

$$PS=PH-SH=4-(8-4\sqrt{3})=4\sqrt{3}-4$$

したがって

$$\frac{SQ}{PS}=\frac{12-4\sqrt{3}}{4\sqrt{3}-4}=\frac{4(3-\sqrt{3})}{4(\sqrt{3}-1)}=\frac{\sqrt{3}(\sqrt{3}-1)}{\sqrt{3}-1}=\sqrt{3}\quad\cdots\cdots(答)$$

◀解　説▶

≪中心角と円周角の関係，三角形の面積≫

(1)　余弦定理および円における円周角と中心角の関係を用いる。

(2)　(1)で求めた角を使って三角形の面積の公式を用いる。

(3)・(4)　△OPQ の外接円の半径 r を求めていることから，OT は直径だから $2r$，また直径の上に立つ円周角により $\angle OQT=90°$ であることから，QT の長さを求めることができる。その値により △CTQ が正三角形，△CHQ が直角二等辺三角形であることに気づけば △CSH に着目して SH を求める方針が立つ。最後には正接（tangent）の加法定理を用いた。

Ⅲ　解答

(1)　$y=f(x)$ が $P_3(0,\ 4)$ を通ることから

$f(x)=lx^3+mx^2+nx+4$ とおくことができ（ただし $l\neq 0$），$P_1(-3,\ 1)$，$P_2(-1,\ 0)$，$P_4(2,\ 1)$ を通ることから，次の 3 式が成り立つ。

$$\begin{cases} f(-3)=-27l+9m-3n+4=1 \\ f(-1)=-l+m-n+4=0 \\ f(2)=8l+4m+2n+4=1 \end{cases}$$

これらより

$$\begin{cases} 9l-3m+n-1=0 \\ -l+m-n+4=0 \\ 8l+4m+2n+3=0 \end{cases}$$

これらを解いて

$$l=-\frac{2}{3},\ m=-\frac{7}{6},\ n=\frac{7}{2}$$

よって　$f(x)=-\frac{2}{3}x^3-\frac{7}{6}x^2+\frac{7}{2}x+4$　……(答)

(2)　点と直線の距離の関係より

$$d_1=\frac{|-3a+b+c|}{\sqrt{a^2+b^2}},\ d_2=\frac{|-a+c|}{\sqrt{a^2+b^2}},\ d_3=\frac{|4b+c|}{\sqrt{a^2+b^2}},$$

$$d_4=\frac{|2a+b+c|}{\sqrt{a^2+b^2}}$$

であるから

$$D=(d_1)^2+(d_2)^2+(d_3)^2+(d_4)^2$$
$$=\frac{(-3a+b+c)^2+(-a+c)^2+(4b+c)^2+(2a+b+c)^2}{a^2+b^2}\quad\cdots\cdots①$$

$$(①の分子)=\{c+(-3a+b)\}^2+(c-a)^2+(c+4b)^2+\{c+(2a+b)\}^2$$
$$=c^2+2(-3a+b)c+(-3a+b)^2+c^2-2ac+a^2+c^2+8bc+16b^2+c^2+2(2a+b)c+(2a+b)^2$$
$$=4c^2+(-6a+2b-2a+8b+4a+2b)c+(9a^2-6ab+b^2+a^2+16b^2+4a^2+4ab+b^2)$$
$$=4c^2+(-4a+12b)c+14a^2-2ab+18b^2$$
$$=4\{c^2+(-a+3b)c\}+14a^2-2ab+18b^2$$
$$=4\left(c+\frac{-a+3b}{2}\right)^2-4\cdot\frac{(-a+3b)^2}{4}+14a^2-2ab+18b^2$$
$$=4\left(c+\frac{-a+3b}{2}\right)^2-(a^2-6ab+9b^2)+14a^2-2ab+18b^2$$
$$=4\left(c+\frac{-a+3b}{2}\right)^2+13a^2+4ab+9b^2$$

a，b を固定，c が実数全体を動くことから，①より $c=\frac{a-3b}{2}$ のときに D は最小値 M をとり

$$M=\frac{13a^2+4ab+9b^2}{a^2+b^2}\quad\cdots\cdots(答)$$

(3)　$a=\sin\theta$，$b=\cos\theta$ として

$$M=\frac{13\sin^2\theta+4\sin\theta\cos\theta+9\cos^2\theta}{\sin^2\theta+\cos^2\theta}$$

$$=9(\sin^2\theta+\cos^2\theta)+4\sin^2\theta+4\sin\theta\cos\theta$$

$$=9+4\sin^2\theta+2\sin2\theta$$

$$=9+4\cdot\frac{1-\cos2\theta}{2}+2\sin2\theta$$

$$=9+2-2\cos2\theta+2\sin2\theta$$

$$=2(\sin2\theta-\cos2\theta)+11 \quad \cdots\cdots②$$

三角関数の合成により

$$\sin2\theta-\cos2\theta=\sqrt{2}\sin\left(2\theta-\frac{\pi}{4}\right)$$

と表せることより，②から

$$M=2\sqrt{2}\sin\left(2\theta-\frac{\pi}{4}\right)+11$$

$$\left(-\pi<2\theta<\pi \text{ すなわち } -\frac{5\pi}{4}<2\theta-\frac{\pi}{4}<\frac{3}{4}\pi\right)$$

$2\theta-\dfrac{\pi}{4}=-\dfrac{\pi}{2}$ すなわち $\theta=-\dfrac{\pi}{8}$ のとき，M は最小値 (m) をとり

$$m=-2\sqrt{2}+11$$

である。すなわち

$m=11-2\sqrt{2}$，そのときの θ の値は　$\theta=-\dfrac{\pi}{8}$　……(答)

◀解　説▶

≪通る 4 点が与えられた 3 次関数，点と直線の距離，三角関数の加法定理・合成≫

⑴　$f(x)$ が 3 次関数であることから，$f(x)=lx^3+mx^2+nx+4$ とおくことができ，3 元 1 次の連立方程式を解けばよい。

⑵　直線 $ax+by+c=0$ と点 $(x_1,\ y_1)$ の距離 d は $d=\dfrac{|ax_1+by_1+c|}{a^2+b^2}$ であることと，$|x|=x^2$ であることから D の式を c の 2 次式として整理していくことができる。

⑶　M が $\sin\theta$，$\cos\theta$ で表されることから，$\sin^2\theta+\cos^2\theta=1$ や $\sin2\theta=2\sin\theta\cos\theta$，また $\sin^2\theta=\dfrac{1-\cos2\theta}{2}$ などを用いて，最終的には三角関

数の合成により M の最小値 m を求めることができる。

❖講　評

Ⅰ (1) 三角比を含んだ不等式を満たす確率の問題である。$2\sin\frac{a\pi}{6} \geqq \sqrt{2}$ では $a=1,\ 2,\ \cdots,\ 6$ と具体的な数値を代入して不等式を満たすかどうかを考察すればよい。$2\sin\frac{a\pi}{6} \geqq \sqrt{b-1}$ では $b=1$ のときに不等式を成り立たせる a の値を求め，次に $b=2$ のとき，$b=3$ のときと考えていけばよい。表などを作って考察するのもよいであろう。

(2) C_1（3次関数のグラフ）と C_2（2次関数のグラフ）の概形を描く必要はなく，C_1 の表す式を $y=f(x)$，C_2 の表す式を $g(x)$ とし，$f(x)-g(x)$ の正負によって C_1，C_2 の位置関係を把握して囲まれる面積の式を立てていけばよい。

(3) 変量 x，y とさらにそれらを合成した $z=2x-3y$ についてのデータを扱う問題であり，$\sum$ 記号などを用いて1つ1つをしっかりと式で表すことが必要である。x の平均，分散，標準偏差，また xy の共分散，相関係数などをしっかりと式で表すことができないとこのレベルの問題には太刀打ちできない。

Ⅱ まずは題意の通りに図を描き，その図に必要な情報を書き込みながら考えていくことが必要であろう。前半は余弦定理や三角形の面積の公式を用いればよいだけのものもあるが，後半はかなりの考察が必要とされるものもあり，粘り強く考える姿勢で臨みたい。求められる比の周辺部分にも目を拡げ，三角形の相似関係を用いることや，三角形の角を調べることで，三角形の形状（正三角形，直角二等辺三角形など）に気づくことも解法に大きく結びつく。

Ⅲ (1)は3次関数が $f(x)=lx^3+mx^2+nx+p$ $(l\neq 0)$ と表せること，(2)は点と直線の距離の公式を知ってさえいれば，問題なく式は立てられるであろう。あとは，(2)では「a，b を固定し，c が実数全体を動く」ということから a，b を数字扱いし，c のみを変数とすることから，式を c についての2次式として平方完成すればよいという方針が立つであろう。

(3)は三角比（数学Ⅰ）や三角関数（数学Ⅱ）で学んだ諸公式をうまく使って求めるものまで到達できる力が求められている。$\sin\theta$ と $\cos\theta$ から成る式を2倍角や半角の公式などを用いて 2θ としての三角関数の合成に持ち込むことは教科書にもある必須事項なので，しっかり確認しておきたい。

くく、やや難のレベルとなる。

二の古文は『平家物語』からの出題で、本文は頻出箇所とまでは言えないが、たまに見かける箇所である。読みやすい文章で、筋をたどるのに苦労しないだろう。設問は総じて標準レベル。㈡は漢文の知識が要求されるとはいえ、選択肢はいずれも有名なものばかりで、意味も理解しやすい。㈦は語彙力が問われる良問である。

詞「や」の形で、軽い疑問の意を表す。直訳すると「またそのような目にもあうだろうか」となる。直後に「上日の者をつけて、主の女房の局までおくらせましましける」とあり（「せ（す）」は使役の助動詞。「ましまし（まします）」は尊敬の補助動詞）、天皇が当番の者に命じて、女の童の護衛をさせたことがわかる。よって「さるめ」とは強盗に襲われることをいうから、1が正解となる。

(六)　1、「寒い夜に衣を脱いで過ごす」のは「延喜の聖代」の醍醐天皇である。

2、第二段落の「供奉の人々は聞きつけられざりけれども」に合致する。「られ（らる）」は可能の助動詞。

3、「女の童を誘拐しようとした」が誤り。

4、天皇が奪われた衣装の色を尋ねたのは女の童自身に対してである（終わりから二段落目参照）。

5、終わりから二段落目の「さきのよりはるかにうつくしきが参りたりける」に合致する。

6、全体的に本文の内容と合致しない。

(七)　本文では高倉天皇について、醍醐天皇を理想の天皇として仰いだこと（第一段落）、女の童が強盗に襲われたのは自分の治世が悪いからだと恥じ入ったこと（第二・第三段落）、女の童に盗まれた着物の代わりとなる物を与えたこと（終わりから二段落目）、身分の低い者にいたるまで天皇の長寿を祈願したこと（最終段落）が記されている。以上より、帝としての自覚を持つ慈悲深い人物として描かれていることがわかる。

❖講　評

二〇二一年度に続いて、現代文一題、古文一題の計二題が出題された。試験時間も七十五分と変わらない。

一の現代文は倉庫の歴史を記した、やや異色な文章である。古代から現代まで順を追って説明されるので、把握しやすいだろう。また内容的にも興味深いものである。設問は(一)～(五)は標準レベル。ただし選択肢はどれも本文の語句を巧妙に組み合わせて作られているので、細心の注意を払ってその適否を判断する必要がある。(六)の記述問題は的を絞りに

㈡　空欄の前後で、天皇の行幸があったこと、天皇が寝覚めがちでよく眠れなかったことが記されている。1は杜甫の絶句「春望」の起句と承句。〝国都長安は破壊されて山河があるばかりで、街には春が訪れて草木が茂っている〟の意。2は『本朝文粋』の都良香「漏刻策」の一節。〝役人が暁の時刻を知らせ、その声が聡明な王の眠りを覚ます〟の意。3は孟浩然の絶句「春暁」の起句と承句。〝春の眠りは夜明けも知らないほどに心地よく、目を覚ますとあちこちで小鳥の声が聞こえる〟の意。4は劉希夷の古詩「代悲白頭翁」の最初の二句。〝洛陽の都の東に咲く桃や李の花は、風の吹くまま飛び散ってどこの家に落ちるのか〟の意。5は白居易の律詩「寄殷協律」の頷聯。〝琴を弾き詩を作り酒を酌み交わした友は去り、雪月花の折に一番思い出すのは君のことだ〟の意。「御ねざめがちにて」などから2が入るとわかる。なお、空欄の原文は「鶏人暁唱ふ声、明王の眠をおどろかす」である。

㈢　「にて」には①形容動詞の連用形活用語尾「に」＋接続助詞「て」、②完了の助動詞「ぬ」の連用形「に」＋接続助詞「て」、③断定の助動詞「なり」の連用形「に」＋接続助詞「て」、④格助詞「にて」の四つの形がある。ここは体言＋「に」＋（助詞）＋ラ変動詞「あり」（ただし補助動詞の用法）のパターンなので5になる。「らん」は係助詞「か」の結びなので連体形。

㈣　「あらばこそ」が、未然形＋接続助詞「ば」＋係助詞「こそ」の形になる。〝もし～であるなら、…であろうが（そうではない）〟の意。「今は」は〝今となっては〟の意。「御装束」は「主の女房」が仕立てさせた着物を指す。女の童がそれを女房の所へ届ける途中で強盗にあい、着物を奪われてしまったのである。「候は（候ふ）」は〝お仕えする〟の意の謙譲語。「せ（す）」「たまは（たまふ）」はいずれも尊敬の意。「め」は推量の助動詞「む」の已然形。直訳すると「今となってはお着物があったら、御所にお仕えなさることができようが（そうではない）」となる。すなわち、着物を奪われてしまった今となっては、主人の女房はもう御所で仕えることができないということ。これに合致するのは3である。

㈤　天皇の発言の一節である。「さる」はラ変動詞「さり（＝そのようである）」の連体形。「もや」は係助詞「も」＋係助ておられますが、このたびようやく仕立てられた（主人の）お着物を持って参上するときに、たった今男が二、三人やって来まして、（着物を）奪い取って退散したのです。今となってはお着物があったら、御所にもお仕えになれましょうが（着物を奪われてしまった今となってはそれもかないません）。また（主人には）頼もしく、しばらく留まりなさることのできる親しい方もいらっしゃらない。このことを思い続けるので泣くのです」と申し上げた。

そこでその女の子を引き連れて参上し、ことの次第を申し上げたところ、天皇がお聞きになって、「ああかわいそうに、どのような者のしわざであろうか。（中国古代の）堯の時代の民衆は、堯の心が正直であるのをもって（自分たちの）心とするゆえに、みんな正直だったのだ。今の時代の民衆は、私の心をもって（自分たちの）心とするゆえに、心のねじけた者が市中で罪を犯す。これは私の恥ではないか」とおっしゃった。

「それで、奪われたという着物は何色なのか」と（天皇の）お尋ねがあったので、こうこうの色と申し上げる。建礼門院がまだ中宮でいらっしゃったときのことである。その中宮の方へ、「こういう色をしたお着物はありませんか」とおっしゃったところ、先の（奪われた）着物よりはるかに美しいものが届けられたのを、先ほどの女の子にお与えになった。「まだ夜は深い。またそのような目にあうといけない」とおっしゃって、当番の者を警護に付けて、主人の女房の局まで送らせなさったというのは恐れ多いことだ。それゆえ、みすぼらしい身分の低い者にいたるまで、ただもうこの天皇の、千年万年の長寿を祈り申し上げた。

◀解　説▶

㈠　a、「はかばかし」は〝しっかりしている、てきぱきしている、きわだっている〟などの意がある重要語。「はかばかしう」は連用形「はかばかしく」のウ音便で、下の「たち宿らせたまふべき」にかかる。しばらく身を寄せることのできる人もいないという文脈であるから、1の「頼もしく」が適当となる。他は語義的に不適。

b、「具す」は〝備わる、一緒に行く〟などの意がある重要語。「具し」はその連用形。直後の「参り」からもわかるように、女の童を連れて天皇の所へ行ったということ。4が正解。他は語義的に不適。

二

出典 『平家物語』〈巻第六 紅葉〉

解答

(一) a―1 b―4

(二) 2

(三) 5

(四) 3

(五) 1

(六) 2・5

(七) 帝としての自覚を持ち、身分の低い者にも慕われる慈悲深い人物。（三十字以内）

◆全 訳◆

また安元のころ、御方違え（＝外出する際に行く方角が悪いと、いったん別の方向に出かけ、そこから本来の目的地へ向かうこと）の行幸があったが、そうでなくてさえ役人が夜明けの時刻を告げる声が天皇の眠りを覚まさせる頃にもなったので、（天皇は）いつもお寝覚めがちで、少しもお眠りにならなかった。まして、冷え冷えと霜のおりる夜の厳しさのために、延喜の聖代（＝醍醐天皇の御代）に、国土の民衆たちは、どんなに寒がっているだろうと言って、（天皇が）ご寝所で、（あえて）お着物をお脱ぎになったということなどまでも思い出しなさって、自分の天皇としての威徳が及ばないことをお嘆きになった。

しだいに夜更けになって、遠くの方で人の叫び声がした。お供の人々は聞きつけることができなかったけれども、天皇がお聞きになって、「今叫んだ者は何者か。すぐに見て参れ」とおっしゃったので、御殿に宿直していた殿上人が、当番で出仕している者におっしゃる。（その者たちが）方々に走り散らばって探すと、ある四つ辻でみすぼらしい女の子が、長持のふたを下げて泣いているのであった。「どうしたのか」と尋ねると、「主人の女房が後白河院の御所にお仕えになっ化」「ＡＩなどのテクノロジー」「地域に開かれた親しみやすい場所」などと説明した4が適当である。1は、「太陽光発電システム」の設置は「大型化」により必要になったのではなく、地域貢献や環境問題への取り組みの一環であるから不適。2は、「自治体と協定を結ん」だのは「防災拠点」としてである（最終から三段落目）から不適。3は、傍線部Ｃの次の段落に「所有・運営・開発のリソースを外部に委託」とはあるが、「周辺地域」とは述べられていないため、不適。5は「人材不足の悪循環に人の目が向かないよう」が不適となる。

㈤
1、筆者が倉庫で働いたことがあるとは書かれていない。
2、「渋谷の再開発がメディアを騒がせたために」という理由づけが不適（第二段落）。
3、傍線部Ａの段落の「穀倉は……強い影響を与えた」に合致する。
4、「批判した」とは書かれていない。
5、空欄ｂ前後の内容に合致する。
6、「無頓着であった」が不適。傍線部Ｃの二段落前の内容と矛盾する。
7、「見直しが盛んに行なわれた結果」は倉庫の大規模化であるから不適となる（傍線部Ｃの段落）。
8、傍線部Ｃの三段落後の「アメリカのアマゾンは……稼動させている」に合致する。

㈥
「ブラックボックス」としての「倉庫」とは近代以降の倉庫を言ったものである。その性格は空欄ａの段落以下で具体的に説明されるが、内容は多岐にわたる。そこで「隠蔽」「合理的、汎用的」「効率的」「最適化」「大規模化」「物流施設」「人が介入しない」といったキーワードに着眼して、これらを利用しながらまとめることになる。その基本となるのは、「ブラックボックス」に焦点を当てるのだから、「隠蔽」あるいは「排他的」（最終段落）といった言葉である。

型〉」であったと述べられ、それが近代以降になると「都市のなかで隠蔽されはじめる」（空欄aの続き）と述べられる。よって「核」に着眼すれば「花形（＝華やかで人気のあるもの）」が入るとわかる。

b、空欄の前後で、資本主義社会では在庫はない方がよく、流通における停滞であること、したがって倉庫は「負の象徴」であることが指摘される。よって倉庫＝マイナーなものと理解すれば「付随的」が入るとわかる。

(二)　傍線部A以下の数段落で、古代と中世における倉庫の性格と役割が説明される。まず続く三段落で古代においては「権力者にとって自らの力の象徴」であり、「信仰の対象」であったことが、その後空欄aの前段落まで、中世において倉庫は「それ自体で完結する建築ではなく……ビルディングタイプとして戦略的に整備されていった」ことが指摘される。よって「穀霊が祀られて信仰の対象となり……」とある3が適当となる。1は「倉庫を信仰の対象とする人々がかつて存在した」ことを根拠としており不適。2は「食糧の備蓄には用いられていなかった」が不適。4は、「人と倉庫との関係が希薄になった」のは近代以降であるから不適。5は「周辺の施設と切り離され」が不適となる。

(三)　傍線部B以下の数段落で、隠蔽された近代の倉庫の仕組みが具体的に説明される。「合理的、汎用的」「システマチック（＝組織的、体系的）な設計」「普遍的な形式」「画一的な独自のビルディングタイプ」「効率的に物流業務を遂行する」などの語句に着眼すれば、どこまでも機能性が追求されたことがわかる。この事情を「合理性」「最適化」「画一的」といった語で説明した1が適当となる。2は「作業を行なう人にとって最適な内部空間を実現した」と説明しており不適。3は「物流の権威を象徴する」が不適。本文に書かれていない。4は「荷物ごとに搬出の優先順位」が不適。「荷物の運搬がもっともスムーズにいくように」（傍線部Cの三段落前）とあり、「搬出」に限定していない。5は、「ル・コルビュジェの寸法体系」は「人体の寸法」に基づくものであり、倉庫建築の「荷物」「装置」「道具」の寸法に基づく寸法体系ではない。

(四)　傍線部C以下、最終段落までの内容を押さえる。そのポイントは、①流通革命と人材不足による倉庫の大規模化とAIの導入による自動化、②アメニティの向上と地域貢献による社会的地位の向上の二点である。この事情を「大規模

国語

一

出典　大野友資「物流空間試考」（雑誌『広告 Vol. 415』特集「流通」二〇二一年二月発行　博報堂）

解答

(一)　a―1　b―5

(二)　3

(三)　1

(四)　4

(五)　3・5・8

(六)　外部から隠蔽され、人との関係が希薄で、貯蔵や物流業務に最適化されたもの。（四十字以内）

◆要　旨◆

倉庫は、古代においては権力の象徴であり、また信仰の対象でもあった。中世ヨーロッパではそれ自体で完結する建築ではなく、都市が生まれ発展するための核となるビルディングタイプであった。ところが近代になると隠蔽されブラックボックスとなり、合理的、汎用的、効率的であることが優先された。二〇〇〇年代に入ると、流通革命と人材不足によって大規模化し、そして自動化を進めて人間を排除していった。だがその一方で、現在の倉庫は物流施設のアメニティを向上したり地域貢献をアピールしたりしており、かつてのように倉庫に再び人の目が向けられようとしている。

▲解　説▼

(一)　a、直前の段落で、倉庫は「都市が生まれ、発展するための核となるビルディングタイプ（＝建築物の特徴的な類

//////////////////// ・memo・ ////////////////////

//////////////////// · memo · ////////////////////

////////////////////// · memo · ////////////////////

教学社 刊行一覧

2025年版　大学赤本シリーズ

374大学556点
全都道府県を網羅

国公立大学（都道府県順）

全国の書店で取り扱っています。店頭にない場合は，お取り寄せができます。

1 北海道大学（文系－前期日程）
2 北海道大学（理系－前期日程） 医
3 北海道大学（後期日程）
4 旭川医科大学（医学部〈医学科〉） 医
5 小樽商科大学
6 帯広畜産大学
7 北海道教育大学
8 室蘭工業大学／北見工業大学
9 釧路公立大学
10 公立千歳科学技術大学
11 公立はこだて未来大学 総推
12 札幌医科大学（医学部） 医
13 弘前大学 医
14 岩手大学
15 岩手県立大学・盛岡短期大学部・宮古短期大学部
16 東北大学（文系－前期日程）
17 東北大学（理系－前期日程） 医
18 東北大学（後期日程）
19 宮城教育大学
20 宮城大学
21 秋田大学 医
22 秋田県立大学
23 国際教養大学 総推
24 山形大学 医
25 福島大学
26 会津大学
27 福島県立医科大学（医・保健科学部） 医
28 茨城大学（文系）
29 茨城大学（理系）
30 筑波大学（推薦入試） 医 総推
31 筑波大学（文系－前期日程）
32 筑波大学（理系－前期日程） 医
33 筑波大学（後期日程）
34 宇都宮大学
35 群馬大学 医
36 群馬県立女子大学
37 高崎経済大学
38 前橋工科大学
39 埼玉大学（文系）
40 埼玉大学（理系）
41 千葉大学（文系－前期日程）
42 千葉大学（理系－前期日程） 医
43 千葉大学（後期日程） 医
44 東京大学（文科） DL
45 東京大学（理科） DL 医
46 お茶の水女子大学
47 電気通信大学
48 東京外国語大学 DL
49 東京海洋大学
50 東京科学大学（旧 東京工業大学）
51 東京科学大学（旧 東京医科歯科大学） 医
52 東京学芸大学
53 東京藝術大学
54 東京農工大学
55 一橋大学（前期日程）
56 一橋大学（後期日程）
57 東京都立大学（文系）
58 東京都立大学（理系）
59 横浜国立大学（文系）
60 横浜国立大学（理系）
61 横浜市立大学（国際教養・国際商・理・データサイエンス・医〈看護〉学部）
62 横浜市立大学（医学部〈医学科〉） 医
63 新潟大学（人文・教育〈文系〉・法・経済科・医〈看護〉・創生学部）
64 新潟大学（教育〈理系〉・理・医〈看護を除く〉・歯・工・農学部） 医
65 新潟県立大学
66 富山大学（文系）
67 富山大学（理系） 医
68 富山県立大学
69 金沢大学（文系）
70 金沢大学（理系） 医
71 福井大学（教育・医〈看護〉・工・国際地域学部）
72 福井大学（医学部〈医学科〉） 医
73 福井県立大学
74 山梨大学（教育・医〈看護〉・工・生命環境学部）
75 山梨大学（医学部〈医学科〉） 医
76 都留文科大学
77 信州大学（文系－前期日程）
78 信州大学（理系－前期日程） 医
79 信州大学（後期日程）
80 公立諏訪東京理科大学 総推
81 岐阜大学（前期日程） 医
82 岐阜大学（後期日程）
83 岐阜薬科大学
84 静岡大学（前期日程）
85 静岡大学（後期日程）
86 浜松医科大学（医学部〈医学科〉） 医
87 静岡県立大学
88 静岡文化芸術大学
89 名古屋大学（文系）
90 名古屋大学（理系） 医
91 愛知教育大学
92 名古屋工業大学
93 愛知県立大学
94 名古屋市立大学（経済・人文社会・芸術工・看護・総合生命理・データサイエンス学部）
95 名古屋市立大学（医学部〈医学科〉） 医
96 名古屋市立大学（薬学部）
97 三重大学（人文・教育・医〈看護〉学部）
98 三重大学（医〈医〉・工・生物資源学部） 医
99 滋賀大学
100 滋賀医科大学（医学部〈医学科〉） 医
101 滋賀県立大学
102 京都大学（文系）
103 京都大学（理系） 医
104 京都教育大学
105 京都工芸繊維大学
106 京都府立大学
107 京都府立医科大学（医学部〈医学科〉） 医
108 大阪大学（文系） DL
109 大阪大学（理系） 医
110 大阪教育大学
111 大阪公立大学（現代システム科学域〈文系〉・文・法・経済・商・看護・生活科〈居住環境・人間福祉〉学部－前期日程）
112 大阪公立大学（現代システム科学域〈理系〉・理・工・農・獣医・医・生活科〈食栄養〉学部－前期日程） 医
113 大阪公立大学（中期日程）
114 大阪公立大学（後期日程）
115 神戸大学（文系－前期日程）
116 神戸大学（理系－前期日程） 医
117 神戸大学（後期日程）
118 神戸市外国語大学 DL
119 兵庫県立大学（国際商経・社会情報科・看護学部）
120 兵庫県立大学（工・理・環境人間学部）
121 奈良教育大学／奈良県立大学
122 奈良女子大学
123 奈良県立医科大学（医学部〈医学科〉） 医
124 和歌山大学
125 和歌山県立医科大学（医・薬学部） 医
126 鳥取大学 医
127 公立鳥取環境大学
128 島根大学 医
129 岡山大学（文系）
130 岡山大学（理系） 医
131 岡山県立大学
132 広島大学（文系－前期日程）
133 広島大学（理系－前期日程） 医
134 広島大学（後期日程）
135 尾道市立大学 総推
136 県立広島大学
137 広島市立大学
138 福山市立大学 総推
139 山口大学（人文・教育〈文系〉・経済・医〈看護〉・国際総合科学部）
140 山口大学（教育〈理系〉・理・医〈看護を除く〉・工・農・共同獣医学部） 医
141 山陽小野田市立山口東京理科大学 総推
142 下関市立大学／山口県立大学
143 周南公立大学 新 総推
144 徳島大学 医
145 香川大学 医
146 愛媛大学 医
147 高知大学 医
148 高知工科大学
149 九州大学（文系－前期日程）
150 九州大学（理系－前期日程） 医
151 九州大学（後期日程）
152 九州工業大学
153 福岡教育大学
154 北九州市立大学
155 九州歯科大学
156 福岡県立大学／福岡女子大学
157 佐賀大学 医
158 長崎大学（多文化社会・教育〈文系〉・経済・医〈保健〉・環境科〈文系〉学部）
159 長崎大学（教育〈理系〉・医〈医〉・歯・薬・情報データ科・工・環境科〈理系〉・水産学部） 医
160 長崎県立大学 総推
161 熊本大学（文・教育・法・医〈看護〉学部・情報融合学環〈文系型〉）
162 熊本大学（理・医〈看護を除く〉・薬・工学部・情報融合学環〈理系型〉） 医
163 熊本県立大学
164 大分大学（教育・経済・医〈看護〉・理工・福祉健康科学部）
165 大分大学（医学部〈医・先進医療科学科〉） 医
166 宮崎大学（教育・医〈看護〉・工・農・地域資源創成学部）
167 宮崎大学（医学部〈医学科〉） 医
168 鹿児島大学（文系）
169 鹿児島大学（理系） 医
170 琉球大学 医

2025年版　大学赤本シリーズ

国公立大学 その他

- 171 〔国公立大〕医学部医学科 総合型選抜・学校推薦型選抜※ 医 総推
- 172 看護・医療系大学〈国公立 東日本〉※
- 173 看護・医療系大学〈国公立 中日本〉※
- 174 看護・医療系大学〈国公立 西日本〉※
- 175 海上保安大学校／気象大学校
- 176 航空保安大学校
- 177 国立看護大学校
- 178 防衛大学校 総推
- 179 防衛医科大学校(医学科) 医
- 180 防衛医科大学校(看護学科)

※No.171～174の収載大学は赤本ウェブサイト(http://akahon.net/)でご確認ください。

私立大学①

北海道の大学(50音順)

- 201 札幌大学
- 202 札幌学院大学
- 203 北星学園大学
- 204 北海学園大学
- 205 北海道医療大学
- 206 北海道科学大学
- 207 北海道武蔵女子大学・短期大学
- 208 酪農学園大学(獣医学群〈獣医学類〉)

東北の大学(50音順)

- 209 岩手医科大学(医・歯・薬学部) 医
- 210 仙台大学 総推
- 211 東北医科薬科大学(医・薬学部) 医
- 212 東北学院大学
- 213 東北工業大学
- 214 東北福祉大学
- 215 宮城学院女子大学 総推

関東の大学(50音順)

あ行(関東の大学)

- 216 青山学院大学(法・国際政治経済学部－個別学部日程)
- 217 青山学院大学(経済学部－個別学部日程)
- 218 青山学院大学(経営学部－個別学部日程)
- 219 青山学院大学(文・教育人間科学部－個別学部日程)
- 220 青山学院大学(総合文化政策・社会情報・地球社会共生・コミュニティ人間科学部－個別学部日程)
- 221 青山学院大学(理工学部－個別学部日程)
- 222 青山学院大学(全学部日程)
- 223 麻布大学(獣医、生命・環境科学部)
- 224 亜細亜大学
- 226 桜美林大学
- 227 大妻女子大学・短期大学部

か行(関東の大学)

- 228 学習院大学(法学部－コア試験)
- 229 学習院大学(経済学部－コア試験)
- 230 学習院大学(文学部－コア試験)
- 231 学習院大学(国際社会科学部－コア試験)
- 232 学習院大学(理学部－コア試験)
- 233 学習院女子大学
- 234 神奈川大学(給費生試験)
- 235 神奈川大学(一般入試)
- 236 神奈川工科大学
- 237 鎌倉女子大学・短期大学部
- 238 川村学園女子大学
- 239 神田外語大学
- 240 関東学院大学
- 241 北里大学(理学部)
- 242 北里大学(医学部) 医
- 243 北里大学(薬学部)
- 244 北里大学(看護・医療衛生学部)
- 245 北里大学(未来工・獣医・海洋生命科学部)
- 246 共立女子大学・短期大学
- 247 杏林大学(医学部) 医
- 248 杏林大学(保健学部)
- 249 群馬医療福祉大学・短期大学部
- 250 群馬パース大学 総推
- 251 慶應義塾大学(法学部)
- 252 慶應義塾大学(経済学部)
- 253 慶應義塾大学(商学部)
- 254 慶應義塾大学(文学部) 総推
- 255 慶應義塾大学(総合政策学部)
- 256 慶應義塾大学(環境情報学部)
- 257 慶應義塾大学(理工学部)
- 258 慶應義塾大学(医学部) 医
- 259 慶應義塾大学(薬学部)
- 260 慶應義塾大学(看護医療学部)
- 261 工学院大学
- 262 國學院大學
- 263 国際医療福祉大学 医
- 264 国際基督教大学
- 265 国士舘大学
- 266 駒澤大学(一般選抜T方式・S方式)
- 267 駒澤大学(全学部統一日程選抜)

さ行(関東の大学)

- 268 埼玉医科大学(医学部) 医
- 269 相模女子大学・短期大学部
- 270 産業能率大学
- 271 自治医科大学(医学部) 医
- 272 自治医科大学(看護学部)／東京慈恵会医科大学(医学部〈看護学科〉)
- 273 実践女子大学 総推
- 274 芝浦工業大学(前期日程)
- 275 芝浦工業大学(全学統一日程・後期日程)
- 276 十文字学園女子大学
- 277 淑徳大学
- 278 順天堂大学(医学部) 医
- 279 順天堂大学(スポーツ健康科・医療看護・保健看護・国際教養・保健医療・医療科・健康データサイエンス・薬学部) 総推
- 280 上智大学(神・文・総合人間科学部)
- 281 上智大学(法・経済学部)
- 282 上智大学(外国語・総合グローバル学部)
- 283 上智大学(理工学部)
- 284 上智大学(TEAPスコア利用方式)
- 285 湘南工科大学
- 286 昭和大学(医学部) 医
- 287 昭和大学(歯・薬・保健医療学部)
- 288 昭和女子大学
- 289 昭和薬科大学
- 290 女子栄養大学・短期大学部 総推
- 291 白百合女子大学
- 292 成蹊大学(法学部－A方式)
- 293 成蹊大学(経済・経営学部－A方式)
- 294 成蹊大学(文学部－A方式)
- 295 成蹊大学(理工学部－A方式)
- 296 成蹊大学(E方式・G方式・P方式)
- 297 成城大学(経済・社会イノベーション学部－A方式)
- 298 成城大学(文芸・法学部－A方式)
- 299 成城大学(S方式〈全学部統一選抜〉)
- 300 聖心女子大学
- 301 清泉女子大学
- 303 聖マリアンナ医科大学 医
- 304 聖路加国際大学(看護学部)
- 305 専修大学(スカラシップ・全国入試)
- 306 専修大学(前期入試〈学部個別入試〉)
- 307 専修大学(前期入試〈全学部入試・スカラシップ入試〉)

た行(関東の大学)

- 308 大正大学
- 309 大東文化大学
- 310 高崎健康福祉大学
- 311 拓殖大学
- 312 玉川大学
- 313 多摩美術大学
- 314 千葉工業大学
- 315 中央大学(法学部－学部別選抜)
- 316 中央大学(経済学部－学部別選抜)
- 317 中央大学(商学部－学部別選抜)
- 318 中央大学(文学部－学部別選抜)
- 319 中央大学(総合政策学部－学部別選抜)
- 320 中央大学(国際経営・国際情報学部－学部別選抜)
- 321 中央大学(理工学部－学部別選抜)
- 322 中央大学(5学部共通選抜)
- 323 中央学院大学
- 324 津田塾大学
- 325 帝京大学(薬・経済・法・文・外国語・教育・理工・医療技術・福岡医療技術学部)
- 326 帝京大学(医学部) 医
- 327 帝京科学大学 総推
- 328 帝京平成大学 総推
- 329 東海大学(医〈医〉学部を除く－一般選抜)
- 330 東海大学(文系・理系学部統一選抜)
- 331 東海大学(医学部〈医学科〉) 医
- 332 東京医科大学(医学部〈医学科〉) 医
- 333 東京家政大学・短期大学部 総推
- 334 東京経済大学
- 335 東京工科大学
- 336 東京工芸大学
- 337 東京国際大学
- 338 東京歯科大学
- 339 東京慈恵会医科大学(医学部〈医学科〉) 医
- 340 東京情報大学
- 341 東京女子大学
- 342 東京女子医科大学(医学部) 医
- 343 東京電機大学
- 344 東京都市大学
- 345 東京農業大学
- 346 東京薬科大学(薬学部) 総推
- 347 東京薬科大学(生命科学部) 総推
- 348 東京理科大学(理学部〈第一部〉－B方式)
- 349 東京理科大学(創域理工学部－B方式・S方式)
- 350 東京理科大学(工学部－B方式)
- 351 東京理科大学(先進工学部－B方式)
- 352 東京理科大学(薬学部－B方式)
- 353 東京理科大学(経営学部－B方式)
- 354 東京理科大学(C方式、グローバル方式、理学部〈第二部〉－B方式)
- 355 東邦大学(医学部) 医
- 356 東邦大学(薬学部)

2025年版　大学赤本シリーズ

私立大学②

357 東邦大学(理・看護・健康科学部)
358 東洋大学(文・経済・経営・法・社会・国際・国際観光学部)
359 東洋大学(情報連携・福祉社会デザイン・健康スポーツ科・理工・総合情報・生命科・食環境科学部)
360 東洋大学(英語〈3日程×3カ年〉)
361 東洋大学(国語〈3日程×3カ年〉)
362 東洋大学(日本史・世界史〈2日程×3カ年〉)
363 東洋英和女学院大学
364 常磐大学・短期大学 総推
365 獨協大学
366 獨協医科大学(医学部) 医

な行(関東の大学)

367 二松学舎大学
368 日本大学(法学部)
369 日本大学(経済学部)
370 日本大学(商学部)
371 日本大学(文理学部〈文系〉)
372 日本大学(文理学部〈理系〉)
373 日本大学(芸術学部〈専門試験併用型〉)
374 日本大学(国際関係学部)
375 日本大学(危機管理・スポーツ科学部)
376 日本大学(理工学部)
377 日本大学(生産工・工学部)
378 日本大学(生物資源科学部)
379 日本大学(医学部) 医
380 日本大学(歯・松戸歯学部)
381 日本大学(薬学部)
382 日本大学(N全学統一方式−医・芸術〈専門試験併用型〉学部を除く)
383 日本医科大学 医
384 日本工業大学
385 日本歯科大学
386 日本社会事業大学 総推
387 日本獣医生命科学大学
388 日本女子大学
389 日本体育大学

は行(関東の大学)

390 白鷗大学(学業特待選抜・一般選抜)
391 フェリス女学院大学
392 文教大学
393 法政大学(法〈Ⅰ日程〉・文〈Ⅱ日程〉・経営〈Ⅱ日程〉学部−A方式)
394 法政大学(法〈Ⅱ日程〉・国際文化・キャリアデザイン学部−A方式)
395 法政大学(文〈Ⅰ日程〉・経営〈Ⅰ日程〉・人間環境・グローバル教養学部−A方式)
396 法政大学(経済〈Ⅰ日程〉・社会〈Ⅰ日程〉・現代福祉学部−A方式)
397 法政大学(経済〈Ⅱ日程〉・社会〈Ⅱ日程〉・スポーツ健康学部−A方式)
398 法政大学(情報科・デザイン工・理工・生命科学部−A方式)
399 法政大学(T日程〈統一日程〉・英語外部試験利用入試)
400 星薬科大学 総推

ま行(関東の大学)

401 武蔵大学
402 武蔵野大学
403 武蔵野美術大学
404 明海大学
405 明治大学(法学部−学部別入試)
406 明治大学(政治経済学部−学部別入試)
407 明治大学(商学部−学部別入試)
408 明治大学(経営学部−学部別入試)
409 明治大学(文学部−学部別入試)
410 明治大学(国際日本学部−学部別入試)
411 明治大学(情報コミュニケーション学部−学部別入試)
412 明治大学(理工学部−学部別入試)
413 明治大学(総合数理学部−学部別入試)
414 明治大学(農学部−学部別入試)
415 明治大学(全学部統一入試)
416 明治学院大学(A日程)
417 明治学院大学(全学部日程)
418 明治薬科大学 総推
419 明星大学
420 目白大学・短期大学部

ら・わ行(関東の大学)

421 立教大学(文系学部−一般入試〈大学独自の英語を課さない日程〉)
422 立教大学(国語〈3日程×3カ年〉)
423 立教大学(日本史・世界史〈2日程×3カ年〉)
424 立教大学(文学部−一般入試〈大学独自の英語を課す日程〉)
425 立教大学(理学部−一般入試)
426 立正大学
427 早稲田大学(法学部)
428 早稲田大学(政治経済学部)
429 早稲田大学(商学部)
430 早稲田大学(社会科学部)
431 早稲田大学(文学部)
432 早稲田大学(文化構想学部)
433 早稲田大学(教育学部〈文科系〉)
434 早稲田大学(教育学部〈理科系〉)
435 早稲田大学(人間科・スポーツ科学部)
436 早稲田大学(国際教養学部)
437 早稲田大学(基幹理工・創造理工・先進理工学部)
438 和洋女子大学 総推

中部の大学(50音順)

439 愛知大学
440 愛知医科大学(医学部) 医
441 愛知学院大学・短期大学部
442 愛知工業大学 総推
443 愛知淑徳大学
444 朝日大学 総推
445 金沢医科大学(医学部) 医
446 金沢工業大学
447 岐阜聖徳学園大学 総推
448 金城学院大学
449 至学館大学 総推
450 静岡理工科大学
451 椙山女学園大学
452 大同大学
453 中京大学
454 中部大学
455 名古屋外国語大学 総推
456 名古屋学院大学 総推
457 名古屋学芸大学 総推
458 名古屋女子大学 総推
459 南山大学(外国語〈英米〉・法・総合政策・国際教養学部)
460 南山大学(人文・外国語〈英米を除く〉・経済・経営・理工学部)
461 新潟国際情報大学
462 日本福祉大学
463 福井工業大学
464 藤田医科大学(医学部) 医
465 藤田医科大学(医療科・保健衛生学部)
466 名城大学(法・経営・経済・外国語・人間・都市情報学部)
467 名城大学(情報工・理工・農・薬学部)
468 山梨学院大学

近畿の大学(50音順)

469 追手門学院大学 総推
470 大阪医科薬科大学(医学部) 医
471 大阪医科薬科大学(薬学部) 総推
472 大阪学院大学 総推
473 大阪経済大学 総推
474 大阪経済法科大学 総推
475 大阪工業大学 総推
476 大阪国際大学・短期大学部 総推
477 大阪産業大学 総推
478 大阪歯科大学(歯学部)
479 大阪商業大学 総推
480 大阪成蹊大学・短期大学 総推
481 大谷大学 総推
482 大手前大学・短期大学 総推
483 関西大学(文系)
484 関西大学(理系)
485 関西大学(英語〈3日程×3カ年〉)
486 関西大学(国語〈3日程×3カ年〉)
487 関西大学(日本史・世界史・文系数学〈3日程×3カ年〉)
488 関西医科大学(医学部) 医
489 関西医療大学 総推
490 関西外国語大学・短期大学部 総推
491 関西学院大学(文・法・商・人間福祉・総合政策学部−学部個別日程)
492 関西学院大学(神・社会・経済・国際・教育学部−学部個別日程)
493 関西学院大学(全学部日程〈文系型〉)
494 関西学院大学(全学部日程〈理系型〉)
495 関西学院大学(共通テスト併用日程〈数学〉・英数日程)
496 関西学院大学(英語〈3日程×3カ年〉) 新
497 関西学院大学(国語〈3日程×3カ年〉) 新
498 関西学院大学(日本史・世界史・文系数学〈3日程×3カ年〉) 新
499 畿央大学 総推
500 京都外国語大学・短期大学 総推
502 京都産業大学(公募推薦入試) 総推
503 京都産業大学(一般選抜入試〈前期日程〉)
504 京都女子大学 総推
505 京都先端科学大学 総推
506 京都橘大学 総推
507 京都ノートルダム女子大学 総推
508 京都薬科大学 総推
509 近畿大学・短期大学部(医学部を除く−推薦入試) 総推
510 近畿大学・短期大学部(医学部を除く−一般入試前期)
511 近畿大学(英語〈医学部を除く3日程×3カ年〉)
512 近畿大学(理系数学〈医学部を除く3日程×3カ年〉)
513 近畿大学(国語〈医学部を除く3日程×3カ年〉)
514 近畿大学(医学部−推薦入試・一般入試前期) 医 総推
515 近畿大学・短期大学部(一般入試後期) 医
516 皇學館大学 総推
517 甲南大学 総推
518 甲南女子大学(学校推薦型選抜) 新 総推
519 神戸学院大学 総推
520 神戸国際大学 総推
521 神戸女学院大学 総推
522 神戸女子大学・短期大学 総推
523 神戸薬科大学 総推
524 四天王寺大学・短期大学部 総推
525 摂南大学(公募制推薦入試) 総推
526 摂南大学(一般選抜前期日程)
527 帝塚山学院大学 総推
528 同志社大学(法、グローバル・コミュニケーション学部−学部個別日程)

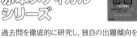

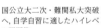

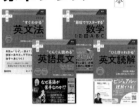

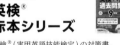

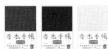

2025 年版　大学赤本シリーズ　No. 532

同志社大学
(政策学部・文化情報学部〈文系型〉
スポーツ健康科学部〈文系型〉－学部個別日程)

2024 年 6 月 10 日　第 1 刷発行
ISBN978-4-325-26590-0
定価は裏表紙に表示しています

編　集　教学社編集部
発行者　上原 寿明
発行所　教学社
〒606-0031
京都市左京区岩倉南桑原町56
電話　075-721-6500
振替　01020-1-15695
印　刷　共同印刷工業